U0754051

财华仁和 | 财华考证系列辅导书

2021 年度全国会计专业技术资格考试

中级财务管理
应试指导 上册

财华仁和学院　编著

立信会计出版社
LIXIN ACCOUNTING PUBLISHING HOUSE

图书在版编目(CIP)数据

中级财务管理应试指导 /财华仁和学院编著. —上海：立信会计出版社，2021.3
ISBN 978-7-5429-6768-8

Ⅰ. ①中… Ⅱ. ①财… Ⅲ. ①财务管理—资格考试—自学参考资料 Ⅳ. ①F275

中国版本图书馆 CIP 数据核字(2021)第 041320 号

策划编辑　　方士华
责任编辑　　方士华　毕芸芸

中级财务管理应试指导

Zhongji Caiwu Guanli Yingshi Zhidao

出版发行	立信会计出版社			
地　　址	上海市中山西路 2230 号		邮政编码	200235
电　　话	(021)64411389		传　　真	(021)64411325
网　　址	www. lixinaph. com		电子邮箱	lixinaph2019@126. com
网上书店	http://lixin. jd. com			http://lxkjcbs. tmall. com
经　　销	各地新华书店			
印　　刷	常熟市文化印刷有限公司			
开　　本	787 毫米×1092 毫米	1/16		
印　　张	22.25			
字　　数	658 千字			
版　　次	2021 年 3 月第 1 版			
印　　次	2021 年 3 月第 1 次			
书　　号	ISBN 978-7-5429-6768-8/F			
定　　价	81.00 元			

如有印订差错，请与本社联系调换

编 委 会

主　编：谢　思

编著者：（按拼音字母排序）

陈　玲　　胡　卓　　贾玉琨

李　海　　路　欣　　潘亚兰

苏禹娴　　涂　俐　　肖丽平

袁希太　　袁亿鑫　　张　鹏

张逸栋

前　言

2020年,中级会计职称考试(又称中级会计专业技术资格考试)的报名人数达到了182.4万,再创历史新高。官方统计数据显示,此项资格考试近3年的平均通过率约为13.34%,通过率不高,这是因为除了该考试本身有一定难度外,多数考生还是上班族,他们学习时间不足,往往在备考中途放弃。然而实践表明,只要坚持学习,选择合适的教辅资料,结合科学的学习方法,取得中级会计职称证书不是难事。

19年来,选择参加仁和的会计培训并通过考试的考生不计其数,仁和为社会输送了数十万名会计人才。这样的成绩离不开仁和的老师们优秀的教学水平和学员自身的勤奋,还与一个因素密不可分——仁和会计的讲义和教辅资料。您手中的这套中级会计专业技术资格考试的"应试指导",其底稿来源于仁和的老师们多年来在一线教学过程中不断打磨精研的讲义,并由财华仁和学院从由近千名人员组成的一线教学团队中严选出的名师进行编写。我们希望能借这套书让更多考生顺利通过考试。以下是这套书的模块及特色。

一、知识点细——教材知识点全覆盖,语言好理解

中级会计职称考试难度较大,知识内容多而广,如仅使用教材学习难免会眼花缭乱,无从下手,对于基础和理解力较差的考生来说更是学习难度倍增。而这套由仁和的教研团队编写的"应试指导",详尽梳理并全面覆盖了教材的知识点,语言通俗易懂,深入浅出,适用于各个层次的考生。

二、图表结合——删繁就简,系统归纳,省时高效

本套"应试指导"尽量用图表形式梳理繁杂的知识,避免表述冗余,有助于考生通过对比分析来理解和记忆,从而节约大量归纳总结的时间。

三、"本节框架"模块——学前一览,心中有数

学习没有目标就像盲人打靶,很难达成目的。本套书的"本节框架"模块提纲挈领,梳理每一节即将学习的内容,为考生明确学习任务,使其注意力更集中,目标更明确。

四、"星级标注"——应考纲要求,分清难易,事半功倍

据了解,大多考生都是上班族,平时用于学习的时间较少且分散,要吃透每个知识点是有一定难度的。要在有限的时间内提高效率,需要理清学习重点。这套书依据考纲的要求和实际考试情况,在各个章节知识点的标题后标注了星号,使考生能够合理分配时间。其中一星(★)知识点是考纲中要求考生了解的内容,根据编写老师的经验判断,这些知识点在考试中主要以考查原文为主,考生有印象就容易得分,因而不必花费太多时间;二星(★★)知识点是

编写老师认为考试中需要分析、判断、比较才能得分的内容；三星（★★★）知识点则是编写老师依据往年考试情况划分的出现次数多和分值比重大（容易出现在综合题等大题中）的考点。

五、"考试方向"与"例题、案例"模块——结合考点，实际运用，加深理解

本套书中，编写老师在涉及考试的知识点后都附上了"考试方向"模块，为考生指明了对应的考点和具体考查内容，并与例题或案例相结合予以讲解，这样的方式有助于考生理清思路，加深理解，进而掌握、巩固知识点。俗话说"好酒不怕老"，这套书中的例题或案例都是精挑细选的历年真题或经典案例，研究这些题，能了解知识点该如何学，考题会如何出，题该如何解，也有助于针对性地学习和复习。

六、"提示"模块——深挖知识细节，解构复杂考点

本套书中有多处"提示"模块，"提示"内容都来自仁和的老师们的教学经验，是精华所在。该模块有助于考生充分了解老师在面授教学中对于知识的把握、解读、延伸，强化理解、巩固记忆，进而更好地抓住学习的侧重点。

七、"易错易混点"模块——对比辨析，加深记忆

针对考试中容易出现的易错题和问题陷阱，考生通过认真学习本套书的"易错易混点"模块即可轻松化解。该模块将易错易混的知识点进行对比和分析，考生可以清楚明了地辨别知识点之间的区别，从而加深印象，提高复习效率，让别人的失分点成为自己的得分点。

八、"知识链接"模块——温故知新，构筑体系

本套书中的"知识链接"模块有助于考生在学习过程中回顾相互关联的知识点，自查学习情况并进行复习，构建一个完整的会计知识体系，通过理解而非死记硬背来记忆，培养自身的会计逻辑思维。

九、"同步练习"模块——学完即练，及时巩固

课后习题有助于考生及时巩固刚学的知识，及时检测学习效果、发现问题。每道题的解析会将题目讲透、讲明白，让考生充分掌握解题思路并复习巩固知识点。

除了以上九个模块及特色外，"应试指导"对于部分知识点还提供了一些记忆技巧，希望帮助考生轻松记忆。同时，这套书采用双色印刷，对重要知识点通过异色显示，一目了然，使考生避免阅读时的视觉疲劳。

本套"应试指导"旨在指导考生朋友学习备考，有误之处，欢迎指正。考生可扫描封底二维码关注"仁和公众号"并联系我们，书中勘误会及时在公众号里更新。我们的工作如有疏漏，还望大家海涵。

财华仁和学院

目 录

上 册

第一章
总　论

考情回顾

本章主要学习企业的组织形式、财务管理目标、财务管理环节、财务管理体制和财务管理环境。本章考点相对独立,属于基础章节,在近几年考试中分值为3分左右,主要题型为单选题、多选题、判断题。预计今年考查题型不变,分值为3分左右。

考试变化

金融期货内容中删除了"股票期货"。

本章结构

第一节　企业与企业财务管理
第二节　财务管理目标
第三节　财务管理环节
第四节　财务管理体制
第五节　财务管理环境

第一节　企业与企业财务管理

本节框架

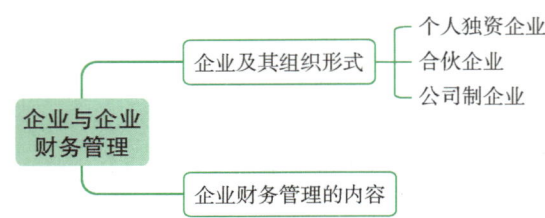

一、企业及其组织形式 ★ ★

企业是依法设立的,以营利为目的,运用各种生产要素(土地、劳动力、资本和技术等),向市场提供商品或服务,实行自主经营、自负盈亏、独立核算的法人或其他社会经济组织。企业的目标是创造财富(或价值)。

典型的企业组织形式有三种:个人独资企业、合伙企业以及公司制企业,详见表1-1。

表1-1　典型的企业组织形式

企业组织形式	个人独资企业	合伙企业	公司制企业
基本法律特征	非法人	非法人	法人
债务责任	无限责任	无限连带责任	有限责任
企业寿命	有限	有限	无限存续
权益转让	比较困难	需取得其他合伙人同意	容易转让
筹集资金	难以获得大量资金	难以获得大量资金	容易筹集所需资金
纳税	个人所得税	个人所得税	企业所得税和个人所得税(双重课税)
代理问题	不存在代理问题	不存在代理问题	存在代理问题
组建成本	低	居中	高

提示　我国的公司制企业分为有限责任公司和股份有限公司两种形式。其中,国有独资公司是有限责任公司的一种特殊形式,我国国有独资公司不设股东会,由国有资产监督管理机构行使股东会职权。

考试方向
考查公司制企业的特点。

【例题1-1单选题】(2020年真题)　与个人独资企业相比,下列各项中属于公司制企业特点的是(　　)。

A. 企业所有者承担无限债务责任
B. 企业可以无限存续
C. 企业融资渠道较少
D. 企业所有权转移困难

【答案】 B

【名师点睛】 公司制企业的优点：①容易转让所有权。②有限债务责任。③可以无限存续。④融资渠道较多,更容易筹集所需资金。公司制企业的缺点：①组建公司的成本高。②存在代理问题。③双重课税。

【例题1-2 判断题】(2016年真题) 不论是公司制企业还是合伙制企业,股东或合伙人都面临双重课税问题,即在缴纳企业所得税后,还要缴纳个人所得税。( )

【答案】 ×

【名师点睛】 公司制企业存在双重课税问题,合伙制企业不存在双重课税问题。

二、 企业财务管理的内容 ★

本书财务管理均指公司财务管理,包括投资管理、筹资管理、营运资金管理、成本管理、收入与分配管理等内容。

第二节 财务管理目标

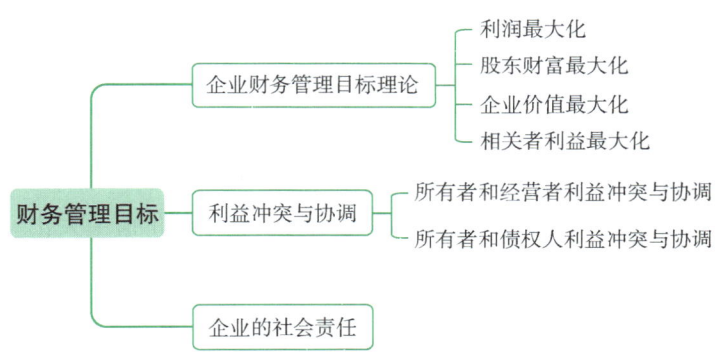

一、 企业财务管理目标理论 ★★★

企业财务管理目标有以下几种代表性理论。

(一)利润最大化

利润最大化是指企业财务管理的目标是实现利润最大化。

以利润最大化作为财务管理目标存在以下优缺点,如表1-2所示。

表1-2 利润最大化的优缺点

优点	有助于合理配置企业资源,有助于提高企业整体经济效益
缺点	①没有考虑利润实现时间和资金时间价值 ②没有考虑风险问题 ③没有反映创造的利润与投入资本之间的关系 ④可能导致企业短期行为倾向,影响企业长远发展

第一章

每股收益最大化是利润最大化的另一种表现形式。每股收益最大化与利润最大化的缺陷基本一致,但每股收益最大化反映了利润与投入资本之间的关系,因此,以每股收益最大化作为财务管理目标存在以下缺点:

(1) 没有考虑利润实现时间和资金时间价值。

(2) 没有考虑风险问题。

(3) 可能导致企业短期行为倾向,影响企业长远发展。

 基本每股收益=归属于公司普通股股东的净利润/发行在外普通股加权平均数

(二) 股东财富最大化

股东财富最大化是指企业财务财管的目标是实现股东财富最大化。对于上市公司,股东财富由股票数量和股票市价决定。在股票数量不变的情况下,股票市价越高,股东财富也就越大。

以股东财富最大化作为财务管理目标存在以下优缺点,如表1-3所示。

表1-3 股东财富最大化的优缺点

优点	①考虑了风险因素 ②在一定程度上能避免企业短期行为 ③对上市公司而言,股东财富最大化目标比较容易量化,便于考核和奖惩
缺点	①通常只适用于上市公司,非上市公司难以应用 ②股价受众多因素影响,不能完全准确反映企业财务管理状况 ③更强调股东利益,而对其他相关者的利益重视不够

(三) 企业价值最大化

企业价值最大化是指企业财务管理的目标是实现企业的价值最大化。企业价值是企业债权人权益的市场价值和所有者权益的市场价值之和,是企业能创造的预计未来现金流量的现值。

以企业价值最大化作为财务管理目标存在以下优缺点,如表1-4所示。

表1-4 企业价值最大化的优缺点

优点	①考虑了取得收益的时间,并用时间价值的原理进行了计量 ②考虑了风险与收益的关系 ③将企业长期、稳定的发展和持续的获利能力放在首位,能克服企业在追求利润上的短期行为 ④用价值代替价格,可以避免外界市场因素的干扰,有效规避企业短期行为
缺点	①过于理论化,不易操作 ②对于非上市公司而言,只有对企业进行专门的评估才能确定其价值,而在评估企业的资产时,由于受评估标准和评估方式的影响,很难做到客观和准确

(四) 相关者利益最大化

企业的利益相关者不仅仅包括股东,还包括债权人、企业经营者、员工、客户、供应商、政府等。企业在确定财务管理目标时,要考虑这些利益相关者的利益。

以相关者利益最大化作为财务管理目标存在以下优缺点,如表1-5所示。

表1-5 相关者利益最大化的优缺点

优点	①有利于企业长期稳定发展 ②体现了合作共赢的价值理念,有利于实现企业经济效益和社会效益的统一 ③这一目标本身是一个多元化、多层次的目标体系,较好地兼顾了各利益主体的利益 ④体现了前瞻性和现实性的统一
缺点	过于完美、理想化,难以实施

提示 ▶ 相关者利益最大化目标强调股东的首要地位,也强调风险与收益的均衡。

(五)各财务管理目标之间的关系

利润最大化、企业价值最大化以及相关者利益最大化等各种财务管理目标,都以股东财富最大化为基础。各财务管理目标的比较,详见表1-6。

表1-6 各财务管理目标对比

目标理论	是否考虑了风险	是否考虑了时间价值	是否能克服短期行为	适用的公司类型
利润最大化	否	否	否	上市公司和非上市公司
股东财富最大化	是	是	是	上市公司
企业价值最大化	是	是	是	上市公司
相关者利益最大化	是	是	是	上市公司和非上市公司

【例题1-3 单选题】(2019年真题) 若上市公司以股东财富最大化作为财务管理目标,则衡量股东财富大小的最直观的指标是( )。

A.每股收益 B.股价 C.净利润 D.净资产收益率

【答案】 B

【名师点睛】 股东财富最大化是指企业财务管理以实现股东财富最大为目标。在上市公司,股东财富是由其所拥有的股票数量和股票市场价格两方面决定的。在股票数量一定时,股票价格达到最高,股东财富也就达到最大。本题应选择B。

【例题1-4 单选题】(2018年真题) 下列财务管理目标中,容易导致企业短期行为的是( )。

A.相关者利益最大化 B.企业价值最大化
C.股东财富最大化 D.利润最大化

【答案】 D

【名师点睛】 由于利润指标通常按年计算,因此,企业决策也往往会服务于年度指标的完成或实现,所以以利润最大化作为财务管理目标可能导致企业短期财务决策倾向,影响企业长远发展。本题应选择D。

【例题1-5 单选题】(2017年真题) 下列关于企业财务管理目标的表述中,错误的是( )。

A.企业价值最大化目标弥补了股东财富最大化目标过于强调股东利益的不足
B.相关者利益最大化目标认为应当将除股东之外的其他利益相关者置于首要地位
C.利润最大化目标要求企业提高资源配置效率
D.股东财富最大化目标比较适用于上市公司

考试方向
考查各财务管理目标的优缺点及对比。

【答案】 B

【名师点睛】 相关者利益最大化目标,不仅强调股东的首要地位,也强调企业与股东之间的协调关系。选项 B 表述错误。

【例题1-6 判断题】(2015年真题) 企业财务管理的目标理论包括利润最大化、股东财富最大化、公司价值最大化和相关者利益最大化等理论,其中,公司价值最大化、股东财富最大化和相关者利益最大化都是以利润最大化为基础的。( )

【答案】 ×

【名师点睛】 利润最大化、企业价值最大化以及相关者利益最大化等各种财务管理目标,都以股东财富最大化为基础,故本题表述错误。

二、 利益冲突与协调 ★★★

(一)所有者和经营者利益冲突与协调

经营者和所有者的主要利益冲突是经营者希望在创造财富的同时,能够获取更多的报酬、更多的享受,并避免各种风险;而所有者则希望以较小的代价(支付较少报酬)实现更多的财富。为了协调这一利益冲突,通常可采取以下方式解决:

(1)解聘:这是一种通过所有者约束经营者的办法。

(2)接收:这是一种通过市场约束经营者的办法。

(3)激励:通常有股票期权和绩效股两种方式。

①股票期权:它是允许经营者以预先确定的条件购买本企业一定数量股份的权利,当股票的市场价格高于约定价格,经营者就会因此获取收益。

②绩效股:它是企业运用每股收益、资产收益率等指标来评价经营者绩效,并视其绩效大小给予经营者数量不等的股票作为报酬。

(二)所有者和债权人利益冲突与协调

所有者的目标可能与债权人期望实现的目标发生矛盾。协调所有者与债权人利益冲突的方式有限制性借债、收回借款或停止借款等。

考试方向
考查所有者和经营者之间利益冲突的协调措施,与所有者和债权人之间利益冲突的协调措施的区分。

【例题1-7 判断题】(2017年真题) 公司将已筹集资金投资于高风险项目会给原债权人带来高风险和高收益。( )

【答案】 ×

【名师点睛】 所有者可能要求经营者改变举债资金的原定用途,将其用于风险更高的项目,这会增大偿债风险,债权人的负债价值也必然会降低,造成债权人风险与收益的不对称。因为高风险的项目一旦成功,额外的利润就会被所有者独享;但若失败,债权人却要与所有者共同负担由此而造成的损失,故本题表述错误。

【例题1-8 多选题】(2015年真题) 公司制企业可能存在经营者和股东之间的利益冲突,解决这一冲突的方式有( )。

A.解聘　　　　B.接收　　　　C.收回借款　　　　D.授予股票期权

【答案】 ABD

【名师点睛】 所有者与经营者利益冲突的解决方式包括解聘、接收和激励。激励通常有两种方式:股票期权和绩效股。故本题应选ABD。

三、企业的社会责任 ★

企业的社会责任,是指企业在谋求所有者或股东权益最大化之外,所应负有的维护和增进社会利益的义务,主要包括：对员工的责任、对债权人的责任、对消费者的责任、对社会公益的责任、对环境和资源的责任等。

第三节　财务管理环节

本节框架 ▶▶

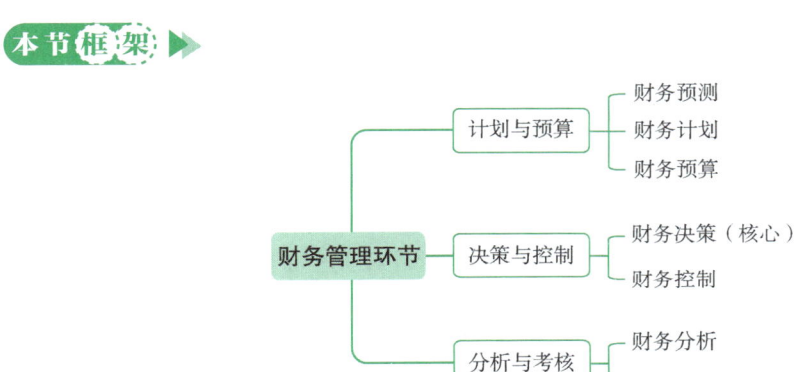

本节内容考试很少涉及,建议了解即可。

第四节　财务管理体制

本节框架 ▶▶

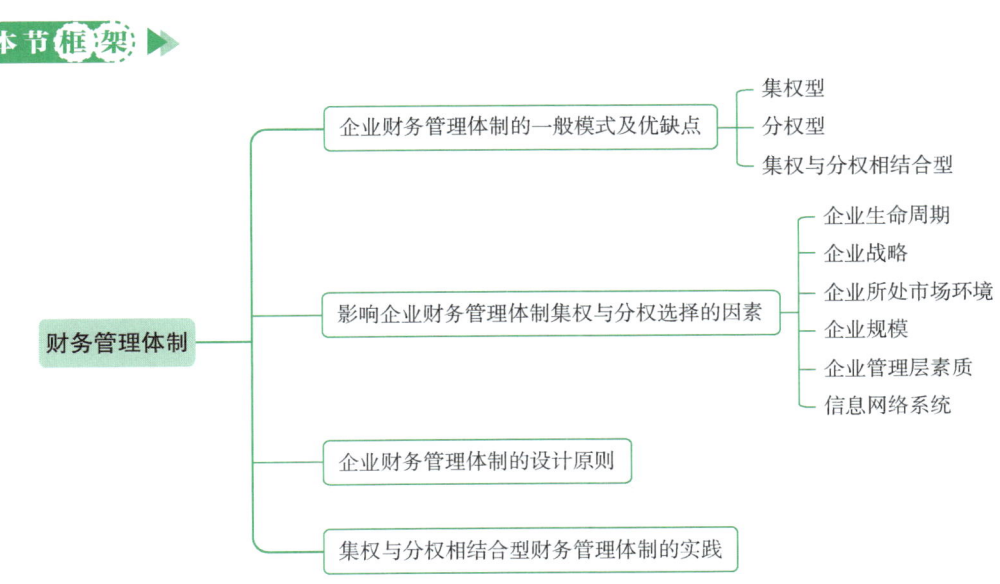

一、 企业财务管理体制的一般模式及优缺点 ★★

（一）集权型财务管理体制

集权型财务管理体制,是指企业对各所属单位的所有财务管理决策都进行集中统一,各所属单位没有财务决策权,企业总部财务部门不但参与决策和执行决策,在特定情况下还直接参与各所属单位的执行过程。

集权型财务管理体制的优缺点,详见表1-7。

表1-7 集权型财务管理体制的优缺点

优点	①可充分展示一体化管理的优势,使决策的统一化、制度化得到有力的保障 ②有利于在整个企业内部优化配置资源 ③有利于实行内部调拨价格 ④有利于内部采取避税措施及防范汇率风险
缺点	①会使各所属单位缺乏主动性、积极性,丧失活力 ②可能因为决策程序相对复杂而失去适应市场的弹性,丧失市场机会

（二）分权型财务管理体制

分权型财务管理体制,是指企业将财务决策权与管理权完全下放到各所属单位,各所属单位只需对一些决策结果报请企业总部备案即可。

分权型财务管理体制的优缺点,详见表1-8。

表1-8 分权型财务管理体制的优缺点

优点	①有利于各所属单位针对本单位存在的问题及时作出有效决策,因地制宜地搞好各项业务 ②有利于分散经营风险,促进所属单位管理人员及财务人员的成长
缺点	①各所属单位大多从本位利益出发安排财务活动,缺乏全局观念和整体意识 ②可能导致资金管理分散、资金成本增大、费用失控、利润分配无序

（三）集权与分权相结合型财务管理体制

集权与分权相结合型财务管理体制实质上就是集权下的分权,企业对各所属单位在所有重大问题的决策与处理上实行高度集权,各所属单位则对日常经营活动具有较大的自主权。

集权与分权相结合型财务管理体制,结合了集权型和分权型财务管理体制的优点,避免了集权型和分权型财务管理体制各自的缺点,从而具有较大的优越性。

考试方向

考查各财务管理体制的优缺点。

【例题1-9 单选题】（2017年真题） 集权型财务管理体制可能导致的问题是（　　）。

A. 削弱所属单位主动性　　　　　　B. 资金管理分散

C. 利润分配无序　　　　　　　　　D. 资金成本增大

【答案】 A

【名师点睛】 集权过度会使各所属单位缺乏主动性、积极性,丧失活力,也可能因为决策程序相对复杂而失去适应市场的弹性,丧失市场机会。

二、 影响企业财务管理体制集权与分权选择的因素 ★★

企业财务管理体制集权与分权选择的影响因素,详见表1-9。

表 1-9 影响企业财务管理体制集权与分权选择的因素

影响因素	具体内容
企业生命周期	在企业发展的各个阶段,所选择的财务管理体制会有不同。例如,在企业初创阶段,经营风险高,宜选择集权型财务管理体制
企业战略	不同的战略目标应对应不同的财务管理体制。例如,实施纵向一体化战略的企业,各单位之间业务联系紧密,宜选择相对集中的财务管理体制
企业所处市场环境	如果企业所处的市场环境具有较大的不确定性,复杂多变,则宜采用分权型财务管理体制;如果企业所处的市场环境是稳定的,则宜集中财务管理权
企业规模	通常情况下,企业规模越小,财务管理的工作量也就越小,就越适合采用集权型财务管理体制
企业管理层素质	企业管理层(包括财务管理人员)的素质越高,能力越强,越宜采用集权型财务管理体制;反之,越宜采用分权型财务管理体制
信息网络系统	采用集权型财务管理体制的企业,要求网络系统能及时、准确地传递信息,保障信息的质量

【例题 1-10 判断题】(2016 年真题) 企业集团内部各所属单位之间业务联系越密切,就越有必要采用相对集中的财务管理体制。( )

【答案】 √

【名师点睛】 各所属单位之间业务联系越紧密,越适合采用相对集中的财务管理体制。

> 考试方向
> 根据企业的情况判断应采用哪种财务管理体制。

三、企业财务管理体制的设计原则 ★

(一)与现代企业制度的要求相适应的原则
(二)明确企业对各所属单位管理中的决策权、执行权与监督权相互制衡原则
(三)明确财务综合管理和分层管理思想的原则
(四)与企业组织体制相适应

企业组织体制主要有 U 型组织、H 型组织和 M 型组织三种基本形式,如表 1-10 所示。

表 1-10 企业组织体制的三种基本形式

形式	U 型组织	H 型组织	M 型组织
特征	集权型:子公司的自主权较小	分权型:子公司独立性较大,但现代意义上的 H 型组织既可以分权管理,也可以集权管理	集权和分权相结合型:比 H 型组织的集权程度更高

四、集权与分权相结合型财务管理体制的实践 ★ ★

集权与分权相结合型财务管理体制的核心内容是企业总部应做到制度统一、资金集中、信息集成和人员委派。

具体集权内容主要有:集中制度制定权,集中筹资、融资权,集中投资权,集中用资、

第一章

担保权,集中固定资产购置权,集中财务机构设置权,集中收益分配权。

具体分权内容主要有:分散经营自主权,分散人员管理权,分散业务定价权,分散费用开支审批权。

【例题1-11 单选题】(2012年真题) 某集团公司有A、B两个控股子公司,采用集权与分权相结合的财务管理体制,下列各项中,集团总部应当分权给子公司的是(   )。

A. 担保权   B. 收益分配权

C. 投资权   D. 日常费用开支审批权

考试方向
判断集权和分权的范围。

【答案】 D

【名师点睛】 采用集权与分权相结合的财务管理体制时,应集中制度制定权,筹资、融资权,投资权,用资、担保权,固定资产购置权,财务机构设置权,收益分配权;应分散经营自主权,人员管理权,业务定价权,费用开支审批权。

第五节　财务管理环境

本节框架 ▶

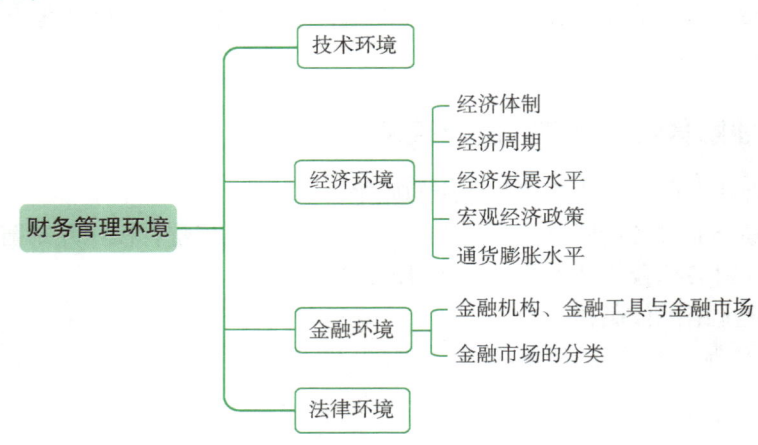

一、 技术环境 ★

财务管理的技术环境,是财务管理得以实现的技术手段和技术条件,它决定着财务管理的效率和效果。

提示 ▶ 会计信息系统属于技术环境的内容。

二、 经济环境 ★★★

经济环境包括经济体制、经济周期、经济发展水平、宏观经济政策、通货膨胀水平等。

(一) 经济体制

经济体制是制约企业财务管理的重要环境因素之一。

（二）经济周期

市场经济条件下，经济运行大体上经历复苏、繁荣、衰退和萧条几个阶段的循环，这种循环叫作经济周期。在经济周期的不同阶段，企业应采用不同的财务管理战略，详见表 1 - 11。

表 1 - 11 经济周期不同阶段的财务管理战略

复苏	繁荣	衰退	萧条
①增加厂房设备 ②实行长期租赁 ③建立存货储备 ④开发新产品 ⑤增加劳动力	①扩充厂房设备 ②继续建立存货 ③提高产品价格 ④开展营销规划 ⑤增加劳动力	①停止扩张 ②出售多余设备 ③停产不利产品 ④停止长期采购 ⑤削减存货 ⑥停止扩招员工	①建立投资标准 ②保持市场份额 ③压缩管理费用 ④放弃次要利益 ⑤削减存货 ⑥裁减雇员

记忆技巧 类比四季，春夏秋冬，热胀冷缩。春（复苏）、夏（繁荣）、秋（衰退）、冬（萧条），热（春和夏）胀（增加）、冷（秋和冬）缩（减少）。

（三）经济发展水平

经济发展水平越高，财务管理水平也越高，同时，财务管理水平的提高，也有利于经济的进一步发展。

（四）宏观经济政策

不同的宏观经济政策，对企业财务管理影响不同。

（五）通货膨胀水平

1. 通货膨胀对企业财务活动的主要影响。

（1）引起资金占用的大量增加，从而增加企业的资金需求。

（2）引起企业利润虚增，造成企业资金由于利润分配而流失。

（3）引起利率上升，加大企业筹资成本。

（4）引起有价证券价格下降，增加企业的筹资难度。

（5）引起资金供应紧张，增加企业的筹资难度。

2. 为了减轻通货膨胀对企业造成的不利影响，企业应当采取的防范措施。

（1）在通货膨胀初期：①进行投资以避免风险，实现资本保值；②应与客户签订长期购货合同，以减少物价上涨造成的损失；③应取得长期负债，以保持资本成本的稳定。

（2）在通货膨胀持续期：①采用比较严格的信用条件，以减少企业债权；②应调整财务政策，以防止和减少企业资本流失等。

【例题 1 - 12 多选题】（2019 年真题） 应对通货膨胀给企业造成的不利影响，企业可采取的措施包括（ ）。

A. 放宽信用政策
B. 减少企业债权
C. 签订长期购货合同
D. 取得长期负债

【答案】 BCD

考试方向 考查通货膨胀对企业的影响及应对措施。

三、金融环境 ★★★

（一）金融机构、金融工具与金融市场

1.金融机构主要是指银行和非银行金融机构。

2.金融工具是指形成一方的金融资产并形成其他方的金融负债或权益工具的合同。具体分为基本金融工具和衍生金融工具两大类。

常见的基本金融工具包括企业持有的现金、从其他方收取现金或其他金融资产的合同权利、向其他方交付现金或其他金融资产的合同义务等；常见的衍生金融工具包括远期合同、期货合同、互换合同和期权合同等。

金融工具具有流动性、风险性和收益性的特征。

（1）流动性是指金融工具在必要时迅速转变为现金而不致遭受损失的能力。

（2）风险性是指购买金融工具的本金和预定收益遭受损失的可能性，一般包括信用风险和市场风险。

（3）收益性是指金融工具能定期或不定期地给持有人带来收益。

3.金融市场是指资金供应者和资金需求者双方通过一定的金融工具进行交易而融通资金的场所。

（二）金融市场的分类

金融市场可以按照不同的标准进行分类。

1.以期限为标准，金融市场可分为货币市场和资本市场（详见表1-12）。

表1-12 货币市场和资本市场比较

	货币市场	资本市场
含义	又称短期金融市场，是指以期限在1年以内的金融工具为媒介，进行短期资金融通的市场	又称长期金融市场，是指以期限在1年以上的金融工具为媒介，进行长期资金交易活动的市场
主要功能	调节短期资金融通	实现长期资本融通
主要形式	拆借市场、票据市场、大额定期存单市场和短期债券市场等	债券市场、股票市场、期货市场和融资租赁市场等
主要特点	①期限短。一般为3~6个月，最长不超过1年 ②交易目的是解决短期资金周转。它的资金来源主要是资金所有者暂时闲置的资金，融通资金的用途一般是弥补短期资金的不足 ③流动性强、价格平稳、风险较小	①融资期限长。至少1年以上，最长可达10年甚至10年以上 ②融资的目的是解决长期投资性资本的需要，用于补充长期资本，扩大生产能力 ③资本借贷量大 ④收益较高但风险也较大

提示 ▶ 期货市场主要包括商品期货市场和金融期货市场。金融期货主要包括外汇期货、利率期货和股指期货。期货市场具有规避风险、发现价格、风险投资的功能。

2.以功能为标准，金融市场可分为发行市场和流通市场。

3.以融资对象为标准，金融市场可分为资本市场、外汇市场和黄金市场。

4.按所交易金融工具的属性，金融市场可分为基础性金融市场和金融衍生品市场。

5. 以地理范围为标准,金融市场可分为地方性金融市场、全国性金融市场和国际性金融市场。

【例题 1－13 多选题】(2019 年真题) 相对于资本市场而言,下列属于货币市场特点的是(   )。

A. 流动性强   B. 期限长   C. 收益高   D. 风险大

【答案】 A

【名师点睛】 货币市场的主要特点:①期限短;②交易目的是解决短期资金周转;③货币市场上的金融工具有较强的货币性,具有流动性强、价格平稳、风险较小等特性。资本市场的主要特点:①融资期限长;②融资的目的是解决长期投资性资本的需要;③资本借贷量大;④收益较高但风险也较大。本题中选项 BCD 是资本市场的特点,只有选项 A 是货币市场的特点。

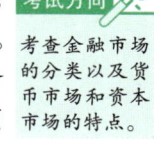

考试方向

考查金融市场的分类以及货币市场和资本市场的特点。

四、 法律环境 ★

法律环境对企业的影响是多方面的,不同种类的法律、法规、规章,分别从不同方面约束企业的经济行为,对企业财务管理产生影响。

同步练习

一、单项选择题

1. 某企业集团经过多年的发展,已初步形成从原料供应、生产制造到物流服务上下游密切关联的产业集群,当前集团总部管理层的素质较高,集团内部信息化管理的基础较好。据此判断,该集团最适宜的财务管理体制类型是( )。
   A. 集权型
   B. 分权型
   C. 自主型
   D. 集权与分权相结合型

2. U 型组织是以职能化管理为核心的一种最基本的企业组织结构,其典型特征是( )。
   A. 集权控制   B. 分权控制
   C. 多元控制   D. 分层控制

3. 某上市公司职业经理人在任职期间不断提高在职消费,损害股东利益。这一现象揭示了公司制企业存在( )的缺点。
   A. 产权问题   B. 激励问题
   C. 代理问题   D. 责权分配问题

4. 与企业价值最大化财务管理目标相比,股东财富最大化目标的局限性是( )。
   A. 对债权人的利益重视不够
   B. 容易导致企业的短期行为
   C. 没有考虑风险因素
   D. 没有考虑货币时间价值

5. 下列关于企业价值最大化目标的表述中,不正确的是( )。
   A. 能克服企业在追求利润上的短期行为
   B. 将企业持续的获利能力放在首位
   C. 有利于量化考核和评价
   D. 考虑了风险与报酬的关系

6. 企业财务管理体制是明确企业各财务层级财务权限、责任和利益的制度,其核心问题是( )。
   A. 如何进行财务考核
   B. 如何进行财务决策
   C. 如何实施财务计划
   D. 如何配置财务管理权限

7. 按照财务战略目标的总体要求,利用专门方法对各种备选方案进行比较和分析,从中选出最佳方案的是( )。
   A. 财务决策   B. 财务控制
   C. 财务分析   D. 财务计划

8. 某企业对各所属单位在所有重大问题的决策和处理上实行高度集权,各所属单位则对日常经营活动具有较大的自主权,该企业采取的财务管理体制是( )。
   A. 集权型
   B. 分权型
   C. 集权与分权相结合型
   D. 集权和分权相制约型

9. 随着数据科学、机器人流程自动化等机器智能技术不断应用到财务管理领域,下列财务管理环境中,随之得到改善的是( )。
   A. 技术环境   B. 经济环境
   C. 金融环境   D. 市场环境

10. 下列各项中,不能为企业提供中长期资金来源的是( )。
    A. 拆借市场   B. 股票市场
    C. 期货市场   D. 融资租赁市场

二、多项选择题

1. 下列各项中,属于所有者与债权人之间利益冲突协调方式有( )。
   A. 股票期权   B. 接收
   C. 停止借款   D. 限制性借债

2. 公司的下列行为中,可能损害债权人利益的有( )。
   A. 发行普通股
   B. 为其他企业提供的担保
   C. 举借新债
   D. 改变举债资金的原定用途,用于风险更高的项目

3. 下列属于企业的社会责任的有( )。
   A. 按时足额发放劳动报酬,提供安全健康的工作环境
   B. 主动偿债,不无故拖欠
   C. 确保产品质量,保障消费安全
   D. 及时支付股利,确保股东的利益

4. 下列各项中,表明企业更应采取集权型财务管理体制的是( )。

A. 企业处于初创阶段

B. 各所属单位之间业务联系密切

C. 企业面临的环境是稳定的,对生产经营的影响不太显著

D. 企业规模小,财务管理工作量小

5. 在下列各项中,属于财务管理经济环境构成要素的有( )。

A. 经济体制　　　　B. 企业组织形式

C. 宏观经济政策　　D. 通货膨胀水平

6. 下列各项中,属于基本金融工具的有( )。

A. 互换合同

B. 期权合同

C. 企业持有的现金

D. 向其他方交付现金或其他金融资产的合同义务

三、判断题

1. 企业的社会责任是企业在谋求所有者权益最大化之外所承担的维护和增进社会利益的义务,一般划分为企业对社会公益的责任和对债权人的责任两大类。 ( )

2. 金融市场分为货币市场和资本市场,股票市场属于资本市场。 ( )

3. 就上市公司而言,将股东财富最大化作为财务管理目标的缺点之一是不容易被量化。 ( )

4. 对于以相关者利益最大化为财务管理目标的公司来说,最为重要的利益相关者应当是公司员工。 ( )

5. 由于控股公司组织(H型组织)的母、子公司均为独立的法人,是典型的分权组织,因而不能进行集权管理。 ( )

6. 在经济衰退初期,公司一般应当出售多余设备,停止长期采购。 ( )

7. 不考虑其他因素的影响,通货膨胀一般会导致市场利率下降,从而降低了企业的筹资难度。 ( )

8. 接收是通过所有者约束经营者的办法。 ( )

9. 绩效股是指允许经营者以预先确定的条件购买本企业一定数量股份的权利,当股票的市场价格高于约定价格,经营者就会因此获取收益。 ( )

10. 金融工具的流动性是指购买金融工具的本金和预定收益遭受损失的可能性。 ( )

参考答案及解析

一、单项选择题

1.【答案】 A

【解析】 该企业业务联系密切,管理层的素质较高,信息化管理的基础较好,据此可以判断,该集团适宜采用集权型管理体制。

2.【答案】 A

【解析】 U型组织最典型的特征是在管理分工下实行集权控制。

3.【答案】 C

【解析】 所有者和经营者分开以后,所有者成为委托人,经营者成为代理人,代理人可能为了自身利益而伤害委托人的利益,属于存在代理问题,选项C正确。

4.【答案】 A

【解析】 股东财富最大化目标强调更多的是股东利益,而对其他相关者的利益重视不够,所以选择选项A。企业价值最大化和股东财富最大化目标都考虑了风险因素和货币时间价值,

都能在一定程度上避免企业的短期行为。

5.【答案】 C

【解析】 以企业价值最大化作为财务管理目标过于理论化,不易操作,不利于量化考核和评价。对于非上市公司而言,只有对企业进行专门的评估才能确定其价值,而在评估企业的资产时,由于受到评估标准和评估方式的影响,很难做到客观和准确。

6.【答案】 D

【解析】 企业财务管理体制的核心问题是如何配置财务管理权限。

7.【答案】 B

【解析】 公司制企业的优点:①容易转让所有权。②有限债务责任。③可以无限存续。④融资渠道较多,更容易筹集所需资金。公司制企业的缺点:①组建公司的成本高。②存在代理问题。③双重课税。

8.【答案】 C

【解析】 集权与分权相结合型的特征就是企业对各所属单位在所有重大问题的决策与处理上实行高度集权,各所属单位则对日常经营活动具有较大的自主权。

9.【答案】 A

【解析】 随着数据科学、机器人流程自动化等机器智能技术不断应用到财务管理领域,财务管理的技术环境更容易实现数出一门、资源共享,便于不同信息使用者获取、分析和使用,进行投资和相关决策。

10.【答案】 A

【解析】 货币市场的主要功能是调节短期资金融通,主要有拆借市场、票据市场、大额定期存单市场和短期债券市场等;资本市场的主要功能是实现长期资本融通,主要包括债券市场、股票市场、期货市场和融资租赁市场等。

二、多项选择题

1.【答案】 CD

【解析】 所有者与债权人之间的利益冲突,可以通过以下方式解决:①限制性借债;②收回借款或停止借款。故选项 CD 正确,选项 AB 属于所有者和经营者之间利益冲突的解决方式。

2.【答案】 BCD

【解析】 选项 A,发行普通股,筹集了更多的资金可用于归还借款和利息,不会损害债权人的利益;选项 BCD,会使企业的偿债风险增大,原债权的价值降低,损害债权人的利益。

3.【答案】 ABC

【解析】 企业的社会责任是指企业在谋求所有者或股东权益最大化之外所负有的维护和增进社会利益的义务。选项 A 属于企业对员工的责任;选项 B 属于企业对债权人的责任;选项 C 属于企业对消费者的责任。

4.【答案】 ABCD

【解析】 在初创阶段,企业经营风险高,财务管理宜偏重集权模式。故选项 A 正确;各所属单位之间业务联系越密切,就越有必要采用相对集中的财务管理体制。如果企业面临的环境是稳定的,对生产经营的影响不太显著,则可以把财务管理权较多的集中。企业规模小,财务管理工作量小,为财务管理服务的财务组织制度也相应简单、集中,偏重于集权模式。所以本题应选择 ABCD。

5.【答案】 ACD

【解析】 经济环境内容十分广泛,包括经济体制(选项 A)、经济周期、经济发展水平、宏观经济政策(选项 C)及通货膨胀水平(选项 D)等。

6.【答案】 CD

【解析】 金融工具分为基本金融工具和衍生金融工具两大类。常见的基本金融工具有企业持有的现金、从其他方收取现金或其他金融资产的合同权利、向其他方交付现金或其他金融资产的合同义务等;常见的衍生金融工具包括远期合同、期货合同、互换合同和期权合同等。选项 AB 属于衍生金融工具,选项 CD 属于基本金融工具。

三、判断题

1.【答案】 ×

【解析】 企业的社会责任是指企业在谋求所有者或股东权益最大化之外所负有的维护和增进社会利益的义务。具体来说,企业的社会责任主要包括:对员工的责任、对债权人的责任、对消费者的责任、对社会公益的责任、对环境和资源的责任,此外,企业还有义务和责任遵从政府的管理、接受政府的监督。

2.【答案】 √

【解析】 以期限为标准,金融市场可分为货币市场和资本市场。资本市场包括股票市场、债券市场和融资租赁市场等。

3.【答案】 ×

【解析】 对上市公司而言,股东财富最大化目标比较容易量化,便于考核和奖惩。

4.【答案】 ×

【解析】 相关者利益最大化目标,强调股东的首要地位,并强调企业与股东之间的协调关系。

5.【答案】 ×

【解析】 随着企业管理实践的深入,H 型组织的财务管理体制也在不断演化。总部作为子公司的出资人对子公司的重大事项拥有最后的决定权,因此,也就拥有了对子公司"集权"的法律基础。现代意义上的 H 型组织既可以分权管理,也可以集权管理。

6.【答案】 √

【解析】 在经济衰退期,公司应当停止扩张、出售多余设备、停产不利产品、停止长期采购、削减存货、停止扩招雇员。

7.【答案】　×

【解析】　通货膨胀会引起利率上升,加大企业的筹资成本,增加企业的筹资难度。

8.【答案】　×

【解析】　接收是通过市场约束经营者的办法,解聘是通过所有者约束经营者的办法。

9.【答案】　×

【解析】　股票期权是允许经营者以预先确定的条件购买本企业一定数量股份的权利,当股票的市场价格高于约定价格,经营者就会因此获取收益。绩效股是指企业运用每股收益、资产收益率等指标来评价经营者绩效,并视其绩效大小给予经营者数量不等的股票作为报酬。

10.【答案】　×

【解析】　金融工具的流动性是指金融工具在必要时迅速转变为现金而不致遭受损失的能力。金融工具的风险性是指购买金融工具的本金和预定收益遭受损失的可能性。

第二章
财务管理基础

考情回顾

本章主要学习货币时间价值、风险与收益和成本性态分析，内容较多，难度较大。在近几年考试中本章分值为 8~10 分，主要题型为单选题、多选题、判断题、计算分析题。预计今年考查题型不变，分值为 8~10 分。

考试变化

本章没有实质性变化。

本章结构

第一节　货币时间价值

第二节　风险与收益

第三节　成本性态分析

第一节　货币时间价值

 本节框架 ▶

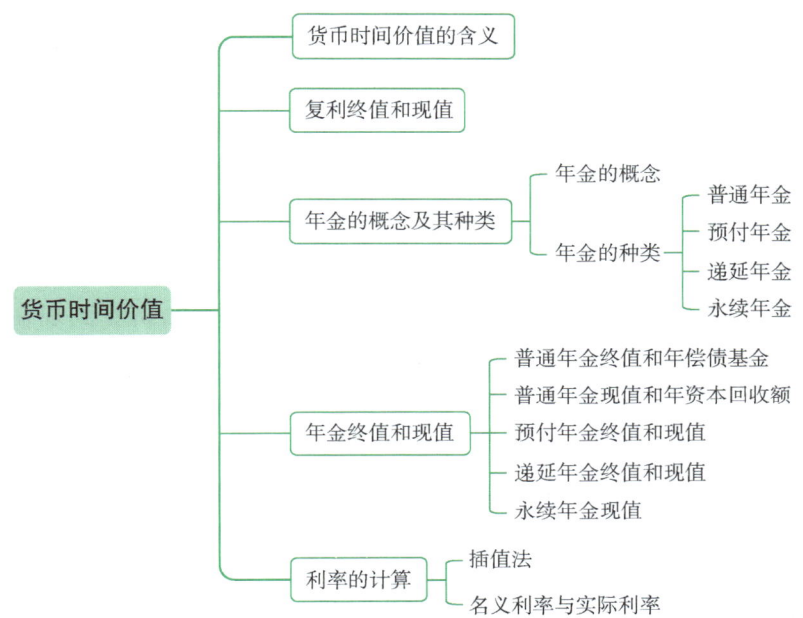

一、　货币时间价值的含义 ★

货币时间价值是指在没有风险和没有通货膨胀的情况下,货币经历一定时间的投资和再投资所增加的价值,也称为资金的时间价值。

二、　复利终值和现值——互为逆运算 ★ ★ ★

(一)复利终值(已知现值 P,求终值 F)

复利终值指现在的一定本金在将来一定时间,按复利计算的本金和利息之和,简称本利和,如图 2-1 所示。

▲ 图 2-1　复利终值形式

复利终值计算公式:$F = P \times (1+i)^n = P \times (F/P, i, n)$

其中:i 表示计息期利率,n 表示计息期数。$(1+i)^n$ 称为复利终值系数,记作$(F/P, i, n)$,可查"复利终值系数表"(见本书附表 1)。

第二章

案例 2-1

甲某将 1000 万元存入银行,年利率为 10%,分别计算 1 年后、2 年后的本利和。

【分析】 一年后的本利和:$F = 1000 + 1000 \times 10\% = 1000 \times (1 + 10\%) = 1100$(万元)

两年后的本利和:$F = 1000 \times (1 + 10\%)^2 = 1000 \times (F/P, 10\%, 2) = 1000 \times 1.21 = 1210$(万元)

案例 2-2

甲某将 1000 万元存入银行,年利率 4%,半年计息一次,按照复利计算,求 5 年后的本利和。

【分析】 在本例中,一个计息期为半年,一年有两个计息期,所以,计息期利率 = $4\%/2 = 2\%$,即 $i = 2\%$。由于 5 年共计有 10 个计息期,故 $n = 10$。所以 5 年后的本利和 $F = P \times (F/P, 2\%, 10) = 1000 \times (F/P, 2\%, 10) = 1219.0$(万元)。

（二）复利现值（已知终值 F，求现值 P）

复利现值是指未来某一时点的特定资金按复利计算方法,折算到现在的价值,如图 2-2 所示。

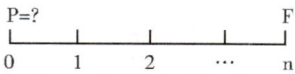

▲ **图 2-2 复利现值形式**

复利现值计算公式:$P = F \times (1+i)^{-n} = F \times (P/F, i, n)$

其中:i 表示计息期利率,n 表示计息期数。$1/(1+i)^n = (1+i)^{-n}$ 称为复利现值系数,记作 $(P/F, i, n)$,可查"复利现值系数表"(见本书附表 2)。

提示 ▶ 复利终值和复利现值互为逆运算。

▶ 复利终值系数 $(1+i)^n$ 和复利现值系数 $1/(1+i)^n$ 互为倒数。

案例 2-3

甲某准备 5 年后获得本利和 1000 万元。假设存款年利率为 4%,按照复利计息,甲某现在应存入多少元?

【分析】 $P = F \times (P/F, 4\%, 5) = 1000 \times (P/F, 4\%, 5) = 1000 \times 0.8219 = 821.9$(万元)

考试方向

考查复利终值和复利现值的计算及系数间的关系。

【例题 2-1 单选题】(2020 年真题) $(P/F, i, 9)$ 与 $(P/F, i, 10)$ 分别表示 9 年期和 10 年期的复利现值系数,关于两者的数量关系,下列表达正确的是(　　)。

A. $(P/F, i, 10) = (P/F, i, 9) - i$

B. $(P/F, i, 10) = (P/F, i, 9) \times (1+i)$

C. $(P/F, i, 9) = (P/F, i, 10) \times (1+i)$

D. $(P/F, i, 10) = (P/F, i, 9) + i$

【答案】 C

【名师点睛】 $(P/F, i, 10) = 1/(1+i)^{10}$

$(P/F, i, 9) = 1/(1+i)^9 = [1/(1+i)^{10}] \times (1+i)$

三、年金的概念及其种类 ★★

（一）年金的概念

年金是指间隔期相等的系列等额收付款项。其主要特征如下：

（1）间隔期相等：每次间隔期一样，可以是年或月或季度等。

（2）系列：是指多笔款项，而不是一次性款项。

（3）等额：每次发生额相等。

（二）年金的种类（A 表示年金）

1.普通年金（又称后付年金）：从第一期开始每期期末等额收款或付款的年金，如图 2-3 所示。

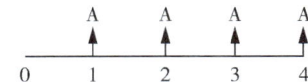

▲ **图 2-3　普通年金的收付形式**

2.预付年金（又称先付年金、即付年金）：从第一期开始每期期初等额收款或付款的年金，如图 2-4 所示。

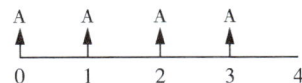

▲ **图 2-4　预付年金的收付形式**

> **提示** ▶ 普通年金和预付年金都是从第一期开始的，只是普通年金是从第一期期末开始（即 1 时点开始），而预付年金是从第一期期初开始（即 0 时点开始）发生的系列收付款。

3.递延年金：从第二期或第二期以后等额收付的年金，如图 2-5 所示。

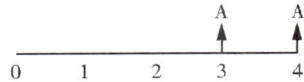

▲ **图 2-5　递延年金的收付形式**

4.永续年金：无限期的普通年金，如图 2-6 所示。

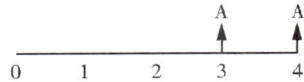

▲ **图 2-6　永续年金的收付形式**

> **提示** ▶ 货币时间价值的学习一定要会画现金流量图，0 时点表示的是现值点，时间轴上的数字代表每期期末，每期期末也是下期期初，如时间轴上的 3，表示第 3 期期末，也表示第 4 期期初。这里的"期"指的是计息周期，可以是年、季、月等。
>
> ▶ 四类年金分类里面普通年金是基础，特别是递延年金递延期的确定：递延年金补几个 A 可以变成普通年金则递延期就是几。

四、 年金的终值和现值 ★★★

(一)普通年金终值和年偿债基金——互为逆运算

1.普通年金终值(已知年金 A,求终值 F)。

普通年金终值是指各期等额收付金额在第 n 期期末的复利终值之和,如图 2-7 所示。

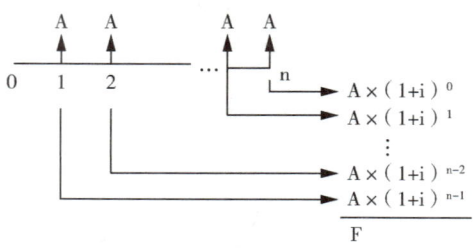

▲ 图 2-7 普通年金求终值的形式

普通年金终值计算公式:

$$F=A\times(1+i)^0+A\times(1+i)^1+A\times(1+i)^n+\cdots+A\times(1+i)^{n-2}+A\times(1+i)^{n-1}=A\times[(1+i)^0+(1+i)^1+(1+i)^2+\cdots+(1+i)^{n-2}+(1+i)^{n-1}]=A\times\frac{(1+i)^n-1}{i}=A\times(F/A,i,n)$$

其中,$\frac{(1+i)^n-1}{i}$ 称为年金终值系数,记作(F/A,i,n),可查"年金终值系数表"(见本书附表3)。

案例 2-4

小张是个热心于公众事业的人,自 2010 年 12 月底开始,他每年都要向一位失学儿童捐款。小张向这位失学儿童每年捐款 2000 元,帮助这位失学儿童从小学一年级开始读完九年义务教育。假设每年定期存款利率都是 2%(复利计息),则小张 9 年的捐款在 2018 年年底相当于多少钱?

【分析】 F=2000×(F/A,2%,9)=2000×9.7546=19509.2(元)

2.年偿债基金(已知终值 F,求年金 A)。

年偿债基金是为了在约定的未来某一时点清偿某笔债务或积聚一定数额的资金而必须分次等额形成的存款准备金,也就是为使年金终值达到既定金额的年金数额,即已知终值 F,求年金 A。这个 A 也叫作年偿债基金。

由:F=A×(F/A,i,n),可得:A=F÷(F/A,i,n)=F×(A/F,i,n),(A/F,i,n)是偿债基金系数。

提示 ▶年金终值和年偿债基金互为逆运算。

▶ 偿债基金系数(A/F,i,n)与普通年金终值系数(F/A,i,n)互为倒数。

案例 2-5

甲拟在 5 年后还清 20000 元债务,从现在起每年年末等额存入银行一笔款项。假设银行利率为 10%,则每年需存入多少元?

【分析】 A=20000÷(F/A,10%,5)=20000÷6.1051=3275.95(元)

（二）普通年金现值和年资本回收额——互为逆运算

1. 普通年金现值（已知年金 A，求现值 P）。

普通年金现值是指普通年金中各期等额收付金额在第 1 期期初（0 时点）的复利现值之和，如图 2-8 所示。

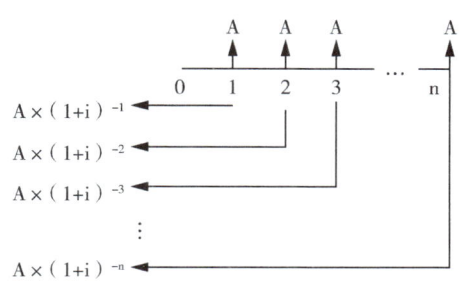

▲ **图 2-8 普通年金求现值的形式**

普通年金现值计算公式：

$$P = A \times (1+i)^{-1} + A \times (1+i)^{-2} + \cdots + A \times (1+i)^{-n} = A \times [(1+i)^{-1} + (1+i)^{-2} + \cdots + (1+i)^{-n}] = A \times \frac{1-(1+i)^{-n}}{i} = A \times (P/A, i, n)$$

其中 $\frac{1-(1+i)^{-n}}{i}$ 称为年金现值系数，记作 $(P/A, i, n)$，可查"年金现值系数表"（见本书附表 4）。

> **案例 2-6**
>
> 某投资项目于 2020 年年初动工，假设当年投产，从投产之日起每年年末可得收益 5000 元。按年利率 6% 计算，计算预期 10 年收益的现值。
>
> $P = 5000 \times (P/A, 6\%, 10) = 5000 \times 7.3601 = 36800.5$（元）

2. 年资本回收额（已知年金 A，求现值 P）。

年资本回收额是在约定年限内等额回收初始投入资本的金额，即已知终值 P，求年金 A。这个 A 也叫作年资本回收额。

由：$P = A \times (P/A, i, n)$，可得：$A = P \div (P/A, i, n) = P \times (A/P, i, n)$，$(A/P, i, n)$ 是资本回收系数。

提示 ▶ 年金现值和年资本回收额互为逆运算。

▶ 资本回收系数 $(A/P, i, n)$ 与普通年金现值系数 $(P/A, i, n)$ 互为倒数。

> **案例 2-7**
>
> 某人于 2020 年 1 月 25 日按揭贷款买房，贷款金额为 100 万元，年限为 10 年，年利率为 6%，月利率为 0.5%，从 2020 年 2 月 25 日开始还款，每月还一次，共计还款 120 次，每次还款的金额相同。已知 $(P/A, 0.5\%, 120) = 90.08$。
>
> 要求：计算每月还款的数额。
>
> **【分析】** 假设每次还款金额为 A 万元，则有 $100 = A \times (P/A, 0.5\%, 120)$，故 $A = 100 \div (P/A, 0.5\%, 120) = 100 \div 90.08 = 1.11$（万元）。

考试方向 考查普通年金终值和普通年金现值的计算以及系数间的关系。

【例题2－2 单选题】(2017年真题)　下列各项中,与普通年金终值系数互为倒数的是(　　)。

A. 预付年金现值系数

B. 普通年金现值系数

C. 偿债基金系数

D. 资本回收系数

【答案】　C

【名师点睛】　普通年金终值系数与偿债基金系数互为倒数,普通年金现值系数与资本回收系数互为倒数。所以选项C正确。

(三) 预付年金终值和现值

1. 预付年金终值。

预付年金终值是指各期等额收付金额在第 n 期期末的复利终值之和,与普通年金终值的对比如图2－9所示。

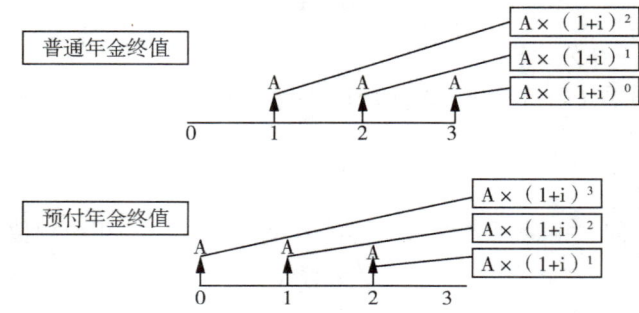

▲ 图2－9　普通年金终值与预付年金终值对比

预付年金终值计算公式: $F = A \times$ 普通年金终值系数 $\times (1+i) = A \times (F/A,i,n) \times (1+i)$

其中: 预付年金终值系数 = 普通年金终值系数 $\times (1+i)$

扩展公式: $F = A \times [(F/A,i,n+1)-1]$

2. 预付年金现值。

预付年金现值是指预付年金中各期等额收付金额在第 1 期期初(0 时点)的复利现值之和,与普通年金的对比如图2－10所示。

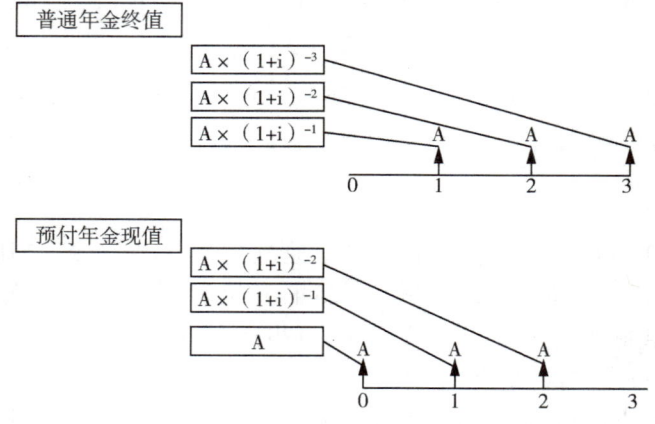

▲ 图2－10　普通年金现值与预付年金现值对比

预付年金现值计算公式：P＝A×普通年金现值系数×(1+i)＝A×(P／A,i,n)×(1+i)

其中：预付年金现值系数＝普通年金现值系数×(1+i)

扩展公式：P＝A×[(P／A,i,n-1)+1]

【例题 2－3 单选题】(2013 年真题) 已知(P／A,8%,5)＝3.9927,(P／A,8%,6)＝4.6229,(P／A,8%,7)＝5.2064,则 6 年期、折现率为 8%的预付年金现值系数是(　　)。

A.2.9927　　　　　B.4.2064　　　　　C.4.9927　　　　　D.6.2064

【答案】 C

【名师点睛】 预付年金现值系数＝同期的普通年金系数×(1+i)＝4.6229×1.08＝4.9927

【例题 2－4 单选题】(2020 年真题) 某公司需要在 10 年内每年等额支付 100 万元,年利率为 i,如果在每年年末支付,全部付款额的现值为 X；如果在每年年初支付,全部付款额的现值为 Y。则 Y 和 X 的数量关系可以表示为(　　)。

A.Y＝X×(1+i)　　　　　　　　B.Y＝X／(1+i)

C.Y＝X×(1+i)-i　　　　　　　D.Y＝X／(1+i)-i

【答案】 A

【名师点睛】 预付年金现值＝同期的普通年金现值×(1+i)

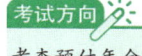

考试方向

考查预付年金终值和现值的计算以及预付年金系数与普通年金系数之间的关系。

(四)递延年金终值和现值

1.递延年金终值。

对于递延期为 m、等额收付 n 次的递延年金而言,其终值指的是各期等额收付金额在第(m+n)期期末的复利终值之和,与普通年金的对比如图 2-11 所示。

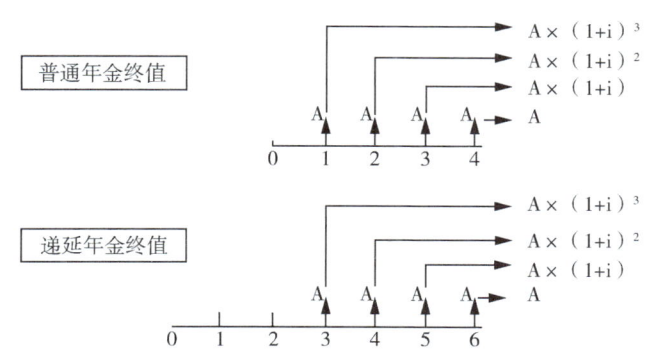

▲ **图 2－11 普通年金终值与递延年金终值对比**

递延年金终值计算公式：F＝A×(F／A,i,n)

提示▶ 递延年金求终值只与 A 的个数(n)有关,与递延期(m)无关。

2.递延年金现值。

递延年金现值是指递延年金中各期等额收付金额在第 1 期期初(0 时点)的复利现值之和。其计算方法如下：

①两次折现(如图 2－12 所示)。

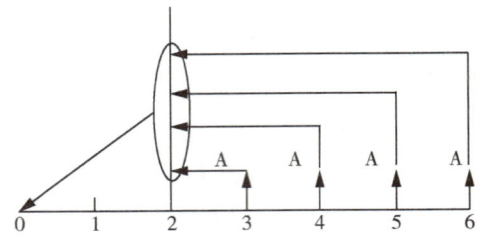

▲ 图 2－12 递延年金求现值（两次折现）

递延年金现值计算公式：$P=A\times(P/A,i,n)\times(P/F,i,m)$

式中，n 表示等额收付的次数（即 A 的个数），m 表示递延期。

②先加上后减去（如图 2－13 所示）。

▲ 图 2－13 递延年金求现值（先加后减）

递延年金现值计算公式：$P=A\times(P/A,i,m+n)-A\times(P/A,i,m)$

式中，n 表示等额收付的次数（即 A 的个数），m 表示递延期。

提示 ▶ 递延年金求现值关键是递延期 m 及等额收付次数 n 的确定。前面已经强调过年金分类里面普通年金是基础，递延年金补几个 A 可以变成普通年金则递延期 m 就是几，如图 2－13 补 2 个 A 可以变成 6 期的普通年金，则递延期 m 就是 2；等额收付次数 n 的确定则取决于原来有几个 A，如图 2－12 原来有 4 个 A，则收支期等额收付的次数 n 就是 4。

案例 2－8

某递延年金从第 4 期开始，每期期末支付 100 万元，共计支付 6 次，假设利率为 4%，相当于现在一次性支付的金额是多少？

【分析】 本例中，由于第一次支付发生在第 4 期期末，因此 m＝3；由于连续支付 6 次，因此 n＝6。

$P=100\times(P/A,4\%,6)\times(P/F,4\%,3)=100\times5.2421\times0.8890=466.02$（万元）

相当于现在一次性支付的金额是 466.02 万元。

案例 2－9

某递延年金从第 4 期开始，每期期初支付 100 万元，共计支付 6 次，假设利率为 4%，相当于现在一次性支付的金额是多少？

【分析】 本例中，由于第一次支付发生在第 4 期期初，第 4 期期初与第 3 期期末是同一时点，因此 m＝2；由于连续支付 6 次，因此 n＝6。

$P=100\times(P/A,4\%,6)\times(P/F,4\%,2)=100\times5.2421\times0.9246=484.68$（万元）

相当于现在一次性支付的金额是 484.68 万元。

【例题 2－5 单选题】（2019 年真题） 某年金在前 2 年无现金流入，从第 3 年开始连续 5 年每年年初现金流入 300 万元，则该年金按 10% 的年利率折现的现值为（　　）万元。

考试方向
考查递延年金终值和现值的计算。

A. 300×（P/A，10%，5）×（P/F，10%，1） B. 300×（P/A，10%，5）×（P/F，10%，2）

C. 300×（P/F，10%，5）×（P/A，10%，1） D. 300×（P/F，10%，5）×（P/A，10%，2）

【答案】 A

【名师点睛】 由于第 3 年开始连续 5 年每年年初现金流入 300 万元，即第 2 年开始连续 5 年每年年末现金流入 300 万元，所以是递延期为 1 年，期数为 5 年的递延年金，P＝300×（P/A，10%，5）×（P/F，10%，1）。

（五）永续年金现值

1. 现值：永续年金现值计算公式：P＝A/i

2. 终值：永续年金是无限期的普通年金，所以没有终值。

【例题 2－6 单选题】（2020 年真题） 某项永久性扶贫基金拟在每年年初发放 80 万元扶贫款，年利率为 4%，则该基金需要在第一年年初投入的资金数额（取整数）为（　　）万元。

考试方向
考查永续年金求现值的计算。

A. 1923 B. 2080 C. 2003 D. 2000

【答案】 B

【名师点睛】 该基金需要在第 1 年年初投入的资金数额＝80+80/4%＝2080（万元）

【例题 2－7 判断题】（2020 年真题） 永续年金由于收付款的次数无穷多，所以其现值无穷大。（　　）

【答案】 ×

【名师点睛】 永续年金现值 P＝A/i，可以算出具体数值，不是无穷大。

·易错易混点·

货币时间价值的计算公式详见表 2－1，各系数间的关系详见表 2－2。

表 2－1 货币时间价值的计算公式

项目	计算公式
复利终值	$F=P\times(F/P,i,n)$
复利现值	$P=F\times(P/F,i,n)$
普通年金终值	$F=A\times(F/A,i,n)$
偿债基金	$A=F/(F/A,i,n)$
普通年金现值	$P=A\times(P/A,i,n)$
投资回收额	$A=P/(P/A,i,n)$
预付年金现值	$P=$普通年金的现值$\times(1+i)=A\times[(P/A,n-1)+1]$
预付年金终值	$F=$普通年金的终值$\times(1+i)=A\times[(F/A,n+1)-1]$
递延年金的现值	$P=A\times(P/A,i,n)\times(P/F,i,m)=A\times[(P/A,i,m+n)-(P/A,i,m)]$ m：递延期；n：等额收付的次数

表2-2　系数间的关系

名称	系数之间的关系
预付年金终值系数与普通年金终值系数	预付年金终值系数=普通年金终值系数×(1+i)
预付年金现值系数与普通年金现值系数	预付年金现值系数=普通年金现值系数×(1+i)
复利终值系数与复利现值系数	倒数关系
偿债基金系数与普通年金终值系数	倒数关系
投资回收系数与普通年金现值系数	倒数关系

考试方向
考查货币时间价值的熟练运用。

【例题2-8 计算分析题】（2018年真题）　甲公司于2018年1月1日购置一条生产线,有四种付款方案可供选择。

方案一：2020年初支付100万元。

方案二：2018年至2020年每年年初支付30万元。

方案三：2019年至2022年每年年初支付24万元。

方案四：2020年至2024年每年年初支付21万元。

公司选定的折现率为10%,部分货币时间价值系数如下表所示。

期数（n）	1	2	3	4	5	6
(P/F,10%,n)	0.9091	0.8264	0.7513	0.6830	0.6209	0.5645
(P/A,10%,n)	0.9091	1.7355	2.4869	3.1699	3.7908	4.3553

要求：（1）计算方案一的现值。

（2）计算方案二的现值。

（3）计算方案三的现值。

（4）计算方案四的现值。

（5）判断甲公司应选择哪种付款方案。

【答案】　（1）方案一的现值=100×(P/F,10%,2)=100×0.8264=82.64(万元)

（2）方案二的现值=30×(P/A,10%,3)×(1+10%)=30×2.4869×(1+10%)=82.07(万元)

（3）方案三的现值=24×(P/A,10%,4)=24×3.1699=76.08(万元)

（4）方案四的现值=21×(P/A,10%,5)×(P/F,10%,1)=21×3.7908×0.9091=72.37(万元)

（5）因为方案四的现值最小,所以甲公司应选择方案四的付款方案。

五、利率的计算 ★★★

（一）插值法（内插法）

案例2-10

某投资项目现在需要一次性投资10000万元,预计在未来5年内,每年年末可获得现金净流量2500万元。则该投资项目的预期年收益率是多少?（按每年复利一次计算）

【分析】　步骤一：确定期数已知、利率未知的货币时间价值系数。

根据2500×(P/A,i,5)=10000,可知(P/A,i,5)=10000÷2500=4。

步骤二：查找相应的货币时间价值系数表,确定在相应期数的一行中,该系数位于哪两个相邻系数之间,以及这两个相邻系数对应的利率。

(P/A,7%,5) = 4.1002

(P/A,i,5) = 4

(P/A,8%,5) = 3.9927

步骤三：根据"利率差之比=对应的系数差之比"的比例关系,列方程求解利率i。

$$\frac{i-8\%}{7\%-8\%} = \frac{4-3.9927}{4.1002-3.9927}$$

解得：i = 7.93%

提示 ▶ 运用插值法需注意利率与货币时间价值系数之间对应关系的正确性。在期数一定的条件下,复利终值系数和年金终值系数与利率正相关(利率越高,终值系数越大),复利现值系数和年金现值系数与利率负相关(利率越高,现值系数越小)。

▶ 上述插值法的步骤也可以用于在利率已知的情况下,推算期数。(参见第六章"投资管理"中动态回收期的计算)

【例题 2 - 9 单选题】(2019 年真题) 某公司设立一项偿债基金项目,连续 10 年于每年年末存入 500 万元,第 10 年年末可以一次性获取 9000 万元,已知(F/A,8%,10) = 14.487,(F/A,10%,10) = 15.937,(F/A,12%,10) = 17.549,(F/A,14%,10) = 19.337,(F/A,16%,10) = 21.321,则该基金的收益率介于(　　)。

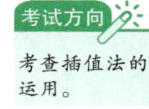

考试方向 ✎

考查插值法的运用。

A.12% ~ 14%   B.10% ~ 12%

C.14% ~ 16%   D.8% ~ 10%

【答案】 A

【名师点睛】 假设该基金的收益率为i,则500×(F/A,i,10) = 9000,解得：(F/A,i,10) = 18;同时(F/A,12%,10) = 17.549,(F/A,14%,10) = 19.337,所以 12%<i<14%。

(二)名义利率与实际利率

1.一年多次计息时的名义利率与实际利率。

一年多次计息(计息期短于 1 年)时,给出的年利率为名义利率,按照复利计算的年利息与本金的比值为实际利率,即实际利率是与名义利率等效的每年复利一次(计息期为 1 年)的年利率。

案例 2 - 11

假设本金为 1000 元,年利率为 10%,一年计息 2 次,即一年复利 2 次。

(1)计算第一年年末的本利和。

(2)计算第一年应该承担的利息。

(3)计算年实际利率。

【分析】 (1)一年计息 2 次,则计息期利率 = 10%/2 = 5%,一年后的本利和(复利终值) = 1000×(1+5%)² = 1102.5(元)。

（2）按照复利计算的年利息 $=1000\times(1+5\%)^2-1000=1000\times[(1+5\%)^2-1]=102.5$（元）

（3）实际利率 $=1000\times[(1+5\%)^2-1]/1000=(1+5\%)^2-1=10.25\%$

实际利率与名义利率的关系用公式表示如下：

$$i=(1+r/m)^m-1$$

其中：i 为实际利率，r 为名义利率，m 为每年复利计息次数。

提示 ▶ 一年计息一次时,实际利率等于名义利率;一年多次计息时,实际利率高于名义利率;在名义利率相同的情况下,一年计息次数越多,实际利率越大。

考试方向

考查名义利率与实际利率的计算。

【例题 2-10 单选题】（2020 年真题） 某借款利息每半年偿还一次,年利率为 6%,则实际借款利率为（   ）。

A.6%　　　　　　B.6.09%　　　　　　C.12%　　　　　　D.12.24%

【答案】 B

【解析】 实际借款利率 $=(1+6\%\div2)^2-1=6.09\%$

2. 通货膨胀情况下的名义利率与实际利率。

在通货膨胀情况下,央行或其他提供资金借贷的机构所公布的利率是未调整通货膨胀因素的名义利率,即名义利率中包含通货膨胀率。实际利率是指剔除通货膨胀后储户或投资者得到利息回报的真实利率。

案例 2-12

假设本金为 1000 元,实际利率为 5%,通货膨胀率为 2%,则：

如果不考虑通货膨胀因素,1 年后的本利和 $=1000\times(1+5\%)=1050$（元）；如果考虑通货膨胀因素,由于通货膨胀导致货币贬值,所以一年后的本利和 $=1050\times(1+2\%)$。

年利息 $=1050\times(1+2\%)-1000=1000\times(1+5\%)\times(1+2\%)-1000=1000\times[(1+5\%)\times(1+2\%)-1]$

即：名义利率 $=(1+5\%)\times(1+2\%)-1$,$1+$名义利率 $=(1+5\%)\times(1+2\%)$。

用公式表示名义利率与实际利率之间的关系为：

$$1+名义利率=(1+实际利率)\times(1+通货膨胀率)$$

$$实际利率=\frac{1+名义利率}{1+通货膨胀率}-1$$

提示 ▶ 当通货膨胀率<名义利率时,实际利率>0;

当通货膨胀率>名义利率时,实际利率<0。

考试方向

考查通货膨胀情况下的名义利率与实际利率的计算。

【例题 2-11 单选题】（2020 年真题） 已知实际利率为 10%,通货膨胀率为 2%,则名义利率为（   ）。

A.8%　　　　　　B.12.2%　　　　　　C.7.84%　　　　　　D.12%

【答案】 B

【名师点睛】 名义利率 $=(1+实际利率)\times(1+通货膨胀率)-1=(1+10\%)\times(1+2\%)-1=12.2\%$

第二节　风险与收益

 **本节框架** ▶

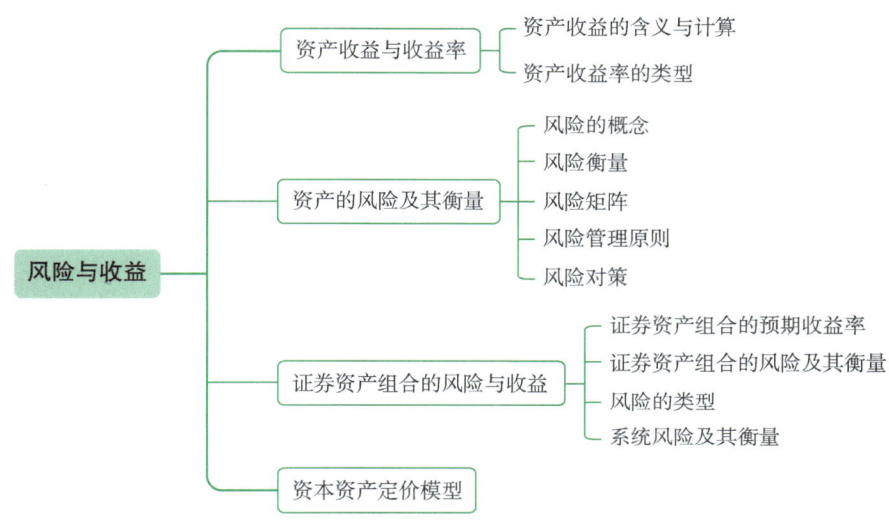

一、资产收益与收益率 ★★

（一）资产收益的含义与计算

资产的收益是指资产的价值在一定时期内的增值。一般情况下有两种表述资产收益的方式：

第一种方式是以金额表示，称为资产的收益额。

计算公式：资产的收益额＝利息（股息）收益额＋资本利得收益额

第二种方式用百分比表示，称为资产的收益率或报酬率，是资产的收益额与期初资产价值的比值。

计算公式：资产的收益率＝利息（股息）收益率＋资本利得收益率

提示 ▶ 通常用收益率的方式表示资产的收益（相对指标，便于不同规模下资产收益的比较和分析）。另外，如果不作特殊说明，资产的收益指资产的年收益率。

【例题 2－12 单选题】（2020 年真题）　某投资者年初以 100 元的价格购买 A 债券，当年获得利息收入 5 元，当年年末以 103 元的价格出售该债券，则该债券的持有期间收益率为（　　）。

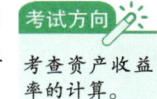
考试方向
考查资产收益率的计算。

A. 8%　　　　　　　B. 7.77%　　　　　　　C. 3%　　　　　　　D. 5%

【答案】　A

【名师点睛】　持有期间收益率＝[5＋（103－100）]÷100＝8%

(二) 资产收益率的类型

1. 实际收益率。

已经实现或者确定可以实现的资产收益率,应当扣除通货膨胀率的影响。

2. 预期收益率(期望收益率、期望值)。

在不确定的条件下,预测的某资产未来可能实现的收益率,通常是各种可能情况下收益率的加权平均,权数是各种可能情况发生的概率。

3. 必要收益率(投资人要求的最低必要收益率)。

必要收益率是投资者对某资产合理要求的最低收益率,与认识到的风险有关,风险越大,必要收益率越高。

必要收益率=无风险收益率+风险收益率

其中:

无风险收益率=纯粹利率+通货膨胀补偿率

通常用短期国债的利率近似地代替无风险收益率。

考试方向
考查各种收益率之间的关系及必要收益率的计算公式。

【例题 2-13 单选题】(2018 年真题) 若纯粹利率为 3%,通货膨胀补偿率为 2%,某投资债券公司要求的风险收益率为 6%,则该债券公司的必要收益率为( )。

A.9% B.11% C.5% D.7%

【答案】 B

【名师点睛】 必要收益率=无风险收益率+风险收益率=纯粹利率+通货膨胀补偿率+风险收益率=3%+2%+6%=11%

【例题 2-14 判断题】(2020 年真题) 无风险收益率是由纯粹利率和通货膨胀补偿率组成。( )

【答案】 √

【名师点睛】 无风险收益率=纯粹利率(资金的时间价值)+通货膨胀补偿率

二、 资产的风险及其衡量 ★★

(一) 风险的概念

风险是指收益的不确定性。

(二) 风险衡量

1. 期望值(通常用符号 $\overline{E}$ 表示)。

期望值是概率分布中的所有收益率的可能结果,以各自相应的概率为权数计算的加权平均值,也称为"预期收益率",不能用来衡量风险的大小。

$$\overline{E} = \sum_{i=1}^{n} (X_i \times P_i)$$

其中:X_i 表示第 i 种情况可能出现的结果,P_i 表示第 i 种情况可能出现的概率。

2. 方差、标准差、标准差率(用以衡量资产风险的大小)的比较详见表 2-3。

表2－3　方差、标准差、标准差率的比较说明

指标	计算公式	说明
方差(σ^2)	$\sigma^2 = \sum_{i=1}^{n} [(X_i - \overline{E})^2 \times P_i]$	①预期收益率相同时,指标越大,风险越大 ②不适合比较预期收益率不同的资产的风险大小
标准差(σ^2)	$\sigma = \sqrt{\sum_{i=1}^{n} [(X_i - \overline{E})^2 \times P_i]}$	
标准差率(V)	$V = \dfrac{标准差}{期望值} = \dfrac{\sigma}{E} \times 100\%$	①指标越大,风险越大 ②既适用于比较预期收益率相同的资产的风险,也适用于比较预期收益率不同的资产的风险

注:($X_i - \overline{E}$)表示第 i 种情况可能出现的结果与期望值的离差,P_i表示第 i 种情况可能出现的概率。

提示 ▶ 期望值不能衡量风险,衡量风险的指标主要是方差、标准差和标准差率。

▶ 无风险资产的方差、标准差、标准差率都为0。

【例题2－15 计算分析题】(经典好题) 某企业拟进行股票投资,现有甲、乙两只股票可供选择,具体资料如下:

经济情况	概率	甲股票预期收益率	乙股票预期收益率
繁荣	0.3	60%	50%
复苏	0.2	40%	30%
一般	0.3	20%	10%
衰退	0.2	－10%	－15%

要求:(1)分别计算甲、乙股票收益率的期望值。

(2)分别计算甲、乙股票收益率标准差和标准差率。

(3)比较甲、乙两只股票风险的大小。

【答案】 (1)甲股票收益率的期望值＝0.3×60%+0.2×40%+0.3×20%+0.2×(－10%)＝30%,乙股票收益率的期望值＝0.3×50%+0.2×30%+0.3×10%+0.2×(－15%)＝21%。

(2)甲股票收益率的标准差＝$[(60\%-30\%)^2\times0.3+(40\%-30\%)^2\times0.2+(20\%-30\%)^2\times0.3+(-10\%-30\%)^2\times0.2]^{\frac{1}{2}}$＝25.30%,乙股票收益率的标准差＝$[(50\%-21\%)^2\times0.3+(30\%-21\%)^2\times0.2+(10\%-21\%)^2\times0.3+(-15\%-21\%)^2\times0.2]^{\frac{1}{2}}$＝23.75%;甲股票收益率的标准差率＝25.30%÷30%＝84%;乙股票收益率的标准差率＝23.75%÷21%＝113%。

(3)因为乙股票收益率的标准差率大于甲股票收益率的标准差率,所以乙股票的风险大于甲股票的风险。

【例题2－16 单选题】(2020年真题) 项目 A 投资收益率为10%,项目 B 投资收益率为15%,则比较项目 A 和项目 B 风险的大小,可以用(　　　)。

A.两个项目的收益率方差　　　　　B.两个项目的收益率标准差

C.两个项目的投资收益率　　　　　D.两个项目的标准差率

【答案】 D

【名师点睛】 标准差率是衡量(整体)风险的相对数指标,适用于期望值不同的项目的风险比较,标准差率越大,风险越大;反之则风险越小。

【例题 2－17 单选题】(2018 年真题) 某项目的期望投资收益率为 14%,风险收益率为 9%,收益率的标准差为 2%,则该项目收益率的标准差率为(　　　)。

A. 0. 29%　　　　　　B. 22. 22%　　　　　　C. 14. 29%　　　　　　D. 0. 44%

【答案】 C

【名师点睛】 该项目收益率的标准差率＝2%÷14%＝14.29%

(三) 风险矩阵

1. 含义。

风险矩阵是以风险后果严重程度为纵坐标、以风险发生的可能性为横坐标的矩阵坐标图,详见表 2－4。

表 2－4　风险矩阵

可能性 / 严重度	几乎不会发生	不太可能发生	可能发生	很可能发生	几乎肯定发生
极轻微	较小风险	较小风险	较小风险	较小风险	一般风险
轻微	较小风险	较小风险	一般风险	一般风险	一般风险
普通	较小风险	一般风险	一般风险	一般风险	严重风险
严重	较小风险	一般风险	一般风险	严重风险	严重风险
非常严重	一般风险	一般风险	严重风险	严重风险	严重风险

2. 风险矩阵的优缺点。

(1) 优点:为企业确定各项风险重要性等级提供了可视化的工具。

(2) 缺点:①需要对风险重要性等级标准、风险发生可能性、后果严重程度等作出主观判断,可能影响使用的准确性;②风险重要性等级是通过相互比较确定的,无法得到量化的风险的重要性等级。

(四) 风险管理原则

1. 融合性原则。

2. 全面性原则。

3. 重要性原则。

4. 平衡性原则。

(五) 风险对策

1. 规避风险。

当资产风险所造成的损失不能由该资产可能获得的收益予以抵消时,应当放弃该资产,以规避风险。例如,拒绝与不守信用的厂商业务往来;放弃可能明显导致亏损的投资项目;新产品在试制阶段发现诸多问题而果断停止试制。

2. 减少风险。

减少风险主要有两方面意思:一是控制风险因素,减少风险的发生;二是控制风险发生的频率和降低风险损害程度。例如,进行准确的预测;对决策进行多方案优选和替代;

及时与政府部门沟通获取政策信息;在开发新产品前,充分进行市场调研;采用多领域、多地域、多项目、多品种的经营或投资以分散风险。

3. 转移风险。

对可能给企业带来灾难性损失的资产,企业应以一定代价,采取某种方式转移风险。例如,向专业性保险公司投保;采取合资、联营、联合开发等措施实现风险共担;通过技术转让、租赁经营和业务外包等实现风险转移。

4. 接受风险。

接受风险包括风险自担和风险自保两种。

（1）风险自担是指风险损失发生时,直接将损失摊入成本或费用,或冲减利润。

（2）风险自保是指企业预留一笔风险金或随着生产经营的进行,有计划地计提资产减值准备等。

【例题 2-18 单选题】（2018 年真题） 某公司购买一批贵金属材料,为避免该资产被盗而造成损失,向财产保险公司进行了投保,则该公司采取的风险对策是(　　)。

A. 接受风险　　　　　　　　　　B. 减少风险

C. 规避风险　　　　　　　　　　D. 转移风险

【答案】 D

【名师点睛】 转移风险是指对可能给企业带来灾难性损失的资产,企业应以一定的代价,采取某种方式将风险损失转嫁给他人承担,如向专业性保险公司投保。

【例题 2-19 单选题】（2020 年真题） 企业计提资产减值准备,从风险对策上看属于(　　)。

A. 接受风险　　　　B. 减少风险　　　　C. 转移风险　　　　D. 规避风险

【答案】 A

【名师点睛】 接受风险包括风险自担和风险自保两种。其中风险自保是指企业预留一笔风险金或随着生产经营的进行,有计划地计提资产减值准备等。

三、证券资产组合的风险与收益 ★★

由两个或两个以上有价证券构成的资产组合,称为证券资产组合。

（一）证券资产组合的预期收益率

1. 计算。

证券资产组合的预期收益率就是组成证券资产组合的各种资产收益率的加权平均数,其权数为各种资产在组合中的价值比例。

> **案例 2-13**
>
> 某投资公司的一项投资组合中包含 A,B 和 C 三种股票,权重分别为 30%,40% 和 30%,三种股票的预期收益率分别为 10%,12%,15%。要求计算该投资组合的预期收益率。
>
> **【分析】** 该投资组合的预期收益率 = 30%×10%+40%×12%+30%×15% = 12.3%

2. 结论。

影响组合收益率的因素有两个:投资比重和个别资产收益率。

考试方向

判断企业采取的措施属于哪一种风险对策。

（二）证券资产组合的风险及其衡量

假如在现有 1 号低风险资产的基础上，加入一个风险更高的 2 号资产，构成一个证券资产组合 P。该资产组合的风险是否也会随之增大？

不一定，因为投资组合（可能）具有风险分散效应。

两项证券资产组合收益率的方差满足以下关系式：

$$\sigma_p^2 = w_1^2\sigma_1^2 + w_2^2\sigma_2^2 + 2w_1w_2\rho_{1,2}\sigma_1\sigma_2$$

其中：w 表示权重；σ 表示标准差；ρ 表示两项资产收益率的相关系数，区间为 [-1,1]。

当相关系数 ρ=1 时，两项资产的收益率具有完全正相关的关系，两项资产的收益率变化方向和变化幅度完全相同。组合的风险等于组合中各项资产风险的加权平均值，$\sigma_p^2 = w_1^2\sigma_1^2 + w_2^2\sigma_2^2 + 2w_1w_2\sigma_1\sigma_2 = (w_1\sigma_1 + w_2\sigma_2)^2$，两项资产的风险完全不能互相抵消，此时组合不能抵消任何风险。

当相关系数 ρ=-1 时，两项资产的收益率具有完全负相关的关系，两项资产的收益率变化方向相反、变化幅度相同。组合的风险小于组合中各项资产风险的加权平均值，$\sigma_p^2 = w_1^2\sigma_1^2 + w_2^2\sigma_2^2 - 2w_1w_2\sigma_1\sigma_2 = (w_1\sigma_1 - w_2\sigma_2)^2$，两项资产的风险可以充分地抵消，此时这样的组合能最大限度地抵消风险，甚至完全消除。

当 -1<相关系数 ρ<1 时，$0 < \sigma_p < w_1\sigma_1 + w_2\sigma_2$，即证券资产组合收益率的标准差大于 0，小于组合中各资产收益率标准差的加权平均值，此时证券资产组合能够分散风险，但不能完全消除风险。

提示 ▶ 组合的预期收益率就是加权预期收益率；组合的风险不一定就是加权的风险，还取决于相关系数。

（三）风险的类型

1. 系统风险，又被称不可分散风险、市场风险，是指影响所有资产、不能通过资产组合而消除的风险。不同资产的系统风险不同，度量一项资产的系统风险的指标是 β 系数。

2. 非系统风险，又被称可分散风险、特有风险、特殊风险，是指发生于个别公司的特有事件造成的风险。这种风险可以通过资产组合来分散。

考试方向

考查证券资产组合的风险衡量以及系统风险和非系统风险的区分。

【例题 2-20 判断题】（2019 年真题） 两项资产的收益率具有完全负相关关系时，两项资产的组合可以最大限度地抵消非系统风险。（ ）

【答案】 √

【名师点睛】 只有在完全正相关的情况下，投资组合才不会抵消非系统风险。相关系数越小，抵消非系统风险的程度越大，当两项资产的收益率完全负相关时，两项资产的风险可以充分地相互抵消，甚至完全消除。这样的组合能够最大限度地降低风险。

【例题 2-21 判断题】（经典好题） 证券组合风险的大小，等于组合中各个证券风险的加权平均数。（ ）

【答案】 ×

【名师点睛】 在两只证券所构成的投资组合中，当证券收益率之间的相关系数为 1 时，组合的风险才等于组合中各个证券风险的加权平均数；如果证券收益率之间的相关系数小于 1，那么证券组合的风险就小于组合中各个证券风险的加权平均数。

【例题 2－22 单选题】（2020 年真题）　关于两种证券组合的风险,下列表述正确的是（　　）。

A. 若两种证券收益率的相关系数为－1,该证券组合无法分散风险

B 若两种证券收益率的相关系数为 0,该证券组合能够分散全部风险

C. 若两种证券收益率的相关系数为－0.5,该证券组合能够分散部分风险

D 若两种证券收益率的相关系数 1,该证券组合能够分散全部风险

【答案】　C

【名师点睛】　若两种证券收益率的相关系数为 1,该证券组合不能降低任何风险,选项 D 的说法不正确。只有在相关系数小于 1 的情况下,两种证券构成的组合才能分散风险,在相关系数为－1 时,能够最大限度地分散风险,甚至能够分散全部风险,所以,选项 C 的说法正确,选项 AB 的说法不正确。

【例题 2－23 多选题】（2020 年真题）　下列各项中,将导致系统性风险改变的有（　　）。

A. 发生通货膨胀　　　　　　　B. 市场利率上升

C. 国民经济衰退　　　　　　　D. 企业新产品研发失败

【答案】　ABC

【解析】　系统风险又被称为市场风险或不可分散风险,是影响所有资产的不能通过资产组合而消除的风险。选项 ABC 均会影响所有资产,会导致系统性风险改变。

（四）系统风险及其衡量（β系数）★★

1. 单项资产的系统风险系数（β系数）。

市场组合是指由市场上所有资产组成的组合,包含了所有的资产。因此,市场组合中的非系统风险已经被消除,市场组合的风险就是市场风险或系统风险。

用β系数对系统风险进行量化时,以市场组合的系统风险为基准（参照物）,认为市场组合相对于它自己的β系数等于 1。通俗地说,某资产的β系数表达的含义是该资产的系统风险相当于市场组合系统风险的倍数。

当β>0 时,该资产收益率的变化方向与市场平均收益率的变化方向一致;

当β<0 时,该资产收益率的变化方向与市场平均收益率的变化方向相反;

当β＝1 时,该资产收益率与市场平均收益率同方向、同比例变化,其所含的系统风险等于市场组合的风险;

当β>1 时,该资产收益率的变动幅度大于市场组合收益率的变动幅度,其所含的系统风险大于市场组合的风险;

当β<1 时,该资产收益率的变动幅度小于市场组合收益率的变动幅度,其所含的系统风险小于市场组合的风险。

提示　绝大多数资产的β系数是大于 0 的,即绝大多数资产收益率的变化方向与市场平均收益率的变化方向是一致的。

【例题 2－24 单选题】（2015 年真题）　当某上市公司的β系数大于 0 时,下列关于该公司风险与收益表述中,正确的是（　　）。

A. 系统风险高于市场组合风险

B. 资产收益率与市场平均收益率呈同向变化

C. 资产收益率变动幅度小于市场平均收益率变动幅度

D. 资产收益率变动幅度大于市场平均收益率变动幅度

考试方向　考查β系数对系统风险的量化衡量。

第二章

【答案】　B

【名师点睛】　根据β系数的定义可知,当某资产的β系数大于0时,说明该资产的收益率与市场平均收益率呈同方向的变化;当某资产的β系数大于0且小于1时,说明该资产收益率的变动幅度小于市场组合收益率的变动幅度,因此其所含的系统风险小于市场组合的风险;当某资产的β系数大于1时,说明该资产收益率的变动幅度大于市场组合收益率的变动幅度,因此其所含的系统风险大于市场组合的风险。

2.证券资产组合的β系数。

证券资产组合的β系数是组合中各单项资产β系数的加权平均数,权数为各种资产在投资组合中所占的价值比重。

计算公式:$\beta_p = \sum_{i=1}^{n}(W_i \times \beta_i)$

其中:β_p为证券资产组合的β系数;W_i为第i项资产所占的价值比例;β_i为第i项资产的β系数。

考试方向

考查证券资产组合的β系数的计算。

【例题2-25 单选题】(2020年真题)　某公司拟购买甲股票和乙股票构成的投资组合,两种股票各购买50万元。β系数分别为2和0.6,则该投资组合的β系数为(　　)。

A.2.6　　　　　　B.1.2　　　　　　C.0.7　　　　　　D.1.3

【答案】　D

【名师点睛】　两种股票的投资比重为50%,投资组合的β系数=2×50%+0.6×50%=1.3。

提示 ▶ 由于单项资产的β系数不尽相同,因此通过替换资产组合中的资产或改变不同资产在组合中的价值比例,可以改变组合的系统风险。

四、资本资产定价模型

(一)资本资产定价模型的基本表达式

计算公式如下:

必要收益率=无风险收益率+风险收益率

即 $R = R_f + \beta \times (R_m - R_f)$

式中,R表示某资产的必要收益率;β表示该资产的系统风险系数;R_f表示无风险收益率;R_m表示市场组合收益率;$(R_m - R_f)$表示市场风险溢酬。

(二)资本资产定价模型的有效性和局限性

1.有效性。

提供了对系统风险和必要收益之间的一种实质性的表述,即:必要收益率是系统风险的函数,只有系统风险才有资格要求补偿。

2.局限性。

(1)某些资产或企业的β值难以估计,特别是对一些缺乏历史数据的新兴行业。

(2)经济环境的不确定性和不断变化,使得依据历史数据估算出来的β值对未来的指导作用受到削弱。

(3)资本资产定价模型建立在一系列假设之上,其中一些假设与实际情况有较大偏差,使得资本资产定价模型的有效性受到质疑。

【例题 2−26 单选题】（2020 年真题）　如果纯利率为 5%，通货膨胀补偿率为 2%，风险收益率为 4%，则必要收益率为（　　）。

A. 3%　　　　　　　B. 6%　　　　　　　C. 7%　　　　　　　D. 11%

【答案】　D

【解析】　必要收益率=无风险收益率+险收益率=纯粹利率+通货膨胀补偿率+风险收益率=5%+2%+4%=11%

【例题 2−27 判断题】（2017 年真题）　依据资本资产定价模型，资产的必要收益率不包括对公司特有风险的补偿。（　　）

【答案】　√

【名师点睛】　资本资产定价模型中，某资产的必要收益率是由无风险收益率和资产的风险收益率决定的。而风险收益率中的 β 系数衡量的是证券资产的系统风险，公司特有风险作为非系统风险是可以分散掉的。

【例题 2−28 计算分析题】（2020 年真题）　公司拟购买有 A，B，C 三种股票构成的投资组合，资金权重分别为 20%，30%，50%。A，B，C 三种股票的 β 系数为 0.8，2，1.5，无风险收益率为 4%，市场平均收益率为 10%。

要求：（1）计算该组合的 β 系数。

　　　　（2）使用资本资产定价模型，计算该组合必要收益率。

【答案】　（1）该组合的 β 系数=20%×0.8+30%×2+50%×1.5=1.51

（2）该组合必要收益率=4%+1.51×（10%−4%）=13.06%

考试方向
考查资本资产定价模型公式的计算。

第三节　成本性态分析

本节框架

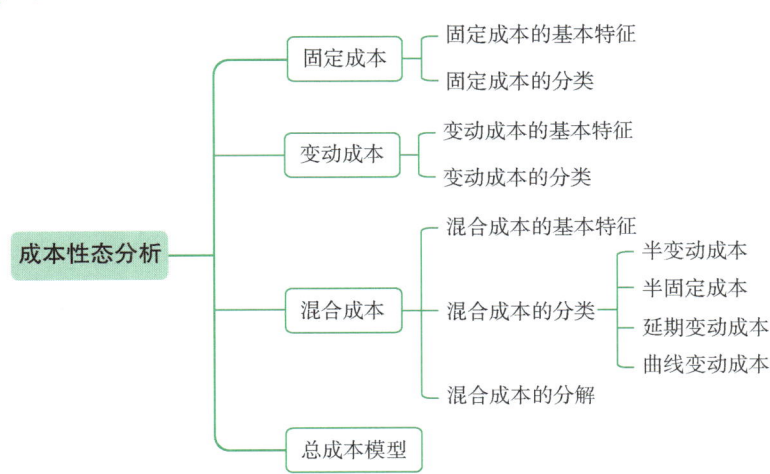

成本性态,又称成本习性,是指成本总额与业务量(产量或销售量等)之间的依存关系。按照成本性态,通常可以把成本分为固定成本、变动成本和混合成本三类。

一、固定成本

(一)固定成本的基本特征

固定成本是指在特定的业务量范围内不受业务量变动影响,一定期间的总额(a)能保持相对稳定的成本,但单位固定成本(a/X)与业务量(X)的增减呈反向变动,如图 2－14 所示。

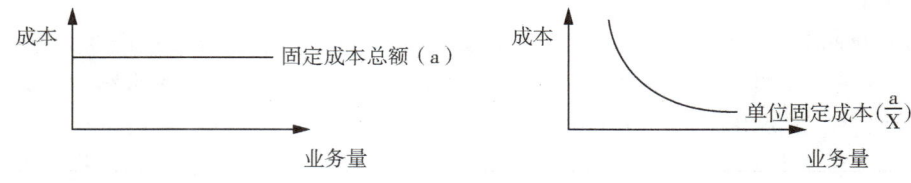

▲ 图 2－14　固定成本

(二)固定成本的分类

固定成本按其支出额是否可以在一定期间内改变而分为约束性固定成本和酌量性固定成本。

1. 约束性固定成本(又称经营能力成本)是指管理当局的短期经营决策行动不能改变其具体数额的固定成本。例如,保险费、房屋租金、固定的设备折旧、管理人员的基本工资等。

2. 酌量性固定成本是指管理当局的短期经营决策行动能改变其数额的固定成本。例如,广告费、职工培训费、新产品研究开发费用等。

考试方向

考查固定成本的基本特征及其分类。

【例题 2－29 多选题】(2019 年真题)　下列各项中,一般属于酌量性固定成本的有(　　)。

A. 新产品研发费　　　　　　　　B. 广告费

C. 职工培训费　　　　　　　　　D. 设备折旧费

【答案】　ABC

【名师点睛】　酌量性固定成本是指管理当局的短期经营决策行动能改变其数额的固定成本。例如,广告费、职工培训费、新产品研究开发费用等。选项 D 属于约束性固定成本。

二、变动成本

(一)变动成本的基本特征

在特定的业务量范围内,成本总额(bX)随业务量(X)的变动而呈正比例变动,单位变动成本(b)不变,如图 2－15 所示。

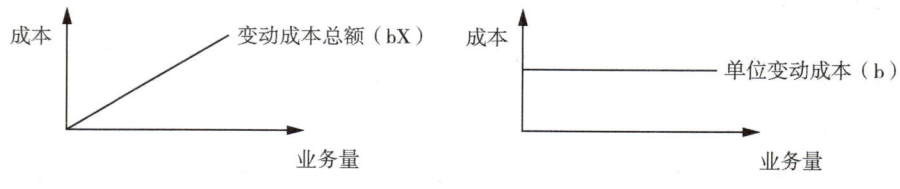

▲ 图 2－15　变动成本

（二）变动成本的分类

根据经理人员是否能决定发生额，变动成本分为技术性变动成本和酌量性变动成本。

1. 技术性变动成本是指由技术或设计关系决定的变动成本，经理人员不能决定其发生额。例如，生产一台汽车需要耗用一台引擎、一个底盘和若干轮胎等。

2. 酌量性变动成本是指通过管理当局的决策行动可以改变的变动成本，单位变动成本的发生额可由企业最高管理层决定。例如，按销售收入的一定百分比支付的销售佣金、新产品研制费（研发活动直接消耗的材料、燃料和动力费用等）、技术转让费等。

【例题 2－30 多选题】（2019 年真题） 在一定期间及特定的业务量范围内，关于成本与业务量关系，下列说法正确的有(　　)。

A. 变动成本总额随业务量的增加而增加　B. 单位固定成本随业务量的增加而降低
C. 固定成本总额随业务量的增加而增　D. 单位变动成本随业务量的增加而降低

【答案】 AB

【名师点睛】 变动成本的基本特征是：在特定的业务量范围内，变动成本总额因业务量的变动而成正比例变动，但单位变动成本不变，选项 A 的说法正确，选项 D 的说法不正确；固定成本的基本特征是：在一定期间及特定的业务量范围内，固定成本总额不因业务量的变动而变动，但单位固定成本会与业务量的增减呈反方向变动，选项 B 的说法正确，选项 C 的说法不正确。

【例题 2－31 判断题】（2018 年真题） 变动成本是指在特定业务范围内，其总额随业务量的变动而正比例变动的成本。(　　)

【答案】 √

【名师点睛】 变动成本和业务量之间的线性关系，通常只在一定的相关范围内。在相关范围之外就可能表现为非线性的。

【例题 2－32 单选题】（2017 年真题） 企业生产产品所耗用的直接材料成本属于(　　)。

A. 酌量性变动成本　　　　　　　　B. 酌量性固定成本
C. 技术性变动成本　　　　　　　　D. 约束性固定成本

【答案】 C

【名师点睛】 技术性变动成本是指与产量有明确的技术或实物关系的变动成本。如生产一台汽车需要耗用一台引擎、一个底盘和若干轮胎等，这种成本只要生产就必然会发生，若不生产，其技术变动成本便为零。直接材料成本属于技术性变动成本。

三、混合成本

（一）混合成本的基本特征

混合成本是"混合"了固定成本和变动成本两种不同性质的成本，一方面，它们要随业务量的变化而变化；另一方面它们的变化又不能与业务量保持着纯粹的正比例变化。

（二）混合成本的分类

1. 半变动成本：指有一个初始固定基数，类似于固定成本；在此基数之上的其余部分，则随着业务量的增加成正比例增加，类似于变动成本，如图 2－16 所示。例如，固定电话费。

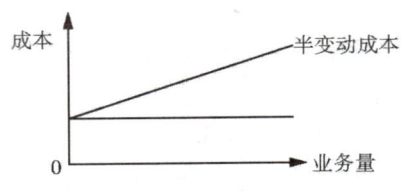

▲ 图 2-16　半变动成本习性模型

2. 延期变动成本：在一定的业务量范围内有一个固定不变的基数，当业务量增长超出此范围，则与业务量的增长成正比例变动，如图 2-17 所示。例如，员工的基本工资+加班工资。

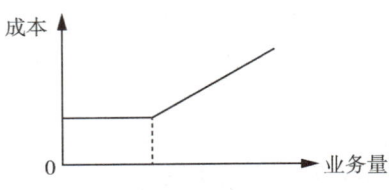

▲ 图 2-17　延期变动成本习性模型

3. 半固定成本(阶梯式变动成本)：在一定业务量范围内发生额固定，当业务量增长到一定限度，其发生额跳跃到一个新的水平，然后在业务量增长的一定限度内，发生额又保持不变，直到另一个新的跳跃，如图 2-18 所示。例如，企业的管理员、运货员、检验员的工资等。

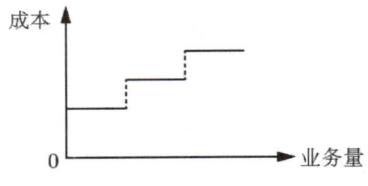

▲ 图 2-18　半固定成本习性模型

4. 曲线变动成本：有一个不变的初始量，相当于固定成本，在此初始量基础上，随业务量增加，成本逐步变化，但与业务量的关系是非线性的。具体包括递增曲线成本和递减曲线成本，如图 2-19 所示。

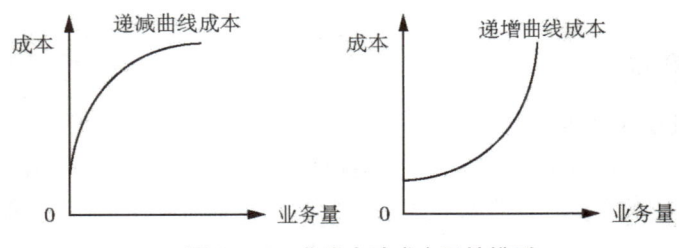

▲ 图 2-19　曲线变动成本习性模型

考试方向

考查混合成本的分类。

【例题 2-33 单选题】(2014 年真题)　某公司电梯维修合同规定，当每年上门维修不超过 3 次时，年维修费用为 5 万元，当超过 3 次时，则在此基础上按每次 2 万元付费。根据成本性态分析，该项维修费用属于(　　)。

A. 半变动成本   B. 半固定成本

C. 延期变动成本   D. 曲线变动成本

【答案】 C

【名师点睛】 延期变动成本在一定的业务量范围内有一个固定不变的基数,当业务量增长超出了这个范围,它就与业务量的增长呈正比例变动,所以本题选 C。

(三)混合成本的分解 ★ ★

将混合成本都近似地看成半变动成本,分解为固定成本(a)和变动成本(bX)两部分。

混合成本=固定成本+变动成本

即:$Y=a+bX$

1. 高低点法。

高低点法是以过去某一会计期间的总成本和业务量资料为依据,从中选取<u>业务量最高点和业务量最低点</u>,将总成本进行分解,得出成本性态的模型。

将高点的数据代入模型:$Y_高=a+bX_高$ ①

将低点的数据代入模型:$Y_低=a+bX_低$ ②

由①-②得:

$$b=\frac{Y_高-Y_低}{X_高-X_低}$$

即:单位变动成本$=\dfrac{业务量最高点的成本-业务量最低点的成本}{最高点业务量-最低点业务量}$

由①得:

$a=Y_高-bX_高$

即:固定成本总额=最高点业务量成本-单位变动成本×最高点业务量

或由②得:

$a=Y_低-bX_低$

即:固定成本总额=最低点业务量成本-单位变动成本×最低点业务量

特点:计算较简单,但它只采用了历史成本资料中的高点和低点两组数据,故代表性较差。

案例 2-14

某企业生产的甲产品 1~6 月份的产量及成本资料如表 2-5 所示,采用高低点法将总成本进行分解。

表 2-5　甲产品 1~6 月份的产量及成本数据

月份(月)	1	2	3	4	5	6
产量(件)	40	42	45	43	46	50
总成本(元)	8800	9050	9590	9280	9760	10500

【分析】 选取业务量高点(50,10500),业务量低点(40,8800),则:

单位变动成本=(10500-8800)÷(50-40)=170(元/件)

固定成本总额=10500-170×50=2000(元)或 8800-170×40=2000(元)

甲产品成本的一般方程式为:$Y=2000+170$

2. 回归分析法。

根据过去一定期间的业务量和混合成本的历史资料,应用最小二乘法原理,算出最能代表业务量与混合成本关系的回归直线,借以确定混合成本中固定成本和变动成本。

特点:较为精确。

3. 账户分析法(会计分析法)。

它是根据有关成本账户及其明细账的内容,结合其与业务量的依存关系,判断其比较接近哪一类成本,就视其为哪一类成本。

特点:简便易行,但比较粗糙且带有主观判断。

4. 技术测定法。

又称工业工程法,它是根据生产过程中各种材料和人工成本消耗量的技术测定来划分固定成本和变动成本的一种方法。

特点:可能是最完备的方法,通常只适用于投入成本与产出数量之间有规律性联系的成本分解。

5. 合同确认法。

根据企业订立的经济合同或协议中关于支付费用的规定,来确认并估算哪些项目属于变动成本,哪些项目属于固定成本的方法。

特点:要配合账户分析法使用。

提示 ▶ 高低点法和回归分析法,都属于历史成本分析的方法,仅限于有历史成本资料数据的情况,不适用于新产品成本预测。

考试方向
考查混合成本的各种分解方法的特点以及高低法的计算。

【例题 2 - 34 单选题】(2019 年真题) 某企业根据过去一段时间内的业务量和混合成本材料,应用最小二乘法原理,寻求最能代表两者关系的函数表达式,据以对混合成本进行分解,则该企业所采用的混合成本分解方法是(   )。

A. 高低点法　　　　B. 账户分析法　　　　C. 回归分析法　　　　D. 技术测定法

【答案】 C

【名师点睛】 回归分析法是一种较为精确的方法。它根据过去一定期间的业务量和混合成本的历史资料,应用最小二乘法原理,算出最能代表业务量与混合成本关系的回归直线,借以确定混合成本中固定成本和变动成本。

四、总成本模型

将混合成本按照一定的方法区分为固定成本和变动成本后,根据成本性态,企业的总成本就可以表示为:

$$总成本(Y) = 固定成本总额(a) + 变动成本总额(bX)$$
$$= 固定成本总额(a) + 单位变动成本(b) \times 业务量(X)$$

同步练习

一、单项选择题

1. 下列各项中,与普通年金现值系数互为倒数的是( )。

A. 预付年金现值系数　B. 普通年金现值系数

C. 偿债基金系数　D. 资本回收系数

2. 已知(F/P,9%,4)=1.4116,(F/P,9%,5)=1.5386,(F/A,9%,4)=4.5731,则(F/A,9%,5)为( )。

A. 4.9847　B. 5.9847

C. 5.5733　D. 4.5733

3. 甲公司投资一项证券资产,每年年末都能按照6%的名义利率获取相应的现金收益。假设通货膨胀率为2%,则该证券资产的实际利率为( )。

A. 3.88%　B. 3.92%

C. 4.00%　D. 5.88%

4. 已知当前市场的纯利率为1.8%,通货膨胀补偿率为2%,若某证券资产的风险收益率为4%,则该资产的必要收益率为( )。

A. 8.0%　B. 7.8%

C. 9.6%　D. 9.8%

5. 下列各种风险应对措施中,能够转移风险的是( )。

A. 业务外包　B. 多元化投资

C. 放弃亏损项目　D. 计提资产减值准备

6. 有甲、乙两种证券,甲证券的必要收益率为10%,乙证券要求的风险收益率是甲证券的1.5倍,如果无风险收益率为4%,则根据资本资产定价模型,乙证券的必要收益率为( )。

A. 13%　B. 12%

C. 15%　D. 16%

7. 某上市公司2013年的β系数为1.24,短期国债利率为3.5%。市场组合的收益率为8%,则投资者投资该公司股票的必要收益率是( )。

A. 5.58%　B. 9.08%

C. 13.52%　D. 17.76%

8. 某资产的必要收益率为R,β系数为1.5,市场收益率为10%,假设无风险收益率和β系数不变,如果市场收益率为15%,则资产收益率为( )。

A. R+7.5%　B. R+12.5%

C. R+10%　D. R+5%

9. 电信运营商推出"手机25元不限流量,可免费通话800分钟,超出部分主叫国内通话每分钟0.1元"套餐,若选用该套餐,则消费者每月手机费属于( )。

A. 固定成本　B. 阶梯式成本

C. 延期变动成本　D. 半变动成本

10. 下列混合成本的分解方法中,比较粗糙且带有主观判断特征的是( )。

A. 高低点法　B. 回归分析法

C. 技术测定法　D. 账户分析法

11. 某企业向金融机构借款,年名义利率为8%,按季度付息,则年实际利率为( )。

A. 9.60%　B. 8.32%

C. 8.00%　D. 8.24%

12. 已知银行存款利率为3%,通货膨胀率为1%,则实际利率为( )。

A. 2.00%　B. 3.00%

C. 1.98%　D. 2.97%

13. 若两项证券资产收益率的相关系数为0.5,则下列说法正确的是( )。

A. 两项资产的收益率之间不存在相关性

B. 无法判断两项资产的收益率是否存在相关性

C. 两项资产的组合可以分散一部分非系统性风险

D. 两项资产的组合可以分散一部分系统性风险

14. 关于系统风险和非系统风险,下列表述错误的是( )。

A. 在资本资产定价模型中,β系数衡量的是投资组合的非系统风险

B. 若证券组合中各证券收益率之间负相关,则该组合能分散非系统风险

C. 证券市场的系统风险,不能通过证券组合予以消除

D. 某公司新产品开发失败的风险属于非系统风险

二、多项选择题

1. 某公司向银行借入一笔款项,年利率为10%,

分 6 次还清,从第 5 年至第 10 年每年年末偿还本息 5000 元。下列计算该笔借款现值的算式中,正确的有(   )。

A. $5000×(P/A,10\%,6)×(P/F,10\%,3)$

B. $5000×(P/A,10\%,6)×(P/F,10\%,4)$

C. $5000×[(P/A,10\%,9)-(P/A,10\%,3)]$

D. $5000×[(P/A,10\%,10)-(P/A,10\%,4)]$

2. 下列指标中,能够反映资产风险的有(   )。

A. 标准差率　　　　B. 标准差

C. 期望值　　　　　D. 方差

3. 下列关于证券投资组合的表述中,正确的有(   )。

A. 两种证券的收益率完全正相关时可以消除风险

B. 投资组合收益率为组合中各单项资产收益率的加权平均数

C. 投资组合风险是各单项资产风险的加权平均数

D. 投资组合能够分散掉的是非系统风险

4. 证券投资的风险分为可分散风险和不可分散风险两大类,下列各项中,属于可分散风险的有(   )。

A. 研发失败风险　　B. 生产事故风险

C. 通货膨胀风险　　D. 利率变动风险

5. 关于资本资产定价模型,下列说法正确的有(   )。

A. 该模型反映资产的必要收益率而不是实际收益率

B. 该模型中的资本资产主要指的是债券资产

C. 该模型解释了风险收益率的决定因素和度量方法

D. 该模型反映了系统性风险对资产必要收益率的影响

6. 根据资本资产定价模型,下列关于 β 系数的说法中,正确的有(   )。

A. β 值恒大于 0

B. 市场组合的 β 值恒等于 1

C. β 系数为零表示无系统风险

D. β 系数既能衡量系统风险也能衡量非系统风险

7. 下列各项中,属于固定成本项目的有(   )。

A. 采用工作量法计提的折旧

B. 不动产财产保险费

C. 直接材料费

D. 写字楼租金

8. 下列各项中,属于变动成本的有(   )。

A. 新产品的研究开发费用

B. 按产量法计提的固定资产折旧

C. 按销售收入一定百分比支付的技术转让费

D. 随产品销售的包装物成本

9. 基于成本性态分析,对于企业推出的新产品所发生的混合成本,不适宜采用(   )。

A. 合同确认法　　　B. 技术测定法

C. 回归分析法　　　D. 高低点法

10. 某公司取得 3000 万元的贷款,期限为 6 年,年利率 10%,每年年初偿还等额本息,则每年年初应支付金额的计算正确的有(   )。

A. $3000/[(P/A,10\%,5)+1]$

B. $3000/[(P/A,10\%,7)-1]$

C. $3000/[(P/A,10\%,6)/(1+10\%)]$

D. $3000/[(P/A,10\%,6)×(1+10\%)]$

11. 下列各项中,属于公司股票面临的系统性风险的有(   )。

A. 公司业绩下滑

B. 市场利率波动

C. 宏观经济政策调整

D. 公司管理层变更

12. 下列风险中,属于非系统风险的有(   )。

A. 经营风险　　　　B. 利率风险

C. 政治风险　　　　D. 财务风险

三、判断题

1. 公司年初借入资本 100 万元,第 3 年年末一次性偿还连本带息 130 万元,则这笔借款的实际年利率小于 10%。　　　　　　(   )

2. 当通货膨胀率大于名义利率时,实际利率为负值。　　　　　　　　　　　(   )

3. 必要收益率与投资者认识到的风险有关。如果某项资产的风险较低,那么投资者对该项资产要求的必要收益率就较高。　　　(   )

4. 标准差率可用于收益率期望值不同的情况下的风险比较,标准差率越大,表明风险越大。　　　　　　　　　　　　　(   )

5. 投资于某公司证券,因该公司破产导致无法收回本金的风险,属于非系统风险。(   )

6. 根据证券投资组合理论,在其他条件不变的情况下,如果两项资产的收益率具有完全正相关关系,则该证券投资组合不能够分散风险。

　　　　　　　　　　　　　(   )

7. 两项资产的收益率具有负相关时,才能分散组合的投资风险。（　　）

8. 如果各单项资产的 β 系数不同,则可以通过调整资产组合中不同资产的构成比例改变组合的系统风险。（　　）

9. 基于资本资产定价模型,如果甲资产 β 系数是乙资产 β 系数的 2 倍,则甲资产必要收益率是乙资产必要收益率的 2 倍。（　　）

四、计算分析题

1. 资产组合 M 的期望收益率为 18%,标准差为 27.9%,资产组合 N 的期望收益率为 13%,标准差率为 1.2,投资者张某和赵某决定将其个人资产投资于资产组合 M 和 N 中,张某期望的最低收益率为 16%,赵某投资于资产组合 M 和 N 的资金比例分别为 30% 和 70%。

要求:

（1）计算资产组合 M 的标准差率。

（2）判断资产组合 M 和 N 哪个风险更大?

（3）为实现期望的收益率,张某应在资产组合 M 上投资的最低比例是多少?

（4）判断投资者张某和赵某谁更厌恶风险,并说明理由。

2. 甲公司现有一笔闲置资金,拟投资于某证券组合,该组合由 X,Y,Z 三种股票构成,资金权重分别为 40%,30%,30%,β 系数分别为 2.5,1.5,1.0。其中 X 股票投资收益率的概率分布如下:

状况	概率	投资收益率
行情较好	30%	20%
行情一般	50%	12%
行情较差	20%	5%

Y 和 Z 股票的预期收益率分别为 10% 和 8%,当前无风险收益率为 4%,市场组合的必要收益率为 9%。

要求:

（1）计算 X 股票的预期收益率。

（2）计算该证券组合的预期收益率。

（3）计算该证券组合的 β 系数。

（4）利用资本资产定价模型计算该证券组合的必要收益率,并据以判断该证券组合是否值得投资。

参考答案及解析

一、单项选择题

1.【答案】 D

【解析】 普通年金终值系数与偿债基金系数互为倒数,普通年金现值系数与资本回收系数互为倒数。所以选项 D 正确。

2.【答案】 B

【解析】 $(F/A,9\%,5)=(F/A,9\%,4)\times(1+9\%)+1=4.5731\times(1+9\%)+1=5.9847$

3.【答案】 B

【解析】 实际利率＝(1+名义利率)/(1+通货膨胀率)－1＝(1+6%)÷(1+2%)－1＝3.92%

4.【答案】 B

【解析】 必要收益率＝纯粹利率+通货膨胀补偿率+风险收益率＝1.8%+2%+4%＝7.8%

5.【答案】 A

【解析】 转移风险是指企业以一定代价,采取某种方式,将风险损失转嫁给他人承担,以避免可能给企业带来灾难性损失。如向专业性保险公司投保;采取合资、联营、增发新股、发行债券、联合开发等措施实现风险共担;通过技术转让、特许经营、战略联盟、租赁经营和业务外包等实现风险转移。选项 B 属于减少风险;选项 C 属于规避风险;选项 D 属于接受风险中的风险自保。

6.【答案】 A

【解析】 甲证券的风险收益率＝10%－4%＝6%,乙证券的必要收益率＝4%+1.5×6%＝13%。

7.【答案】 B

【解析】 必要收益率＝3.5%+1.24×(8%－3.5%)＝9.08%

8.【答案】 A

【解析】 当市场收益率为 10% 时,资产的必要收益率 R＝无风险收益率+1.5×(10%－无风险收益率);当市场收益率为 15% 时,说明市场收益率增加＝15%－10%＝5%,则资产的必要收益率增加＝5%×1.5＝7.5%,所以资产的必要收益率＝R+7.5%。

9.【答案】　C

【解析】　延期变动成本,是指在一定业务量范围内总额保持稳定,超出特定业务量则开始随业务量正比例增长的成本。

10.【答案】　D

【解析】　账户分析法,又称会计分析法,它是根据有关成本账户及其明细账的内容,结合其与业务量的依存关系,判断其比较接近哪一类成本,就视其为哪一类成本,这种方法简便易行,但比较粗糙且带有主观判断。

11.【答案】　D

【解析】　年实际利率 $i=(1+8\%\div4)^4-1=8.24\%$,选项 D 正确。

12.【答案】　C

【解析】　实际利率＝(1+名义利率)/(1+通货膨胀率)－1＝(1+3%)÷(1+1%)－1＝1.98%

13.【答案】　C

【解析】　只要两项证券资产收益率的相关系数不是 0,就说明两项资产的收益率之间存在相关性,所以,选项 AB 的说法不正确;非系统风险可以被分散,系统风险不可以被分散,因此选项 D 的说法不正确,选项 C 的说法正确。

14.【答案】　A

【解析】　某资产的 β 系数表达的含义是该资产的系统风险相当于市场组合系统风险的倍数,因此 β 系数衡量的是系统风险。

二、多项选择题

1.【答案】　BD

【解析】　递延年金现值的计算:

方法一: $P=A\times(P/A,i,n)\times(P/F,i,m)$

方法二: $P=A\times[(P/A,i,m+n)-(P/A,i,m)]$

式中,m 为递延期,n 为连续收支期数。本题递延期为 4 年,连续收支期数为 6 年。所以,选项 BD 正确。

2.【答案】　ABD

【解析】　期望值不能衡量风险,选项 C 错误。

3.【答案】　BD

【解析】　相关系数的区间位于[-1,1]之间,相关系数为 1,也就是两种证券的收益率完全正相关时,不能分散风险,选项 A 不正确;只要相关系数小于 1,投资组合就可以分散风险,投资组合的风险就小于各单项资产风险的加权平均

数,选项 C 不正确。

4.【答案】　AB

【解析】　可分散风险是特定企业或特定行业所特有的,与政治、经济和其他影响所有资产的市场因素无关。

5.【答案】　ACD

【解析】　资本资产定价模型公式中,R 表示某资产的必要收益率,因此选项 A 的说法正确;资本资产定价模型中的资产主要指的是股票资产,所以选项 B 的说法不正确;资本资产定价模型,风险收益率＝β×市场风险溢酬,其中,β 衡量的是系统风险,因此选项 CD 的说法正确。

6.【答案】　BC

【解析】　绝大多数资产的 β 系数是大于零的,极个别的资产的 β 系数是负数,选项 A 错误;β 系数用来衡量系数风险的大小,选项 D 错误。

7.【答案】　BD

【解析】　选项 A,采用工作量法计提的折旧,各年的折旧额不相同,所以不是固定成本;选项 C 属于变动成本。

8.【答案】　BCD

【解析】　变动成本是指在特定的业务量范围内,其总额会随业务量的变动而呈正比例变动的成本,如直接材料、直接人工、按销售量支付的推销员佣金、装运费、包装费,以及按产量计提的固定设备折旧等都是和单位产品的生产直接联系的,其总额会随着产量的增减呈正比例的增减。同时变动成本也可以区分为两大类:技术性变动成本和酌量性变成本。其中酌量性变动成本是指通过管理当局的决策行动可以改变的变动成本,如按销售收入的一定百分比支付的销售佣金、新产品研制费(如研发活动直接消耗的材料、燃料和动力费用等)、技术转让费等。因此选项 BCD 正确。新产品的研究开发费用属于固定成本,选项 A 不正确。

9.【答案】　CD

【解析】　高低点法和回归分析法,都属于历史成本分析的方法,它们仅限于有历史成本资料数据的情况,而新产品并不具有足够的历史数据。

10.【答案】　AD

【解析】　方法一:预付年金现值＝A×(P/A,i,n)×(1+i),即 3000＝A×(P/A,10%,6)×(1+10%), A = 3000/[（P/A, 10%, 6）×（1+

$10\%)]$，选项 D 正确;方法二:预付年金现值＝$A\times[(P/A,i,n-1)+1]$，即 $3000=A\times[(P/A,10\%,6-1)+1]$，$A=3000/[(P/A,10\%,5)+1]$，选项 A 正确。

11.【答案】 BC

【解析】 系统风险又被称为市场风险或不可分散风险,是影响所有资产的、不能通过资产组合而消除的风险。这部分风险是由那些影响整个市场的风险因素所引起的。市场利率波动和宏观经济政策调整会影响整个市场,所以属于影响系统风险的因素。而公司业绩下滑和公司管理层变更只是发生在本公司的事件,不影响整个市场,所以属于影响非系统风险的因素。

12.【答案】 AD

【解析】 非系统风险,是指发生于个别公司的特有事件造成的风险。系统风险又被称为市场风险或不可分散风险,是影响所有资产的、不能通过资产组合而消除的风险。这部分风险是由那些影响整个市场的风险因素所引起的。这些因素包括宏观经济形势的变动、国家经济政策的变化、税制改革、企业会计准则改革、世界能源状况、政治因素等。所以选项AD 正确。

三、判断题

1.【答案】 √

【解析】 公司年初借入资本 100 万元,在第 3 年年末一次性偿还连本带息 130 万元。如果不考虑货币时间价值,其年利率＝$(130-100)\div3/100=10\%$,但如果考虑货币时间价值,其第 3 年年末一次性偿还连本带息 130 万元的现值减少,则这笔借款的实际年利率小于 10%。

2.【答案】 √

【解析】 实际利率＝$(1+$名义利率$)/(1+$通货膨胀率$)-1$。当通货膨胀率大于名义利率时,$(1+$名义利率$)/(1+$通货膨胀率$)$将小于 1,导致实际利率为负值。

3.【答案】 ×

【解析】 必要收益率与认识到的风险有关,人们对资产的安全性有不同的看法。如果某公司陷入财务困难的可能性很大,也就是说投资该公司股票产生损失的可能性很大,那么投资于该公司股票将会要求一个较高的收益率,所以

该股票的必要收益率就会较高。

4.【答案】 √

【解析】 方差和标准差作为绝对数,只适用于期望值相同的决策方案风险程度的比较。对于期望值不同的决策方案,评价和比较其各自的风险程度只能借助于标准差率这一相对数值。在期望值不同的情况下,标准差率越大,风险越大;标准差率越小,风险越小。

5.【答案】 √

【解析】 非系统风险是指发生于个别公司的特有事件造成的风险。某一证券公司破产导致无法收回投资本金,属于非系统风险。

6.【答案】 √

【解析】 当两项资产的收益率完全正相关时,两项资产的风险完全不能相互抵消,所以这样的组合不能降低任何风险,本题说法正确。

7.【答案】 ×

【解析】 只要两项资产的相关系数不为 1,就可以分散组合的投资风险。

8.【答案】 √

【解析】 证券资产组合的系数是所有单项资产系数的加权平均数,即单项资产在组合中所占的价值比例会影响证券资产组合的系数,所以可以通过调整资产组合中不同资产的构成比例改变组合的系统风险。

9.【答案】 ×

【解析】 假设无风险利率为 5%,市场组合风险收益率为 6%,乙资产 β 系数为 2,则乙资产必要收益率＝$5\%+2\times6\%=17\%$;甲资产必要收益率＝$5\%+2\times2\times6\%=29\%$,甲资产必要收益率不是乙资产必要收益率的 2 倍。

四、计算分析题

1.【答案】(1)资产组合 M 的标准差率＝$27.9\%\div18\%=1.55$

(2)资产组合 N 的标准差率为 1.2,小于资产组合 M 的标准差率,故资产组合 M 的风险更大。

(3)设张某应在资产组合 M 上投资的最低比例是 W:$18\%\times W+13\%\times(1-W)=16\%$,解得 $W=60\%$。

为实现期望的收益率,张某应在资产组合 M 上投资的最低比例是 60%。

(4)张某在资产组合 M(高风险)上投资的最低比例是 60%,而在资产组合 N(低风险)上投

资的最高比例是 40%,而赵某投资于资产组合 M 和 N 的资金比例分别为 30% 和 70%。因为资产组合 M 的风险大于资产组合 N 的风险,并且赵某投资于资产组合 M(高风险)的比例低于张某投资于资产组合 M(高风险)的比例,所以赵某更厌恶风险。

2.【答案】(1) X 股票预期收益率 = 30%×20% + 50%×12%+20%×5% = 13%

(2) 证券组合的预期收益率 = 40%×13% + 10%×30%+8%×30% = 10.6%

(3) 证券组合的 β 系数 = 2.5×40%+1.5×30%+ 1×30% = 1.75

(4) 该证券组合的必要收益率 = 4%+1.75× (9%−4%) = 12.75%

由于组合的预期收益率低于组合的必要收益率,所以该组合不值得投资。

第三章
预算管理

考情回顾

　　本章主要学习预算管理的方法与程序以及预算的编制等内容,难度适中。在近几年考试中本章知识点占5~10分,主要题型为单选题、多选题、判断题、计算分析题。预计今年考查题型不变,分值为6~10分。

考试变化

　　本章没有实质性变化。

本章结构

第一节　预算管理概述
第二节　预算的编制方法与程序
第三节　预算编制
第四节　预算的执行与考核

第一节 预算管理概述

本节框架

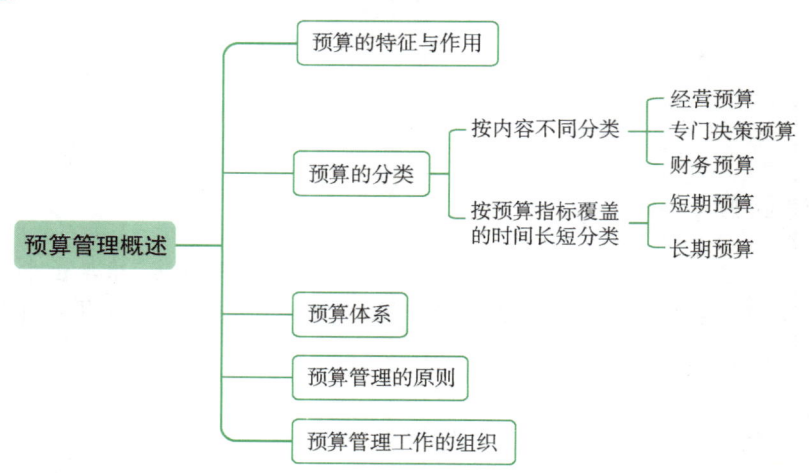

一、预算的特征与作用 ★

考试方向

考查预算的特征。

（一）预算的特征

1. 预算与企业战略目标是保持一致的。

2. 数量化和可执行性是预算的最主要的特征，是对未来活动的细致、周密安排，是未来经营活动的依据。

（二）预算的作用

1. 预算通过规划、控制和引导经济活动，使企业经营达到预期的目标。

2. 预算可以实现企业内部各个部门之间的协调。

3. 预算是企业业绩考核的重要依据。

二、预算的分类 ★★

考试方向

考查预算的分类。

可根据不同标准将预算分为多个种类，详见表3-1。

表3-1 预算的分类

分类依据		分类
内容的不同	经营预算	又称为业务预算，包括销售预算、生产预算、直接材料预算、直接人工预算、制造费用预算、产品成本预算、销售及管理费用预算等
	专门决策预算	又称为资本支出预算，在企业中不经常发生，属于一次性的重要决策预算
	财务预算	①包括资金预算和预计财务报表。资金预算又称为现金预算，预计财务报表包括预计利润表和预计资产负债表 ②财务预算又称为总预算，属于全面预算的最后环节，从价值方面总括地反应企业的经营预算与专门决策预算的结果

（续表）

分类依据		分类
预算指标覆盖时间的长短	短期预算	①指预算期在1年以内(含1年)的预算 ②经营预算与财务预算通常属于短期预算
	长期预算	①指预算期在1年以上的预算 ②专门决策预算通常属于长期预算

三、预算体系

全面预算体系一般由经营预算、专门决策预算和财务预算组成,如图3-1所示。

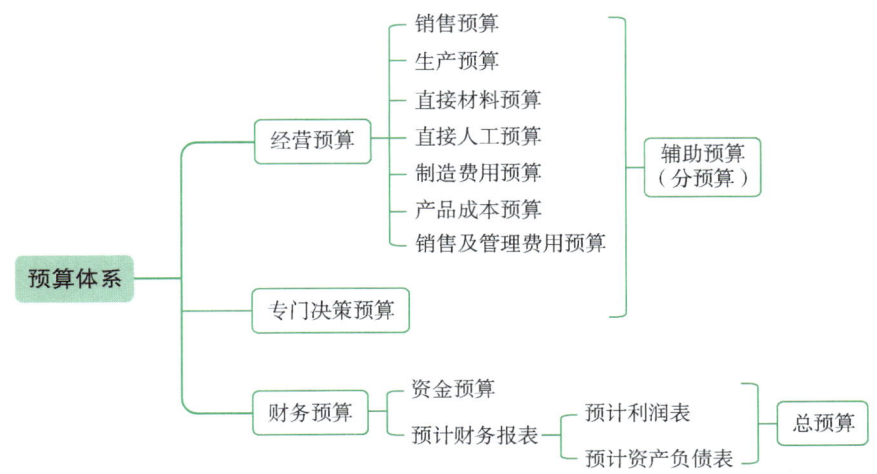

▲ 图3-1　全面预算体系的组成

【例题3-1多选题】(2020年真题)　在企业编制的下列预算中,属于财务预算的有(　　)。

A.制造费用预算　　　　　　　B.资本支出预算

C.预计资产负债表　　　　　　D.预计利润表

【答案】　CD

【名师点睛】　财务预算包括资金预算、预计资产负债表、预计利润表。

四、预算管理的原则 ★

企业进行预算管理,一般应遵循以下原则,如表3-2所示。

表3-2　预算管理的原则

预算管理原则	具体内容
战略导向原则	预算管理应围绕企业战略目标和业务计划有序开展
过程控制原则	通过及时监控、分析等把握预算目标的实现进度并实施有效评价
融合性原则	以业务为先导、以财务为协同,将预算管理嵌入企业经营管理活动的各个领域、层次、环节

（续表）

预算管理原则	具体内容
平衡管理原则	平衡长期目标与短期目标、整体利益与局部利益、收入与支出、结果与动因等关系，促进企业可持续发展
权变性原则	刚性与柔性相结合，强调预算对经营管理的刚性约束，又可根据内外环境的重大变化调整预算，并针对例外事项进行特殊处理

【例题 3-2 单选题】（经典好题） 预算管理应当以业务为先导、以财务为协同，将预算管理嵌入企业经营管理活动的各个领域、层次、环节，体现了预算管理的（   ）原则。

A. 融合性原则 　　　　　　　　　　B. 平衡管理原则

C. 权变性原则 　　　　　　　　　　D. 战略导向原则

【答案】 A

【名师点睛】 融合性原则：以业务为先导、以财务为协同，将预算管理嵌入企业经营管理活动的各个领域、层次、环节，所以选项 A 正确。平衡管理原则：平衡长期目标与短期目标、整体利益与局部利益、收入与支出、结果与动因等关系，促进企业可持续发展。权变性原则：刚性与柔性相结合，强调预算对经营管理的刚性约束，又可根据内外环境的重大变化调整预算，并针对例外事项进行特殊处理。战略导向原则：预算管理应围绕企业战略目标和业务计划有序开展。所以选项 BCD 错误。

五、 预算管理工作的组织 ★

我国《公司法》规定：公司的年度财务预算方案、决算方案由公司董事会制订，经股东大会审议批准后方可执行。预算工作的组织包括决策层、管理层、执行层和考核层。

1. 董事会或类似机构（如总经理办公会）职责。

设立预算管理委员会或指定财务管理部门负责预算管理事宜。

董事会或类似机构对企业预算管理工作负总责。

2. 预算管理委员会职责。

（1）审批公司预算管理制度、政策。

（2）审议年度预算草案或预算调整草案并报董事会等机构审批。

（3）监控、考核本单位的预算执行情况并向董事会报告。

（4）协调预算编制、预算调整及预算执行中的有关问题。

提示 当企业不单独设置预算管理委员会时，由财务管理部门代为执行预算管理委员会的职责。因此，预算管理委员会的职责也属于财务管理部门的职责。

3. 财务管理部门职责。

（1）负责企业预算的跟踪管理。

（2）监督预算的执行情况。

（3）分析预算与实际执行的差异及原因。

（4）提出改进管理的意见与建议。

4. 企业各职能部门（如企业内部生产、投资、物资、人力资源、市场营销等职能部门）职责。

负责各自部门的预算编制、执行、分析等工作。

部门主要负责人参与企业预算管理委员会的工作,并对本部门预算执行结果承担责任。

5. 企业所属基层单位职责。

负责本单位预算的编制、控制、分析工作。

其主要负责人对本单位财务预算的执行结果承担责任。

第二节 预算的编制方法与程序

一、 预算的编制方法 ★★

企业一般按照分级编制、逐级汇总的方式,采用自上而下、自下而上、上下结合或多维度相协调的流程编制预算。

预算编制方法主要包括增量预算法与零基预算法、固定预算法与弹性预算法、定期预算法与滚动预算法。

提示 ▶ 注意区分这三对方法中,谁与谁是一对,并且还要掌握各自的特点。

(一)增量预算法与零基预算法

1. 增量预算法。

增量预算法是指以历史期实际经济活动及其预算为基础,结合预算期经济活动及相关影响因素的变动情况,通过调整历史期经济活动项目及金额形成预算的预算编制方法。

增量预算法编制遵循如下假定:

(1)企业现有业务活动是合理的。

(2)企业现有各项业务的开支水平是合理的。

(3)以现有业务活动和各项活动的开支水平,确定预算期各项活动的预算数。

> **案例 3 - 1**
>
> 某公司上年的销售费用为 60000 元,考虑到本年营销任务增大 10%,按增量预算法编制计划年度的销售费用预算。
>
> **【分析】** 该公司计划年度的销售费用=60000×(1+10%)=66000(元)

2. 零基预算法。

零基预算法是指企业不以历史期经济活动及其预算为基础,以零为起点,从实际需要出发分析预算期经济活动的合理性,经综合平衡,形成预算的预算编制方法。

零基预算法的编制程序如下:

(1)明确预算编制标准。

(2)制订业务计划。

(3)编制预算草案。

(4)审定预算方案。

增量预算法与零基预算法的优缺点详见表3-3。

表3-3　增量预算法与零基预算法的优缺点

	增量预算法	零基预算法
优点	编制工作量小	①以零为起点编制预算,不受历史期经济活动中的不合理因素影响,能够灵活应对内外环境的变化,预算编制更贴近预算期企业经济活动需要 ②有助于增加预算编制透明度,有利于进行预算控制
缺点	可能导致无效费用开支无法得到有效控制,使得不必要开支合理化,造成预算上的浪费	①预算编制工作量较大、成本较高 ②预算编制的准确性受企业管理水平和相关数据标准准确性影响较大

考试方向

考查零基预算的优缺点。

【例题3-3单选题】(2020年真题)　相对于增量预算,下列关于零基预算的表述中错误的是(　　　)。

A.预算编制成本相对较高　　　　　　B.预算编制工作量相对较少

C.以零为起点编制预算　　　　　　　D.不受历史期不合理因素的影响

【答案】　B

【名师点睛】　零基预算法的优点:①以零为起点编制预算,不受历史期经济活动中的不合理因素影响,能够灵活应对内外环境的变化,预算编制更贴近预算期企业经济活动需要;②有助于增加预算编制透明度,有利于进行预算控制。零基预算法的缺点:①预算编制工作量较大、成本较高;②预算编制的准确性受企业管理水平和相关数据标准准确性较大。所以选项B表述错误。

(二)固定预算法与弹性预算法

1.固定预算法。

固定预算法又称为静态预算法,是指以预算期内正常的、最可实现的某一业务量(是指企业产量、销售量、作业量等与预算项目相关的弹性变量)水平为固定基础,不考虑可能发生的变动的预算编制方法。

案例3-2

某公司预计销售量为60000件,按此业务量给予销售部门的预算费用为5000元,如果该销售部门实际销售量达到了70000件,超出了预算销售量,按固定预算法销售费用预算为多少?

【分析】　该公司销售费用预算仍为5000元,因为固定预算法是以固定业务量水平为基础的,不会考虑实际可能发生的变动。所以无论实际销售量达到多少,按固定预算法的销售费用预算都是5000元。

2. 弹性预算法。

弹性预算法又称为动态预算法,是指企业在分析业务量与预算项目之间数量依存关系的基础上,分别确定不同业务量及其相应预算项目所消耗资源的预算编制方法。

编制弹性预算,要选用一个最能代表生产经营活动水平的业务量计量单位。例如,以手工操作为主的车间,就应选用人工工时;制造单一产品或零件的部门,可以选用实物数量;修理部门可以选用直接修理工时等。

弹性预算法的编制程序如下:

（1）确定弹性预算适用项目,识别相关的业务量并预测业务量在预算期内可能存在的不同水平和弹性幅度;

（2）分析预算项目与业务量之间的数量依存关系,确定弹性定额;

（3）构建弹性预算模型,形成预算方案;

（4）审定预算方案并上报企业预算管理委员会等专门机构审议后,报董事会等机构审批。

固定预算法与弹性预算法的优缺点详见表3-4。

表3-4 固定预算法与弹性预算法的优缺点

	固定预算法	弹性预算法
优点	编制工作量小	考虑了预算期可能的不同业务量水平,更贴近企业经营管理实际情况
缺点	①适应性差 ②可比性差	①编制工作量大 ②市场及其变动趋势预测的准确性、预算项目与业务量之间依存关系的判断水平等会对弹性预算的合理性造成较大影响

弹性预算的编制方法又分为公式法和列表法两种。

①公式法。

公式法是运用总成本性态模型,测算预算期的成本费用数额,并编制成本费用预算的方法。

运用的公式:y＝a+bx

其中:y表示预算成本总额,a表示成本中的固定基数,b表示与业务量相关的弹性定额,x表示预计业务量。

优点:便于在一定范围内计算任何业务量的预算成本,可比性和适应性强,编制预算的工作量相对较小。

缺点:如果企业的成本项目较多,按公式进行成本分解比较麻烦,对每个费用子项目甚至细目逐一进行成本分解,工作量很大。

案例3-3

某公司制造费用中的修理费用与修理工时密切相关。经测算,预算期修理费用中的固定修理费用为5000元,单位工时的变动修理费用为2元;预计预算期的修理工时为3000小时。运用公式法,测算预算期的修理费用总额。

【分析】 预算期的修理费用总额＝5000+2×3000＝11000(元)

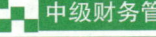

第三章

案例 3-4

　　某公司经过分析得出某种产品的制造费用与人工工时密切相关,采用公式法编制的制造费用预算如表 3-5 所示。

表 3-5　制造费用预算(公式法)

业务量范围	350~550(人工工时)	
费用项目	固定费用(元/月)	变动费用(元/人工工时)
运输费用		1
电力费用		8
材料费用		2
修理费用	650	6
油料费用	1000	2
折旧费用	2000	
人工费用	1000	
合计	4650	19
备注	当业务量超过 500 工时后,修理费中的固定费用将由 650 元上升为 1000 元	

　　【分析】　当业务量在 350~500 人工工时的情况下,对应的固定成本总额为 4650,单位变动成本为 19,所以对应的公式:y=4650+19x。

　　当业务量在 500~550 人工工时的情况下,对应的固定成本总额为 5000,单位变动成本为 19,所以对应的公式:y=5000+19x。

案例 3-5 沿用案例 3-4

　　如果该公司业务量为 520 人工工时时,请问根据公式法此时的制造费用是多少?

　　【分析】　由于业务量 520 人工工时属于 500~550 人工工时的范畴,所以选择公式:y=5000+19x,因此,制造费用=5000+19×520=14880(元)。

　　②列表法。

　　列表法是企业通过列表的方式,在业务量范围内依据已划分的若干个不同等级,分别计算并列示该预算项目与业务量相关的不同可能的预算方案方法。

　　优点:不必经过计算即可找到与业务量相近的预算成本;混合成本中的阶梯成本和曲线成本,可按总成本性态模型计算填列,不必用数学方法修正为近似的直线成本。

　　缺点:在评价和考核实际成本时,往往需要使用插值法来计算实际业务量的预算成本,比较麻烦。

案例 3-6

　　某公司采用列表法编制的 2021 年 9 月制造费用预算如表 3-6 所示。

表 3－6 制造费用预算(列表法) 金额单位：元

业务量(直接人工工时)(小时)	350	400	450	500	550
占正常生产能力百分比(%)	70%	80%	90%	100%	110%
变动成本：					
运输费用(b＝1)	350	400	450	500	550
电力费用(b＝8)	2800	3200	3600	4000	4400
材料费用(b＝2)	700	800	900	1000	1100
合计	3850	4400	4950	5500	6050
混合成本：					
修理费用(a＝650,b＝6)	2750	3050	3350	3650	4300
油料费用(a＝1000,b＝2)	1700	1800	1900	2000	2100
合计	4450	4850	5250	5650	6400
固定成本：					
折旧费用(a＝2000)	2000	2000	2000	2000	2000
人工费用(a＝1000)	1000	1000	1000	1000	1000
合计	3000	3000	3000	3000	3000
总计	11300	12250	13200	14150	15450

【分析】 当实际业务量是 400 小时,很快可以通过表格找到对应的总成本费用为 12250 元;当实际业务量是 500 小时,很快可以通过表格找到对应的总成本费用为 14150 元;但是当实际业务量是 520 小时,需要利用插值法来计算：

520 小时处在 500～550 小时之间,对应的总成本费用应在 14150～15450 元之间,设业务量为 520 小时对应的总成本费用为 X 元,则：

$$\frac{520-500}{550-500}=\frac{X-14150}{15450-14150}$$

X＝14670(元)

业务量 520 小时对应的总成本费用为 14670 元。

【例题 3－4 单选题】(2019 年真题) 某企业当年实际销售费用为 6000 万元,占销售额的 30%,企业预计下年销售额增加 5000 万元,于是就将下年销售费用预算简单地确定为 7500 万元(6000＋5000×30%)。从中可以看出,该企业采用的预算编制方法为( )。

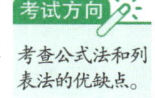

考试方向

考查公式法和列表法的优缺点。

A. 弹性预算法 B. 增量预算法 C. 零基预算法 D. 滚动预算法

【答案】 B

【名师点睛】 增量预算法,是指以历史期实际经济活动及其预算为基础,结合预算期经济活动及相关影响因素的变动情况,通过调整历史期经济活动项目及金额形成预算的预算编制方法。根据 7500＝6000＋5000×30%,从而得知是在历史期的数据 6000 万元上进行调整的,所以选项 B 正确。

【例题 3-5 单选题】（2014 年真题） 某企业制造费中油料费用与机器工时密切相关,预计预算期固定油料费用为 20000 元,单位工时的变动油料费用为 20 元,预算期机器总工时为 1000 小时,则预算期油料费用预算总额为( )元。

A. 10000　　　　B. 20000　　　　C. 30000　　　　D. 40000

【答案】 D

【名师点睛】 预算期油料费用预算总额 = 20000+1000×20 = 40000（元）,所以选项 D 正确。

【例题 3-6 单选题】（2020 年真题） 公式法编制财务预算,固定制造费用为 1000 元,如果业务量为 100% 时,变动制造费用为 3000 元;如果业务量为 120%,则总制造费用为( )。

A. 3000　　　　B. 4000　　　　C. 4600　　　　D. 3600

【答案】 C

【名师点睛】 当业务量为 100% 时,变动制造费用为 3000 元,业务量为 120% 时,变动制造费用随着业务量的变化而变化,所以变动制造费用 = 3000×120% = 3600（元）,固定制造费用不随业务量的变化而变化,所以总制造费用 = 变动制造费用+固定制造费用 = 3600+1000 = 4600（元）,所以选项 C 正确。

（三）定期预算法与滚动预算法

1. 定期预算法。

定期预算法是指在编制预算时,以固定会计期间（如日历年度）作为预算期的一种编制方法。

2. 滚动预算法。

滚动预算法是指企业根据上一期预算执行情况和新的预测结果,按既定的预算编制周期和滚动频率,对原有的预算方案进行调整和补充、逐期滚动、持续推进的预算编制方法。

（1）定期预算法与滚动预算法的优缺点（详见表 3-7）。

表 3-7　定期预算法与滚动预算法的优缺点

	定期预算法	滚动预算法
优点	①预算期间与会计期间相对应,便于将实际数与预算数进行对比,也有利于对预算执行情况进行分析和评价 ②编制工作量小	动态的反映市场、建立跨期综合平衡,从而有效指导企业营运,强化预算的决策与控制职能
缺点	缺乏长远打算,导致一些短期行为	①预算滚动频率越高,对预算沟通的要求越高,预算编制的工作量越大 ②过高的滚动频率容易增加管理层的不稳定感,导致预算执行者无所适从

（2）按照预算编制周期,滚动预算分为中期滚动预算和短期滚动预算。

①中期滚动预算,以年度为预算滚动频率,预算编制周期通常为 3 年或 5 年。

②短期滚动预算,以月度、季度作为预算滚动频率,通常以 1 年为预算编制周期。

短期滚动预算可以分为逐月滚动、逐季滚动、混合滚动。

a. 逐月滚动是以月份为预算的编制和滚动单位,每个月调整一次预算的方法,如图 3 - 2 所示。

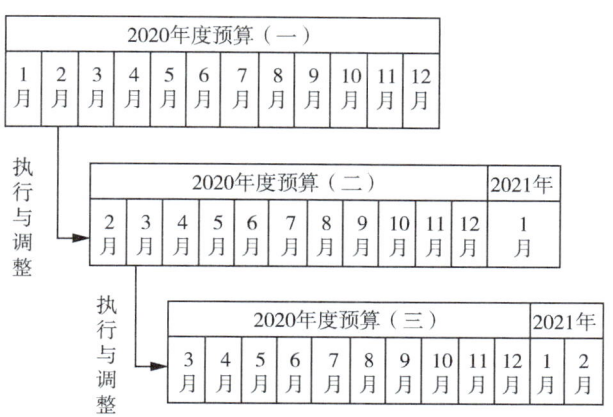

▲ 图 3 - 2 逐月滚动预算示意图

b. 逐季滚动是以季度为预算的编制和滚动单位,每个季度调整一次预算的方法。
c. 混合滚动是同时以月份和季度作为预算的编制和滚动单位的方法。

二、 预算的编制程序 ★

企业编制预算,一般应按照"上下结合、分级编制、逐级汇总"的程序进行。

第三节 预算编制

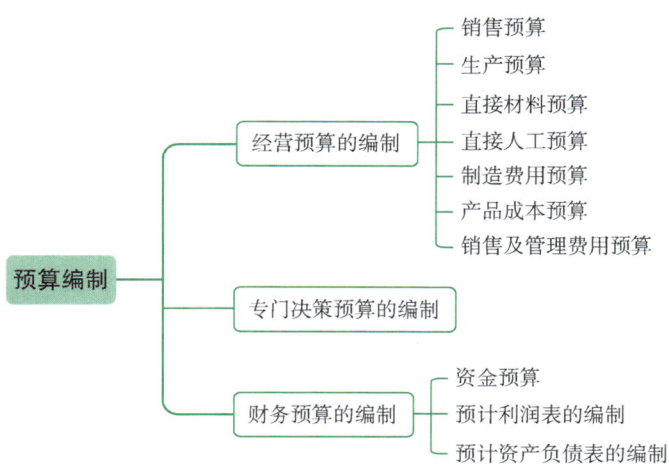

一、经营预算的编制

(一)销售预算 ★ ★

销售预算是整个预算的编制起点,其他预算的编制都是以销售预算作为基础。

案例 3-7

仁和公司 2021 年各季度预计销售量分别为 2000 件、1800 件、1500 件、2000 件,各季度预计单位售价均为 1000 元。预计公司每季度销售收入中,本季度收到 70% 现金,另外的 30% 现金要到下个季度才能收到,2020 年年末的应收账款金额为 80000 元。

要求:(1)根据上述资料编制仁和公司 2021 年度销售预算。

(2)计算该公司 2021 年年末应收账款余额。

【分析】 根据资料分析可得仁和公司的销售收入是进行两次收现的,因此 2020 年年末(即 2020 年第 4 季度末)的应收账款将会在 2021 年第 1 季度收回,所以 2021 年第 1 季度除了会收到当期销售收入的 70%,还会收到上个季度末的应收账款。

因此,2021 年第 1 季度现金收入 = 80000 + 2000000 × 70% = 1480000(元)。

同理,第 2 季度现金收入 = 2000000 × 30% + 1800000 × 70% = 1860000(元),第 3 季度现金收入 = 1800000 × 30% + 1500000 × 70% = 1590000(元),第 4 季度现金收入 = 1500000 × 30% + 2000000 × 70% = 1850000(元)。

由此可知截至 2021 年年末,还有第 4 季度收入的 30% 没有收回,因此 2021 年年末应收账款额 = 2000000 × 30% = 600000(元)。

编制的 2021 年度销售预算如表 3-8 所示。

表 3-8 销售预算 金额单位:元

项目	第 1 季度	第 2 季度	第 3 季度	第 4 季度	全年
预计销售量(件)	2000	1800	1500	2000	7300
预计单位售价	1000	1000	1000	1000	1000
销售收入	2000000	1800000	1500000	2000000	7300000
预计现金收入:					
上年应收账款	80000				80000
第 1 季度	1400000	600000			2000000
第 2 季度		1260000	540000		1800000
第 3 季度			1050000	450000	1500000
第 4 季度				1400000	1400000
现金收入合计※	1480000	1860000	1590000	1850000	6780000

提示 ▶ 表格中标※的部分为常考点,下面其他预算同理。

· 易错易混点 ·

区分销售收入与预计现金收入:

①销售收入指的是当期共计产生的销售收入金额(包括当期销售当期收取的金额

和当期销售未来收取的金额）。

②预计现金收入指的是当期实际收取的全部金额（包括当期销售当期收取的金额和前期销售在当期收取的金额）。

【例题 3－7 单选题】（2020 年真题）　某企业各季度销售收入有 70%于本季度收到现金，30%于下季度收到现金。已知 2019 年年末应收账款余额为 600 万元，2020 年第 1 季度预计销售收入 1500 万元，则 2020 年第 1 季度预计现金收入为（　　）万元。

A. 1650　　　　　　B. 2100　　　　　　C. 1050　　　　　　D. 1230

【答案】　A

【名师点睛】　2020 年第 1 季度预计现金收入＝1500×70%＋600＝1650（万元），所以选项 A 正确。

考试方向

考查预计现金收入和年末应收账款余额的计算。

（二）生产预算 ★★

生产预算以销售预算为编制依据。计算公式如下：

预计生产量＝预计期末产成品存量＋预计销售量－预计期初产成品存量

提示▶生产预算只涉及实物量指标，不涉及价值量指标。

案例 3－8

仁和公司 2021 年各季度预计销量分别为 2000 件、1800 件、1500 件、2000 件，2021 年年初产成品存货有 150 件，年末产成品存货预计有 300 件，各季度末产成品存货量按照下季度销量的 20%安排。

要求：编制仁和公司的生产预算。

【分析】　根据资料分析可得 2021 年年初也是 2021 年第 1 季度的季初，因此年初有存货 150 件就是第 1 季度期初的预计产成品存货数量。同理，年末预计有存货 300 件就是第 4 季度期末的预计产成品存货数量。

各季度末产成品存货量按照下季度销量的 20%安排，因此：

第 1 季度末存货＝1800×20%＝360（件）

第 2 季度末存货＝1500×20%＝300（件）

第 3 季度末存货＝2000×20%＝400（件）

由于上期期末就是下期期初，因此：

第 2 季度期初存货＝360（件）

第 3 季度期初存货＝300（件）

第 4 季度期初存货＝400（件）

根据"预计生产量＝预计期末产成品存量＋预计销售量－预计期初产成品存量"可知：

第 1 季度预计生产量＝2000＋360－150＝2210（件）

第 2 季度预计生产量＝1800＋300－360＝1740（件）

第 3 季度预计生产量＝1500＋400－300＝1600（件）

第 4 季度预计生产量＝2000＋300－400＝1900（件）

编制的公司生产预算如表 3－9 所示。

表 3-9　生产预算　　　　　　　　　单位：件

项目	第1季度	第2季度	第3季度	第4季度	全年
预计销售量	2000	1800	1500	2000	7300
预计期末产成品存货	360	300	400	300	300
合计	2360	2100	1900	2300	7600
预计期初产成品存货	150	360	300	400	150
预计生产量※	2210	1740	1600	1900	7450

考试方向

考查预计生产量的计算。

【例题 3-8 单选题】（2020 年真题）　企业每季预计期末产成品存货为下一季度预计销售量的 10%，已知第二季度预计销售量为 2000 件，第三季度预计销售量为 2200 件，则第二季度产成品预计产量为（　　　　）件。

A. 2020　　　　　　B. 2000　　　　　　C. 2200　　　　　　D. 2220

【答案】　A

【名师点睛】　第二季度产成品预计产量＝本季度预计销售量＋预计期末存量－预计期初存量＝2000＋2200×10%－2000×10%＝2020（件），所以选项 A 正确。

（三）直接材料预算 ★★

直接材料预算以<u>生产预算</u>为基础编制。计算公式如下：

<u>预计材料采购量＝期末材料存量＋生产需用量－期初材料存量</u>

案例 3-9

仁和公司 2021 年各季度的预计生产量分别为 2210 件、1740 件、1600 件、1900 件，单位产品预算的材料用量为 8 千克/件，材料预算单价为 20 元/千克，上年年末材料存量 2000 千克，预计本年的年末存量为 1800 千克，各季末材料存量按照下季度生产需用量的 10% 安排。上年年末的应付账款为 220000 元，企业材料采购的货款有 60% 在本季度内付清，另外 40% 在下季度付清。

要求：（1）编制该公司 2021 年度的直接材料预算。

（2）计算年末应付账款余额。

【分析】　首先要计算出生产需要用的材料量，

根据"生产需用材料量＝预计生产量×单位产品材料用量"可知：

第 1 季度材料需用量＝2210×8＝17680（千克）

第 2 季度材料需用量＝1740×8＝13920（千克）

第 3 季度材料需用量＝1600×8＝12800（千克）

第 4 季度材料需用量＝1900×8＝15200（千克）

根据资料分析可得 2021 年年初即 2021 年第 1 季度初，因此预计上年年末（即本年年初）存量 2000 千克就是第 1 季度期初的预计存量。同理，本年年末存量 1800 千克就是第 4 季度期末的预计存量。

各季末材料存量按照下季度生产需用量的 10% 安排，因此：

第 1 季度季末存量 = 13920×10% = 1392（千克）

第 2 季度季末存量 = 12800×10% = 1280（千克）

第 3 季度季末存量 = 15200×10% = 1520（千克）

由于上期期末就是下期期初,因此:

第 2 季度期初存量 = 1392（件）

第 3 季度期初存量 = 1280（件）

第 4 季度期初存量 = 1520（件）

根据"预计材料采购量 = 期末材料存量 + 生产需用量 − 期初材料存量"可知:

第 1 季度预计材料采购量 = 17680 + 1392 − 2000 = 17072（千克）

第 2 季度预计材料采购量 = 13920 + 1280 − 1392 = 13808（千克）

第 3 季度预计材料采购量 = 12800 + 1520 − 1280 = 13040（千克）

第 4 季度预计材料采购量 = 15200 + 1800 − 1520 = 15480（千克）

根据"预计采购金额 = 预计材料采购量×材料单价"可知:

第 1 季度预计采购材料 = 17072×20 = 341440（元）

第 2 季度预计采购材料 = 13808×20 = 276160（元）

第 3 季度预计采购材料 = 13040×20 = 260800（元）

第 4 季度预计采购材料 = 15480×20 = 309600（元）

根据资料分析可得仁和公司采购材料价款是进行两次支付的,2020 年年末(即 2020 年第 4 季度末)的应付账款将会在 2021 年第 1 季度支付,所以 2021 年第 1 季度除了需要支付当期货款的 60%,还会支付上个季度末的应付账款。

2021 年第 1 季度现金支出 = 220000 + 341440×60% = 424864（元）

同理,第 2 季度现金支出 = 341440×40% + 276160×60% = 302272（元）

第 3 季度现金收入 = 276160×40% + 260800×60% = 266944（元）

第 4 季度现金收入 = 260800×40% + 309600×60% = 290080（元）

由此可知截至 2021 年年末还有第 4 季度材料采购金额的 40% 没有支付,因此 2021 年年末应付账款余额 = 309600×40% = 123840（元）。

编制的直接材料预算如表 3 − 10 所示。

表 3 − 10　直接材料预算

项目	第 1 季度	第 2 季度	第 3 季度	第 4 季度	全年
预计生产量（件）	2210	1740	1600	1900	7450
单位产品材料用量（千克/件）	8	8	8	8	8
生产需用量（千克）	17680	13920	12800	15200	59600
预计期末存量（千克）	1392	1280	1520	1800	1800
预计期初存量（千克）	2000	1392	1280	1520	2000
预计材料采购量（千克）※	17072	13808	13040	15480	59400
单价（元/千克）	20	20	20	20	20
预计采购金额（元）	341440	276160	260800	309600	1188000

（续表）

项目	第1季度	第2季度	第3季度	第4季度	全年
预计现金支出（元）：					
上年应付账款（元）	220000				220000
第1季度	204864	136576			341440
第2季度		165696	110464		276160
第3季度			156480	104320	260800
第4季度				185760	185760
预计现金支出合计（元）※	424864	302272	266944	290080	1284160

· 易错易混点 ·

区分预计采购金额与预计现金支出：

①预计采购金额指的是当期采购材料的总价值（包括当期采购当期支付的金额和当期采购未来支付的金额）。

②预计现金支出指的是当期实际支付的金额（包括当期采购当期支付的金额和前期采购在当期支付的金额）。

考试方向
考查预计材料采购量、预计现金支出和年末应付账款余额的计算。

【例题 3-9 单选题】（2017年真题） 某企业2017年度预计生产某产品1000件，单位产品耗用材料15千克，该材料期初存量为1000千克，预计期末存量为3000千克，则全年预计采购量为（　　）千克。

A. 18000　　　　B. 16000　　　　C. 15000　　　　D. 17000

【答案】 D

【名师点睛】 生产需用量＝预计生产量×单位产品材料耗用量＝1000×15＝15000（千克），预计采购量＝生产需用量+期末存量-期初存量＝15000+3000-1000＝17000（千克）。所以选项D正确。

（四）直接人工预算★

直接人工预算是以生产预算为基础编制。计算公式如下：

人工总工时＝预计生产量×单位产品工时

人工总成本＝人工总工时×每小时人工成本

案例 3-10

仁和公司各季度预计生产量分别为2210件、1740件、1600件、1900件，单位产品预算工时为3小时/件，单位小时人工成本为50元。

要求：编制直接人工预算。

【分析】 一般假设人工总成本当期全额付现，所以人工总成本直接计入预计现金支出。

编制的直接人工预算如表 3-11 所示。

表 3-11 直接人工预算

项目	第 1 季度	第 2 季度	第 3 季度	第 4 季度	全年
预计生产量(件)	2210	1740	1600	1900	7450
单位产品工时(小时/件)	3	3	3	3	3
人工总工时(小时)	6630	5220	4800	5700	22350
每小时人工成本(元/小时)	50	50	50	50	50
人工总成本(元)	331500	261000	240000	285000	1117500

(五)制造费用预算 ★ ★

制造费用分为变动制造费用和固定制造费用两部分。

变动制造费用预算是以生产预算为编制基础。固定制造费用属于固定成本,通常逐项预计。

提示▶ 计算现金支出时,制造费用合计要扣除非付现成本(折旧等)。

案例 3-11

仁和公司各季度预计生产量分别为 2210 件、1740 件、1600 件、1900 件,单位变动成本预算为间接人工每件 20 元,间接材料每件 15 元,修理费每件 15 元,水电费每 10 元。单位产品工时为 3 小时。各季度固定制造费用中包含的修理费分别为 10000 元、12300 元、14000 元、15000 元,管理人员工资分别为 110000 元、115000 元、115000 元、113000 元,保险费分别为 9000 元、9500 元、9250 元、9000 元,折旧费用均为 100000 元,财产税均为 5000 元。

要求:(1)编制制造费用预算。

(2)计算预算的变动制造费用小时费用分配率和固定制造费用小时费用分配率。

【分析】 (1)编制的制造费用预算如表 3-12 所示:

表 3-12 制造费用预算　　　　　　　单位:元

项目	第 1 季度	第 2 季度	第 3 季度	第 4 季度	全年
预计生产量	2210	1740	1600	1900	7450
变动制造费用:					
间接人工(20 元/件)	44200	34800	32000	38000	149000
间接材料(15 元/件)	33150	26100	24000	28500	111750
修理费(15 元/件)	33150	26100	24000	28500	111750
水电费(10 元/件)	22100	17400	16000	19000	74500
小计	132600	104400	96000	114000	447000
固定制造费用:					

（续表）

项目	第1季度	第2季度	第3季度	第4季度	全年
修理费	10000	12300	14000	15000	51300
折旧	100000	100000	100000	100000	400000
管理人员工资	110000	115000	115000	113000	453000
保险费	9000	9500	9250	9000	36750
财产税	5000	5000	5000	5000	20000
小计	234000	241800	243250	242000	961050
合计	366600	346200	339250	356000	1408050
减：折旧	100000	100000	100000	100000	400000
预计现金支出※	266600	246200	239250	256000	1008050

（2）为了便于以后编制产品成本预算，需要计算小时费用率。

全年总工时=7450×3=22350（小时）

变动制造费用小时费用率=447000÷22350=20（元/小时）

固定制造费用小时费用率=961050÷22350=43（元/小时）

为了便于以后编制资金预算，需要预计现金支出。通过查看表格会发现仁和公司除了折旧费以外都需要支付现金，所以制造费用合计要扣除折旧，即可得到预计现金支出。

考试方向

考查制造费用的预计现金支出的计算。

【例题3−10 单选题】（2019年真题） 某公司2019年第4季度预算生产量为100万件，单位变动制造费用为3元/件，固定制造费用总额为10万元（含折旧费2万元），除折旧费外，其余均为付现费用，则2019年第4季度制造费用的现金支出预算为（ ）万元。

A. 308 　　　　B. 312 　　　　C. 288 　　　　D. 292

【答案】 A

【名师点睛】 制造费用的现金支出预算=3×100+（10−2）=308（万元），所以选项A正确。

（六）产品成本预算★

产品成本预算是销售预算、生产预算、直接材料预算、直接人工预算、制造费用预算的汇总。产品成本预算的编制基础包括销售预算、生产预算、直接材料预算、直接人工预算和制造费用预算。

考试方向

考查产品成本预算的编制基础。

案例 3−12

仁和公司单位产品预算资料如下：

单位产品的材料用量为8千克，材料单价为20元/千克，单位产品的加工工时为3小时，每小时的人工成本为50元，变动制造费用预算分配率为20元/小时，固定制造费用预算分配率为43元/小时。本年预算的产品生产量为7450件，销售量为7300件，期末存货量为300件。

要求：编制产品成本预算。

【分析】 编制的产品成本预算如表 3-13 所示。

表 3-13　产品成本预算

项目	单位成本			生产成本 7450(件)	期末存货 300(件)	销货成本 7300(件)
	单价（元/千克或小时）	单耗（千克或小时）	成本(元)			
直接材料	20	8	160	1192000	48000	1168000
直接人工	50	3	150	1117500	45000	1095000
变动制造费用	20	3	60	447000	18000	438000
固定制造费用	43	3	129	961050	38700	941700
合计			499	3717550	149700	3642700

（七）销售及管理费用预算 ★

销售费用预算以销售预算为基础，根据费用计划编制。管理费用多为固定成本，通常逐项预计。计算现金支出时，销售及管理费用预算合计要扣除非付现成本（折旧、摊销等）。

案例 3-13

仁和公司 2021 年的销售及管理费用预算如表 3-14 所示。

表 3-14　销售及管理费用预算　　　　　　　　　单位：元

项目	金额
销售费用：	
销售人员工资	400000
广告费	600000
包装、运输费	300000
保管费	200000
折旧	100000
管理费用：	
管理人员薪金	450000
福利费	80000
保险费	50000
办公费	150000
折旧	120000
合计	2450000
减：折旧	220000
每季度支付现金※	（2450000-220000）÷4＝557500（注：此处简化，假设各季度所支付现金相等）

【例题3-11 单选题】(2018年真题) 下列预算中,在编制时不需要以生产预算为基础的是( )。

A. 变动制造费用预算　　　　　　B. 产品成本预算

C. 直接人工预算　　　　　　　　D. 销售费用预算

【答案】 D

【名师点睛】 生产预算是仅涉及实物量指标的预算,不涉及价值量指标。而销售费用预算核算的是销售费用支出,销售费用预算应与销售预算相配合,不是以生产预算为基础的,所以选项D正确。

二、 专门决策预算的编制 ★

专门决策预算的编制依据主要是项目财务可行性分析资料以及企业筹资决策资料,而不是经营预算。专门决策预算的要点是准确反映项目资金投资支出与筹资计划,它同时也是编制资金预算和预计资产负债表的依据。

案例 3-14

仁和公司2021年的专门决策预算如表3-15所示。

表3-15 专门决策预算　　　　　　单位:元

项目	第1季度	第2季度	第3季度	第4季度	全年
投资支出预算	600000			800000	1400000
借入长期借款	400000			600000	1000000

提示▶ 专门决策预算主要包括投资计划和筹资计划两部分内容。

三、 财务预算的编制

(一)资金预算 ★★★

资金预算是以经营预算和专门决策预算为依据编制的,专门反映预算期内预计现金收入与现金支出,以及为满足理想现金余额而进行筹资或归还借款等的预算。

提示▶ 经营预算中的生产预算和产品成本预算不涉及现金收支,不能直接为资金预算的编制提供数据。

资金预算由可供使用现金、现金支出、现金余缺、现金筹措与运用四部分组成。计算公式如下:

可供使用现金=期初现金余额+现金收入

现金余缺=可供使用现金−现金支出

现金余缺+现金筹措−现金运用=期末现金余额

案例 3-15

仁和公司 2020 年年末现金余额为 60000 元,2021 年理想的现金余额为 100000 元,仁和公司 2020 年年末的长期借款余额为 1000000 元,短期借款余额为 0,企业短期借款年利率为 10%,长期借款年利率为 12%。如果资金不足,可以取得短期借款,银行的要求是借款额必须为 10000 元的整数倍。借款利息按季支付,作预算时假设新增借款发生在季度的期初,归还借款发生在季度的期末,归还借款是 10000 元的整数倍。仁和公司编制的 2021 年资金预算如表 3-16 所示。

表 3-16 资金预算 单位:元

项目	第1季度	第2季度	第3季度	第4季度	全年
期初现金余额	60000	103786	101064	109620	60000
现金收入(依据表 3-8 销售预算)	1480000	1860000	1590000	1850000	6780000
可供使用现金	1540000	1963786	1691064	1959620	6840000
现金支出:					
直接材料(依据表 3-10 直接材料预算)	424864	302272	266944	290080	1284160
直接人工(依据表 3-11 直接人工预算)	331500	261000	240000	285000	1117500
制造费用(依据表 3-12 制造费用预算)	266600	246200	239250	256000	1008050
销售及管理费用(依据表 3-14 销售及管理费用预算)	557500	557500	557500	557500	2230000
所得税费用(估计数)	150000	120000	200000	180000	650000
购买设备(依据表 3-15 专门决策预算)	600000			800000	1400000
股利				300000	300000
现金支出合计	2330464	1486972	1503694	2668580	7989710
现金余缺※	−790464	476814	187370	−708960	−1149710
现金筹措与运用:					
借入长期借款(依据表 3-15 专门决策预算)	400000			600000	1000000
取得短期借款※	550000			290000	840000
归还短期借款※		320000	30000		350000
短期借款利息(年利率 10%)	13750	13750	5750	13000	46250
长期借款利息(年利率 12%)	42000	42000	42000	60000	186000
期末现金余额※	103786	101064	109620	108040	108040

【分析】(1)第 1 季度可供使用现金 = 60000+1480000 = 1540000(元)

根据其他预算表(表 3-8,表 3-10,表 3-11,表 3-12,表 3-14,表 3-15)依次填入现金支出项目,求和得到现金支出合计 = 424864 + 331500 + 266600 + 557500 + 150000+600000 = 2330464(元)。

第 1 季度现金余缺 = 1540000−2330464 = −790464(元)

第三章

2020年年末有长期借款1000000元,根据资本决策预算可得2021年第1季度借入长期借款400000元,所以第1季度共需支付长期借款利息=(1000000+400000)×12%÷4=42000(元)。此时−790464+400000−42000=−432464<100000(理想现金余额),因此还需要借入短期借款。

假设借入短期借款X元,则:

短期借款产生的利息=X×10%÷4−790464+400000+X−X×10%÷4−42000=100000

X=546116.92(元)

由于规定借款额是10000的整数倍,所以第1季度应借入短期借款550000元,第1季度产生的短期借款利息=550000×10%÷4=13750(元)。

第1季度期末现金余额=−790464+400000+550000−13750−42000=103786(元)

(2)同理可得:

第2季度可供使用现金=103786+1860000=1963786(元)

第2季度现金支出合计=302272+261000+246200+557500+120000=1486972(元)

第2季度现金余缺=1963786−1486972=476814(元)

由于期间没有新增的长期借款,所以第2季度需支付的长期借款利息不变,依然是42000元。由于短期借款在季末归还,也就是说无论本季度是否还款,本季度的短期借款利息依然正常计算,所以本季度短期借款利息为13750元。此时,476814−42000−13750=421064>100000,因此可以考虑归还短期借款。

假设归还短期借款X元,则:

476814−42000−14000−X=100000

X=320814(元)

由于规定还款额是10000的整数倍,所以第2季度应归还短期借款320000元。

第2季度期末现金余额=476814−320000−42000−13750=101064(元)

(3)同理可得:

第3季度可供使用现金=101064+1590000=1691064(元)

第3季度现金支出合计=266944+240000+239250+557500+200000=1503694(元)

第3季度现金余缺=1691064−1503694=187370(元)

第3季度共需支付的长期借款利息仍为42000元。

由于短期借款在第2季度已归还320000元,所以第3季度短期借款本金=550000−320000=230000(元),本季度的短期借款利息=230000×10%÷4=5750(元)。此时187370−42000−5750=139620>100000,因此可以考虑归还短期借款。

假设归还短期借款X元,则:

187370−42000−5750−X=100000

X=39620(元)

由于规定还款额是10000的整数倍,所以第3季度应归还短期借款30000元。

第3季度期末现金余额=187370−42000−5750−30000=109620(元)

(4)同理可得:

第4季度可供使用现金=109620+1850000=1959620(元)

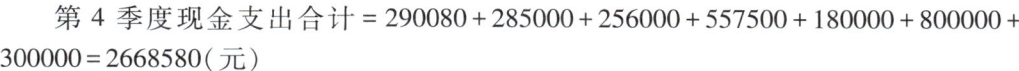

第 4 季度现金支出合计 = 290080 + 285000 + 256000 + 557500 + 180000 + 800000 + 300000 = 2668580（元）

第 4 季度现金余缺 = 1959620 − 2668580 = −708960（元）

由于本季度新增长期借款 600000 元，所以第 4 季度共需支付长期借款利息 = （1000000+400000+600000）×12%÷4 = 60000（元）。

由于第 3 季度又归还短期借款 30000 元，所以第 4 季度短期借款本金 = 230000 − 30000 = 200000（元），本季度的短期借款利息 = 200000×10%÷4 = 5000（元）。此时，−708960+600000−60000−5000 = −173960 < 100000，因此还需要借入短期借款。

假设借入短期借款 X 元，则：

短期借款产生的利息 = X×10%÷4 − 708960 + 600000 + X − X×10%÷4 − 60000 − 5000 = 100000

X = 280984.62（元）

由于规定借款额是 10000 的整数倍，所以第 4 季度应借入短期借款 290000 元第 4 季度产生的短期借款利息 = 290000×10%÷4+5750 = 13000（元）。

第 4 季度期末现金余额 = −708960+600000+290000−60000−13000 = 108040（元）

·易错易混点·

处理利息的计算与支付要注意认真审题。案例 3−16 中在计算"借款利息按季支付"时：

①如果取得借款在季初，则需支付当季新增的借款的利息。

②如果取得借款在季末，则无需支付当季新增的借款的利息。

③如果归还借款在季初，则无需支付当季归还的借款的利息。

④如果归还借款在季末，则需支付当季归还的借款的利息。

【例题 3−12 判断题】（2020 年真题） 资金预算以经营预算和专门决策预算为依据编制。（　　）

考试方向 考查资金预算的编制方法和编制基础。

【答案】 √

【名师点睛】 资金预算是以经营预算和专门决策预算为依据编制的，专门反映预算期内预计现金收入与现金支出，以及为满足理想现金余额而进行筹资或归还借款等的预算。

【例题 3−13 计算分析题】（2018 年真题） 甲公司编制现金预算的相关资料如下：

资料一：甲公司预计 2018 年每季度的销售收入中，有 70%在本季度收到现金，30%在下一季度收到现金，不存在坏账。2017 年年末应收账款余额为零。不考虑增值税及其他因素的影响。

资料二：甲公司 2018 年年末各季度的现金预算如下表所示。

甲公司 2018 年年末各季度现金预算　　　　　　　　　　单位：万元

季度	第 1 季度	第 2 季度	第 3 季度	第 4 季度
期初现金余额	500	B	1088	1090
预计销售收入	2000	3000	4000	3500
现金收入	A	2700	C	3650

（续表）

季度	第1季度	第2季度	第3季度	第4季度
现金支出	1500	＊	3650	1540
现金余缺	＊	−700	＊	D
向银行借款	＊	＊	＊	＊
归还银行借款及利息	＊	＊	＊	＊
期末现金余额	1000	＊	＊	＊

注：表内"＊"为省略的数值。

要求：（1）计算2018年年末预计应收账款余额。

（2）计算表中用字母代表的数值。

【答案】 （1）2018年年末预计应收账款余额＝3500×30%＝1050（元）

（2）A＝2000×70%＝1400（万元）

B＝1000（万元）

C＝4000×70%＋3000×30%＝3700（万元）

D＝1090＋3650−1540＝3200（万元）

（二）预计利润表的编制 ★

预计利润表用来综合反映企业在计划期的预计经营成果，是企业最主要的财务预算表之一。

编制预计利润表的依据是各经营预算、专门决策预算和资金预算。

提示▶ 经营预算中的生产预算不涉及价值量，不能为预计利润表的编制直接提供数据。

但产品成本预算可以为预计利润表中的销售成本项目直接提供数据。

案例3−16

仁和公司编制的2021年预计利润表如表3−17所示。

表3−17　预计利润表

单位：元

项目	金额
销售收入（依据表3−8销售预算）※	7300000
销售成本（依据表3−13产品成本预算）※	3642700
毛利	3657300
销售及管理费用（依据表3−14销售及管理费用预算）	2450000
利息（依据表3−16资金预算）	232250
利润总额	975050
所得税费用（估计）（依据表3−16资金预算）※	650000
净利润	325050

此处所得税费用也是估计的数额，不是根据利润总额和所得税税率计算得到的。所以资金预算和预计利润表中的所得税费用都是估计的。

（三）预计资产负债表的编制★ ★

预计资产负债表用来反映企业在计划期末预计的财务状况。

预计资产负债表的编制需以计划期开始日的资产负债表为基础,结合计划期间各项经营预算、专门决策预算、资金预算和预计利润表进行编制。

提示 ▶ 经营预算中的生产预算不能直接为预计资产负债表的编制提供数据,但是产品成本预算可以为预计资产负债表中的存货项目直接提供数据。

▶ 生产预算不能为财务预算的编制直接提供数据。

▶ 产品成本预算不能为资金预算的编制直接提供数据,但是可以为预计利润表和预计资产负债表直接提供数据。

预计资产负债表是编制全面预算的终点。

案例 3－17

仁和公司编制的 2021 年预计资产负债表如表 3－18 所示。

表 3－18　预计资产负债表　　　　　单位:元

资产	年初余额	年末余额	负债和股东权益	年初余额	年末余额
流动资产:			流动负债:		
货币资金	60000	108040	短期借款※	0	490000
应收账款	80000	600000	应付账款※	220000	123840
存货※	114850	185700	流动负债合计	220000	613840
流动资产合计	254850	893740	非流动负债:		
非流动资产:			长期借款	1000000	2000000
固定资产※	1500000	880000	非流动负债合计	1000000	2000000
在建工程	2000000	3400000	负债合计	1220000	2613840
非流动资产合计	3500000	4280000	股东权益:		
			股本	1600000	1600000
			资本公积	100000	100000
			盈余公积	800000	832505
			未分配利润	34850	27395
			股东权益合计	2534850	2559900
资产总计	3754850	5173740	负债和股东权益合计	3754850	5173740

【分析】 "货币资金":年初余额 60000 元依据表 3－16 资金预算中的"期初现金余额"填写,年末余额 108040 元依据表 3－16 资金预算中的"期末现金余额"填写。

"应收账款":年初余额 80000 元依据表 3－8 销售预算中的"上年应收账款"填写,年末余额＝2000000(表 3－8 销售预算中的"销售收入")×30％＝600000(元)。

"存货"：直接材料年初余额＝2000（年初材料存量，即表3－10直接材料预算中的"预计期初存量"）×20（表3－10直接材料预算中的"单价"）＝40000（元），产成品成本年初余额＝150（年初产品存货，即表3－9生产预算中的"预计期初产成品存货"）×499（表3－13产品成本预算）＝74850（元），所以"存货"年初余额＝40000＋74850＝114850（元）；同理可得"存货"年末余额＝直接材料年末余额＋产成品成本年末余额＝1800×20＋300×499＝185700（元）。

"固定资产"：年初余额1500000元依据公司上个年度末的资产负债表填写，年末余额＝1500000－400000（本年计提的折旧，表3－12制造费用预算）－220000（本年计提的折旧，表3－14销售及管理费用预算）＝880000（元）。

"在建工程"：年初余额2000000元依据公司上个年度末的资产负债表填写，年末余额＝2000000＋1400000（表3－15专门决策预算中的"投资支出预算"）＝3400000（元）。

"短期借款"（表3－16资金预算）：年末余额＝550000－320000－30000＋290000＝490000（元）。

"应付账款"：年初余额220000元依据表3－10直接材料预算中的"上年应付账款"填写，年末余额＝309600（表3－10直接材料预算中的"预计采购金额"）×40%＝123840（元）。

"长期借款"：年初余额1000000元依据公司上个年度末的资产负债表填写，本年新增1000000元（表3－16资金预算中的"借入长期借款"），年末余额＝1000000＋1000000＝2000000（元）。

"股本""资本公积""盈余公积""未分配利润"：股东权益各项目的年初余额均依据公司上个年度末的资产负债表填写。各预算中没有涉及股本和资本公积的变动，所以股本和资本公积的余额不变。本年仁和公司没有计提任意盈余公积，计提的法定盈余公积＝325050×10%＝32505（元），所以"盈余公积"年末余额＝800000＋32505＝832505（元）。"未分配利润"年末余额＝34850＋325050（表3－17预计利润表中的"净利润"）－300000（表3－16资金预算中的"股利"）－32505（本年计提的法定盈余公积）＝27395（元）。

【例题3－14多选题】（2017年真题）　下列各项中，能够成为预计资产负债表中存货项目金额来源的有（　　）。

A. 销售费用预算　　　　　　　　　　　B. 直接人工预算

C. 直接材料预算　　　　　　　　　　　D. 产品成本预算

【答案】　CD

【名师点睛】　"存货"包括直接材料和产成品，影响这两项的预算是直接材料预算和产品成本预算，所以选项CD正确。

考试方向

考查预计资产负债表主要项目的数据来源依据。

第四节　预算的执行与考核

 **本节框架** ▶

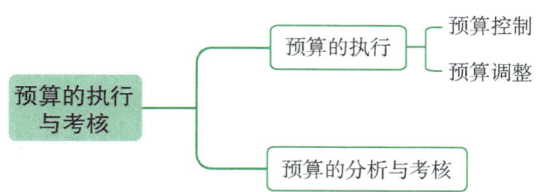

一、预算的执行 ★

预算执行一般按照预算控制、预算调整等程序进行。

（一）预算控制

预算控制是指企业以预算为标准，通过预算分解、过程监督、差异分析等促使日常经营不偏离预算标准的管理活动。

（二）预算调整

企业正式下达执行的财务预算，一般不予调整。

企业应在制度中严格明确预算调整的条件、主题、权限和程序等事宜，当战略环境发生重大变化或者突发重大事件等，将导致预算执行结果产生重大偏差的，可以进行调整预算。

对于预算执行单位提出的预算调整事项，企业进行决策时，一般应当遵循以下要求：

（1）预算调整事项不能偏离企业发展战略。

（2）预算调整方案应当在经济上能够实现最优化。

（3）预算调整重点应当放在财务预算执行中出现的重要的、非正常的、不符合常规的关键性差异方面。

二、预算的分析与考核 ★

企业应当建立预算分析制度，由预算委员会定期召开财务预算执行分析会议，全面掌握预算的执行情况，研究、落实解决预算执行中存在问题的政策措施，纠正预算的执行偏差。

【例题 3－15 判断题】（2015 年真题）　企业正式下达执行的预算，执行部门一般不能调整。但是，市场环境、政策法规等发生重大变化，将导致预算执行结果产生重大偏差时，可经逐级审批后调整。（　　）

【答案】　√

【名师点睛】　企业正式下达执行的财务预算，一般不予调整。企业应在制度总严格明确预算调整的条件、主题、权限和程序等事宜，当战略环境发生重大变化或者突发重大事件等，将导致预算执行结果产生重大偏差的，可以进行调整预算。所以该表述正确。

考试方向 ✦

考查企业正式下达的财务预算是否可以调整，以及预算调整的条件。

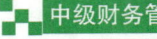

同步练习

一、单项选择题

1. 下列各项中,对企业预算管理工作负总责的组织是( )。
   - A. 财务部
   - B. 董事会
   - C. 监事会
   - D. 股东会

2. 下列预算编制方法中,可能导致无效费用开支项目无法得到有效控制的是( )。
   - A. 增量预算
   - B. 弹性预算
   - C. 滚动预算
   - D. 零基预算

3. 下列各项费用预算项目中,最适宜采用零基预算编制方法的是( )。
   - A. 人工费
   - B. 培训费
   - C. 材料费
   - D. 折旧费

4. 下列各项中,不属于零基预算法优点的是( )。
   - A. 不受现有费用项目的限制
   - B. 有利于促使预算单位合理利用资金
   - C. 不受现有预算的约束
   - D. 编制预算的工作量小

5. 某公司在编制成本费用预算时,利用成本性态模型(y = a + bx),测算预算期内各种可能的业务量水平下的成本费用,这种预算编制方法是( )。
   - A. 零基预算法
   - B. 固定预算法
   - C. 弹性预算法
   - D. 滚动预算法

6. 下列各项中,不属于业务预算的是( )。
   - A. 资金预算
   - B. 销售预算
   - C. 销售费用预算
   - D. 直接材料预算

7. 甲公司只生产一种产品,产品售价10元/件。2020年12月销售15000件,2021年1月预计销售20000件,2021年2月预计销售26000件。根据经验,商品售出后当月可收回货款的50%,次月收回30%,再次月收回20%,则2021年2月的现金收入是( )元。
   - A. 220000
   - B. 160000
   - C. 130000
   - D. 170000

8. 乙企业只生产一种产品,产品售价10元/件。2020年12月销售15000件,2021年1月预计销售20000件,2021年2月预计销售26000件。根据经验,商品售出后当月可收回货款的50%,次月收回30%,再次月收回20%,则2021

年2月末的应收账款是( )元。
   - A. 220000
   - B. 160000
   - C. 130000
   - D. 170000

9. 下列预算编制方法中,不受现行预算的束缚,有助于保证各项预算开支合理性的是( )。
   - A. 弹性预算法
   - B. 滚动预算法
   - C. 零基预算法
   - D. 增量预算法

10. 某公司按弹性预算法编制销售费用预算,已知预计业务量为5万小时,单位变动销售费用为1.5元/小时,固定销售费用总额为30万元,则按预计业务量的80%编制的销售费用预算总额为( )万元。
    - A. 37.5
    - B. 36.0
    - C. 7.5
    - D. 30.0

11. 某公司在编制生产预算时,2018年第4季度期末存货为13万件,2019年四个季度的预计销售量依次为100万件、130万件、160万件和210万件,每季度末预计产品存货量占下季度销售量的10%,则2019年第3季度预计生产量为( )万件。
    - A. 210
    - B. 133
    - C. 100
    - D. 165

12. 某公司预计第1季度和第2季度产品销量分别为140万件和200万件,第1季度期初产品存货量为14万件,预计期末存货为下季度预计销量的10%,则第1季度的预计生产量为( )万件。
    - A. 146
    - B. 154
    - C. 134
    - D. 160

13. 下列各项中,不属于销售预算编制内容的是( )。
    - A. 单价
    - B. 销售费用
    - C. 销售量
    - D. 销售收入

14. 下列预算中,一般不作为资金预算编制依据的是( )。
    - A. 管理费用预算
    - B. 直接人工预算
    - C. 生产预算
    - D. 直接材料预算

15. 下列预算中,不直接涉及现金收支的是( )。
    - A. 销售与管理费用预算
    - B. 销售预算

C.产品成本预算

D.直接材料预算

16. 下列各项中,属于专门决策预算的是( )。

A.预计资产负债表　　B.资本支出预算

C.产品成本预算　　D.预计利润表

17. 制造业企业在编制利润表预算时,"销售成本"项目数据来源是( )。

A.销售预算　　B.生产预算

C.直接材料预算　　D.产品成本预算

18. 关于资产负债表预算,下列说法正确的是( )。

A.利润表预算编制应当先于资产负债表预算编制而完成

B.编制资产负债预算的目的在于了解企业预算期的经营成果

C.资本支出的预算结果不会影响到资产负债表预算的编制

D.资产负债预算是资金预算编制的起点和基础

19. 根据企业 2018 年的现金预算,第 1 季度至第 4 季度期初现金余额分别为 1 万元、2 万元、1.7 万元、1.5 万元,第 4 季度现金收入为 20 万元,现金支出为 19 万元,不考虑其他因素,则该企业 2018 年年末的预计资产负债表中,货币资金年末数为( )万元。

A.2.7　　B.7.2　　C.4.2　　D.2.5

二、多项选择题

1. 下列预算中,需要以生产预算为基础编制的有( )。

A.直接人工预算　　B.制造费用预算

C.管理费用预算　　D.销售费用预算

2. 编制资金预算时,如果现金余缺大于最佳现金持有量,则企业可采取的措施有( )。

A.购入短期有价证券　　B.偿还部分借款本金

C.偿还部分借款利息　　D.抛售短期有价证券

3. 在预算执行过程中,可能导致预算调整的情形有( )。

A.主要产品市场需求大幅下降

B.营改增导致公司税负大幅下降

C.原材料价格大幅度上涨

D.公司进行重点资产重组

4. 全面预算体系中,编制产品成本预算的依据包括( )。

A.制造费用预算　　B.直接材料预算

C.直接人工预算　　D.生产预算

5. 下列各项预算中,与编制预计利润表直接相关的有( )。

A.销售预算　　B.生产预算

C.产品成本预算　　D.销售及管理费用预算

6. 在下列选项中,属于滚动预算方法的滚动方式的是( )。

A.逐季滚动　　B.逐月滚动

C.逐年滚动　　D.混合滚动

7. 企业预算最主要的两大特征是( )。

A.数量化　　B.表格化

C.可执行性　　D.可伸缩性

8. 下列关于财务预算的表述中,正确的有( )。

A.财务预算多为长期预算

B.财务预算主要包括资金预算和预计财务报表

C.财务预算又被称作总预算

D.财务预算是全面预算体系的最后环节

9. 下列属于业务预算的是( )。

A.销售预算　　B.生产预算

C.资本支出预算　　D.销售及管理费用预算

三、判断题

1. 企业财务管理部门应当利用报表监控预算执行情况,及时提供预算执行进度、执行差异信息。( )

2. 增量预算有利于调动各个方面节约预算的积极性,并促使各基层单位合理使用资金。( )

3. 以历史期实际经济活动及其预算为基础,结合预算期经济活动及相关影响因素变动情况编制预算的方法是零基预算法。( )

4. 相对于弹性预算,固定预算以事先确定的目标业务量作为预算编制基础,适应性比较差。( )

5. 采用弹性预算法编制成本费用预算时,业务量计量单位的选择非常关键,自动化生产车间适合用机器工时作为业务量的计量单位。( )

6. 在产品成本预算中,产品成本总预算金额是将直接材料、直接人工、制造费用以及销售与管理费用的预算金额汇总相加而得到的。( )

7. 业务预算是全面预算编制的起点,因此专门决策预算应当以业务预算为依据。( )

8. 在预算编制过程中,企业销售预算一般应当在生产预算的基础上编制。( )

第三章

四、计算分析题

1. 甲公司编制销售预算的相关资料如下：

资料一：甲公司预计每季度销售收入中，有70%在本季度收到现金，30%于下一季度收到现金，不存在坏账。2016年年末应收账款余额为6000万元。假设不考虑增值税及其影响。

资料二：甲公司2017年的销售预算如下表所示。

甲公司2017年销售预算

金额单位：万元

季度	一	二	三	四	全年
预计销售量（万件）	500	600	650	700	2450
预计单价（元/件）	30	30	30	30	30
预计销售收入	15000	18000	19500	21000	73500
预计现金收入					
上年应收账款	×				×
第一季度	×	×			×
第二季度		B	×		×
第三季度			×	D	×
第四季度				×	×
预计现金收入合计	A	17100	C	20550	×

注：表内的"×"为省略的数值。

要求：

（1）确定表格中字母所代表的数值（不需要列式计算过程）。

（2）计算2017年年末预计应收账款余额。

2. 乙公司采用逐季滚动预算和零基预算相结合的方法编制制造费用预算，相关资料如下：

资料一：2012年分季度的制造费用预算如下表所示。

乙公司2012年制造费用预算

金额单位：元

项目	第一季度	第二季度	第三季度	第四季度	合计
直接人工预算总工时（小时）	11400	12060	12360	12600	48420
变动制造费用	91200	×	×	×	387360

（续表）

项目	第一季度	第二季度	第三季度	第四季度	合计
其中：间接人工费用	50160	53064	54384	55440	213048
固定制造费用	56000	56000	56000	56000	224000
其中：设备租金	48500	48500	48500	48500	194000
生产准备与车间管理费	×	×	×	×	×

注：表中"×"表示省略的数据。

资料二：2012年第二季度至2013年第一季度滚动预算期间将发生如下变动：

（1）直接人工预算总工时为50000小时。

（2）间接人工费用预算工时分配率将提高10%。

（3）2012年第一季度末重新签订设备租赁合同，新租赁合同中设备年租金将降低20%。

资料三：2012年第二季度至2013年第一季度，公司管理层决定将固定制造费用总额控制185200元以内，固定制造费用由设备租金、生产准备费用和车间管理费组成，其中设备租金属于约束性固定成本，生产准备费和车间管理费属于酌量性固定成本，根据历史资料分析，生产准备费的成本效益远高于车间管理费。为满足生产经营需要，车间管理费总预算额的控制区间为12000元至15000元。

要求：

（1）根据资料一和资料二，计算2012年第二季度至2013年第一季度滚动期间的下列指标：①间接人工费用预算工时分配率；②间接人工费用总预算额；③设备租金总预算额。

（2）根据资料二和资料三，在综合平衡基础上根据成本效益分析原则，完成2012年第二季度至2013年第一季度滚动期间的下列事项：①确定车间管理费用总预算额；②计算生产准备费总预算额。

五、综合题

甲公司生产A产品，有关产品成本和预算的信息如下：

资料一：A产品成本由直接材料、直接人工、制造费用三部分构成，其中制造费用属于混合成本。2019年1～4季度A产品的产量与制造费用数据如下表所示。

项目	第1季度	第2季度	第3季度	第4季度
产量(件)	5000	4500	5500	4750
制造费用(元)	50500	48000	54000	48900

资料二：根据甲公司 2020 年预算,2020 年第一季度 A 产品预计生产量为 5160 件。

资料三：2020 年第一至第四季度 A 产品的生产预算如下表所示,每季度末 A 产品的成品存货量按下一季度销售量的 10%确定。

单位：件

项目	第1季度	第2季度	第3季度	第4季度	合计
预计销售量	5200	4800	6000	5000	*
预计期末产成品存货	480	a	d	*	*
预计期初产成品存货	520	b	e	*	*

（续表）

项目	第1季度	第2季度	第3季度	第4季度	合计
预计生产量	5160	c	f	*	*

注：表内的“＊”为省略的数值。

资料四：2020 年 A 产品预算单价为 200 元各季度销售收入有 70% 在本季度收回现金,30% 在下一季度收回现金。

要求：

(1)根据资料一,按照高低点法对制造费用进行分解,计算 2019 年制造费用中单位变动制造费用和固定制造费用总额。

(2)根据要求(1)的计算结果和资料二,计算 2020 年第 1 季度 A 产品的预计制造费用总额。

(3)根据资料三,分别计算表格中 a、b、c、d、e、f 所代表的数值。

(4)根据资料三和资料四,计算：①2020 年第二季度的销售收入预算总额;②2020 年第二季度的相关现金收入预算总额。

参考答案及解析

一、单项选择题

1.【答案】 B

【解析】 企业董事会或类似机构应当对企业预算的管理工作负总责。

2.【答案】 A

【解析】 增量预算编制方法的缺陷是可能导致无效费用开支项目无法得到有效控制,因为不加分析地保留或接受原有的成本费用项目,可能使原来不合理的费用继续开支而得不到控制,形成不必要开支合理化,造成预算上的浪费。

3.【答案】 B

【解析】 零基预算法是在编制费用预算时,不考虑以往会计期间所发生的费用项目或费用数额,而是一切以零为出发点,根据实际需要逐项审议预算期内各项费用的内容及开支标准是否合理,在综合平衡的基础上编制费用预算的方法。选项 AC 属于技术性变动成本,选项 D 通常属于约束性固定成本,只有选项 B 属于酌量性固定成本。要想降低酌量性固定成本,只有厉行节约、精打细算,编制出可行的费用预算并严格执行。

4.【答案】 D

【解析】 零基预算法的优点表现在：①不受现有费用项目的限制;②不受现行预算的束缚;③有利于调动各方面节约费用的积极性;④有利于促使各基层单位精打细算,合理使用资金。其缺点是编制工作量大。所以选项 D 符合题意。

5.【答案】 C

【解析】 弹性预算法又称动态预算法,指企业在分析业务量与预算项目之间数量依存关系的基础上,分别确定不同业务量及其相应预算项目所消耗资源的预算编制方法。

6.【答案】 A

【解析】 业务预算是指企业日常经营活动直接相关的经营业务的各种预算,主要包括销售预算(选项 B)、生产预算、直接材料预算(选项 D)、直接人工预算、制造费用预算、产品成本预算、销售费用预算(选项 C)和管理费用预算等。现金预算属于财务预算,选项 A 符合题意。

7.【答案】 A

【解析】 2021 年 2 月的现金收入 = 15000×10×20%+20000×10×30%+26000×10×50% = 220000（元）

8.【答案】 D

【解析】 2021 年 2 月末的应收账款 = 20000×10×20%+26000×10×50% = 170000（元）

9.【答案】 C

【解析】 零基预算法的优点：①不受现有费用项目的限制；②不受现行预算的束缚；③有利于调动各方面节约费用的积极性；④有利于促使各基层单位精打细算，合理使用资金。所以选项 C 正确。

10.【答案】 B

【解析】 变动销售费用 = 5×80%×1.5 = 6（万元），固定销售费用为 30 万元，所以，销售费用算总额 = 30+6 = 36（万元）。

11.【答案】 D

【解析】 第 3 季度预计生产量 = 预计销售量+预计期末产成品存量-预计期初产成品存量 = 160+210×10%-160×10% = 165（万件）

12.【答案】 A

【解析】 第 1 季度的预计生产量 = 期末产品存货量+本期销售量-期初产品存货量 = 200×10%+140-14 = 146（万件）

13.【答案】 B

【解析】 销售预算中主要需要先计算销售收入，而销售收入 = 单价×销售量，所以只有销售费用不属于预算编制内容，选项 B 符合题意。

14.【答案】 C

【解析】 资金预算只涉及价值量指标，不涉及实物量指标，而生产预算只涉及实物量指标，不涉及价值量指标，所以生产预算一般不作为资金预算的编制依据。

15.【答案】 C

【解析】 产品成本预算主要内容是产品的单位成本和总成本，不直接涉及现金收支。所以选项 C 符合题意。

16.【答案】 B

【解析】 专门决策预算直接反映相关决策的结果，是实际中已选方案的进一步规划，如资本支出预算。选项 AD 属于财务预算，选项 C 属于经营预算。

17.【答案】 D

【解析】 产品成本预算的内容包括单位成本、生产成本、期末存货成本和销售成本。

18.【答案】 A

【解析】 预计利润表用来综合反映企业在计划期的预计经营成果，选项 B 错误；资本支出的预算结果会影响资产负债预算的非流动资产项目，选项 C 错误；资金预算是以经营预算和专门决策预算为依据编制的，资产负债表预算是编制全面预算的终点，选项 D 错误。

19.【答案】 D

【解析】 货币资金年末数 = 第 4 季度期初现金余额+（第 4 季度现金收入-第 4 季度现金支出）= 1.5+（20-19）= 2.5（万元），所以选项 D 正确。

二、多项选择题

1.【答案】 AB

【解析】 选项 C，管理费用多属于固定成本，所以管理费用预算一般以过去的实际开支为基础，按预算期的可预见变化来调整；选项 D，销售费用预算，是指为了实现销售预算所需支付的费用预算，以销售预算为基础编制。所以选项 AB 正确。

2.【答案】 ABC

【解析】 选项 D，抛售有价证券，是在现金余缺小于最佳现金持有量时采取的措施。

3.【答案】 ABCD

【解析】 企业正式下达执行的预算，一般不予调整。预算执行单位在执行中由于市场环境、经营条件、政策法规等发生重大变化，致使预算的编制基础不成立，或者将导致预算执行结果产生重大偏差的，可以调整预算。所以选项 ABCD 正确。

4.【答案】 ABCD

【解析】 产品成本预算是销售预算、生产预算（选项 D）、直接材料预算（选项 B）、直接人工预算（选项 C）和制造费用预算（选项 A）的汇总。

5.【答案】 ACD

【解析】 预计利润表中"销售收入"项目数据来自销售预算；"销售成本"项目数据来自产品成本预算；"销售及管理费用"项目数据来自销售及管理费用预算。所以选项 ACD 正确。生产预算只涉及实物量指标，不涉及价值量指标，所以生产预算与利润表预算的编制不直接相关,选项 B 错误。

6.【答案】 ABD

【解析】 短期滚动预算可以分为逐月滚动、逐季滚动、混合滚动。

7.【答案】 AC

【解析】 数量化和可执行性是预算的最主要的特征,是对未来活动的细致、周密安排,是未来经营活动的依据。

8.【答案】 BCD

【解析】 财务预算一般多为 1 年以内的预算,属于短期预算,选项 A 错误;财务预算包括资金预算和预计财务报表,选项 B 正确;财务预算属于全面预算的最后环节,从价值方面总括地反应企业的经营预算与专门决策预算的结果,所以又称之为总预算,选项 CD 正确。

9.【答案】 ABD

【解析】 资本支出预算又称为专门决策预算,选项 C 错误;经营预算(又叫业务预算)包括销售预算、生产预算、直接材料预算、直接人工预算、制造费用预算、产品成本预算、销售及管理费用预算等,选项 ABD 正确。

三、判断题

1.【答案】 √

【解析】 企业财务管理部门应当利用财务报表监控预算的执行情况,及时向预算执行单位、企业预算委员会以及董事会或经理办公会提供财务预算的执行进度、执行差异及其对企业预算目标的影响等财务信息,促进企业完成预算目标。

2.【答案】 ×

【解析】 增量预算的缺点是可能导致无效费用开支项目无法得到有效控制,使得不必要开支合理化,造成预算上的浪费,所以不利于促使各基层单位合理使用资金。

3.【答案】 ×

【解析】 增量预算法,是指以历史期实际经济活动及其预算为基础,结合预算期经济活动及相关影响因素的变动情况,通过调整历史期经济活动项目及金额形成预算的预算编制方法。

4.【答案】 √

【解析】 编制固定预算的业务量基础是事先假定的某个业务量。在这种方法下,不论预算

期内业务量水平实际可能发生哪些变动,都只按事先确定的某一个业务量水平作为编制预算的基础,因此适应性比较差。

5.【答案】 √

【解析】 编制弹性预算,要选用一个最能代表生产经营活动水平的业务量计量单位。自动化生产车间以机器工时作为业务量的计量单位是较为合理的。

6.【答案】 ×

【解析】 产品成本预算,是销售预算、生产预算、直接材料预算、直接人工预算、制造费用预算的汇总,不考虑销售与管理费用的预算。

7.【答案】 ×

【解析】 销售预算是全面预算编制的起点;编制专门决策预算的依据,是项目财务可行性分析资料以及企业筹资决策资料。

8.【答案】 ×

【解析】 生产预算是为规划预算期生产规模而编制的一种业务预算,它是在销售预算的基础上编制的,并可以作为编制直接材料预算和产品成本预算的依据。

四、计算分析题

1.【答案】(1) $A = 15000 \times 70\% + 6000 = 16500$(万元);$B = 18000 \times 70\% = 12600$(万元);$C = 19500 \times 70\% + 18000 \times 30\% = 19050$(万元);$D = 19500 \times 30\% = 5850$(万元)。

(2) 2017 年年末预计应收账款余额 $= 21000 \times 30\% = 6300$(万元)

2.【答案】(1) ①间接人工费用预算工时分配率 $= (213048 \div 48420) \times (1 + 10\%) = 4.84$(元/小时)

②间接人工费用总预算额 $= 50000 \times 4.84 = 242000$(元)

③设备租金总预算额 $= 194000 \times (1 - 20\%) = 155200$(元)

(2) 设备租金是约束性固定成本,是必须支付的。生产准备费和车间管理费属于酌量性固定成本,发生额的大小取决于管理当局的决策行动,由于生产准备费的成本效益远高于车间管理费,根据成本效益分析原则,应该尽量减少车间管理费。

①车间管理费用总预算额 $= 12000$(元)

②生产准备费总预算额 $= 185200 - 155200 - 12000 = 18000$(元)

五、综合题

【答案】 （1）单位变动制造费用＝（54000－48000）÷（5500－4500）＝6(元)，固定制造费用总额＝54000－5500×6＝21000(元)。

（2）2020年第1季度A产品的预计制造费用总额＝21000＋6×5160＝51960(元)

（3）a＝6000×10%＝600（件）；b＝480（件）；c＝4800＋a－b＝4800＋600－480＝4920（件）；d＝5000×10%＝500（件）；e＝a＝600（件）；f＝6000＋d－e＝6000＋500－600＝5900（件）。

（4）①2020年第2季度的销售收入预算总额＝4800×200＝960000（元）

②2020年第2季度的相关现金收入预算总额＝960000×70%＋5200×200×30%＝984000（元）

第四章
筹资管理（上）

考情回顾

本章主要学习债务筹资、股权筹资、衍生工具筹资及筹资实务创新。本章难度适中，在近几年考试中占 8~10 分，主要题型为单选题、多选题、判断题。预计今年考查题型不变，分值为 8~10 分。

考试变化

"以工业产权出资"更改为"以知识产权出资"；增加了可转换债券"转股价格"和"转换期"的限制条件。

本章结构

第一节　筹资管理概述
第二节　债务筹资
第三节　股权筹资
第四节　衍生工具筹资
第五节　筹资实务创新

第一节 筹资管理概述

 本节框架 ▶

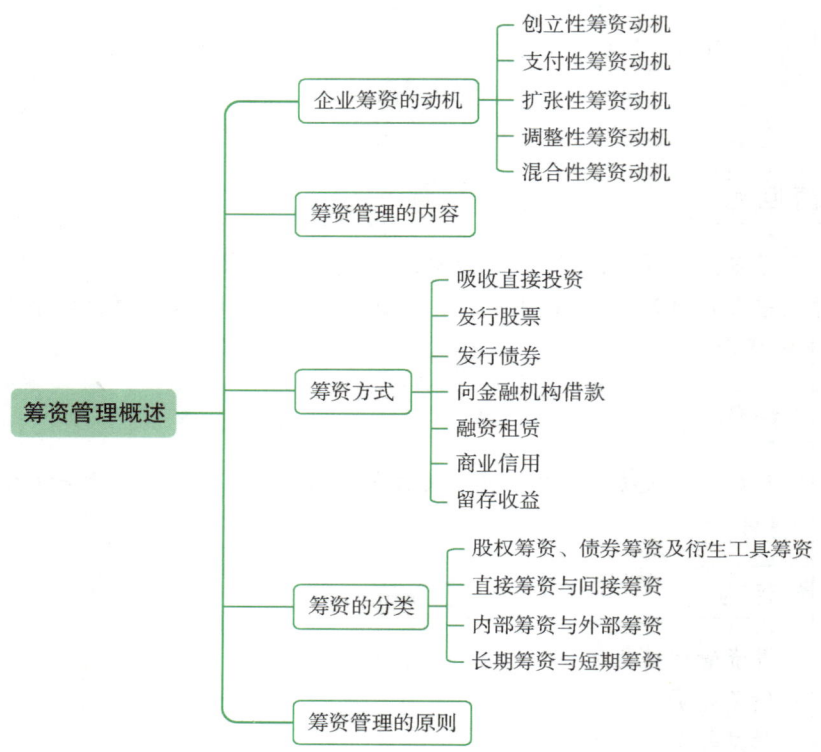

筹资管理概述

- 企业筹资的动机
  - 创立性筹资动机
  - 支付性筹资动机
  - 扩张性筹资动机
  - 调整性筹资动机
  - 混合性筹资动机
- 筹资管理的内容
- 筹资方式
  - 吸收直接投资
  - 发行股票
  - 发行债券
  - 向金融机构借款
  - 融资租赁
  - 商业信用
  - 留存收益
- 筹资的分类
  - 股权筹资、债券筹资及衍生工具筹资
  - 直接筹资与间接筹资
  - 内部筹资与外部筹资
  - 长期筹资与短期筹资
- 筹资管理的原则

一、 企业筹资的动机 ★

(一)创立性筹资动机

指企业设立时,为取得资本金并形成开展经营活动的基本条件而产生的筹资动机。

(二)支付性筹资动机

指为满足经营业务活动的正常波动所形成的支付需要而产生的筹资动机。例如,原材料购买的大额支付,员工工资的集中发放,银行借款的提前偿还,股东股利的发放等。

(三)扩张性筹资动机

指企业因扩大经营规模或对外投资需要而产生的筹资动机。

(四)调整性筹资动机

指企业因调整资本结构而产生的筹资动机。

(五)混合性筹资动机

企业筹资的目的可能不是单纯和唯一的,通过追加筹资,既满足了经营活动、投资活动的资金需要,又达到了调整资本结构的目的。

【例题 4－1 单选题】（2017 年真题） 企业因发放现金股利的需要而进行筹资的动机属于（　　）。

A. 支付性筹资动机　　　　　　　　B. 调整性筹资动机

C. 创立性筹资动机　　　　　　　　D. 扩张性筹资动机

【答案】 A

【名师点睛】 支付性筹资动机是指企业为了满足经营业务活动的正常波动所形成的支付需要而产生的筹资动机，如原材料购买的大额支付、股东股利的发放等。

【例题 4－2 单选题】（2016 年真题） 企业为了优化资本结构而筹集资金，这种筹资的动机是（　　）。

A. 支付性筹资动机　　　　　　　　B. 创立性筹资动机

C. 调整性筹资动机　　　　　　　　D. 扩张性筹资动机

【答案】 C

【名师点睛】 调整性筹资动机是指企业因调整资本结构而产生的筹资动机。

二、 筹资管理的内容 ★

（一）科学预计资金需要量

（二）合理安排筹资渠道、选择筹资方式

（三）降低资本成本、控制财务风险

三、 筹资方式 ★★

（一）吸收直接投资

（二）发行股票

（三）发行债券

（四）向金融机构借款

（五）融资租赁

（六）商业信用

（七）留存收益

这里列举的七项筹资方式中，（一）（二）（七）属于股权筹资，（三）（四）（五）（六）属于债务筹资。另外，本章第四节还将介绍衍生工具筹资，如可转换公司债券、认股权证、优先股等。

【例题 4－3 多选题】（2018 年真题） 下列各项中属于债务筹资方式的有（　　）。

A. 商业信用　　　　　　　　　　　B. 融资租赁

C. 优先股　　　　　　　　　　　　D. 普通股

【答案】 AB

【名师点睛】 选项 C 属于衍生工具筹资（在下文"筹资的分类"中将会讲解）；选项 D 属于股权筹资。

四、 筹资的分类 ★★★

企业所筹集的资金，按不同的分类标准可分为不同的筹资类别，详见表 4－1。

表 4-1　筹资的分类

分类依据	类别	基本特征
根据企业所取得资金的权益特性划分	股权筹资	①股权资本：通过吸收直接投资、发行股票、内部积累等方式取得 ②股权资本一般不用偿还本金，形成企业的永久性资本，因而财务风险小，但付出的资本成本相对较高
	债务筹资	①债务资本：通过向金融机构借款、发行债券、融资租赁等方式取得 ②由于债务资金到期要归还本金和支付利息，债权人对企业的经营状况不承担责任，因而债务资金具有较大的财务风险，但付出的资本成本相对较低
	衍生工具筹资	包括兼具股权与债务筹资性质的混合融资（如可转换债券融资）和其他衍生工具融资（如认股权证融资）
根据是否借助于金融机构为媒介来获取社会资金划分	直接筹资	①不需要通过金融机构来筹措资金。例如，发行股票、债券，吸收直接投资等 ②直接筹资既可以筹集股权资金，也可以筹集债务资金
	间接筹资	间接筹资指企业借助于银行和非银行金融机构而筹集资金。例如，银行借款，融资租赁等。间接筹资形成的主要是债务资金
根据资金的来源范围划分	内部筹资	内部筹资指企业通过利润留存而形成的资金来源。一般无须花费筹资费用
	外部筹资	外部筹资指企业向外部筹措资金而形成的资金来源。例如，吸收直接投资，发行股票、债券，向银行借款，融资租赁，利用商业信用等
根据所筹集资金的使用期限划分	长期筹资	①长期筹资指企业筹集使用期限在 1 年以上的资金 ②通常采用吸收直接投资、发行股票、发行债券、长期借款、融资租赁等方式 ③长期资金可以是股权资金，也可以是债务资金
	短期筹资	①短期筹资指企业筹集使用期限在 1 年以内的资金 ②经常利用商业信用、短期借款、保理业务、短期融资券等方式来筹集

考试方向

考查筹资的分类及其基本特征。

【例题 4-4 单选题】（2019 年真题）　关于直接筹资和间接筹资，下列表述错误的是（　　）。

A. 直接筹资仅可以筹集股权资金　　　　　　B. 发行股票属于直接筹资

C. 直接筹资的筹资费用较高　　　　　　　　D. 融资租赁属于间接筹资

【答案】　A

【名师点睛】　直接筹资既可以筹集股权资金也可以筹集债务资金。

【例题 4-5 单选题】（2020 年真题）　下列选项中属于内部筹资的是（　　）。

A. 发行股票　　　　B. 留存收益　　　　C. 短期借款　　　　D. 发行债券

【答案】　B

【名师点睛】　内部筹资是指企业通过利润留存而形成的筹资来源，选项 B 符合题意；外部筹资是指向企业外部筹措资金而形成的筹资来源，如发行股票、债券，取得商业信用、银行借款等，选项 ACD 属于外部筹资。

【例题 4-6 单选题】（2020 年真题）　下列各项中，既可以作为长期筹资方式又可以作为短期筹资方式的是（　　）。

A.发行可转换债券　　　　　　B.银行借款

C.发行普通股　　　　　　　　D.融资租赁

【答案】 B

【名师点睛】 银行借款既可以作为长期筹资方式又可以作为短期筹资方式。

五、 筹资管理的原则 ★

（一）筹措合法

（二）规模适当

（三）取得及时

（四）来源经济

（五）结构合理

第二节　债务筹资

 本节框架 ▶

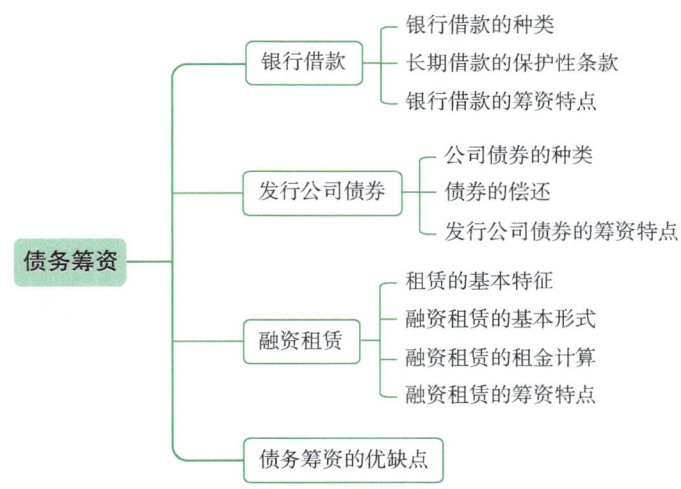

银行借款、发行债券和融资租赁,是债务筹资的三种基本形式。

一、 银行借款 ★ ★

银行借款是指企业向银行或其他非银行金融机构借入的、需要还本付息的款项,包括偿还期限超过 1 年的长期借款和 1 年及 1 年以上的短期借款。

（一）银行借款的种类

银行借款按不同的分类标准可分为不同的类别,如图 4－1 所示。

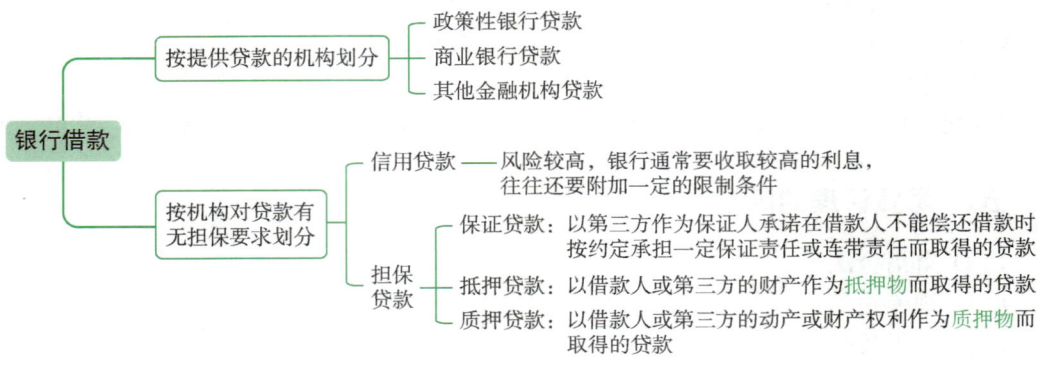

▲ 图4-1 银行借款的种类

·易错易混点·

①抵押,是指不转移对财产的占有,只将该财产作为对债权人的担保。抵押品可以是不动产、机器设备、交通运输工具等实物资产,可以是土地使用权,也可以是股票、债券等有价证券。

②质押,是指将其动产或财产权利移交给债权人占有,将该动产或财产权利作为债权的担保。质押品可以是汇票、支票、债券、存款单、提单等信用凭证,可以是依法可以转让的股份、股票等有价证券,也可以是商标专用权、专利权、著作权中的财产权等。

考试方向

考查抵押与质押的区别。

【例题4-7 单选题】(2014年真题) 企业可以将某些资产作为质押品向商业银行申请质押贷款。下列各项中,不能作为质押品的是( )。

A.厂房 B.股票 C.汇票 D.专利权

【答案】 A

【名师点睛】 质押品包括动产或财产权利。厂房属于不动产,不能作为质押品。

(二)长期借款的保护性条款

长期借款的保护性条款一般有三类,详见表4-2。

表4-2 长期借款的保护性条款

条款	条款内容
例行性保护条款 (应用于大多数合同)	①定期提供财务报表 ②保持存货储备量 ③及时清偿债务 ④禁止以资产担保或抵押 ⑤禁止贴现应收票据或出售应收账款
一般性保护条款 (应用于大多数合同)	①保持企业资产流动性 ②限制非经营性支出 ③限制企业资本支出规模 ④限制再举债规模 ⑤限制长期投资

（续表）

条款	条款内容
特殊性保护条款 （在部分借款合同中出现）	要求公司的主要领导人购买人身保险；借款的用途不得改变；违约惩罚条款等

上述各项条款结合使用，将有利于全面保护银行等债权人的权益。

（三）银行借款的筹资特点 ★ ★ ★

1. 优点。

（1）筹资速度快。

（2）资本成本较低：如银行借款合同中的保护性条款等会降低银行贷款的风险，资本成本通常较低。

（3）筹资弹性较大：可与债权人灵活协商。

2. 缺点。

（1）限制条款多：长期借款的保护性条款。

（2）筹资数额有限：受贷款机构资本实力的制约。

【例题 4-8 单选题】（2019 年真题） 下列筹资方式中，筹资速度较快，但在资金使用方面往往是有较多限制条款的是（　　）。

A. 银行借款　　　　B. 发行债券　　　　C. 发行股票　　　　D. 融资租赁

【答案】 A

【名师点睛】 银行借款的筹资特点是筹资速度快、资本成本较低、筹资弹性较大、限制条款多、筹资数额有限。

考试方向：考查银行借款的筹资特点。

二、 发行公司债券 ★ ★

公司债券是公司依照法定程序发行的、约定在一定期限内还本付息的有价证券。

公司债券可以公开发行，也可以非公开发行。

（一）公司债券的种类

1. 按是否记名，分为记名债券和无记名债券。

2. 按是否能够转换成公司股权，分为可转换债券与不可转换债券。

3. 按有无特定财产担保，分为担保债券和信用债券。

4. 按是否公开发行，分为公开发行债券和非公开发行债券。

（二）债券的偿还

1. 提前偿还。

又称提前赎回或收回，是指在债券尚未到期之前就予以偿还。只有在公司发行债券的契约中明确规定了有关允许提前偿还的条款，公司才可以进行此项操作。使得公司筹资具有提前偿还条款的债券可使公司筹资具有较大的弹性。

当公司资金有结余时，可提前赎回债券；当预测利率下降时，也可提前赎回债券，而后以较低的利率来发行新债券。

2. 到期分批偿还。

3. 到期一次偿还。

（三）发行公司债券的筹资特点★★★

1. 优点。

（1）一次筹资数额大。这是与银行借款、融资租赁相比企业选择发行公司债券筹资的主要原因,大额筹资能够适应大型公司经营规模的需要。

（2）募集资金的使用限制条件少(与银行借款相比)。发行债券募集资金在使用上具有相对的灵活性和自主性。

（3）提高公司的社会声誉。

2. 缺点。

资本成本负担较高(与银行借款相比)。

考试方向
考查发行公司债券的筹资特点。

【例题4-9 多选题】(2013年真题) 与银行借款相比,下列各项中,属于发行债券筹资特点的有( )。

A. 资本成本较高
B. 一次筹资数额较大
C. 扩大公司的社会影响
D. 募集资金使用限制较多

【答案】 ABC

【名师点睛】 发行公司债券的筹资特点:一次筹资数额较大;筹集资金使用限制较少;资本成本负担较高;提高公司的社会声誉。

三、 融资租赁★★

（一）租赁的基本特征

1. 所有权与使用权相分离。

2. 融资与融物相结合。

3. 租金的分期支付。

（二）融资租赁的基本形式

1. 直接租赁。承租人直接向出租人租入所需要的资产,并付出租金。

2. 售后回租。根据协议,企业将某资产卖给出租人,再将其租回使用。

3. 杠杆租赁。出租方只投入部分资金,其余资金则通过该资产抵押担保的方式,向第三方申请贷款解决。出租人然后将购进的设备出租给承租方,用收取的租金偿还贷款。涉及承租人、出租人和资金出借人三方。出租人既是债权人也是债务人。

（三）融资租赁的租金计算

1. 租金的构成。

（1）设备原价(买价、运杂费、安装调试费、保险费等)及预计残值。

（2）利息,即租赁公司购置设备垫付资金所应支付的利息。

（3）租赁手续费,即租赁公司承办租赁设备发生的业务费用和必要的利润。

2. 租金的支付方式。

按支付间隔期长短,分为年付、半年付、季付和月付等方式;按在期初和期末支付,分为先付和后付;按每次支付额,分为等额支付和不等额支付。租金支付方式会影响租金的计算。

3. 租金的计算。

由于实务中租金通常是年金形式,所以租金的计算大多采用等额年金法。

折现率＝租费率＝利率＋租赁手续费率。

假设残值归出租人所有:

①若租金在**每期期末支付**：租金＝[设备原价−残值×(P/F,i,n)]/(P/A,i,n)

②若租金在**每期期初支付**：租金＝[设备原价−残值×(P/F,i,n)]/[(P/A,i,n)×(1+i)]

如果**残值归承租人所有**,则不需要减去残值的现值：

①若租金在**每期期末支付**：租金＝设备原价/(P/A,i,n)

②若租金在**每期期初支付**：租金＝设备原价/[(P/A,i,n)×(1+i)]

提示 ▶▶ 上述公式本质就是已知现值倒求年金(即年资本回收额)的应用。

【例题 4－10 单选题】(2017 年真题) 某公司从租赁公司融资租入一台设备,价格为350 万元,租期为 8 年,租赁期满时预计净残值为 15 万元,归租赁公司所有,假设年利率为8%,租赁手续费为每年 2%,每年年末等额支付租金,则每年租金为( )万元。

A. [350−15×(P/A,8%,8)]/(P/F,8%,8)

B. [350−15×(P/F,10%,8)]/(P/A,10%,8)

C. [350−15×(P/F,8%,8)]/(P/A,8%,8)

D. [350−15×(P/A,10%,8)]/(P/F,10%,8)

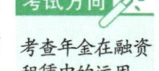

考查年金在融资租赁中的运用。

【答案】 B

【名师点睛】 租赁折现率＝8%+2%＝10%,残值归租赁公司所有,需要考虑残值。

(四)融资租赁的筹资特点

1.优点。

(1)无需大量资金就能迅速获得所需资产,能尽快形成生产能力。

(2)财务风险小,财务优势明显。

(3)筹资的限制条件较少。

(4)能延长资金融通的期限。

2.缺点。

资本成本负担较高(与银行借款、发行债券相比)。

提示 ▶▶通常情况下,债务筹资资本成本高低排序：银行借款<发行债券<融资租赁

▶ 债务筹资限制程度排序：融资租赁<发行债券<银行借款

• 易错易混点 •

考查三种债务筹资基本形式的特点。

三种债务筹资基本形式的比较如表 4－3 所示。

表 4－3　三种债务筹资基本形式的比较

	银行借款	发行公司债券	融资租赁
筹资速度	快	慢	快
筹资限制	多	居中	少
筹资弹性	大	小	—
筹资数量	有限	大	有限
资本成本	低	居中	高

四、 债务筹资的优缺点 ★★★

债务筹资的优缺点详见表 4-4。

表 4-4 债务筹资的优缺点

优点	筹资速度较快	不需要经过复杂的审批手续和证券发行程序(发行债券除外)
	筹资弹性较大	股权资本不能退还,而债务筹资可灵活地商定债务条件,控制筹资数量,安排取得资金的时间
	资本成本负担较轻	与股权筹资相比,债务筹资的筹资费和用资费通常较低,另外债务利息可以抵税
	可以利用财务杠杆	当企业的资本息税前利润率高于债务利率时,会增加普通股股东的每股收益,提高净资产收益率,提升企业价值
	稳定公司的控制权	债务筹资不会改变和分散股东控制权
缺点	不能形成企业稳定的资本基础	债务需要偿还
	财务风险较大	债务资本有固定的到期日和固定的利息负担
	筹资数额有限	除发行债券方式外,一般难以像发行股票一样一次筹集到大笔资金

考试方向

考查债务筹资的优缺点(与股权筹资方式相对比)。

【例题 4-11 单选题】(2018 年真题) 下列各项中,不属于债务筹资优点的是( )。

A. 资本成本负担较轻

B. 筹资弹性较大

C. 筹资速度较快

D. 可形成企业稳定的资本基础

【答案】 D

【名师点睛】 债务筹资的优点包括:①筹资速度较快;②筹资弹性较大;③资本成本负担较轻;④可以利用财务杠杆;⑤稳定公司的控制权。债务筹资的缺点包括:①不能形成企业稳定的资本基础;②财务风险较大;③筹资数额有限。所以选项 D 正确。

【例题 4-12 多选题】(2017 年真题) 与股权筹资方式相比,下列各项中,属于债务筹资方式优点的有( )。

A. 资本成本较低

B. 筹资规模较大

C. 财务风险较低

D. 筹资弹性较大

【答案】 AD

【名师点睛】 债务筹资由于要定期还本付息,财务风险较大,选项 C 不正确;债务筹资的数额往往受到贷款机构资本实力的制约,除发行债券方式外,一般难以像股票那样一次性筹集到大笔资金,筹资数额有限,选项 B 不正确。

第三节　股权筹资

本节框架

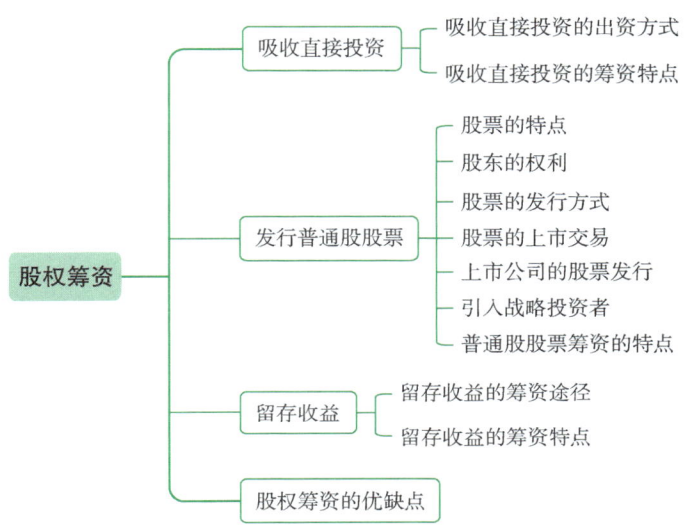

吸收直接投资、发行普通股股票和利用留存收益,是股权筹资的三种基本形式。

一、吸收直接投资★★

吸收直接投资是指企业按照"共同投资、共同经营、共担风险、共享收益"的原则,直接吸收国家、法人、个人和外商投入资金的一种筹资方式。

（一）吸收直接投资的出资方式

1.以货币资产出资。

2.以实物资产出资。

3.以知识产权出资。吸收知识产权等无形资产出资的风险较大。

4.以土地使用权出资。

5.以特定债权出资。

特定债权,指企业依法发行的可转换债券以及按照国家有关规定可以转作股权的债权。

在实践中,企业可以将特定债权转为股权的情形主要有:

（1）上市公司依法发行的可转换债券。

（2）金融资产管理公司持有的国有及国有控股企业债权。

（3）企业实行公司制改建时,经银行以外的其他债权人协商同意,可以按照有关协议和企业章程的规定,将其债权转为股权。

（4）国有企业的境内债权人将持有的债权转给外国投资者,企业通过债转股改组为外商投资企业。

（5）国有企业改制时,账面原有应付工资余额中欠发职工工资部分,在符合国家政

策、职工自愿的条件下,依法扣除个人所得税后可转为个人投资;未退还职工的集资款也可转为个人投资。

提示 ▶ 股东或者发起人不得以劳务、信用、自然人姓名、商誉、特许经营权或者设定担保的财产等作价出资。

(二)吸收直接投资的筹资特点(与发行普通股相比)

1.优点。

(1)能够尽快形成生产能力。

(2)容易进行信息沟通:因为股权没有社会化。

2.缺点。

(1)资本成本较高(与债务筹资相比)。

(2)公司控制权集中,不利于公司治理。

(3)不易进行产权交易。

【例题 4-13 判断题】(2017 年真题) 企业吸收直接投资有时能够直接获得所需的设备和技术,及时形成生产能力。( )

【答案】 √

【名师点睛】 吸收直接投资不仅可以取得一部分货币资金,而且能够直接获得所需的先进设备和技术,尽快形成生产经营能力。

【例题 4-14 判断题】(2020 年真题) 对于吸收直接投资这种筹资方式,投资人可以用土地使用权出资。( )

【答案】 √

【名师点睛】 吸收直接投资的方式有以货币资产出资、以实物资产出资、以知识产权出资、以土地使用权出资、以特定债权出资。

二、 发行普通股股票★★★

(一) 股票的特征

1.股票的特点。

①永久性;②流通性;③风险性;④参与性。

2.普通股股东的权利。

(1)公司管理权:重大决策参与权、经营者选择权、财务监控权、公司经营的建议和质询权、股东大会召集权等。

(2)收益分享权:股东有权通过股利方式获取公司的税后利润,利润分配方案由董事会提出并经股东大会批准。

(3)股份转让权:股东有权将其持有股票出售或转让。

(4)优先认股权:优先认购本公司增发股票的权利。

(5)剩余财产要求权:当公司解散、清算时,股东对清偿债务、清偿优先股股东以后的剩余财产具有索取权。

知识链接 ▶ 优先股股东的优先权为优先分配股利和优先分配剩余权益。

（二）股票的发行与上市

1. 股票的发行方式。

股票的发行方式有公开间接发行和非公开直接发行，详见表4-5。

表4-5 股票发行方式

发行方式	含义	优点	缺点
公开间接发行	公开间接发行股票是指股份公司通过中介机构向社会公众公开发行股票	①发行范围广，易于足额筹集资本 ②有利于提高公司知名度，扩大影响力	①审批手续复杂严格 ②发行成本高
非公开直接发行	非公开直接发行股票是指股份公司只向少数特定对象直接发行股票，不需要中介机构承销	弹性较大，企业能控制股票的发行过程，节省发行费用	①发行范围小，不易及时足额筹集资本 ②发行后股票变现性差

2. 股票的上市交易。

（1）股票上市的目的。

①便于筹措新资金；

②促进股权流通和转让；

③便于确定公司价值。

（2）股票上市的不利影响。

①上市成本较高，手续复杂严格；

②公司将负担较高的信息披露成本；

③信息公开的要求可能会暴露公司商业机密；

④股价有时会歪曲公司的实际情况，影响公司声誉；

⑤可能会分散公司的控制权，造成管理上的困难。

（三）上市公司的股票发行

1. 股票发行的方式。

（1）首次上市公开发行股票（IPO）：股份有限公司对社会公开发行股票并上市流通和交易。

（2）上市公开发行股票：股份有限公司已经上市后，通过证券交易所在证券市场上对社会公开发行股票来进行再融资。包括增发和配股两种方式。

增发：指上市公司向社会公众发售股票的再融资方式。

配股：指上市公司向原有股东配售股票的再融资方式。

（3）非公开发行股票：上市公司采用非公开方式，向特定对象（老股东或新投资者，不超过10名）发行股票的行为，也叫定向募集增发。

2. 上市公司定向增发的优势。

（1）有利于引入战略投资者和机构投资者。

（2）有利于利用上市公司的市场化估值溢价，将母公司资产通过资本市场放大，从而提升母公司的资产价值。

（3）定向增发是一种主要的并购手段，特别是资产并购型定向增发，有利于集团企业整体上市,并同时减轻并购的现金流压力。

(四)引入战略投资者

1.战略投资者的概念。

战略投资者是指与发行人具有合作关系或有合作意向和潜力,与发行公司业务联系紧密且欲长期持有发行公司股票的法人。

2.战略投资者的要求。

(1)与公司的经营业务联系紧密。

(2)出于长期投资目的而较长时期持有股票。

(3)具有相当的资金实力,且持股数量较多。

3.引入战略投资者的作用。

(1)提升公司形象,提高资本市场认同度。

(2)优化股权结构,健全公司法人治理(战略投资者可以分散公司控制权、参与公司管理)。

(3)提高公司资源整合能力,增强公司的核心竞争力(战略投资者可带来先进工艺技术和广阔的产品营销市场)。

(4)达到阶段性的融资目标,加快实现公司上市融资的进程。

(五)普通股股票筹资的特点

1.优点。

(1)两权分离,有利于公司自主经营管理。

(2)能增强公司的社会声誉,促进股权流通和转让。

2.缺点。

(1)资本成本较高。

(2)不易及时形成生产能力。

考试方向

考查普通股股票的筹资特点。

【例题 4-15 单选题】(2019 年真题) 与银行借款筹资相比,下列属于普通股筹资特点的是( )。

A.资本成本较低   B.筹资速度较快

C.筹资数额有限   D.财务风险较小

【答案】 D

【名师点睛】 股权资本不用在企业正常营运期内偿还,没有还本付息的财务压力。因此相对于债务资金而言,普通股筹资的财务风险较小。

【例题 4-16 单选题】(2018 年真题) 下列各项中,不属于普通股股东权利的是( )。

A.参与决策权   B.剩余财产要求权

C.固定收益权   D.转让股份权

【答案】 C

【名师点睛】 普通股股东的权利有:公司管理权、收益分享权、股份转让权、优先认股权、剩余财产要求权。注意是收益分享权,不是固定收益权。

【例题 4-17 单选题】(2020 年真题) 下列筹资方式中,更有利于上市公司引入战略投资者的是( )。

A. 发行债券
B. 定向增发股票
C. 公开增发股票
D. 配股

【答案】 B

【名师点睛】 上市公司定向增发的优势在于：①有利于引入战略投资者和机构投资者；②有利于利用上市公司的市场化估值溢价，将母公司资产通过资本市场放大，从而提升母公司的资产价值；③定向增发是一种主要的并购手段，特别是资产并购型定向增发，有利于集团企业整体上市，并同时减轻并购的现金流压力。

三、 留存收益 ★★

（一）留存收益的筹资途径

1. 提取盈余公积金。

盈余公积金主要用于企业未来的经营发展，经投资者审议后也可以用于转增股本（实收资本）和弥补以前年度经营亏损。

2. 未分配利润。

（二）留存收益的筹资特点

1. 优点。

（1）属于内部筹资，不用发生筹资费用，与发行普通股筹资相比资本成本较低。

（2）维持公司的控制权分布。

2. 缺点。

筹资数额有限。

· 易错易混点 ·

吸收直接投资、普通股、留存收益三种筹资方式的比较详见表4-6。

表4-6 三种股权筹资方式的比较

	吸收直接投资	普通股	留存收益
筹资费用	低	高	无
是否利于产权交易	不利于	有利于	—
公司控制权	集中,不利于公司治理	分散	不影响控制权
资本成本	高	居中	低

【例题4-18 单选题】（2019年真题） 相对于普通股筹资，下列属于留存收益筹资特点的是（ ）。

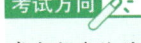
考试方向

考查留存收益筹资的途径及其特点。

A. 增强公司声誉
B. 不发生筹资费用
C. 资本成本较高
D. 筹资额较大

【答案】 B

【名师点睛】 留存收益筹资的特点：①不用发生筹资费用。与普通股筹资相比较，留存收益筹资不需要发生筹资费用，资本成本较低；②维持公司的控制权分布；③筹资数额有限。

【例题 4 – 19 多选题】（2015 年真题） 下列各项中,属于盈余公积金用途的有( )。

A. 弥补亏损 B. 转增股本 C. 扩大经营 D. 分配股利

【答案】 ABC

【名师点睛】 盈余公积金主要用于企业未来的经营发展,经投资者审议后也可以用于转增股本(实收资本)和弥补以前年度经营亏损,所以选项 ABC 正确;盈余公积金不得用于以后年度的对外利润分配,所以选项 D 错误。

【例题 4 – 20 多选题】（2020 年真题） 关于留存收益筹资的特点,下列表述正确的是( )

A. 不发生筹资费用 B. 没有资本成本

C. 筹资数额相对有限 D. 不分散公司的控制权

【答案】 ACD

四、 股权筹资的优缺点 ★★★

(一)股权筹资的优点

1. 股权筹资是企业稳定的资本基础。

2. 股权筹资是企业良好的信誉基础。

3. 股权筹资财务风险较小。

(二)股权筹资的缺点

1. 资本成本负担较重。

2. 控制权变更可能影响企业长期稳定发展:控制权变更导致管理层人事变动和影响决策效率,影响公司正常经营,但利用留存收益筹资不会导致控制权变更。

3. 对于上市公司,信息沟通与披露成本较大。

> 考试方向
>
> 与债务筹资对比考查股权筹资的优缺点。

【例题 4 – 21 多选题】（2019 年真题） 下列筹资方式中,可以降低财务风险的有( )。

A. 银行借款筹资 B. 留存收益筹资

C. 普通股筹资 D. 融资租赁筹资

【答案】 BC

【名师点睛】 留存收益筹资和普通股筹资属于股权筹资,股权筹资可以降低财务风险;银行借款筹资和融资租赁筹资属于债务筹资,会提高财务风险。

【例题 4 – 22 多选题】（2020 年真题） 与债务筹资相比,股权筹资的优点有( )。

A. 股权筹资是企业稳定的资本基础

B. 股权筹资的财务风险比较小

C. 股权筹资构成企业的信誉基础

D. 股权筹资的资本成本比较低

【答案】 ABC

【名师点睛】 股权筹资资本成本负担较重主要表现在:股权投资风险较高,投资者要求的收益率较高;股息红利税后支付,无抵税效应;普通股发行、上市费用较高。所以选项 D 错误。

第四节　衍生工具筹资

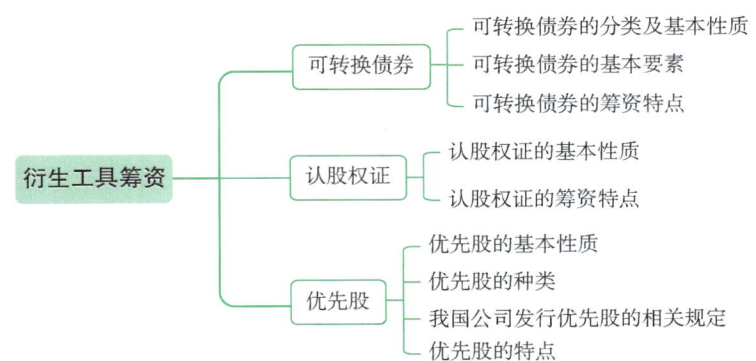

衍生工具筹资,包括兼具股权与债务筹资性质的混合融资和其他衍生工具融资。例如,最常见的混合融资是可转换债券融资,最常见的其他衍生工具融资是认股权证融资。

一、可转换债券 ★ ★

可转换债券是一种混合型证券,是公司普通债券与证券期权的组合体。可转换债券的持有人在一定期限内,可以按照事先规定的价格或者转换比例,自由地选择是否转换为公司普通股。

（一）可转换债券的分类及基本性质

1. 分类。

（1）不可分离的可转换债券:转股权与债券不可分离,债券持有者直接按照债券面额和约定的转股价格,在规定的期限内将债券转换为股票。

（2）可分离交易的可转换债券:债券在发行时附有认股权证,是认股权证和公司债券的组合,发行上市后,公司债券和认股权证各自独立流通、交易。

2. 基本性质。

（1）证券期权性。

可转换债券实质上是一种未来的买入期权(持有人具有在未来按一定的价格购买股票的权利)。

（2）资本转换性。

①可转换债券在正常持有期,属于债权性质;转换成股票后,属于股权性质。

②在债券的转换期间内,如果持有人没有将其转换为股票,发行企业到期必须无条件地支付本金和利息。

③资本双重性的转换,取决于投资者是否行权。

（3）赎回与回售。

①赎回条款(保护发行公司):公司股票价格在一段时期内连续高于转股价格达到某

一幅度时,公司会按约定价格买回未转股的可转换债券。

②回售条款(保护债券购买人):公司股票价格在一段时期内连续低于转股价格达到某一幅度时,公司会按约定价格将所持债券回售给发行公司。

(二)可转换债券的基本要素

可转换债券的基本要素是构成可转换债券基本特征的必要因素,代表了可转换债券与一般债券的区别,如表4-7所示。

表4-7　可转换证券的基本要素

基本要素	要素内容
标的股票	一般是发行公司自己的普通股票,也可以是其他公司(如发行公司的上市子公司)的股票
票面利率	一般会低于普通债券的票面利率,有时甚至还低于同期银行存款利率
转换价格	①指可转换债券转为普通股的每股普通股价格(多少钱转1股),如10元转1股,即10元债券面值可转换1股股票 ②一般比发售日股票市场价格高出一定比例,如高出10%~30% 转股价格应不低于募集说明书公告日前20个交易日该公司股票交易均价和前1个交易日的均价 因配股、增加、送股、派息、分立及其他原因引起上市公司股份变动的,应当同时调整转股价格
转换比率	①指一张债券转为多少股普通股 ②转换比率=债券面值/转换价格
转换期	短于或等于债券期限 可转换债券自发行结束之日起6个月后方可转换为公司股票
赎回条款	①赎回一般发生在公司股票价格在一段时期内连续高于转股价格达到某一幅度时 ②设置赎回条款最主要的功能是强制债券持有者积极行使转股权,因此又被称为加速条款。同时也能使发债公司避免在市场利率下降后,继续向债券持有人按照较高的票面利率支付利息所蒙受的损失
回售条款	回售一般发生在公司股票价格在一段时期内连续低于转股价格达到某一幅度时
强制性转换条款	指在某些条件具备后,债券持有人必须将可转债转换为股票,无权要求偿还债券本金

提示▶ 赎回条款、强制性转换条款主要用于保护债券发行者的利益;回售条款主要用于保护债券购买人的利益。

(三)可转换债券的筹资特点

1.优点。

(1)筹资灵活性。

可转换债券是将传统的债务筹资功能和股票筹资功能结合起来,筹资性质和时间上具有灵活性。

(2)筹资成本低。

可转换债券的利率低于同一条件下普通债券的利率,降低了公司的筹资成本;此外,在可转换债券转换为普通股时,公司无须另外支付筹资费用,又节约了股票的筹资成本。

（3）**筹资效率高。**

可转换债券在发行时,规定的转换价格往往高于当时本公司的股票价格。如果这些债券将来都转换成了股权,这相当于在债券发行时就以高于当时股票市价的价格发行了股票,以较少的股份代价筹集了更多的股份资金。

2.缺点。

（1）存在不转换的财务压力。

（2）存在回售的财务压力。

【例题 4－23 单选题】（2018 年真题） 下列各项条款中,有利于保护可转换债券持有者利益的是（　　）。

A.无担保条款　　　　　　　　　　B.回售条款

C.赎回条款　　　　　　　　　　　D.强制性转换条款

【答案】 B

【名师点睛】 回售条款是指债券持有人有权按照事先约定的价格将债券卖回给发债公司的条件规定。回售条款是债券持有人的权力,所以有利于保护债券持有人的利益。赎回条款是指发债公司按事先约定的价格买回未转股债券的条件规定,是债券发行者的权力,所以有利于保护债券发行者利益。强制性转换条款是指在某些条件具备之后,债券持有人必须将可转换债券转换为股票,无权要求偿还债券本金的条件规定,所以有利于保护债券发行者利益。

【例题 4－24 单选题】（2018 年真题） 某公司发行的可转换债券的面值是 100 元,转换价格是 20 元,目前该债券已到转换期,股票市价为 25 元,则可转换债券的转换比率为（　　）。

A.5　　　　　　　B.4　　　　　　　C.1.25　　　　　　　D.0.8

【答案】 A

【名师点睛】 可转换债券的转换比率=债券面值/转换价格=100÷20=5

【例题 4－25 单选题】（经典好题） 通常,公司股票价格在一段时期内连续高于转股价格达到某一幅度时,适用的条款是（　　）。

A.回售条款　　　　　　　　　　　B.赎回条款

C.转换比率条款　　　　　　　　　D.强制性转换条款

【答案】 B

【名师点睛】 可转换债券一般都会有赎回条款,发债公司在可转换债券转换前,可以按一定条件赎回债券。通常,公司股票价格在一段时期内连续高于转股价格达到某一幅度时,公司会按事先约定的价格买回未转股的可转换公司债券。同样,可转换债券一般也会有回售条款,公司股票价格在一段时期内连续低于转股价格达到某一幅度时,债券持有人可按事先约定的价格将所持债券回售给发行公司。

二、 认股权证 ★★

认股权证是一种由上市公司发行的证明文件,持有人有权在一定时间内以约定的价格认购该公司发行的一定数量的股票。

考试方向

考查可转换债券的基本要素及优缺点。

第四章

（一）认股权证的基本性质

1. 认股权证的期权证。

认股权证本质上是一种股票期权,属于衍生金融工具,具有实现融资和股票期权激励的双重功能。但认股权证本身是一种认购普通股的期权,它没有普通股的红利收入,也没有普通股相应的投票权。

2. 认股权证是一种投资工具。

投资者获得的收益是认购时股票市场价与认购价之间的差额。

提示 ▶ 认股权证不需要支付资金占用费。利用留存收益筹资不需要支付筹资费。

（二）认股权证的筹资特点

1. 认股权证是一种融资促进工具。

2. 有助于改善上市公司的治理结构。

3. 有利于推进上市公司的股权激励机制,是常用的员工激励工具。

知识链接 ▶ 所有者和经营者之间利益冲突的协调措施包括解聘、接收、激励。

考试方向
考查认股权证的筹资特点。

【例题4-26 判断题】（2017年真题） 可转换债券是常用的员工激励工具,可以把管理者和员工的利益与企业价值成长紧密联系在一起。（   ）

【答案】 ×

【名师点睛】 认股权证是常用的员工激励工具,通过给予管理者和重要员工一定的认股权证,可以把管理者和员工的利益与企业价值成长紧密联系在一起,建立一个管理者与员工通过提升企业价值实现自身财富增值的利益驱动机制。

【例题4-27 单选题】（2015年真题） 下列各种筹资方式中,企业无需支付资金占用费的是（   ）。

A. 发行债券   B. 发行优先股

C. 发行短期票据   D. 发行认股权证

【答案】 D

【名师点睛】 发行债券、发行短期票据需要支付利息费用,发行优先股需要支付优先股的股利,这些都会产生资金的占用费。认股权证本身是一种认购普通股的期权,它没有普通股的红利收入,所以发行认股权证企业无需支付资金占用费。

三、优先股 ★★

优先股是指股份公司发行的具有优先权利、相对优先于一般普通股的股份。

（一）优先股的基本性质

1. 约定股息:优先股的股利收益是事先约定的,也是相对固定的。

2. 权利优先:相对于普通股而言,优先利润分配权和优先剩余财产分配权。

3. 权利范围小:优先股股东一般没有选举权和被选举权,对股份公司重大经营事项无表决权,仅在股东大会表决与优先股股东自身利益相关的特定事项时,具有有限表决权。

（二）优先股的种类

可依据不同的标准将优先股分为多种类别,详见表4-8。

表4-8 优先股的种类

分类依据	类别
股息率在股权存续期内是否作调整	固定股息率优先股
	浮动股息率优先股
在有可分配税后利润时是否必须向优先股股东分配利润	强制分红优先股
	非强制分红优先股
公司因当年可分配利润不足而未向优先股股东足额派发股息,差额部分是否累计到下一会计年度	累积优先股
	非累积优先股
按照确定的股息率分配股息后,优先股股东是否有权同普通股股东一起参加剩余税后利润分配	参与优先股
	非参与优先股
是否可以转换成普通股	可转换优先股
	不可转换优先股
是否享有要求公司回购优先股的权利	可回购优先股
	不可回购优先股

（三）我国公司发行优先股的相关规定

1. 优先股每股票面金额为100元。

2. 上市公司不得发行可转换为普通股的优先股(不可转换优先股)。

3. 上市公司公开发行优先股,应当在公司章程中规定以下事项:

（1）采取固定股息率(固定股息率优先股)。

（2）在有可分配税后利润的情况下必须向优先股股东分配股息(强制分红优先股)。

（3）未向优先股股东足额派发股息的差额部分应当累积到下一会计年度(累积优先股)。

（4）优先股股东按照约定的股息率分配股息后,不再同普通股股东一起参加剩余利润分配(非参与优先股)。

（四）优先股的特点

1. 优点。

（1）有利于丰富资本市场的投资结构;

（2）有利于股份公司股权资本结构的调整;

（3）有利于保障普通股收益和控制权;

（4）有利于降低公司财务风险(与债务筹资相比)。

2. 缺点。

由于存在固定的优先股股息,可能给股份公司带来一定的财务压力,主要表现如下:

（1）与负债筹资相比:优先股资本成本相对于债务较高。优先股股息税后支付,不能抵税。

（2）与普通股筹资相比:优先股股息固定支付,会增加公司的财务风险。

【例题4-28多选题】（2020年真题） 相对于普通股而言,优先股的优先权包含的内容有（   ）。

考试方向
考查优先股的基本性质及优先股筹资的优缺点。

A. 股利分配优先权
B. 配股优先权
C. 剩余财产分配优先权
D. 表决优先权

【答案】 AC

【名师点睛】 优先股的优先权利主要是指优先利润分配权和优先剩余财产分配权。

【例题4－29 单选题】(2017年真题) 下列关于优先股筹资的表述中,不正确的是( )。

A.优先股筹资有利于调整股权资本的内部结构

B.优先股筹资兼有债务筹资和股权筹资的某些性质

C.优先股筹资不利于保障普通股的控制权

D.优先股筹资会给公司带来一定的财务压力

【答案】 C

【名师点睛】 优先股有利于保障普通股的收益和控制权,选项C的表述不正确。

【例题4－30 单选题】(2020年真题) 参与优先股中的"参与",指优先股股东按照确定的股息率获得股息后,还能与普通股股东一起( )。

A.剩余利润分配   B.认购公司增长的新股

C.剩余财产清偿分配   D.公司经营决策

【答案】 A

【名师点睛】 持有人除可按规定的股息率优先获得股息外,还可与普通股股东分享公司的剩余收益的优先股,称为参与优先股。

第五节 筹资实务创新

 本节框架

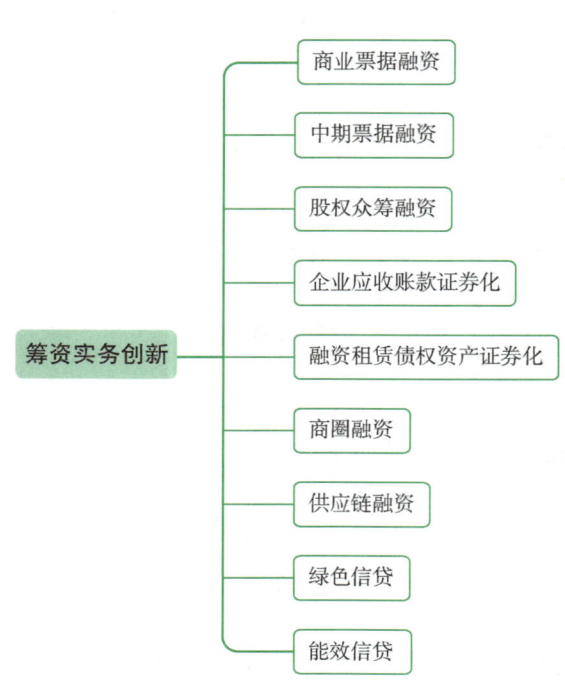

筹资实务创新
- 商业票据融资
- 中期票据融资
- 股权众筹融资
- 企业应收账款证券化
- 融资租赁债权资产证券化
- 商圈融资
- 供应链融资
- 绿色信贷
- 能效信贷

随着经济发展及金融政策日渐完善,我国企业筹资方式及渠道呈现多元化趋势,详见表4-9。

表4-9 筹资实务创新

筹资方式和渠道	具体内容
商业票据融资	①商业票据融资指通过商业票据进行融通资金,具有融资成本较低、灵活方便等特点 ②商业票据是一种商业信用工具,是由债务人向债权人开出的、承诺在一定时期内支付一定款项的支付保证书,即由无担保、可转让的短期期票组成
中期票据融资	中期票据是指具有法人资格的非金融类企业在银行间债券市场按计划分期发行的、约定在一定期限还本付息的债务融资工具
股权众筹融资	①主要指通过互联网形式进行公开小额股权融资的活动,必须通过股权众筹融资中介机构平台(互联网网站或其他类似的电子媒介)进行 ②股权众筹融资方应为小微企业,应通过股权众筹融资中介机构向投资人如实披露企业的商业模式、经营管理、财务、资金使用等关键信息。股权众筹融资业务由证监会负责监管
企业应收账款证券化	①企业应收账款资产支持证券是指证券公司、基金管理公司子公司作为管理人,通过设立资产支持专项计划开展资产证券化业务,以企业应收账款债权为基础资产或基础资产现金流来源所发行的资产支持证券 ②企业应收账款证券化是企业拓宽融资渠道、降低融资成本、盘活存量资产、提高资产使用效率的重要途径
融资租赁债权资产证券化	①融资租赁债权资产支持证券是指证券公司、基金管理公司子公司作为管理人,通过设立资产支持专项计划开展资产证券化业务,以融资租赁债权为基础资产或基础资产现金流来源所发行的资产支持证券 ②融资租赁债权是指融资租赁公司依据融资租赁合同对债务人(承租人)享有的租金债权、附属担保权益(如有)及其他权利(如有)
商圈融资	包括商圈担保融资、供应链融资、商铺经营权、租赁权质押、仓单质押、存货质押、动产质押、企业集合债券等
供应链融资	①指将供应链核心企业及其上下游配套企业作为一个整体,根据供应链中相关企业的交易关系和行业特点制定基于货权和现金流控制的"一揽子"金融解决方案的一种融资模式 ②供应链融资解决了上下游企业融资难、担保难的问题,而且通过打通上下游融资瓶颈,还可以降低供应链条融资成本,提高核心企业及配套企业的竞争力
绿色信贷	绿色信贷也称可持续融资或环境融资,指银行业金融机构为支持环保产业、倡导绿色文明、发展绿色经济而提供的信贷融资,重点支持节能环保、清洁生产、清洁能源、生态环境、基础设施绿色升级和绿色服务六大类产业
能效信贷	能效信贷指银行业金融机构为支持用能单位提高能源利用效率,降低能源消耗而提供的信贷融资,包括用能单位能效项目信贷和节能服务公司合同能源管理信贷两种方式

同步练习

一、单项选择题

1. 当一些债务即将到期时,企业虽然有足够的偿债能力,但为了保持现有的资本结构,仍然举新债还旧债。这种筹资的动机是(　　)。
　A. 扩张性筹资动机　　B. 支付性筹资动机
　C. 调整性筹资动机　　D. 创立性筹资动机

2. 下列筹资方式中,属于间接筹资方式的是(　　)。
　A. 发行债券　　　　　B. 合资经营
　C. 银行借款　　　　　D. 发行股票

3. 下列筹资方式中,既可以筹集长期资金,也可以融通短期资金的是(　　)。
　A. 向金融机构借款　　B. 发行股票
　C. 利用商业信用　　　D. 吸收直接投资

4. 与发行公司债券相比,银行借款筹资的优点是(　　)。
　A. 资本成本较低
　B. 资金使用的限制条件少
　C. 能提高公司的社会声誉
　D. 单次筹资数额较大

5. 某航空公司为开通一条国际航线,需增加两架空客飞机。为尽快形成航运能力,下列筹资方式中,该公司通常会优先考虑(　　)。
　A. 债券筹资　　　　　B. 融资租赁筹资
　C. 普通股筹资　　　　D. 优先股筹资

6. 下列各种筹资方式中,筹资限制条件相对最少的是(　　)。
　A. 融资租赁　　　　　B. 发行股票
　C. 发行债券　　　　　D. 发行短期融资券

7. 与银行借款相比,下列各项中不属于融资租赁筹资特点的是(　　)。
　A. 资本成本低　　　　B. 融资风险小
　C. 融资期限长　　　　D. 融资限制少

8. 与发行股票筹资相比,吸收直接投资的优点是(　　)。
　A. 筹资费用较低
　B. 资本成本较低
　C. 易于进行产权交易
　D. 有利于提高公司声誉

9. 关于普通股筹资方式,下列说法错误的是(　　)。
　A. 普通股筹资属于直接筹资

　B. 普通股筹资能降低公司的资本成本
　C. 普通股筹资不需要还本付息
　D. 普通股筹资是公司良好的信誉基础

10. 与公开间接发行股票相比,非公开直接发行股票的优点是(　　)。
　A. 有利于筹集足额的资本
　B. 有利于引入战略投资者
　C. 有利于降低财务风险
　D. 有利于提升公司知名度

11. 与发行债券筹资相比,发行普通股股票筹资的优点是(　　)。
　A. 可以降低资本成本
　B. 可以稳定公司的控制权
　C. 可以形成稳定的资本基础
　D. 可以利用财务杠杆

12. 与配股相比,定向增发的优势是(　　)。
　A. 有利于社会公众参与
　B. 有利于保持原有的股权结构
　C. 有利于促进股权的流通转让
　D. 有利于引入战略投资者和机构投资者

13. 下列各项中,属于内部筹资方式的是(　　)。
　A. 向股东发行新股筹资
　B. 向企业职工借款筹资
　C. 向股东借款筹资
　D. 利用留存收益筹资

14. 下列筹资方式中,属于债务筹资方式的是(　　)。
　A. 吸收直接投资　　　B. 融资租赁
　C. 留存收益　　　　　D. 发行优先股

15. 承租人既是资产出售者又是资产使用者的融资租赁方式是(　　)。
　A. 售后回租　　　　　B. 直接租赁
　C. 杠杆租赁　　　　　D. 经营租赁

16. 下列说法错误的是(　　)。
　A. 发行股票能够保护商业秘密
　B. 发行股票筹资有利于公司自主经营管理
　C. 留存收益筹资的途径之一是未分配利润
　D. 股权筹资的资本成本负担较重

17. 关于可转换债券的赎回条款,下列说法错误的是(　　)。
　A. 赎回条款的主要功能是促使债券持有人积

极行使转股权

B.赎回条款是发债公司按事先约定的价格买回未转股债券的相关规定

C.赎回条款通常包括不可赎回期间与赎回期间、赎回价格和赎回条件等

D.赎回条款主要目的在于降低投资者持有债券的风险

二、多项选择题

1. 属于直接筹资的有（　　）。
A.银行借款　　　　B.发行债券
C.发行股票　　　　D.融资租赁

2. 下列筹资方式中，一般属于间接筹资方式的有（　　）。
A.优先股筹资　　　B.融资租赁
C.银行借款筹资　　D.债券筹资

3. 下列各项中，属于企业筹资管理应当遵循的原则有（　　）。
A.依法筹资原则　　B.负债最低原则
C.规模适度原则　　D.结构合理原则

4. 在确定融资租赁的租金时，一般需要考虑的因素有（　　）。
A.租赁公司办理租赁业务所发生的费用
B.租赁期满后租赁资产的预计残值
C.租赁公司购买租赁资产所垫付资金的利息
D.租赁资产价值

5. 下列关于杠杆租赁的表述中，正确的有（　　）。
A.出租人既是债权人又是债务人
B.涉及出租人、承租人和资金出借人三方当事人
C.租赁的设备通常是出租方已有的设备
D.出租人只投入设备购买款的部分资金

6. 与发行股票筹资相比，融资租赁筹资的特点有（　　）。
A.财务风险较小　　B.筹资限制条件较少
C.资本成本负担较低　D.形成生产能力较快

7. 与银行借款相比，下列各项中，属于发行债券筹资特点的有（　　）。
A.资本成本较高
B.一次筹资数额较大
C.扩大公司的社会影响
D.募集资金使用限制较多

8. 下列各项中，能够作为吸收直接投资出资方式的有（　　）。

A.土地使用权　　　B.非专利技术
C.特许经营权　　　D.商誉

9. 股票上市对公司可能的不利影响有（　　）。
A.商业机密容易泄露　B.资本结构容易恶化
C.信息披露成本较高　D.公司价值不易确定

10. 与银行借款筹资相比，公开发行股票筹资的优点有（　　）。
A.能提升企业知名度
B.不受金融监管政策约束
C.资本成本较低
D.筹资对象广泛

11. 与增发新股筹资相比，留存收益筹资的优点有（　　）。
A.筹资成本低
B.有助于提高公司的社会声誉
C.有助于维持公司的控制权分布
D.筹资规模大

12. 下列各项中，属于认股权证筹资特点的有（　　）。
A.认股权证是一种融资促进工具
B.认股权证是一种高风险融资工具
C.有助于改善上市公司的治理结构
D.有利于推进上市公司的股权激励机制

13. 一般而言，与发行普通股相比，发行优先股的特点有（　　）。
A.可以增加公司的财务杠杆效应
B.可以降低公司的财务风险
C.可以保障普通股股东的控制权
D.可以降低公司的资本成本

14. 相对于普通股筹资，属于银行借款筹资特点的有（　　）。
A.财务风险低　　　B.不分散公司控制权
C.可以利用财务杠杆　D.筹资速度快

三、判断题

1. 企业在初创期通常采用外部筹资，而在成长期通常采用内部筹资。　（　　）

2. 因为公司债务必须付息，而普通股不一定支付股利，所以普通股资本成本小于债务资本成本。　（　　）

3. 由于内部筹集一般不产生筹资费用，所以内部筹资的资本成本最低。　（　　）

4. 可转换债券的持有人具有在未来按一定的价格购买普通股股票的权利，因此可转换债券具有买入期权的性质。　（　　）

5. 企业在发行可转换债券时,可通过赎回条款来避免市场利率大幅下降后仍需支付较高利息的损失。（ ）

6. 优先股的优先权体现在剩余财产清偿分配顺序上居于债权人之前。（ ）

7. 相对于债权筹资成本,股权筹资成本较低、财务风险较高。（ ）

8. 公司发行的永续债由于没有明确的到期日或期限非常长,因此在实质上属于股权资本。（ ）

9. 上市公司满足短期融资需求时,一般采用发行股票方式进行融资。（ ）

10. 若某公司当年可分配利润不足以支付优先股的全部股息时,所欠股息在以后年度不予补发,则该优先股属于非累积优先股。（ ）

参考答案及解析

一、单项选择题

1.【答案】 C

【解析】 调整性筹资动机是指企业因调整资本结构而产生的筹资动机。当一些债务即将到期,企业虽然有足够的偿债能力,但为了保持现有的资本结构,仍然举借新债以偿还旧债,这是为了调整资本结构。

2.【答案】 C

【解析】 间接筹资是企业借助于银行和非银行金融机构筹集资金。在间接筹资方式下,银行等金融机构发挥中介作用,预先集聚资金,然后提供给企业。间接筹资的基本方式是银行借款,此外还有融资租赁等方式。

3.【答案】 A

【解析】 银行借款包括偿还期限超过1年的长期借款和不足1年的短期借款,所以选项A正确;选项BD属于长期筹资方式;选项C属于短期筹资方式。

4.【答案】 A

【解析】 利用银行借款筹资,一般都比发行债券的利息负担要低,而且无需支付筹资费用。

5.【答案】 B

【解析】 融资租赁无需大量资金就能迅速获得资产,使企业在资金短缺的情况下引进设备成为可能。

6.【答案】 A

【解析】 企业运用股票、债券、长期借款等筹资方式,都受到相当多的资格条件的限制,如足够的抵押品、银行贷款的信用标准、发行债券的政府管制等。相比之下,融资租赁筹资的限制条件最少。

7.【答案】 A

【解析】 融资租赁的筹资特点如下:①无须大量资金就能迅速获得资产;②财务风险小,财务优势明显;③限制条件较少;④能延长资金融通的期限;⑤资本成本高。

8.【答案】 A

【解析】 相对于股票筹资方式来说,吸收直接投资的资本成本较高,选项B错误;当企业经营较好、盈利较多时,投资者往往要求将大部分盈余作为红利分配,因为向投资者支付的报酬是按其出资数额和企业实现利润的比率来计算的。不过,吸收直接投资的手续相对比较简便,筹资费用较低,选项A正确;吸收直接投资,由于没有证券为媒介,因此与发行股票筹资相比不易于进行产权交易,选项C错误;与吸收直接投资相比,发行股票筹资使得股东大众化,有利于提高公司声誉,选项D错误。

9.【答案】 B

【解析】 普通股筹资方式的筹资特点之一是资本成本较高,选项B说法不正确。

10.【答案】 B

【解析】 公开间接发行的发行范围广,发行对象多,易于足额筹集资本。公开发行股票,同时还有利于提高公司的知名度,扩大其影响力,但公开发行方式审批手续复杂严格,发行成本高。非公开直接发行弹性较大,企业能控制股票的发行过程,节省发行费用。非公开发行股票有利于引入战略投资者和机构投资者。所以选项B正确。

11.【答案】 C

【解析】 一般而言,普通股筹资的资本成本要高于债务筹资,选项A错误;发行普通股可能会导致公司控制权变更,选项B错误;普通股筹资不存在财务杠杆的利用,选项D错误;股权资本没有固定的到期日,无需偿还,是企业的永久性资本,除非企业清算时才有可能予以偿还,所以有利于形成稳定的资本基础,选项 C 正确。

12.【答案】 D

【解析】 配股是指上市公司向原有股东配售股票的再融资方式,定向增发的对象可以是老股东,也可以是战略投资者或机构投资者,所以与配股相比,定向增发的优势是有利于引入战略投资者和机构投资者。故选项 D 正确。

13.【答案】 D

【解析】 内部筹资是指企业通过利润留存而形成的筹资来源,选项 D 属于内部筹资;外部筹资是指企业向外部筹措资金而形成的筹资来源,如发行股票、债券,取得商业信用、银行借款等,选项 ABC 属于外部筹资。

14.【答案】 B

【解析】 选项 AC 属于股权筹资;选项 D 属于衍生工具筹资。

15.【答案】 A

【解析】 售后回租是指承租方由于急需资金等各种原因,将自己的资产售给出租方,然后以租赁的形式从出租方原封不动地租回资产的使用权,此时承租人既是资产出售者又是资产使用者。故选项 A 正确。

16.【答案】 A

【解析】 股票上市之后信息公开的要求可能会暴露公司商业机密,所以选项 A 的说法不正确。

17.【答案】 D

【解析】 设置赎回条款的主要目的在于保护发债公司的利益能使发债公司避免在市场利率下降后,继续向债券持有人按照较高的票面利率支付利息所蒙受的损失。回售条款可以降低投资者持有债券的风险,而不是赎回条款。

二、多项选择题

1.【答案】 BC

【解析】 直接筹资是企业直接与资金供应者协商融通资金的筹资活动。直接筹资不需要通过金融机构来筹措资金,是企业直接从社会取得资金的方式。直接筹资方式主要有发行股票、发行债券、吸收直接投资等。选项 AD 属于间接筹资。

2.【答案】 BC

【解析】 间接筹资是企业借助于银行和非银行金融机构而筹集资金。间接筹资的基本方式是银行借款,此外还有融资租赁等方式。

3.【答案】 ACD

【解析】 筹资管理的原则:①筹措合法原则;②规模适当原则;③取得及时原则;④来源经济原则;⑤结构合理原则。

4.【答案】 ABCD

【解析】 融资租赁租金的多少,取决于以下几项因素:设备原价及预计残值、利息、租赁手续费。因此本题选 ABCD。

5.【答案】 ABD

【解析】 租赁的设备通常是出租人根据设备需要者的要求重新购买。所以选项 C 不正确。

6.【答案】 BCD

【解析】 企业运用发行股票筹资,受到相当多的资格条件的限制,与发行股票相比,融资租赁筹资的限制条件少,选项 B 正确;融资租赁是债务筹资,资本成本要低于普通股,选项 C 正确;融资租赁无需大量资金就能迅速获得资产,可以尽快形成生产能力,选项 D 正确;融资租赁筹资属于债务筹资,所以财务风险大于发行股票筹资,选项 A 不符合题意。

7.【答案】 ABC

【解析】 发行公司债券筹资的特点包括:①一次筹资数额大;②募集资金的使用限制条件少;③资本成本负担较高;④能提高公司的社会声誉。

8.【答案】 AB

【解析】 吸收直接投资的出资方式有以货币资产出资、以实物资产出资、以土地使用权出资、以工业产权出资、以特定债权出资。非专利技术属于工业产权,所以选项 AB 正确。

9.【答案】 AC

【解析】 股票上市对公司不利影响主要有:上市成本较高,手续复杂严格;公司将负担较高的信息披露成本(选项 C);信息公开的要求可能会暴露公司商业机密(选项 A);股价有时会歪曲公司的实际情况,影响公司声誉;可能会分散公司的控制权,造成管理上的困难。

10.【答案】 AD

【解析】 公司公开发行的股票进入证券交易所交易,必须受严格的条件限制,选项 B 错误;由于股票投资的风险较大,收益具有不确定性,投资者就会要求较高的风险补偿,因此股票筹资的资本成本较高,选项 C 错误。

11.【答案】 AC

【解析】 与普通股筹资相比较,留存收益筹资不需要发生筹资费用,资本成本较低,选项 A 正确;利用留存收益筹资,不用对外发行新股或吸收新投资者,由此增加的权益资本不会改变公司的股权结构,不会稀释原有股东的控制权,选项 C 正确。

12.【答案】 ACD

【解析】 认股权证的筹资特点:①认股权证是一种融资促进工具;②有助于改善上市公司的治理结构;③有利于推进上市公司股权激励机制。

13.【答案】 ACD

【解析】 如果存在优先股,计算财务杠杆系数时要考虑优先股股利,选项 A 正确;相对于普通股,优先股股利是固定支付的,所以增加了财务风险,选项 B 不正确;优先股东无表决权,所以保障了普通股股东的控制权,选项 C 正确;普通股的投资风险比优先股的大,所以普通股的资本成本高一些,选项 D 正确。

14.【答案】 BCD

【解析】 银行借款属于债务筹资,所以财务风险高,但可以利用财务杠杆,选项 A 错误,选项 C 正确;银行借款筹资不会增加普通股股数,所以不分散公司控制权,选项 B 正确;银行借款的程序相对简单,所花时间较短,公司可以迅速获得所需资金,选项 D 正确。

三、判断题

1.【答案】 ×

【解析】 处于成长期的企业,内部筹资往往难以满足需要。这就需要企业广泛地开展外部筹资,如发行股票、债券,取得商业信用、银行借款等。

2.【答案】 ×

【解析】 由于债务利息可以抵税,而股利不能抵税,此外股票投资的风险较大,收益具有不确定性,投资者要求的收益率较高,所以普通股资

本成本大于债务资本成本。

3.【答案】 ×

【解析】 留存收益的资本成本率,表现为股东追加投资要求的收益率,其计算与普通股成本相同,不同点在于不考虑筹资费用。留存收益资本成本通常大于债务资本成本。

4.【答案】 √

【解析】 可转换债券赋予了债券持有者未来的选择权,在事先约定的期限内,投资者可以选择将债券转换为普通股股票,也可以放弃转换权利,持有至债券到期还本付息。由于可转换债券持有人具有在未来按一定的价格购买股票的权利,因此可转换债券实质上是一种未来的买入期权。

5.【答案】 √

【解析】 设置赎回条款能使发债公司避免在市场利率下降后,继续向债券持有人按照较高的票面利率支付利息所蒙受的损失。

6.【答案】 ×

【解析】 优先股股东在年度利润分配和剩余财产清偿分配方面,具有比普通股股东优先的权利。在剩余财产方面,优先股股东的清偿顺序先于普通股股东而次于债权人。一旦公司清算,剩余财产先分给债权人,再分给优先股股东,最后分给普通股股东。

7.【答案】 ×

【解析】 一般而言,股权筹资的资本成本要高于债务筹资。股权资本不用在企业正常营运期内偿还,没有还本付息的财务压力,所以财务风险较低。

8.【答案】 ×

【解析】 永续债实质是一种介于债权和股权之间的融资工具。

9.【答案】 ×

【解析】 公司发行股票所筹集的资金属于公司的长期自有资金,没有期限,无须归还,所以一般满足的是上市公司的长期融资需求。

10.【答案】 √

【解析】 非累积优先股是指公司不足以支付优先股的全部股息时,对所欠股息部分,优先股股东不能要求公司在以后年度补发。

第五章
筹资管理（下）

本章主要学习资金需要量预测、资本成本、杠杆效应以及资本结构，难度大，在近几年考试中分值占 10~15 分，涉及题型有单选题、多选题、判断题、计算分析题、综合题。预计今年考查题型不变，分值为 10~15 分。

考试变化

更改了因素分析法"资金需要量"的计算公式。

本章结构

第一节　资金需要量预测
第二节　资本成本
第三节　杠杆效应
第四节　资本结构

第一节　资金需要量预测

本节框架

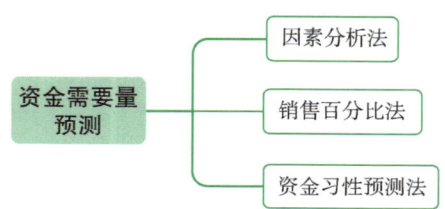

一、因素分析法 ★

因素分析法,是以有关项目基期年度的平均资金需要量为基础,根据预测年度的生产经营任务和资金周转加速的要求进行分析调整,来预测资金需要量的一种方法。因素分析法的计算公式如下:

资金需要量=(基期资金平均占用额−不合理资金占用额)×(1+预测期销售增长率)÷(1+预测期资金周转速度增长率)

提示 ▶ 销售增长率>0,意味着销售额增加,实现销售额所需要的资金量也会增加。反之,若销售增长率<0,则所需要资金量会减少。

▶ 资金周转速度增长率>0,意味着资金周转加速,实现销售额所需要的资金量会减少。反之,若资金周转速度增长率<0,则所需要资金量会增加。

考试方向

考查因素分析法的计算公式。

【例题5−1 单选题】(经典好题) 甲企业本年度资金平均占用额为3500万元,经分析,其中不合理部分为500万元。预计下年度销售增长5%,资金周转加速为2%,则下年度资金需要量预计为(　　　)万元。

A.3000　　　　B.3088　　　　C.3150　　　　D.3213

【答案】 B

【名师点睛】 资金需要量=(3500−500)×(1+5%)÷(1+2%)=3088(万元)

二、销售百分比法 ★★★

(一)基本原理

销售百分比法,是假设经营资产、经营负债(或敏感性资产和敏感性负债)与销售收入保持稳定百分比,根据销售增长与资产、负债和留存收益增长之间的关系,预测未来资金需要量的方法。

提示 ▶ 资产是资金的占用,负债和所有者权益是资金的来源。根据"资产=负债+所有者权益",可得"资金的占用=资金的来源"。

（二）基本步骤

1. 确定敏感性资产和敏感性负债。

敏感性资产，即随销售额的变动而同向变动的经营性资产，主要包括货币资金、应收账款、存货等。

敏感性负债，即随销售额的变动而同向变动的经营性负债，主要包括应付票据、应付账款等项目，不包括短期借款、短期融资券、长期负债等筹资性负债。

2. 确定有关项目与销售额的稳定比例关系。

由于假定敏感性资产和敏感性负债与销售收入保持稳定的百分比关系，所以意味着收入增加的比例就是敏感性资产和敏感性负债增加的比例。

计算公式如下：

增加的敏感性资产＝基期敏感性资产占基期销售收入百分比×增加的销售收入
　　　　　　　　　＝基期敏感性资产×销售收入增长率

增加的敏感性负债＝基期敏感性负债占基期销售收入百分比×增加的销售收入
　　　　　　　　　＝基期敏感性负债×销售收入增长率

3. 确定需要增加的筹资数量。

预计由于销售增长而需要的资金需求增长额，扣除预测期增加的留存收益，即为所需的外部筹资额。

计算公式如下：

需要增加的资金量＝增加的敏感性资产－增加的敏感性负债

预期增加的利润留存＝预计销售收入×预计销售净利率×预计利润留存率

外部融资需求量＝需要增加的资金量－预期增加的利润留存
　　　　　　　＝增加的敏感性资产－增加的敏感性负债－预期增加的利润留存
　　　　　　　＝敏感性资产总额占销售收入的百分比×销售收入增长额－敏感性负债总额占销售收入的百分比×销售收入增长额－预计销售收入×预计销售净利率×预计利润留存率

或者，外部融资需求量＝基期敏感性资产×销售收入增长率－基期敏感性负债×销售收入增长率－预计销售收入×预计销售净利率×预计利润留存率

提示▶ 如果存在非敏感性资产的增加，所需要的资金量也会增加，那么，需要增加的资金量＝增加的非敏感性资产＋增加的敏感性资产－增加的敏感性负债。

▶ 利润留存率＝当期新增留存收益/当期净利润

股利支付率＝当期现金股利/当期利润

利润留存率＋股利支付率＝1

【例题5-2 单选题】（2016年真题）　根据资金需要量预测的销售百分比法，下列负债项目中，通常会随销售额变动而呈正比例变动的是（　　　）。

A. 应付票据　　　B. 长期负债　　　C. 短期借款　　　D. 短期融资券

考试方向 考查销售百分比法。

【答案】 A

【名师点睛】　在销售百分比法下，假设经营负债与销售额保持稳定的比例关系，经营负债项目包括应付票据、应付账款等项目，不包括短期借款、短期融资券、长期负债等筹资性负债。

【例题 5-3 判断题】（2020 年真题） 采用销售百分比法预测筹资需求量的前提条件是公司所有资产及负债与销售额保持稳定的百分比关系。（ ）

【答案】 ×

【名师点睛】 在销售百分比法下,假定经营性资产和经营性负债与销售收入保持稳定的百分比,其他项目不随销售收入变化而变化。

【例题 5-4 单选题】（2016 年真题） 某公司 2016 年预计销售收入为 50000 万元,预计销售净利率为 10%,股利支付率为 60%。据此可以推测算出该公司 2016 年内部资金来源金额为（ ）万元。

A. 2000 　　　　B. 3000 　　　　C. 5000 　　　　D. 8000

【答案】 A

【名师点睛】 预计增加的利润留存=预计销量收入×销售净利率×利润留存率=5000×10%×(1-60%)=2000(万元)

【例题 5-5 计算分析题】（2019 年真题） 甲公司 2018 年实现销售收入 100000 万元,净利润 5000 万元,利润留存率为 20%,公司 2018 年 12 月 31 日资产负债表(简表)如下表所示。

2018 年 12 月 31 日甲公司资产负债表(简表)　　　　单位:万元

资产	期末余额	负债和所有者权益	期末余额
货币资金	1500	应付账款	3000
应收账款	3500	长期借款	4000
存货	5000	实收资本	8000
固定资产	11000	留存收益	6000
资产合计	21000	负债和所有者权益合计	21000

公司预计 2019 年销售收入比上年增长 20%,假定经营性资产和经营性负债与销售收入保持稳定的百分比,其他项目不随销售收入变化而变化,同时假设销售净利率与利润留存率保持不变,公司使用销售百分比法预测资金需要量。

要求:(1)计算 2019 年预计经营性资产增加额。

(2)计算 2019 年预计经营性负债增加额。

(3)计算 2019 年预计留存收益增加额。

(4)计算 2019 年预计外部融资需求量。

【答案】 (1)经营性资产增加额=(1500+3500+5000)×20%=2000(万元)

(2)经营性负债增加额=3000×20%=600(万元)

(3)留存收益增加额=5000×(1+20%)×20%=1200(万元)

(4)外部资金需求量=2000-600-1200=200(万元)

三、资金习性预测法 ★★

（一）含义

资金习性预测法是指根据资金习性预测未来资金需要量的一种方法。资金习性是指资金的变动同产销量变动之间的依存关系。按照资金同产销量之间的依存关系,可以把资金区分为不变资金、变动资金和半变动资金。

1. **不变资金**是指在一定的产销量范围内,不受产销量变动的影响而保持固定不变的那部分资金。例如,为维持营业而占用的最低数额的现金,原材料的保险储备,必要的产成品储备,厂房、机器设备等固定资产占用的资金。

2. **变动资金**是指随产销量的变动而正比例变动的那部分资金。例如,直接构成产品实体的原材料、外购件等占用的资金,在最低储备以外的现金、存货、应收账款等。

3. **半变动资金**是指受产销量变化的影响,但不呈正比例变动的资金,可划分为不变资金和变动资金两部分。例如,辅助材料上占用的资金。

（二）相关公式

资金总额（Y）= 不变资金（a）+ 变动资金（bX）

估计不变资金总额（a）和单位产销量所需变动资金（b）的方法有高低点法和回归直线法。这里主要介绍**高低点法**：

（1）选取**产销量最高和最低的两点**的数据,代入上述公式 Y=a+bX

（2）单位变动资金（b）= $\dfrac{最高点产销量的资金总额-最低点产销量的资金总额}{最高点产销量-最低点产销量}$

（3）不变资金总额（a）= Y−bX

　　　　　　 = 最高点产销量的资金总额−单位变动资金×最高点产销量

　　　　　　 = 最低点产销量的资金总额−单位变动资金×最低点产销量

> **提示** ▶ 高低点是指**产销量水平**而不是资金总额水平。因此,最高点产销量的资金总额未必是一定时期内的最高资金总额;最低点产销量的资金总额未必是一定时期内的最低资金总额。

【例题 5−6 单选题】（2017 年真题） 某公司 2012 年至 2016 年度销售收入和资金占用的历史数据（单位：万元）分别为（800,18）,（760,19）,（1000,22）,（1100,21）,运用高低点法分离资金占用中的不变资金与变动资金时,应采用的两组数据是（ 　 ）。

A.（760,19）和（1000,22）　　　　　B.（760,19）和（1100,21）

C.（800,18）和（1000,22）　　　　　D.（800,18）和（1100,21）

【答案】 B

【名师点睛】 高低点的选择应以业务量（产销量、销售收入等）为标准。

【例题 5−7 综合题】（经典好题） 甲、乙两个企业的相关资料如下：

资料一：甲企业历史上现金占用与销售收入之间的关系如表 1 所示。

表 1　现金占用与销售收入变化情况 单位：万元

年度	销售收入	现金占用
2014	10200	680
2015	10000	700
2016	10800	690
2017	11100	710
2018	11500	730
2019	12000	750

资料二：乙企业 2019 年 12 月 31 日资产负债表(简表)如表 2 所示。

表 2 2019 年 12 月 31 日乙企业资产负债表(简表) 单位：万元

资产		负债和所有者权益	
现金	750	应付账款	750
应收账款	2250	应交税费	1500
存货	4500	短期借款	2750
固定资产	4500	公司债券	2500
		实收资本	3000
		留存收益	1500
资产合计	12000	负债和所有者权益合计	12000

该企业 2020 年的相关预测数据为：销售收入为 20000 万元，新增留存收益 100 万元，不变现金总额为 1000 万元，每元销售收入占用变动现金为 0.05 元，其他与销售收入变化有关的资产负债表项目预测数据如表 3 所示。

表 3 占用资金与销售收入变化情况

项目	年度不变资金(a) (单位：万元)	每元销售收入所需变动资金(b) (单位：元)
应收账款	570	0.14
存货	1500	0.25
固定资产	4500	0
应付账款	390	0.03
应交税费	300	0.10

要求：(1)根据资料一，运用高低点法测算甲企业的下列指标：

①每元销售收入占用变动现金。

②销售收入占用不变现金总额。

(2)根据资料二为乙企业完成下列任务：

①测算 2020 年资金需求总量。

②测算 2020 年外部筹资量。

【答案】 (1)判断高低点：由于 2019 年的销售收入最高，2015 年的销售收入最低，因此判定高点是 2019 年，低点是 2015 年。

①每元销售收入占用现金 = (750-700)÷(12000-10000) = 0.025(元)

②根据低点公式，销售收入占用不变现金总额 = 700-0.025×10000 = 450(万元)

或根据高点公式，销售收入占用不变现金总额 = 750-0.025×12000 = 450(万元)

(2)①a = 1000+570+1500+4500-300-390 = 6880(万元)

b = 0.05+0.14+0.25-0.1-0.03 = 0.31(元)

总资金需求模型为：Y = 6880+0.31X

2020 年资金需求总量 = 6880+0.31×20000 = 13080(万元)

②2019 年资金总需求量＝总资产－敏感性负债
$$= 12000 - 1500 - 750$$
$$= 9750（万元）$$

2020 年需要新增资金＝13080－9750＝3330（万元）

2020 年外部筹资量＝3330－100＝3230（万元）

第二节　资本成本

 **本节框架** ▶

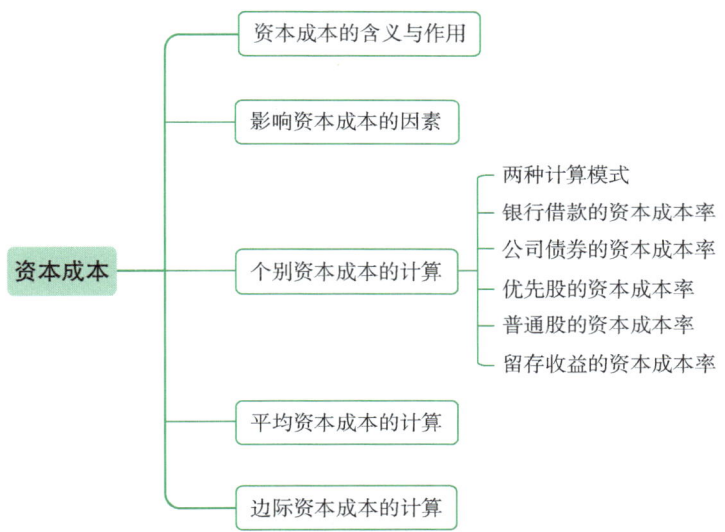

一、资本成本的含义与作用 ★

（一）资本成本的含义

资本成本是指企业为筹集和使用资本而付出的代价，包括筹资费用和占用费用。

1.筹资费用：指企业在资本筹措过程中为获取资本而付出的代价，如借款手续费、证券发行费、证券印刷费、公证费、律师费等。筹资费用通常在资本筹集时一次性发生，在资本使用过程中不再发生，视为筹资数额的一项扣除。

2.占用费用：指企业在资本使用过程中因占用资本而付出的代价，如利息、股利、融资租赁的资金利息等。

（二）资本成本的作用

1.资本成本是比较筹资方式、选择筹资方案的依据。

2.平均资本成本是衡量资本结构是否合理的重要依据。

3.资本成本是评价投资项目可行性的主要标准。

4.资本成本是评价企业整体业绩的重要依据。

考试方向
判断哪些属于筹资费用,哪些属于占用费用,以及考查资本成本的作用。

【例题 5-8 单选题】(2018 年真题) 资本成本一般由筹资费用和占用费用两部分构成。下列各项中,属于占用费用的是( )。

A. 向银行支付的借款手续费　　　　　　B. 向股东支付的股利

C. 发行股票支付的宣传费　　　　　　　D. 发行债券支付的发行费

【答案】 B

【名师点睛】 资本成本占用费用是指企业在资本使用过程中因占用资本而付出的代价,向股东支付的股利属于占用费用。

【例题 5-9 多选题】(2020 年真题) 关于资本成本,下列说法正确的有( )。

A. 资本成本是衡量资本结构是否合理的重要依据

B. 资本成本一般是投资所应获得收益的最低要求

C. 资本成本是取得资本所有权所付出的代价

D. 资本成本是比较筹资方式、选择筹资方案的依据

【答案】 ABD

【名师点睛】 资本成本是指企业为筹集和使用资本而付出的代价,是使用权不是所有权。

二、影响资本成本的因素

资本成本的影响因素包括总体经济环境、资本市场条件、企业经营状况和融资状况、企业对筹资规模和时限的需求等,详见表 5-1。

表 5-1　资本成本的影响因素

影响因素	具体说明
总体经济环境	①如果国民经济健康稳定发展,通货膨胀率低,投资风险小,投资者所要求的必要收益率就低,筹资者的资本成本就低 ②如果经济发展过热,通货膨胀持续居高不下,投资风险大,投资者所要求的必要收益率就高,筹资者的资本成本就高
资本市场条件	①如果资本市场有效,证券流动性好,投资风险小,资本成本低 ②如果资本市场缺乏效率,证券流动性差,投资风险大,资本成本高
企业经营状况和融资状况	经营风险和财务风险共同构成企业总体风险,如果企业总体风险高,投资者要求的必要收益率高,资本成本较高
企业对筹资规模和时限的需求	如果企业一次性筹资规模大、占用时间长,资本成本较高

提示 ▶结合风险与收益知识来学习。

考试方向
考查各种因素的变化对资本成本的影响。

【例题 5-10 单选题】(2019 年真题) 下列各项中,通常会引起资本成本上升的情形是( )。

A. 预期通货膨胀率呈下降趋势　　　　　B. 证券市场流动性呈恶化趋势

C. 企业总体风险水平得到改善　　　　　D. 投资者要求的预期收益率下降

【答案】 B

【名师点睛】 如果资本市场缺乏效率,证券的市场流动性低,投资者投资风险大,要

求的预期报酬率高,那么通过资本市场融通的资本,其成本水平就比较高。

【例题 5-11 判断题】(2010 年真题) 其他条件不变的情况下,企业财务风险大,投资者要求的预期报酬率就高,企业筹资的资本成本相应就大。(   )

【答案】 √

【名师点睛】 在其他条件不变的情况下,企业财务风险大,则企业总体风险水平高,投资者要求的预期报酬率就高,企业筹资的资本成本相应就大。

三、 个别资本成本的计算 ★★★

个别资本成本是指单一融资方式本身的资本成本,包括银行借款资本成本、公司债券资本成本、融资租赁资本成本、优先股资本成本、普通股资本成本和留存收益成本等。

（一）两种计算模式

1. 一般模式。

不考虑资金时间价值,适用于长期借款和公司债券等,计算较为简便。

计算公式如下:

$$资本成本率=\frac{年资金占用费}{筹资总额-筹资费用}=\frac{年资金占用费}{筹资总额\times(1-筹资费用率)}$$

2. 贴现模式。

考虑资金时间价值,适用于长期借款、公司债券、融资租赁、普通股等,计算更为准确。

将"筹资净额现值-未来资本清偿额现金流量现值=0"时的折现率作为资本成本率,也就是将"现金流入量现值-现金流出量现值=0"时的折现率作为资本成本率。

（二）银行借款的资本成本率

1. 一般模式。

计算公式如下:

$$银行借款资本成本率(K_b)=\frac{名义借款额\times年利率\times(1-所得税税率)}{名义借款额\times(1-筹资费用率)}$$

2. 贴现模式。

当每年年末付息,到期一次还本时,令"名义借款额×(1-筹资费用率)=年利息×(1-所得税税率)×$(P/A,K_b,n)$+名义借款额×$(P/F,K_b,n)$",求出的折现率 K_b 即为银行借款资本成本率。

提示▶ 债务资金(银行借款、公司债券等)利息费用在税前支付,可以起抵税作用,公司实际承担的成本是税后利息,所以算债务资金的资本成本是算税后资本成本。

案例 5-1

某企业取得 5 年期长期借款 300 万元,年利率为 10%,每年付息一次,到期一次还本,借款费用率 0.2%,企业所得税税率 25%。计算该借款的资本成本率。

【分析】 (1)一般模式:

$$K_b=\frac{300\times10\%\times(1-25\%)}{300\times(1-0.2\%)}=7.52\%$$

(2)贴现模式:

$$300\times(1-0.2\%)=300\times10\%\times(1-25\%)\times(P/A,K_b,5)+300\times(P/F,K_b,5)$$

考试方向

考查银行借款筹资资本成本的计算。

用 $K_b = 8\%$ 进行第一次测试：

$22.5 \times (P/A, 8\%, 5) + 300 \times (P/F, 8\%, 5) = 22.5 \times 3.9927 + 300 \times 0.6806 = 294.02 < 299.4$

用 $K_b = 7\%$ 进行第二次测试：

$22.5 \times (P/A, 7\%, 5) + 300 \times (P/F, 7\%, 5) = 22.5 \times 4.1002 + 300 \times 0.7130 = 306.15 > 299.4$

按插值法计算，得：$K_b = 7.56\%$。

【例题 5－12 多选题】（2019 年真题） 关于银行借款筹资的资本成本，下列说法错误的有(   )。

A. 银行借款的资本成本与还本付息方式无关

B. 银行借款的手续费会影响银行借款的资本成本

C. 银行借款的资本成本仅包括银行借款的利息支出

D. 银行借款的资本成本率一般等于无风险利率

【答案】 ACD

【名师点睛】 银行借款还本付息的方式影响货币时间价值的计算，因此影响银行借款资本成本，选项 A 的说法错误；银行借款的资本成本包括借款利息和借款手续费用，选项 C 的说法错误；一般情况下，为了方便起见，通常用短期国债的利率近似地代替无风险收益率，选项 D 的说法错误。

（三）公司债券的资本成本率

1. 一般模式。

计算公式如下：

$$公司债券的资本成本率(K_b) = \frac{债券面值 \times 票面利率 \times (1-所得税税率)}{发行价格 \times (1-筹资费用率)}$$

提示▶ 以实际发行价格作为分母的筹资总额，筹资总额不一定等于面值，因为债券可能**溢价**发行，也可能**折价**发行。

2. 贴现模式。

当每年年末付息，到期一次还本时，令"筹资总额 × (1-筹资费用率) = 年利息 × (1-所得税税率) × (P/A, K_b, n) + 债券面值 × (P/F, K_b, n)"，求出的折现率 K_b 即为公司债券的资本成本率。

考试方向
考查公司债券的资本成本率的计算。

案例 5－2

某公司拟发行债券，债券面值为 1000 元，5 年期，票面利率为 8%，每年付息一次，到期还本，按溢价 10% 发行，债券发行费用为发行额的 5%，该公司适用的所得税税率为 25%，假设用折现模式，计算该债券的资本成本率。

【分析】（1）一般模式：

$$K_b = \frac{1000 \times 8\% \times (1-25\%)}{1000 \times (1+10\%) \times (1-5\%)} = 5.74\%$$

（2）贴现模式：

$$1000 \times (1+10\%) \times (1-5\%) = 1000 \times 8\% \times (1-25\%) \times (P/A, K_b, 5) + 1000 \times (P/F, K_b, 5) = 1045$$

当 K_b 为4%时，

$$1000 \times 8\% \times (1-25\%) \times (P/A, 4\%, 5) + 1000 \times (P/F, 4\%, 5) = 1089.01 > 1045$$

当 K_b 为5%时，

$$1000 \times 8\% \times (1-25\%) \times (P/A, 5\%, 5) + 1000 \times (P/F, 5\%, 5) = 1043.27 < 1045$$

运用插值法：$(5\% - K_b)/(5\% - 4\%) = (1043.27 - 1045)/(1043.27 - 1089.01)$

得：$K_b = 4.96\%$。

【例题5-13 单选题】(2018年真题) 计算下列筹资方式的资本成本时，需考虑企业所得税因素的是( )。

A.优先股资本成本

B.债券资本成本

C.普通股资本成本

D.留存收益资本成本

【答案】 B

【名师点睛】 由于债券的利息可以抵税，所以计算债券资本成本时需要考虑所得税因素。

（四）优先股的资本成本率

优先股的资本成本率按一般模式计算为：

$$优先股资本成本率(K_s) = \frac{年固定股息}{发行价 \times (1-筹资费用率)} = \frac{D}{P_n(1-f)}$$

其中：D表示优先股年固定股息，P_n表示优先股发行价格，f表示筹资费用率。

案例5-3

某上市公司发行面值110元的优先股，规定的年股息率为9%。该优先股溢价发行，发行价格为120元，发行时筹资费用率为发行价格的3%。计算该优先股的资本成本率。

【分析】 $K_s = \dfrac{110 \times 9\%}{120 \times (1-3\%)} = 8.51\%$

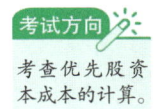

考试方向

考查优先股资本成本的计算

（五）普通股的资本成本率

1.股利增长模型法。

当年股利增长率g保持不变时：

$$K_s = \frac{D_0(1+g)}{P_0(1-f)} + g = \frac{D_1}{P_0(1-f)} + g$$

其中：D_0为已经支付的股利、本期支付的股利或刚刚确定的股利，D_1为即将支付的、下期支付的股利或预计未来第一期将要支付的股利，g为未来各期股利的增长率，P_0为股票目前市场价格，f为发行费用率。

2.资本资产定价模型法。

$$K_s = R_f + \beta \times (R_m - R_f)$$

其中：R_f 为无风险收益率，R_m 为市场平均收益率，β 为股票贝塔系数。

考试方向

考查运用股利增长模型法和资本资产定价模型法计算普通股的资本成本率。

案例 5－4

某公司目前的普通股股价为 25 元/股，筹资费率为 6%，刚刚支付的每股股利为 2 元，股利固定增长率为 2%。计算该普通股资本成本率。

$$K_s = \frac{2\times(1+2\%)}{25\times(1-6\%)}+2\% = 10.68\%$$

案例 5－5

某公司普通股 β 系数为 1.4，此时一年期国债利率 5%，市场平均收益率 15%。计算该普通股资本成本率。

$$K_s = 5\%+1.4\times(15\%-5\%) = 19\%$$

（六）留存收益的资本成本率

留存收益的资本成本率与普通股资本成本计算方法相同，不同点在于前者不考虑筹资费用。

案例 5－6

某公司目前的普通股股价为 25 元/股，筹资费率为 6%，刚刚支付的每股股利为 2 元，股利固定增长率为 2%。计算该企业留存收益的资本成本率。

$$K_s = \frac{2\times(1+2\%)}{25}+2\% = 10.16\%$$

考试方向

考查留存收益资本成本的特点和计算。

四、平均资本成本的计算 ★ ★

企业平均资本成本是以各项个别资本在企业总资本中的比重为权数，对各项个别资本成本率进行加权平均而得到的总资本成本率。

计算公式如下：

$$K_w = \sum_{j=1}^{n} K_j W_j$$

其中：K_w 表示平均资本成本，K_j 表示第 j 种个别资本成本率，W_j 表示第 j 种个别资本在全部资本中的比重。

可供选择的权数价值形式有账面价值权数、市场价值权数、目标价值权数等，详见表 5－2。

表 5－2　不同价值形式权数

	账面价值权数	市场价值权数	目标价值权数
含义	以各项个别资本的会计报表账面价值为基础来计算资本权数	以各项个别资本的现行市价为基础来计算资本权数	以各项个别资本预计的未来价值为基础来确定资本权数
优点	资料容易取得，计算结果比较稳定	能够反映现时的资本成本水平，有利于进行资本结构决策	适用于未来的筹资决策，能体现决策的相关性

（续表）

	账面价值权数	市场价值权数	目标价值权数
缺点	不能反映目前从资本市场上筹集资本的现时机会成本，不适合评价现时的资本结构	现行市价处于经常变动之中，不容易取得；现行市价反映的只是现时的资本结构，不适用未来的筹资决策	目标价值的确定依赖于财务经理的价值判断和职业经验，难免具有主观性

【例题5-14 多选题】（2019年真题） 平均资本成本计算涉及对个别资本的权重选择问题，对于有关价值权数的说法，正确的有（　　）。

A.账面价值权数不适合评价现时的资本结构合理性

B.目标价值权数一般以历史账面价值为依据

C.目标价值权数更适用于企业未来的筹资决策

D.市场价值权数能够反映现时的资本成本水平

【答案】 ACD

【名师点睛】 目标价值权数的确定一般以现时市场价值为依据，选项B错误。

考试方向

考查价值权重的选择及加权平均资本成本的计算。

五、边际资本成本的计算

边际资本成本是企业追加筹资的加权平均资本成本，其权数采用目标价值权数。

【例题5-15 计算分析题】（2020年真题） 甲公司使用的企业所得税税率为25%，计划追加筹资20000万元，方案如下：向银行取得长期借款3000万元，借款年利率为4.8%，每年付息一次；发行面值为5600万元、发行价格为6000万元的公司债券，票面利率为6%，每年付息一次；增发普通股11000万元。假定资本市场有效，当前无风险利率为4%，市场平均收益率为10%，甲公司普通股的β系数为1.5，不考虑筹资费用、货币时间价值等因素。

要求：（1）计算长期借款的资本成本率。

（2）计算发行债券的资本成本率。

（3）利用资本资产定价模型，计算普通股的资本成本率。

（4）计算追加筹资方案的平均资本成本率。

【答案】 （1）长期借款的资本成本率=4.8%×（1-25%）=3.6%

（2）发行债券的资本成本率=［5600×6%×（1-25%）］÷6000=4.2%

（3）普通股的资本成本率=4%+1.5×（10%-4%）=13%

（4）追加筹资方案的平均资本成本率=3.6%×3000÷20000+4.2%×6000÷20000+13%×11000÷20000=8.95%

第三节 杠杆效应

本节框架 ▶

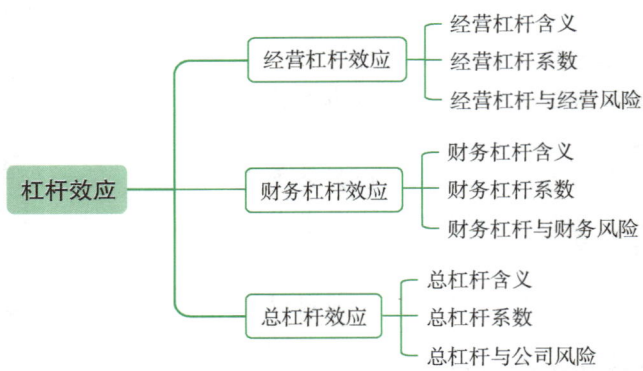

财务管理中的杠杆效应,表现为:由于特定固定支出或费用的存在,当某一财务变量以较小幅度变动时,另一相关变量会以较大幅度变动。财务管理中的杠杆效应包括经营杠杆效应、财务杠杆效应、总杠杆效应三种。

基础关系式如下:

(1)边际贡献=销售额-变动成本=单价×销售量-单位变动成本×销售量=(单价-单位变动成本)×销售量,即 $M=(P-V_C)Q$

(2)息税前利润=边际贡献-固定性经营成本,即 $EBIT=M-F$

(3)税前利润=息税前利润-利息=EBIT-I

(4)净利润=税前利润-所得税费用=(EBIT-I)×(1-T)

(5)每股收益 $=\dfrac{净利润-优先股股利}{普通股股数}$

即 $EPS=[(EBIT-I)×(1-T)-D_P]/N$

其中:EPS 表示每股收益,EBIT 表示息税前利润,V_C 表示单位变动成本,P 表示单价,Q 表示产销业务量,M 表示边际贡献,F 表示固定性经营成本总额,I 表示利息费用,T 表示所得税率,D_P 表示优先股股利,N 表示普通股股数。

一、经营杠杆效应 ★★★

(一)经营杠杆含义

经营杠杆是指由于固定性经营成本的存在,而使得企业的资产收益(息税前利润)变动率大于业务量变动率的现象。

案例 5-7

甲公司生产和销售一种产品,单价 10 元,单位变动成本 6 元,每年固定经营成本总额 200 万元,2019 年的销量为 100 万件,则 2019 年的息税前利润 = 100×(10-6)- 200 = 200(万元)。

若预计 2020 年销量提高 10%,达到 110 万件,其他条件不变,则 2020 年预计息税前利润 = 110×(10-6)-200 = 240(万元),与 2019 年相比提高 20%,是销量提高幅度的 2 倍。

（二）经营杠杆系数

经营杠杆系数（DOL）是息税前利润变动率与产销业务量变动率的比值,用以测算经营杠杆效应程度。

1. 定义公式。

$$DOL = \frac{息税前利润变动率}{产销业务量变动率} = \frac{\Delta EBIT}{EBIT_0} \bigg/ \frac{\Delta Q}{Q_0}$$

案例 5-8 沿用**案例 5-7**

$$DOL = \frac{20\%}{10\%} = 2$$

2. 计算公式。

$$DOL = \frac{基期边际贡献}{基期息税前利润} = \frac{M_0}{M_0 - F_0} = \frac{EBIT_0 + F_0}{EBIT_0}$$

案例 5-9 沿用**案例 5-7**

$$DOL = \frac{2019\ 年边际贡献}{2019\ 年息税前利润} = \frac{400}{200} = 2$$

提示 ▶ 只要有固定性经营成本存在,经营杠杆系数总是大于 1,即存在经营杠杆效应。

▶ 用定义公式计算经营杠杆系数需要两期数据,用计算公式计算经营杠杆系数只需要基期的数据。使用基期数据计算出的经营杠杆系数为下一期的经营杠杆系数。例如,求 2020 的经营杠杆系数要用 2019 年的数据。

（三）经营杠杆与经营风险

经营风险是指企业由于生产经营上的原因而导致的资产收益波动的风险。引起经营风险的主要原因是市场需求和生产成本等因素的不确定性,经营杠杆本身并不是资产收益不确定的根源,只是资产收益波动的表现。

由于固定性经营成本的存在,经营杠杆放大了市场和生产等因素变化对利润波动的影响。经营杠杆系数越大,表明息税前利润受产销量变动的影响程度越大,经营风险越大。

影响经营杠杆的因素包括:固定成本比重（同向）、单位变动成本（同向）、销售数量（反向）、销售单价（反向）。固定成本比重越高、单位变动成本水平越高、产品销售数量和销售价格水平越低,经营杠杆效应越大。

【例题5－16多选题】（经典好题） 甲公司2018年边际贡献总额300万元，经营杠杆系数为3。假设其他条件不变，如果2019年销售收入增长20%，息税前利润预计是（　　）万元。

　A. 100　　　　　　　B. 120　　　　　　　C. 150　　　　　　　D. 160

【答案】 D

【名师点睛】 由DOL＝M/EBIT，可知2018年EBIT＝M/DOL＝300÷3＝100（万元）；由DOL＝息税前利润变动率/销售收入变动率可知2019年息税前利润变动率＝销售收入变动率×DOL＝20%×3＝60%；所以预计息税前利润＝100×（1＋60%）＝160（万元）。

【例题5－17多选题】（2020年真题） 下列各项中，影响经营杠杆的因素有（　　）。

　A. 债务利息　　　　　　　　　　B. 销售量
　C. 所得税　　　　　　　　　　　D. 固定性经营成本

【答案】 BD

【名师点睛】 经营杠杆系数＝边际贡献/息税前利润，息税前利润＝边际贡献－固定经营成本＝（单价－单位变动成本）×销售量固定经营成本，所以选项BD正确。选项AC会影响财务杠杆，不影响经营杠杆。

二、 财务杠杆效应★★★

（一）财务杠杆含义

财务杠杆是指由于固定性资本成本的存在，而使得企业的普通股每股收益变动率大于息税前利润变动率的现象。固定性资本成本主要包括固定的利息费用和优先股股息等。

> **案例5－10沿用案例5－7**
>
> 前例中可知，甲公司2019年度实现息税前利润200万元，假设承担债务利息费用100万元，适用50%的所得税税率，发行在外的普通股加权平均数为50万股，则甲公司2019年的每股收益＝（200－100）×（1－50%）÷50＝1（元/股）。
>
> 若预计2020年息税前利润提高20%，达到240万元，其他条件不变，则2020年预计每股收益＝（240－100）×（1－50%）÷50＝1.4（元/股），与2019年相比提高40%，是息税前利润变动率的2倍。

（二）财务杠杆系数

财务杠杆系数（DFL）是普通股（每股）收益变动率与息税前利润变动率的比值，用以测算财务杠杆效应程度。

1. 定义公式。

$$DFL=\frac{普通股每股收益变动率}{息税前利润变动率}=\frac{\Delta EPS}{EPS_0}\bigg/\frac{\Delta EBIT}{EBIT_0}$$

> **案例5－11沿用案例5－10**
>
> $$DFL=\frac{40\%}{20\%}=2$$

2.计算公式。

（1）不存在优先股时。

$$DFL = \frac{基期息税前利润}{基期息税前利润-利息} = \frac{EBIT_0}{EBIT_0-I_0}$$

（2）存在优先股时。

$$DFL = \frac{基期息税前利润}{基期息税前利润-利息-\dfrac{优先股股利}{1-所得税税率}} = \frac{EBIT_0}{EBIT_0-I_0-\dfrac{D_P}{(1-T)}}$$

案例 5－12 沿用 **案例 5－10**

$$DFL = \frac{200}{200-100} = 2$$

提示 ▶ 只要有固定性资本成本存在,财务杠杆系数总大于 1。

考试方向
考查财务杠杆系数的计算。

【例题 5－18 单选题】（2020 年真题） 某公司 2019 年普通股收益为 100 万元,2020 年息税前利润预计增长 20%,假设财务杠杆系数为 3,则 2020 年普通股收益预计为（　　）万元。

A. 300 　　　　　 B. 120 　　　　　 C. 100 　　　　　 D. 160

【答案】 D

【名师点睛】 财务杠杆系数＝普通股收益变动率/息税前利润变动率,普通股收益增长率＝20%×3＝60%,2020 年普通股收益＝100×（1+60%）＝160（万元）。

（三）财务杠杆与财务风险

财务风险是指企业由于筹资原因产生的资本成本负担而导致的普通股收益波动的风险。引起财务风险的主要原因是资产收益的不利变化和资本成本的固定负担。

财务杠杆放大了资产收益变化对普通股每股收益的影响,财务杠杆系数越高,表明普通股收益的波动程度越大,财务风险也就越大。

影响财务杠杆的因素包括：固定性资本成本（同向）、息税前利润（反向）、所得税率（同向）。固定的资本成本越高、息税前利润水平越低,财务杠杆效应越大。

【例题 5－19 单选题】（经典好题） 在其他因素不变的情况下,下列各项会导致财务杠杆系数降低的是（　　）。

考试方向
考查财务杠杆的影响因素。

A.利息增多 　　　　　　　　　B.优先股股利增多

C. EBIT 提高 　　　　　　　　 D. EBIT 下降

【答案】 C

【名师点睛】 财务杠杆系数＝基期息税前利润/（基期息税前利润-基期税前利息-基期税前优先股股利）,所以在其他因素不变的情况下：①利息或优先股股利越大,则财务杠杆系数越大；②EBIT 越大,则财务杠杆系数越小。

第五章

三、总杠杆效应★★★

（一）总杠杆含义

总杠杆是指由于固定经营成本和固定资本成本的同时存在,导致普通股每股收益变动率大于产销业务量的变动率的现象。

（二）总杠杆系数

总杠杆系数（DTL）是普通股每股收益变动率与产销量变动率的比值,用以测算总杠杆效应程度。

1.定义公式。

$$DTL = \frac{普通股每股收益变动率}{产销业务量变动率} = \frac{\Delta EPS}{EPS_0} \Big/ \frac{\Delta Q}{Q_0}$$

> **案例 5-13** 沿用**案例 5-7**及**案例 5-10**
>
> $$DTL = \frac{40\%}{10\%} = 4$$

2.计算公式。

（1）不存在优先股时。

$$DTL = \frac{基期边际贡献}{基期息税前利润-利息} = \frac{M_0}{EBIT_0 - I_0}$$

（2）存在优先股时。

$$DTL = \frac{基期边际贡献}{基期息税前利润-利息-\dfrac{优先股股利}{(1-所得税税率)}}$$

$$= \frac{M_0}{EBIT_0 - I_0 - \dfrac{D}{(1-T)}}$$

> **案例 5-14** 沿用**案例 5-7**及**案例 5-10**
>
> $$DTL = \frac{400}{200-100} = 4$$

3.关系公式。

总杠杆系数＝经营杠杆系数×财务杠杆系数

> **案例 5-15** 沿用**案例 5-9**及**案例 5-12**
>
> $$DTL = DOL \times DFL = 2 \times 2 = 4$$

提示 ▶ 影响经营杠杆效应或财务杠杆效应的因素都会影响总杠杆效应。

考试方向 考查总杠杆与经营杠杆和财务杠杆的关系。

【例题 5-20 单选题】（2020 年真题） 某公司基期有关数据如下:销售额为 100 万元,变动成本率为 60%,固定成本总额为 20 万元,利息费用为 4 万元,不考虑其他因素,该公司的总杠杆系数为（　　）。

A. 2.5　　　　　　B. 3.25　　　　　　C. 1.25　　　　　　D. 2

第五章

【答案】 A

【名师点睛】 总杠杆系数＝基期边际贡献/基期税前利润，基期边际贡献＝销售额－变动成本＝100－100×60％＝40（万元），基期税前利润＝40－20－4＝16（万元），所以，总杠杆系数＝40÷16＝2.5。

【例题5－21 判断题】（2018年真题） 如果企业的全部资产来源于普通股权益，则该企业的总杠杆系数等于经营杠杆系数。（   ）

【答案】 √

【名师点睛】 如果企业的全部资产来源于普通股权益，则企业不存在固定性资本成本，因此财务杠杆系数是1，经营杠杆系数等于总杠杆系数。

（三）总杠杆与公司风险

公司风险包括企业的经营风险和财务风险，反映了企业的整体风险。总杠杆系数反映了经营杠杆和财务杠杆之间的关系，用以评价企业的整体风险水平。

在总杠杆系数一定的情况下，经营杠杆系数与财务杠杆系数此消彼长，如表5－3所示。

表5－3 企业风险管理策略

成本不同的企业	固定资产比重较大的资本密集型企业	经营杠杆系数高，经营风险大，企业筹资主要依靠权益资本，以保持较小的财务杠杆系数和财务风险
	变动成本比重较大的劳动密集型企业	经营杠杆系数低，经营风险小，企业筹资主要依靠债务资本，以保持较大的财务杠杆系数和财务风险
企业发展的不同阶段	企业初创阶段	产品市场占有率低，产销业务量小，经营杠杆系数大，此时企业筹资主要依靠权益资本，较低程度上使用财务杠杆
	企业扩张成熟期	产品市场占有率高，产销业务量大，经营杠杆系数小，此时，企业资本结构中可扩大债务资本比重，在较高程度上使用财务杠杆

考试方向：考查财务管理风险管理策略的制定。

【例题5－22 判断题】（2013年真题） 在企业承担总风险能力一定且利率相同的情况下，对于经营杠杆水平较高的企业，应当保持较低的负债水平，而对于经营杠杆水平较低的企业，则可以保持较高的负债水平。（   ）

【答案】 √

【名师点睛】 在总杠杆系数（总风险）一定的情况下，经营杠杆系数与财务杠杆系数此消彼长。因此，经营杠杆水平较高的企业，应保持较低的负债水平，以降低财务杠杆水平。而对于经营杠杆水平较低的企业，则可以保持较高的负债水平，以充分利用财务杠杆效应。本题的表述正确。

【例题5－23 单选题】（经典好题） 甲公司2016年营业收入1000万元，变动成本率60％，固定成本200万元，利息费用40万元。假设不存在资本化利息且不考虑其他因素，该企业总杠杆系数是（   ）。

A.1.25 　 B.2.5 　 C.2 　 D.3.75

【答案】 B

【名师点睛】 M＝收入×（1－变动成本率）＝1000×（1－60％）＝400（万元）

EBIT－I＝M－F－I＝400－200－40＝160（万元）

DTL＝M/（EBIT－I）＝400÷160＝2.5

第四节 资本结构

 本节框架

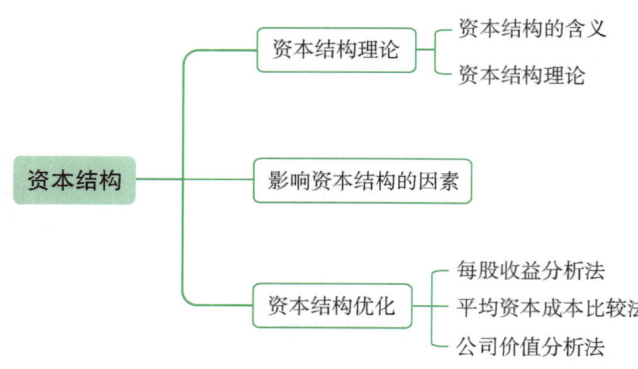

一、资本结构理论 ★ ★

（一）资本结构的含义

资本结构有广义和狭义之分,广义资本结构是指全部债务与股东权益的构成比例;狭义的资本结构是指长期负债与股东权益的构成比例,短期债务作为营运资金管理。本书的资本结构指的是狭义的资本结构。

考试方向

考查最佳资本结构的定义和特点。

最佳资本结构是指在一定条件下使企业平均资本成本率最低、企业价值最大的资本结构。

企业的最佳资本结构在理论上是存在的,且不是一直稳定不变的,在不同的发展阶段,最佳资本结构是不一样的。

（二）资本结构理论

资本结构理论是现代企业财务领域的核心部分,详见表5－4。

表5－4 资本结构理论

理论		主要观点
MM 理论	最初的 MM 理论（债务无关论,不考虑企业所得税）	①有无负债并不改变企业价值,因此企业价值不受资本结构的影响,即：有负债企业的价值＝无负债企业的价值 ②有负债企业的股权成本随着负债程度的增大而增大
	修正 MM 理论（债务有关论,考虑企业所得税）	①企业可利用财务杠杆增加企业价值,因为负债利息可带来避税利益,企业价值会随着资产负债率的增加而增加 ②有负债企业的价值等于同一风险等级中某一无负债企业的价值加上赋税节余的价值,即：有负债企业的价值＝无负债企业的价值＋利息抵税的现值 ③有负债企业的股权成本随着负债程度的增大而增大

（续表）

理论	主要观点
权衡理论 （考虑企业所得税、财务困境成本）	有负债企业的价值等于无负债企业价值加上税赋节约现值,再减去财务困境成本的现值,即:有负债企业的价值＝无负债企业的价值＋利息抵税的现值－财务困境成本的现值
代理理论	债务筹资可以降低由于两权分离产生的股权代理成本,但是也可能带来因为企业接受债权人监督而产生的债务代理成本。均衡的企业所有权结构是由股权代理成本和债务代理成本之间的平衡关系来决定的。
优序融资理论	企业的筹资优序模式是先内后外,先债务再股权,即首先是内部筹资,其次是外部融资。外部融资时,先选择债务融资,后选择股权融资 提示▶ 如果题目涉及优先股和可转换债券筹资时,外部融资按照先后顺序依次为:债务融资、发行可转换债券、发行优先股、发行普通股。

考试方向
考查各种资本结构理论的观点。

【例题 5－24 单项选择题】（2014 年真题） 下列关于最佳资本结构的表述中,错误的是（　　）。

A.最佳资本结构在理论上是存在的

B.资本结构优化的目标是提高企业价值

C.企业平均资本成本最低时资本结构最佳

D.企业的最佳资本结构应当长期固定不变

【答案】 D

【名师点睛】 由于企业内部条件和外部环境的经常性变化,动态地保持最佳资本结构十分困难。

【例题 5－25 单项选择题】（经典好题） 下列有关资本结构的 MM 理论的表述中,正确的有（　　）。

A.依据无税 MM 理论,企业价值不受资本结构影响

B.依据有税 MM 理论,有负债企业价值低于同一风险等级的无负债企业价值

C.依据无税 MM 理论,有负债企业的股权成本随着负债程度的增大而增大

D.依据有税 MM 理论,有负债企业的股权成本受企业所得税税率的影响

【答案】 ACD

【名师点睛】 依据无税 MM 理论,企业价值不受资本结构影响,有负债企业的股权成本随着负债程度的增大而增大,选项 AC 正确;依据有税 MM 理论,有负债企业价值等于同一风险等级的无负债企业价值加上赋税节余的价值,选项 B 错误;依据有税 MM 理论,有负债企业的股权成本中的风险报酬部分取决于债务比例以及企业所得税税率,选项 D 正确。

【例题 5－26 单选题】（2020 年真题） 企业筹资的优序模式为（　　）。

A.内部筹资、借款、发行债券、发行股票

B.发行股票、内部筹资、借款、发行债券

C.借款、发行债券、发行股票、内部筹资

D.借款、发行债券、内部筹资、发行股票

第五章

【答案】 A

【解析】 根据优序融资理论,企业的筹资优序模式首先是内部筹资,其次是借款、发行债券、可转换债券、最后是发行新股筹资。所以选项 A 正确。

二、影响资本结构的因素

影响资本结构的因素详见表 5-5。

表 5-5 影响资本结构的因素

影响因素	具体说明
企业经营状况的稳定性和成长率	①产销业务稳定,则高负债;产销业务量和盈余周期性较强,则低负债 ②产销业务量增长水平高,则高负债;产销业务量增长水平低,则低负债
企业的财务状况和信用等级	企业财务状况良好,信用等级高,企业容易取得债务资金
企业的资产结构	①大量固定资产的企业主要依靠发行股票融通资金 ②较多流动资产的企业更多地依赖流动负债融通资金,资产适用于抵押贷款的企业负债较多,以技术研发为主的企业则负债较少
企业投资人和管理当局的态度	①股东角度:若企业股权分散,尽可能采用权益筹资以分散企业风险;若企业股权集中,为防止控股权稀释,尽量避免普通股筹资 ②管理当局角度:稳健的管理当局偏好于选择低负债比例的资本结构
行业特征和企业发展周期	①行业特征:产品市场稳定的成熟产业经营风险低,可提高债务比重;高新技术企业经营风险高,应降低债务比重 ②企业发展周期:初创阶段,经营风险高,应低负债;成熟阶段,经营风险低,应高负债;收缩阶段,经营风险高,应低负债
经济环境的税务政策和货币政策	①所得税率较高,利息抵税效应大,应充分利用债务资金 ②货币政策紧缩,市场利率提高,债务资金成本增大,应低负债

考试方向

判断影响资本结构的因素有哪些以及如何影响资本结构。

【例题 5-27 多选题】(2015 年真题) 下列各项因素中,影响企业资本结构决策的有( )。

A. 企业的经营状况   B. 企业的信用等级

C. 国家的货币供应量   D. 管理者的风险偏好

【答案】 ABCD

【名师点睛】 影响资本结构的因素有:企业经营状况的稳定性和成长率;企业的财务状况和信用等级;企业的资产结构;企业投资人和管理当局的态度;行业特征和企业发展周期;经济环境的税务政策和货币政策。所以选项 ABCD 均正确。

【例题 5-28 单选题】(2012 年真题) 出于优化资本结构和控制风险的考虑,比较而言,下列企业中最不适宜采用高负债资本结构的是( )。

A. 电力企业   B. 高新技术企业

C. 汽车制造企业   D. 餐饮服务企业

【答案】 B

【名师点睛】 不同行业资本结构差异很大。高新技术企业产品、技术、市场尚不成熟,经营风险高,因此可降低债务资本比重,控制财务风险。所以选项 B 正确。

【例题 5－29 多选题】（经典好题） 下列有关影响资本结构因素的说法中，正确的有（　　）。

A. 稳健的管理当局偏好于选择高负债比例的资本结构

B. 拥有大量固定资产的企业主要通过发行股票融通资金

C. 企业初创阶段，在资本结构安排上应控制负债比例

D. 当国家执行了紧缩的货币政策时，企业债务资金成本降低

【答案】 BC

【名师点睛】 稳健的管理当局偏好于选择低负债比例的资本结构，选项 A 的说法不正确；拥有大量固定资产的企业主要通过发行股票融通资金，拥有较多流动资产的企业更多地依赖流动负债融通资金，选项 B 的说法正确；企业初创阶段，经营风险高，在资本结构安排上应控制负债比例，选项 C 的说法正确；当国家执行紧缩的货币政策时，市场利率较高，企业债务资金成本增大，选项 D 的说法不正确。

三、 资本结构优化 ★★★

企业可以通过每股收益分析法、平均资本成本比较法、公司价值分析法进行资本结构优化分析。

（一）每股收益分析法

每股收益分析法认为能提高普通股每股收益的资本结构就是最优资本结构。每股收益分析法没有考虑风险。

1. 决策程序。

（1）计算使不同筹资方案每股收益相同的息税前利润或业务量，即每股收益无差别点。

计算公式如下：

$$\frac{(\overline{EBIT}-I_1)(1-T)-DP_1}{N_1}=\frac{(\overline{EBIT}-I_2)(1-T)-DP_2}{N_2}$$

求解得出的 $\overline{EBIT}$ 即为不同筹资方案下每股收益相同的息税前利润。

当不存在优先股股息时，DP 为 0，则：

$$\frac{(\overline{EBIT}-I_1)(1-T)}{N_1}=\frac{(\overline{EBIT}-I_2)(1-T)}{N_2}$$

$$\frac{\overline{EBIT}-I_1}{N_1}=\frac{\overline{EBIT}-I_2}{N_2}$$

$$\overline{EBIT}=\frac{N_大 \cdot I_大 - N_小 \cdot I_小}{N_大 - N_小}$$

上式中 $N_大$ 为 N_1 和 N_2 中的较大者，$N_小$ 为 N_1 和 N_2 中的较小者。同理，$I_大$ 为 I_1 和 I_2 中的较大者，$I_小$ 为 I_1 和 I_2 中的较小者。

（2）计算筹资后的预期息税前利润。

计算公式如下：

预期息税前利润=预期总的销售收入×边际贡献率－固定成本总额

提示 ▶ 根据息税前利润 EBIT 与产销业务量 Q 的关系,可求出每股收益无差别点下的业务量。

2.决策原则。

(1)当预期息税前利润或业务量水平大于每股收益无差别点息税前利润或业务量水平时,应当选择债务筹资。

(2)当预期息税前利润或业务量水平小于每股收益无差别点息税前利润或业务量水平时,应当选择股权筹资。

(3)当预期息税前利润或业务量水平等于每股收益无差别点息税前利润或业务量水平时,选择哪个方案都可以。

考试方向 考查每股收益分析法的计算与决策。

【例题 5－30 计算分析题】(2019 年真题) 甲公司发行在外的普通股总股数为 3000 万股,其全部债务为 6000 万元(年利息率为 6%)。公司因业务发展需要追加筹资 2400 万元,有两种方案选择:

A 方案:增发普通股 600 万股,每股发行价 4 元。

B 方案:按面值发行债券 2400 万元,票面利率为 8%。

公司采用资本结构优化的每股收益分析法进行方案选择。假设发行股票和发行债券的筹资费忽略不计,经测算,追加筹资后公司销售额可以达到 3600 万元,变动成本率为 50%,固定成本总额为 600 万元,公司适用的企业所得税税率为 25%。

要求:(1)计算两种方案的每股收益无差别点(即两种方案的每股收益相等时的息税前利润)。

(2)计算公司追加筹资后的预计息税前利润。

(3)根据要求(1)和要求(2)的计算结果,判断公司应当选择何种筹资方案,并说明理由。

【答案】 (1)$(EBIT-6000\times6\%)\times(1-25\%)\div(3000+600)=(EBIT-6000\times6\%-2400\times8\%)\times(1-25\%)\div3000$

解得:$EBIT=1512$(万元)

(2)追加筹资后的预计息税前利润$=3600\times(1-50\%)-600=1200$(万元)

(3)应当选择 A 方案增发普通股筹资。因为追加筹资后的预计息税前利润 1200 万元小于每股收益无差别点息税前利润 1512 万元,所以应当选择股权筹资,即选择 A 方案。

(二)平均资本成本比较法

平均资本成本比较法认为使得平均资本成本最低的资本结构就是最优资本结构。

决策程序:通过计算和比较各种可能的筹资组合方案的平均资本成本,选择平均资本成本率最低的方案。

特点:侧重于从资本投入的角度对筹资方案和资本结构进行优化分析。平均资本成本比较法也没有考虑风险。

考试方向 考查平均资本成本比较法的特点。

【例题 5－31 判断题】(2019 年年真题) 平均资本成本比较法侧重于从资本投入角度对筹资方案和资本结构进行优化分析。( )

【答案】 √

【名师点睛】 平均资本成本比较法,是通过计算和比较各种可能的筹资组合方案的平均资本成本,选择平均资本成本率最低的方案。即能够降低平均资本成本的资本结构,就是合理的资本结构。这种方法侧重于从资本投入的角度对筹资方案和资本结构进行优化分析。

（三）公司价值分析法

公司价值分析法认为使得公司价值最大的资本结构就是最优资本结构。在公司价值最大的资本结构下，公司的平均资本成本率也是最低的。

1. 假设前提。

（1）债务资金的市场价值等于其账面价值。

（2）企业未来各期的净利润保持不变，且净利润全部用来发放股利（永续年金）。

2. 计算公式。

（1）公司价值＝股票市场价值+债务资金市场价值，即 V＝S+B。

其中，B＝债务的账面价值

$$S=\frac{净利润}{股权资本成本}=\frac{(EBIT-I)\times(1-T)}{K_s}$$

这里假设净利润永远不变且全部作为股利发放，股权未来现金流量（股利）形成永续年金，则股票价值为永续年金现值（净利润/股权资本成本）。

$$K_s=R_f+\beta\times(R_m-R_f)$$

（2）加权平均资本成本＝税前债务资本成本×(1-T)×$\frac{B}{V}$+股权资本成本×$\frac{S}{V}$

即 $K_w=K_b\times(1-T)\times\frac{B}{V}+K_s\times\frac{S}{V}$

提示 ▶ 公司价值分析法考虑了风险因素，每股收益分析法和平均资本成本法没有考虑风险。

考试方向 考查公司价值和平均资本成本的计算。

【例题 5–32 计算分析题】（2013 年真题）　乙公司是一家上市公司，适用的企业所得税税率为25%，当年息税前利润为 900 万元，预计未来年度保持不变。为简化计算，假定净利润全部分配，债务资本的市场价值等于其账面价值，确定债务资本成本时不考虑筹资费用。证券市场平均收益率为12%，无风险收益率为4%，两种不同的债务水平下的税前利率和 β 系数如表 1 所示，公司价值和平均资本成本如表 2 所示。

表 1　不同债务水平下的税前利率和 β 系数

债务账面价值（万元）	税前利率	β 系数
1000	6%	1.25
1500	8%	1.50

表 2　公司价值和平均资本成本

债务市场价值（万元）	股票市场价值（万元）	公司总价值（万元）	税后债务资本成本	权益资本成本	平均资本成本
1000	4500	5500	（A）	（B）	（C）
1500	（D）	（E）	×	16%	13.09%

注：表中的"×"表示省略的数据。

要求：（1）确定表 2 中英文字母代表的数值（不需要列示计算过程）。

（2）依据公司价值分析法，确定上述两种债务水平的资本结构哪种更优，并说明理由。

【答案】 （1） A＝6%×（1－25%）＝4.5%

B＝4%+1.25×（12%－4%）＝14%

C＝4.5%×（1000÷5500）+14%×（4500÷5500）＝12.27%

D＝（900－1500×8%）×（1－25%）÷16%＝3656.25（万元）

E＝1500+3656.25＝5156.25（万元）

（2）债务市场价值为1000万元时的资本结构更优。理由是债务市场价值为1000万元时，公司总价值最大，平均资本成本最低。

【例题 5 － 33 多选题】（2018 年真题） 下列财务决策方法中，可用于资本结构优化决策的有（　　）。

A. 公司价值分析法　　　　　　　　B. 安全边际分析法

C. 每股收益分析法　　　　　　　　D. 平均资本成本比较法

【答案】 ACD

【名师点睛】 资本结构优化，要求企业权衡负债的低资本成本和高财务风险的关系，确定合理的资本结构。资本结构优化的方法主要有每股收益分析法、平均资本成本比较法、公司价值分析法。

同步练习

一、单项选择题

1. 甲企业上年度资金平均占用额为 5500 万元，经分析，其中不合理部分 500 万元，预计受宏观经济影响，本年度销售下降 5%，资金周转速度下降 2%，则预测年度资金需要量为（　　）万元。
   A. 5145　　　　　　　B. 5355
   C. 4655　　　　　　　D. 4846

2. 若企业基期固定成本为 200 万元，基期息税前利润为 300 万元，则经营杠杆系数为（　　）。
   A. 2.5　　　　　　　B. 1.67
   C. 0.67　　　　　　　D. 1.5

3. 在通常情况下，适宜采用较高负债比例的企业发展阶段是（　　）。
   A. 初创阶段　　　　　B. 破产清算阶段
   C. 收缩阶段　　　　　D. 发展成熟阶段

4. 某企业某年的财务杠杆系数为 2.5，息税前利润（EBIT）的计划增长率为 10%，假定其他因素不变，则该年普通股每股收益（EPS）的增长率为（　　）。
   A. 4%　　B. 5%　　C. 20%　　D. 25%

5. 有一种资本结构理论认为，有负债企业的价值等于无负债企业价值加上税赋节余现值，再减去财务困境成本的现值，这种理论是（　　）。
   A. 代理理论　　　　　B. 权衡理论
   C. MM 理论　　　　　D. 优序融资理论

6. 下列方法中，能够用于资本结构优化分析并考虑了市场风险的是（　　）。
   A. 杠杆分析法　　　　B. 公司价值分析法
   C. 每股收益分析法　　D. 利润敏感性分析法

7. 下列负债项目中，根据资金需要量预测的销售百分比法，通常会随销售额变动而呈正比例变动的是（　　）。
   A. 短期融资券　　　　B. 短期借款
   C. 长期负债　　　　　D. 应付票据

8. 采用销售百分比法预测资金需求量时，下列各项中，属于非敏感性项目的是（　　）。
   A. 现金　　　　　　　B. 存货
   C. 长期借款　　　　　D. 应付账款

9. 下列各项中，属于非经营性负债的是（　　）。

10. 下列各项中，属于资金使用费的是（　　）。
    A. 借款手续费　　　　B. 债券利息费
    C. 借款公证费　　　　D. 债券发行费

11. 某公司向银行借款 2000 万元，年利率为 8%，筹资费率为 0.5%，该公司适用的所得税税率为 25%，则该笔借款的资本成本是（　　）。
    A. 6.00%　　　　　　B. 6.03%
    C. 8.00%　　　　　　D. 8.04%

12. 某企业发行了期限 5 年的长期债券 10000 万元，年利率为 8%，每年年末付息一次，到期一次还本，债券发行费率为 1.5%，企业所得税税率为 25%，该债券的资本成本率为（　　）。
    A. 6%　　B. 6.09%　　C. 8%　　D. 8.12%

13. 为反映现时资本成本水平，计算平均资本成本最适宜采用的价值权数是（　　）。
    A. 账面价值权数　　　B. 目标价值权数
    C. 市场价值权数　　　D. 历史价值权数

14. 下列各项中，通常不会导致企业资本成本增加的是（　　）。
    A. 通货膨胀加剧
    B. 投资风险上升
    C. 经济持续过热
    D. 证券市场流动性增强

15. 公司在创立时首先选择的筹资方式是（　　）。
    A. 融资租赁　　　　　B. 向银行借款
    C. 吸收直接投资　　　D. 发行企业债券

16. 下列各项中，将会导致经营杠杆效应最大的情况是（　　）。
    A. 实际销售额等于目标销售额
    B. 实际销售额大于目标销售额
    C. 实际销售额等于盈亏临界点销售额
    D. 实际销售额大于盈亏临界点销售额

17. 某公司发行优先股，面值总额为 8000 万元，年股息率为 8%，股息不可税前抵扣。发行价格为 10000 万元，发行费用占发行价格的 2%，则该优先股的资本成本率为（　　）。
    A. 8.16%　　　　　　B. 6.4%
    C. 8%　　　　　　　D. 6.53%

A. 应付账款　　　　　B. 应付票据
C. 应付债券　　　　　D. 应付销售人员薪酬

二、多项选择题

1. 下列关于影响资本成本因素的表述中,正确的有( )。

   A. 通货膨胀水平高,企业筹资的资本成本就高

   B. 资本市场越有效,企业筹资的资本成本就越高

   C. 企业经营风险高,财务风险大,企业筹资的资本成本就高

   D. 企业一次性需要筹集的资金规模越大、占用资金时限越长,资本成本就越高

2. 在息税前利润为正的前提下,经营杠杆系数与之保持同向变化的因素有( )。

   A. 销售量　　　　　　B. 单位变动成本

   C. 销售价格　　　　　D. 固定成本

3. 下列各项中,影响财务杠杆系数的有( )。

   A. 息税前利润　　　　B. 普通股股利

   C. 优先股股息　　　　D. 借款利息

4. 在计算下列各项资金的筹资成本时,需要考虑筹资费用的有( )。

   A. 普通股　　　　　　B. 债券

   C. 长期借款　　　　　D. 留存收益

5. 下列各项因素中,影响经营杠杆系数计算结果的有( )。

   A. 销售单价　　　　　B. 销售数量

   C. 资本成本　　　　　D. 所得税税率

6. 影响经营杠杆效应的因素有( )。

   A. 销售量　　　　　　B. 单价

   C. 利息　　　　　　　D. 固定成本

7. 下列各项中,属于资本成本中筹资费用的有( )。

   A. 股票发行费　　　　B. 借款手续费

   C. 证券印刷费　　　　D. 股利支出

8. 下列各项中,影响债券资本成本的有( )。

   A. 债券发行费用　　　B. 债券票面利率

   C. 债券发行价格　　　D. 利息支付频率

9. 下列资本结构理论中,认为资本结构影响企业价值的有( )。

   A. 最初的 MM 理论　　B. 修正的 MM 理论

   C. 代理理论　　　　　D. 权衡理论

10. 关于经营杠杆和财务杠杆,下列表述中,错误的有( )。

    A. 经营杠杆反映了权益资本收益的波动性

    B. 经营杠杆效应使得企业的业务量变动率大于息税前利润变动率

    C. 财务杠杆反映了资产收益的波动性

    D. 财务杠杆效应使得企业的普通股收益变动率大于息税前利润变动率

三、判断题

1. 留存收益在实质上属于股东对企业的追加投资,因此留存收益资金成本的计算也应像普通股筹资一样考虑筹资费用。　　　( )

2. 因为公司债务必须付息,而普通股不一定支付股利,所以普通股资本成本小于债务资本成本。　　　( )

3. 由于内部筹集一般不产生筹资费用,所以内部筹资的资本成本最低。　　　( )

4. 资本成本率是企业用以确定项目要求达到的投资报酬率的最低标准。　　　( )

5. 经济危机时期,由于企业经营环境恶化、销售下降,企业应当逐步降低债务水平,以减少破产风险。　　　( )

6. 使企业税后利润最大的资本结构是最佳资本结构。　　　( )

7. 支付的银行借款利息属于企业的筹资费用。　　　( )

四、计算分析题

1. 甲公司是一家设备制造商,公司基于市场发展进行财务规划,有关资料如下:

资料一:甲公司 2017 年 12 月 31 日的资产负债表简表及相关信息如下表所示(单位:万元)。

资产	金额	占销售额百分比	负债与权益	金额	占销售额百分比
现金	1000	2.5%	短期借款	5000	N
应收票据	8000	20.0%	应付票据	2000	5.0%
应收账款	5000	12.5%	应付账款	8000	20.0%
存货	4000	10.0%	应付债券	6000	N
其他流动资产	4500	N	实收资本	20000	N
固定资产	23500	N	留存收益	5000	N
合计	46000	45.0%	合计	46000	25.0%

注:表中"N"表示该项目不随销售额的变动而变动。

资料二:甲公司 2017 年销售额为 40000 万元,销售净利率为 10%,利润留存率为 40%。预计 2018 年销售增长率为 30%,销售净利率和利润留存率保持不变。

资料三：甲公司计划于2018年1月1日从租赁公司融资租入一台设备。该设备价值为1000万元，租期为5年。租赁期满时预计净残值为100万元，归租赁公司所有。年利率为8%，年租赁手续费为2%，租金每年年末支付1次。相关货币时间价值系数：（P/F,8%,5）=0.6806；（P/F,10%,5）=0.6209；（P/A,8%,5）=3.9927；（P/A,10%,5）=3.7908。

要求：

（1）根据资料一和资料二，计算甲公司2018年下列各项金额：①因销售增加而增加的资产额；②因销售增加而增加的负债额；③因销售增加而需要增加的资金量；④预计利润的留存增加额；⑤外部融资需要量。

（2）根据资料三，计算下列数值：①计算租金时使用的折现率；②该设备的年租金。

2. 乙公司2015年年末长期资本为5000万元，其中长期银行借款为1000万元，年利率为6%；所有者权益（包括普通股股本和留存收益）为4000万元。公司计划在2016年追加筹集资金5000万元，其中按面值发行债券2000万元，票面年利率为6.86%，期限5年，每年付息一次，到期一次还本，筹资费用率为2%；发行优先股筹资3000万元，固定股息率为7.76%，筹集费用率为3%。

公司普通股β系数为2，一年期国债利率为4%，市场平均收益率为9%。公司适用的所得税税率为25%。假设不考虑筹资费用对资本结构的影响，发行债券和优先股不影响借款利率和普通股股价。

要求：

（1）计算乙公司长期银行借款的资本成本。

（2）假设不考虑货币时间价值，计算乙公司发行债券的资本成本。

（3）计算乙公司发行优先股的资本成本。

（4）利用资本资产定价模型计算乙公司留存收益的资本成本。

（5）计算乙公司2016年完成筹资计划后的平均资本成本。

3. 丙公司是一家制造业企业。有关资料如下：

资料一：2016年度公司产品产销量为2000万件，产品销售单价为50元，单位变动成本为30元，固定成本总额为20000万元。假设单价、单位变动成本和固定成本总额在2017年保持不变。

资料二：2016年度公司全部债务资金均为长期借款，借款本金为200000万元，年利率为5%，全部利息都计入当期费用。假定债务资金和利息水平在2017年保持不变。

资料三：公司在2016年年末预计2017年产销量将比2016年增长20%。

要求：

（1）根据资料一，计算2016年边际贡献总额和息税前利润。

（2）根据资料一和资料二，以2016年为基期计算经营杠杆系数、财务杠杆系数和总杠杆系数。

（3）计算2017年息税前利润预计增长率和每股收益预计增长率。

4. 丁公司是一家服装企业，只生产销售某种品牌的西服。2016年度固定成本总额为20000万元，单位变动成本为0.4万元，单位售价为0.8万元，销售量为100000套，丁公司2016年度发生的利息费用为4000万元。

要求：

（1）计算2016年度的息税前利润。

（2）以2016年为基数，计算下列指标：①经营杠杆系数；②财务杠杆系数；③总杠杆系数。

参考答案及解析

一、单项选择题

1.【答案】 D

【解析】 预测年度资金需要量=（5500-500）×（1-5%）÷（1-2%）=4846（万元）

2.【答案】 B

【解析】 经营杠杆系数=基期边际贡献/基期息税前利润=1+基期固定成本/基期息税前利润=1+200÷300=1.67

3.【答案】 D

【解析】 一般来说，在企业初创阶段，产品市场占有率低，产销业务量小，经营杠杆系数大，此时企业筹资主要依靠权益资本，在较低程度上使用财务杠杆；在企业扩张成熟期，产品市场占有率高，产销业务量大，经营杠杆系数小，此时,企业资本结构中可扩大债务资本比重,在较高程度上使用财务杠杆。同样,企业在破产清算阶段和收缩阶段都不宜采用较高负债比例。所以选项 D 正确。

4.【答案】 D

【解析】 财务杠杆系数＝每股收益变动率/息税前利润变动率,即 2.5＝每股收益增长率/10%,则每股收益增长率＝25%。

5.【答案】 B

【解析】 权衡理论认为,有负债企业的价值等于无负债企业价值加上税赋节余现值,再减去财务困境成本的现值。

6.【答案】 B

【解析】 公司价值分析法是在考虑市场风险基础上,以公司市场价值为标准,进行资本结构优化。能够提升公司价值的资本结构,就是合理的资本结构,所以选项 B 正确;每股收益分析法是从账面价值的角度进行资本结构优化分析,没有考虑市场反应,也没有考虑风险因素,所以选项 C 错误;杠杆分析法和利润敏感性分析法不属于资本结构优化分析的方法,所以选项 AD 错误。

7.【答案】 D

【解析】 根据资金需要量预测的销售百分比法,经营负债项目通常会随销售额变动而呈正比例变动。经营负债项目通常包括应付票据、应付账款等项目,不包括短期借款、短期融资券、长期负债等筹资性负债。

8.【答案】 C

【解析】 采用销售百分比法预测资金需求量时,敏感性项目是指随销售收入变动而变动的经营性资产和经营性负债。长期借款属于筹资性的长期负债,属于非敏感性项目。

9.【答案】 C

【解析】 经营负债是指由于销售商品或提供劳务凭借商业信用所自然而然形成的负债,即自发性负债,选项 ABD 都属于经营负债。应付债券并不是在经营过程中自发形成的,而是企业根据资金需要主动筹集的,即主动性负债,所以选项 C 属于非经营性负债。

10.【答案】 B

【解析】 资本成本是企业筹集和使用资金所付出的代价,包括资金筹集费用和使用费用。在资金筹集过程中,如发生股票发行费、借款手续费、证券印刷费、公证费、律师费等费用,这些属于资金筹集费用。在资金使用过程中,如发生利息支出、股利支出、融资租赁利息等费用,这些属于资金使用费用。

11.【答案】 B

【解析】 该笔借款的资本成本＝8%×(1－25%)÷(1－0.5%)＝6.03%

12.【答案】 B

【解析】 该债券的资本成本率＝8%×(1－25%)÷(1－1.5%)＝6.09%

13.【答案】 C

【解析】 市场价值权数以各项个别资本的现行市价为基础计算资本权数,确定各类资本占总资本的比重。其优点是能够反映现时的资本成本水平,有利于进行资本结构决策。

14.【答案】 D

【解析】 如果国民经济不景气或者经济过热,通货膨胀持续居高不下,投资者投资风险大,预期报酬率高,筹资的资本成本就高,选项 ABC 均会导致企业资本成本增加;证券市场流动性增强,证券变现力增强,证券投资的风险降低,投资者要求的报酬率就低,筹资的资本成本就低。所以选项 D 正确。

15.【答案】 C

【解析】 一般来说,在企业初创阶段,产品市场占有率低,产销业务量小,经营杠杆系数大,此时企业筹资主要依靠权益资本。本题中只有选项 C 属于权益筹资。

16.【答案】 C

【解析】 由于 $DOL = M_0 / EBIT_0$,所以当实际销售额等于盈亏临界点销售额时,企业的息税前利润为 0,则可使经营杠杆系数趋近于无穷大,这种情况下经营杠杆效应最大。

17.【答案】 D

【解析】 该优先股的资本成本率＝8000×8%÷[10000×(1－2%)]＝6.53%

二、多项选择题

1.【答案】 ACD

【解析】 如果经济过热,通货膨胀持续居高不下,投资者投资的风险大,预期收益率高,筹资的资本成本就高,选项 A 正确;如果资本市场缺乏效率,证券的市场流动性低,投资者投资风险大,要求的预期收益率高,那么通过资本市场融通的资本,其资本成本水平就比较高,相反,则资本成本就越低,选项 B 不正确;企业的经营风险和财务风险共同构成企业总体风险,如果企业经营风险高,财务风险大,则企业总体风险水平高,投资者要求的预期收益率高,企业筹资的资本成本相应就大,选项 C 正确;资本是一种稀缺资源,因此企业一次性需要筹集的资金规模大、占用资金时限长,资本成本就高,选项 D 正确。

2.【答案】 BD

【解析】 经营杠杆系数＝边际贡献/息税前利润＝销售量×(单价−单位变动成本)/[销售量×(单价−单位变动成本)−固定成本],销售量、销售价格与经营杠杆系数反方向变化,单位变动成本、固定成本与经营杠杆系数同方向变化。关于这类题目,有更简单的判断方法,凡是能提高利润的,都会导致杠杆系数下降。能降低利润的,都会导致杠杆系数上升。

3.【答案】 ACD

【解析】 财务杠杆系数＝息税前利润/[息税前利润−利息费用−优先股股息/(1−所得税税率)],所以选项 ACD 正确。

4.【答案】 ABC

【解析】 留存收益筹资是没有筹资费用的。

5.【答案】 AB

【解析】 经营杠杆系数＝基期边际贡献/基期息税前利润,边际贡献＝销售量×(销售单价−单位变动成本),息税前利润＝边际贡献−固定性经营成本。所以选项 AB 正确。

6.【答案】 ABD

【解析】 影响经营杠杆的因素包括:固定成本、单位变动成本、销售数量、销售单价。选项 C 是影响财务杠杆效应的因素。

7.【答案】 ABC

【解析】 在资金筹集过程中,要发生股票发行费、借款手续费、证券印刷费、公证费、律师费等费用,这些属于筹资费用。选项 D 属于占用费用。

8.【答案】 ABCD

【解析】 贴现模式下:$P(1-f)=M \times i/m \times (1-T) \times (P/A,K,n \times m)+M \times i \times (P/F,K,n \times m)$,其中:P 表示债券发行价格,M 表示债券面值,f 表示发行费用率,n 表示债券期限,m 表示每年计息次数,i 表示票面利率,K 表示债券资本成

本,T 表示所得税税率。所以选项 ABCD 均正确。

9.【答案】 BCD

【解析】 最初的 MM 理论认为,不考虑企业所得税,有无负债不改变企业的价值。因此企业价值不受资本结构的影响。

10.【答案】 ABC

【解析】 经营杠杆,是指由于固定性经营成本的存在,而使得企业的资产收益(息税前利润)变动率大于业务量变动率的现象。经营杠杆反映了资产收益的波动性,用以评价企业的经营风险,所以选项 AB 错误;财务杠杆,是指由于固定性资本成本的存在,而使得企业的普通股收益(或每股收益)变动率大于息税前利润变动率的现象。财务杠杆反映了权益资本收益的波动性,用以评价企业的财务风险。所以选项 C 错误,选项 D 正确。

三、判断题

1.【答案】 ×

【解析】 留存收益是由企业税后净利润形成的,是一种所有者权益,其实质是所有者向企业的追加投资。企业利用留存收益筹资不需要发生筹资费用。

2.【答案】 ×

【解析】 由于债务利息可以抵税,而股利不能抵税,此外股票投资的风险较大,收益具有不确定性,投资者要求的收益率较高,所以普通股资本成本大于债务资本成本。

3.【答案】 ×

【解析】 留存收益的资本成本率,表现为股东追加投资要求的收益率,其计算与普通股成本相同,不同点在于不考虑筹资费用。留存收益资本成本通常大于债务资本成本。

4.【答案】 √

【解析】 资本成本是衡量资本结构优化程度的标准,也是对投资获得经济效益的最低要求,通常用资本成本率表示。

5.【答案】 √

【解析】 企业经营环境恶化、销售下降,表明企业经营风险大,为将总风险控制在一定的范围内,财务风险应该较小,逐步降低债务水平会引起财务风险下降,以减少到期无法还本付息而破产的风险。

6.【答案】 ×

【解析】 所谓最佳资本结构,是指在一定条件下使企业平均资本成本率最低、企业价值最大的资本结构。

7.【答案】 ×

【解析】 占用费是指企业在资本使用过程中因占用资本而付出的代价,如向银行等债权人支付的利息,向股东支付的股利等。

四、计算分析题

1.【答案】 (1)①因销售增加而增加的资产额＝40000×30%×45%＝5400(万元)

②因销售增加而增加的负债额＝40000×30%×25%＝3000(万元)

③因销售增加而需要增加的资金量＝5400－3000＝2400(万元)

④预计利润的留存增加额＝40000×(1+30%)×10%×40%＝2080(万元)

⑤外部融资需要量＝2400－2080＝320(万元)

(2)①计算租金时使用的折现率＝8%+2%＝10%

②该设备的年租金＝[1000－100×(P/F,10%,5)]÷(P/A,10%,5)＝247.42(万元)

2.【答案】 (1)长期银行借款资本成本＝6%×(1－25%)＝4.5%

(2)债券的资本成本＝2000×6.86%×(1－25%)÷[2000×(1－2%)]＝5.25%

(3)优先股资本成本＝3000×7.76%÷[3000×(1－3%)]＝8%

(4)留存收益资本成本＝4%+2×(9%－4%)＝14%

(5)平均资本成本＝1000÷10000×4.5%+2000÷10000×5.25%+3000÷10000×8%+4000÷10000×14%＝9.5%

3.【答案】 (1)边际贡献总额＝2000×(50－30)＝40000(万元)

息税前利润＝40000－20000＝20000(万元)

(2)经营杠杆系数＝40000÷20000＝2

财务杠杆系数＝20000÷(20000－200000×5%)＝2

总杠杆系数＝2×2＝4

或:总杠杆系数＝40000÷(20000－200000×5%)＝4

(3)息税前利润预计增长率＝20%×2＝40%

每股收益预计增长率＝40%×2＝80%

4.【答案】 (1)2016年度的息税前利润＝(0.8－0.4)×100000－20000＝20000(万元)

(按照习惯性表述,固定成本总额是指经营性固定成本总额,不含利息费用)

(2)①经营杠杆系数＝边际贡献/息税前利润＝(0.8－0.4)×100000÷20000＝2

②财务杠杆系数＝息税前利润/(息税前利润－利息费用)＝20000÷(20000－4000)＝1.25

③总杠杆系数＝经营杠杆系数×财务杠杆系数＝2×1.25＝2.5

第六章
投资管理

考情回顾

本章主要学习投资管理相关的评价指标,以及项目投资管理、证券投资管理等内容,属于全书难度最大的章节。在近几年考试中本章知识点占 10~15 分的分值,不仅可以出单项选择题、多项选择题、判断题,而且以计算分析题和综合题形式考查的概率极高。预计今年考查题型不变,分值 15 分左右。

考试变化

本章没有实质性变化。

本章结构

第一节 投资管理概述
第二节 投资项目财务评价指标
第三节 项目投资管理
第四节 证券投资管理

第一节 投资管理概述

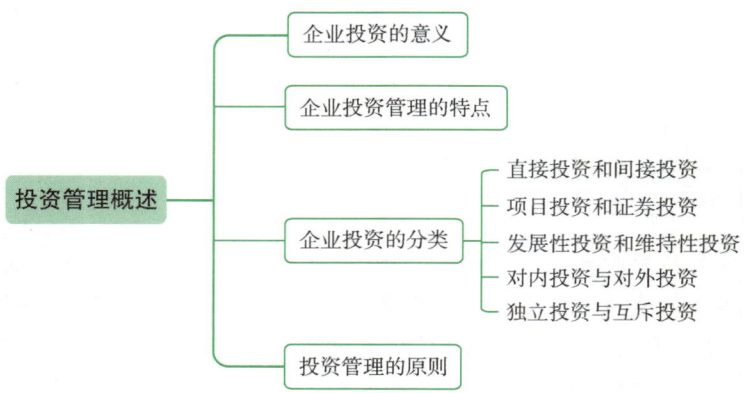

一、企业投资的意义 ★

（一）投资是企业生存与发展的基本前提
（二）投资是获取利润的基本前提
（三）投资是企业风险控制的重要手段

二、企业投资管理的特点 ★

（一）属于企业的战略性决策
企业的投资活动直接影响企业未来的经营发展规模和方向，需要一次性投入大量的资金，并在一段较长的时期内发生作用，对企业产生重大影响。

（二）属于企业的非程序化管理
企业新产品的开发、设备更新、企业兼并等这些都不会经常性地重复出现，即此类投资管理活动属于非程序化管理。

（三）投资价值的波动性大
由于未来收益的获得具有较强的不确定性，投资项目的价值也具有较强的波动性。

三、企业投资的分类 ★ ★

企业投资的分类详见表 6-1。

表 6-1 企业投资的分类

分类依据	分类	含义
投资活动与企业本身生产经营关系	直接投资	指将资金直接投放于形成生产经营能力的实体性资产,直接谋取经营利润的企业投资,如企业新建厂房,加装生产线等
	间接投资	指将资金投放于股票、债券等权益性资产上的企业投资。例如,买股票、买债券、买基金等
投资对象的存在形态和性质	项目投资	指企业通过购买具有实质内涵的经营资产(包括有形资产和无形资产),形成具体的生产经营能力,开展实质性的生产经营活动,谋取经营利润。例如,买房子、买设备等
	证券投资	指企业通过购买证券资产,通过证券资产上所赋予的权利,间接控制被投资企业的生产经营活动,获取投资收益。例如,买股票、买债券等
投资活动对企业未来生产经营前景的影响	发展性投资	又称为战略性投资,指对企业未来的生产经营发展全局有重大影响的企业投资。例如,企业间兼合合并的投资,加装生产线扩大生产规模的投资等
	维持性投资	又称为战术性投资,指为了维持企业现有的生产经营正常顺利进行,不会改变企业未来生产经营发展全局的企业投资。例如,更新替换旧设备的投资等
投资活动资金投出的方向	对内投资	指在本企业范围内部的资金投放,用于购买和配置各种生产经营所需的经营资产。例如,为本企业买设备、建造厂房等
	对外投资	指向本企业范围以外的其他单位的资金投放。例如,对外单位投放资金、对外投资设备、联合投资、合作经营等
投资项目之间的相互关联关系	独立投资	相容性投资,各个投资项目之间互不关联、互不影响,可以同时存在。例如,A 方案和 B 方案,只要满足企业决策标准,都可以进行投资
	互斥投资	非相容性投资,各个投资项目之间相互关联、相互替代,不能同时存在。例如,A 方案和 B 方案,只能选择一个最佳的方案。企业设备的更新,买新设备就要处置旧设备,就是典型的互斥案例

提示 ▶ 直接投资与间接投资、项目投资与证券投资,两种投资分类方式的内涵和范围是一致的,只是分类角度不同。直接投资和间接投资强调的是投资的方式性,项目投资和证券投资强调的是投资的对象性。

▶ 项目投资属于直接投资;证券投资属于间接投资。

▶ 对内投资都是直接投资;对外投资可以是直接投资,也可以是间接投资。

• 易错易混点 •

区分直接投资与直接筹资,间接投资和与间接筹资:
①直接投资:购买专利技术、加装生产线等。
直接筹资:发行股票、债券、吸收直接投资等。
②间接投资:购买股票,债券等。
间接筹资:银行借款、融资租赁等。

考试方向

考查投资方式的分类。

【例题6-1 单选题】(2018年真题) 下列投资活动中,属于间接投资的是(　　)。

A.建设新的生产线　　　　　　　　B.开办新的子公司

C.吸收合并其他企业　　　　　　　D.购买公司债券

【答案】 D

【名师点睛】 间接投资是指将资金投放于股票、债券等权益性资产上的企业投资。

四、 投资管理的原则 ★

投资管理程序包括投资计划制订、可行性分析、实施过程控制、投资后评价等。

（一）可行性分析原则

投资项目可行性主要包括环境可行性、技术可行性、市场可行性、财务可行性等方面。财务可行性是在相关的环境、技术、市场可行性完成的前提下,着重围绕技术可行性和市场可行性而开展的专门经济性评价。同时,一般也包含资金筹集的可行性。

（二）结构平衡原则

投资项目在资金投放时,要遵循结构平衡原则,合理分布资金,具体包括固定资金与流动资金的配套关系、生产能力与经营规模的平衡关系、资金来源与资金运用的匹配关系、投资进度和资金供应的协调关系、流动资产内部的资产结构关系、发展性投资与维持性投资的配合关系、对内投资与对外投资的顺序关系、直接投资与间接投资的分布关系等。

（三）动态监控原则

动态监控原则是指对投资项目实施过程中的进程控制。

第二节　投资项目财务评价指标

本节框架

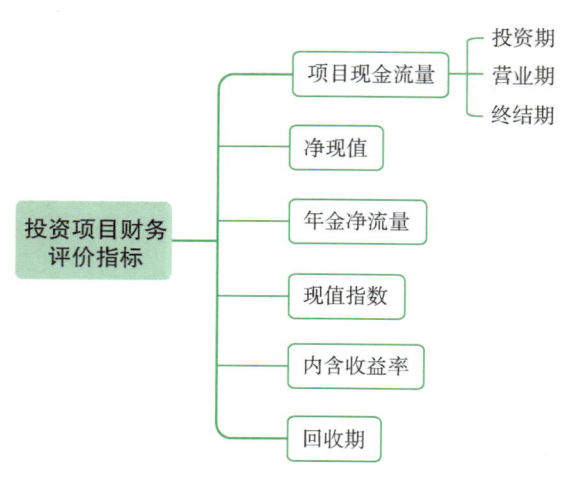

一、项目现金流量 ★★★

现金流量是指由一项长期投资方案所引起的在未来一定期间所发生的现金收支。

现金收入称为现金流入量,现金支出称为现金流出量,(同一时点)现金流入量与现金流出量相抵后的余额,称为现金净流量(NCF)。这里的现金主要是指库存现金、银行存款等货币性资产,也可以指相关非货币资产(如原材料、设备等)的变现价值。

投资项目从整个经济寿命周期来看,大致可以分为三个阶段:投资期、营业期、终结期,如图6-1所示。

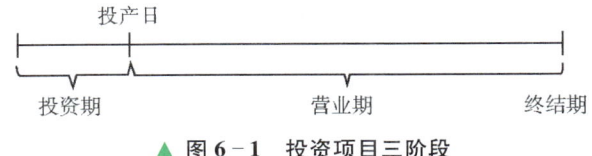

▲ 图6-1 投资项目三阶段

(一)投资期

投资期的现金流量主要有长期资产投资、营运资金垫支。

1. 长期资产投资。

包括在固定资产、无形资产、递延资产等长期资产上的购入、建造、运输、安装、试运行等方面,属于现金流出量,如购置成本、运输费、安装费等。

一般情况下,初始阶段中的固定资产的原始投资通常在年内一次性投入(如购买设备),如果原始投资不是一次性投入的(如工程建造),则应该把投资额归属到不同的投入年份中,单独逐一计算货币时间价值。

2. 营运资金垫支。

主要是指投资项目形成了生产能力,需要在流动资产上追加的投资。

计算公式如下:

营运资金=流动资产-流动负债

垫支的营运资金=增加的流动资产-增加的流动负债

营运资金一般在营业期的期初投入,属于现金流出量,项目终结时收回,属于现金流入量。当不考虑资金的时间价值时,垫支的营运资金与收回的营运资金相等。

(二)营业期

营业期是投资项目的主要阶段,该阶段既有现金流入量,也有现金流出量。现金流入量主要是营运各年的营业收入,现金流出量主要是营运各年的付现成本以及所得税。

计算公式如下:

营业现金净流量(NCF)=营业收入-付现成本-所得税

=税后营业利润+非付现成本

=收入×(1-所得税税率)-付现成本×(1-所得税税率)+非付现成本×所得税税率

记忆技巧 NCF第三个等式可以记忆为"营业现金净流量=税后收入-税后付现成本+非付现成本抵税"。

提示 ▶ 非付现成本主要是固定资产折旧费用、长期资产摊销费用、资产减值损失等。

▶ 如果不考虑所得税,营业现金流量的计算式中的所得税税率为0。

▶ 固定资产后续支出(改良支出或维修支出等),资本化支出在支出时作为投资性支出处理,未来摊销期间作为非付现成本(详见案例6-2);费用化支出作为支出当期的付现成本处理(详见案例6-3)。

考试方向

考查营业现金净流量的公式计算。

【例题6-2 单选题】(2017年真题) 某投资项目某年的营业收入为600000元,付现成本为400000元,折旧额为100000元,所得税税率为25%,则该年营业现金净流量为( )元。

A. 75000   B. 100000   C. 250000   D. 175000

【答案】 D

【名师点睛】 该年营业现金净流量=税后收入-税后付现成本+非付现成本抵税=600000×(1-25%)-400000×(1-25%)+100000×25%=175000(元),或者该年营业现金净流量=税后营业利润+非付现成本=(600000-400000-100000)×(1-25%)+100000=175000(元)。

(三)终结期

终结期的现金流主要是现金流入量,包括固定资产变价净收入、固定资产变现净损益对所得税的影响和垫支营运资金的收回。

1. 固定资产变价净收入。

是指固定资产出售或报废时的出售价款或者残值收入扣除清理费用后的净额。

2. 固定资产变现净损益对所得税的影响。

计算公式如下:

固定资产的税法账面价值=固定资产原值-按照税法规定计提的累计折旧

固定资产变现净损益对所得税的影响=(税法账面价值-变价净收入)×所得税税率

(1)如果税法账面价值-变价净收入>0,说明产生了变现净损失,使得利润减少,从而减少交税(抵税),相当于产生现金流入,增加现金净流量。

(2)如果税法账面价值-变价净收入<0,说明产生了变现净收益,使得利润增加,从而增加交税,相当于产生现金流出,减少现金净流量。

3. 垫支营运资金的收回。

各个阶段现金流量的主要内容详见表6-2。

表6-2 各个阶段现金流量的主要内容

投资期	长期资产投资(流出量)
	营运资金垫支(流出量)
营业期	营业收入(流入量)
	付现营运成本(流出量)
	固定资产的后续支出(如大修理支出、改良支出)(流出量)
	所得税(流出量)

考试方向

考查现金净流量的计算。

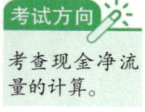

（续表）

终结期	固定资产变价净收入（流入量）
	固定资产变现收益纳税（流出量）或固定资产变现损失抵税（流入量）
	垫支营运资金的收回（流入量）

案例 6-1

仁和公司打算处置一台设备，该设备当前账面价值为 10000 元，所得税税率按 25% 计算，请回答下列问题。

（1）当设备的目前变现净收入为 12000 元时，仁和公司处置这台设备的相关现金净流量是多少？

（2）当设备的目前变现净收入为 6000 元时，仁和公司处置这台设备的相关现金净流量是多少？

【分析】（1）当设备的目前变现净收入为 12000 元时，变现净收入大于账面价值，产生了相关变现净收益 2000 元，而净收益要交税，缴纳税款 = 2000×25% = 500（元），属于现金流出量。

仁和公司处置这台设备的相关现金净流量 = 12000−500 = 11500（元）

（2）当设备的目前变现净收入为 6000 元，变现净收入小于账面价值，产生了相关变现净损失 4000 元，而净损失可以抵税，抵扣税款 = 4000×25% = 1000（元），属于现金流入量。

仁和公司处置这台设备的相关现金净流量 = 6000+1000 = 7000（元）

案例 6-2

仁和公司有相关投资项目需要 2 年建成，每年年初投入建设资金 80 万元，共投入 160 万元。建成投产之时，需投入营运资金 100 万元，以满足日常经营活动需要。项目投产后，估计每年可获税后营业利润为 50 万元。固定资产使用年限为 6 年，使用后第 4 年预计进行一次改良，估计改良支出为 60 万元，分两年平均摊销。资产使用期满后，估计有残值净收入为 10 万元，采用平均年限法折旧。项目期满时，垫支营运资金全额收回。

【分析】先计算固定资产的年折旧 =（160−10）÷6 = 25（万元），根据资料画时间轴，如图 6-2 所示，各期项目现金净流量为：

$NCF_0 = -80$（万元）

$NCF_1 = -80$（万元）

$NCF_2 = -100$（万元）

$NCF_{3\sim5}$ = 税后营业利润+非付现成本 = 50+25 = 75（万元）

$NCF_6 = 75-60 = 15$（万元）

$NCF_7 = 75+30$（摊销费用也是非付现成本）= 105（万元）

$NCF_8 = 75+30+10$（残值）+100（收回垫支营运资金）= 215（万元）

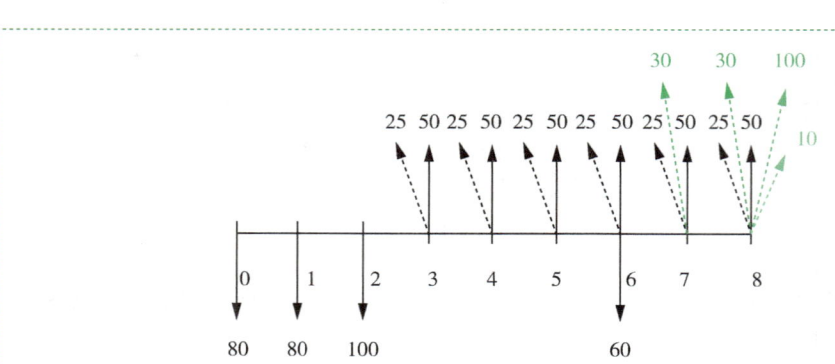

▲ 图 6-2　投资项目现金流量时间轴

案例 6-3

仁和公司计划增添一条生产流水线,以扩充生产能力。现有 A、B 两个方案可供选择。A 方案需要投资 600000 元,A 方案预计年销售收入为 800000 元,第一年付现成本为 500000 元,以后在此基础上每年增加维修费 20000 元,项目投入营运时,A 方案需垫支营运资金 200000 元。B 方案需要投资 800000 元,预计年销售收入为 1200000 元,年付现成本为 800000 元,需垫支营运资金 250000 元。两方案的预计使用寿命均为 5 年,折旧均采用直线法,预计残值 A 方案为 20000 元,B 方案为 40000 元。公司所得税税率为 25%。

计算 A、B 两方案的各期项目现金净流量。

【分析】 计算 A 方案的年折旧=(600000-20000)÷5=116000(元),再根据资料画时间轴,如图 6-3 所示,各期项目现金净流量为:

$NCF_0 = -800000$(元)

$NCF_1 = $收入×(1-所得税税率)-付现成本×(1-所得税税率)+非付现成本×所得税税率=$800000×(1-25\%)-500000×(1-25\%)+116000×25\%=254000$(元)

$NCF_2 = 800000×(1-25\%)-520000×(1-25\%)+116000×25\%=239000$(元)

$NCF_3 = 800000×(1-25\%)-540000×(1-25\%)+116000×25\%=224000$(元)

$NCF_4 = 800000×(1-25\%)-560000×(1-25\%)+116000×25\%=209000$(元)

$NCF_5 = 800000×(1-25\%)-580000×(1-25\%)+116000×25\%+20000+200000=414000$(元)

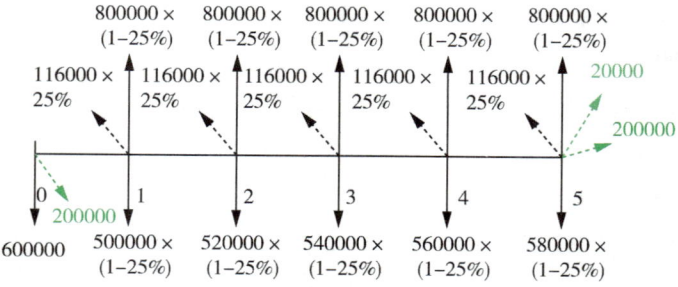

▲ 图 6-3　A 方案投资项目现金流量时间轴

计算 B 方案的年折旧 = (800000−40000)÷5 = 152000(元),根据资料画时间轴,如图 6−4 所示,各期项目现金净流量为:

$NCF_0 = -1050000(元)$

$NCF_{1\sim4}$ = 收入×(1−所得税税率)−付现成本×(1−所得税税率)+非付现成本×所得税税率 = 1200000×(1−25%)−800000×(1−25%)+152000×25% = 338000(元)

NCF_5 = 1200000×(1−25%)−800000×(1−25%)+152000×25%+40000+250000 = 628000(元)

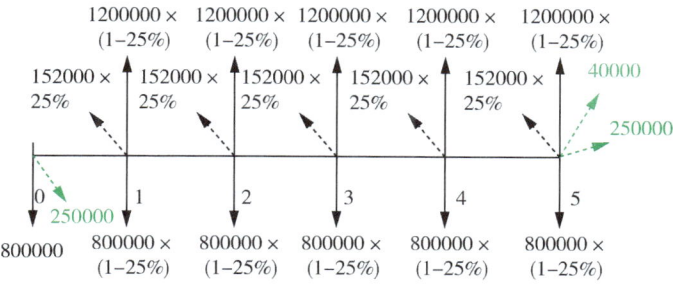

▲ 图 6−4　B 方案投资项目现金流量时间轴

提示▶ 仔细审题,看清题目问的是求项目现金净流量还是求营业期现金净流量,如果只求营业期现金净流量则不需要将投资期和终结期的现金流量计算在内;如果求的是项目现金净流量则投资期、营业期和终结期相关的现金流都需要考虑进去。

二、 净现值 ★★★

(一)概念

未来现金净流量现值与原始投资额现值之间的差额,称为净现值(NPV)。

计算公式如下:

净现值(NPV)= 未来现金净流量现值(P_λ)−原始投资额现值($P_{出}$)

1.决策原则。

(1)当净现值 = 0,$P_\lambda = P_{出}$,说明该方案的投资收益刚好达到要求的投资收益,方案可行。

(2)当净现值 > 0,$P_\lambda > P_{出}$,说明该方案的投资收益超过要求的投资收益,方案可行。

(3)当净现值 < 0,$P_\lambda < P_{出}$,说明该方案的投资收益没有达到要求的投资收益,方案不可行。

2.贴现率的参考标准。

在计算现值时需要用到贴现率,贴现率的参考标准如下:

(1)以市场利率为标准。资本市场的市场利率是整个社会投资收益率的最低水平,可以视为一般最低收益率要求。

(2)以投资者希望获得的预期最低投资收益率为标准。考虑投资项目的风险补偿因素以及通货膨胀因素。

(3)以企业平均资本成本率为标准。企业筹资承担的资本成本率水平,给投资项目提出了最低收益率要求。

(二) 净现值的优缺点及适用情况

1. 优点。

(1) 适应性强,能基本满足项目年限相同的互斥投资方案决策。

(2) 能灵活地考虑投资风险(风险在贴现率中已经予以考虑)。

2. 缺点。

(1) 所采用的贴现率不易确定。

(2) 不适用于独立投资方案进行决策。

(3) 不能直接用于对寿命期(计算期)不同的互斥投资方案进行直接决策。寿命期不同净现值结果是不可比的。

3. 适用情况。

适用于年限相同的互斥方案比较,净现值越大,方案越好。

考试方向

考查净现值的优缺点以及净现值的计算和决策原则。

案例 6-4 沿用**案例 6-3**

假设贴现率为 10%,则:

A 方案的净现值 = $414000 \times (P/F,10\%,5) + 209000 \times (P/F,10\%,4) + 224000 \times (P/F,10\%,3) + 239000 \times (P/F,10\%,2) + 254000 \times (P/F,10\%,1) - 800000$

$= 414000 \times 0.6209 + 209000 \times 0.6830 + 224000 \times 0.7513 + 239000 \times 0.8264 + 254000 \times 0.9091 - 800000$

$= 196511.8$(元)

由于 A 方案的净现值大于 0,所以 A 方案可行。

B 方案的净现值 = $628000 \times (P/F,10\%,5) + 338000 \times (P/A,10\%,4) - 1050000$

$= 628000 \times 0.6209 + 338000 \times 3.1699 - 1050000$

$= 411351.4$(元)

由于 B 方案的净现值大于 0,所以 B 方案也可行。

【例题 6-3 多选题】(2017 年真题) 下列可用来作为确定投资方案净现值的贴现率的有( )。

A. 以投资者希望获得的预期最低投资收益率为标准

B. 以企业平均资本成本率为标准

C. 以市场利率为标准

D. 以政府债券利率为标准

【答案】 ABC

【名师点睛】 确定贴现率的参考标准包括:①以市场利率为标准;②以投资者希望获得的预期最低投资收益率为标准;③以企业平均资本成本率为标准。所以选项 ABC 正确。

三、年金净流量 ★★★

(一) 概念

投资项目期间内全部现金净流量总额的总现值或总终值折算为等额年金的平均现金

净流量,称为年金净流量(ANCF)。其计算公式如下:

$$年金净流量 = \frac{现金净流量总现值(NPV)}{年金现值系数} = \frac{现金净流量总终值}{年金终值系数}$$

决策原则:

(1)当年金净流量 ≥ 0,现金净流量总现值 ≥ 0,$P_入 ≥ P_出$,方案可行。

(2)当年金净流量 < 0,现金净流量总现值 < 0,$P_入 < P_出$,方案不可行。

(二)年金净流量的优缺点及适用情况

1. 优点。

适用于期限不同的互斥方案的决策(与净现值的区别)。

2. 缺点。

所采用的贴现率不易确定、不便于对独立投资方案进行决策(与净现值一样)。

年金净流量法是净现值法的辅助方法,在各方案寿命期相同时,实质上就是净现值法。

3. 适用情况。

适用于寿命期不同的互斥方案比较,年金净流量越大,方案越好。

案例 6-5

A、B 两个投资方案,A 方案需一次性投资 100000 元,可用 8 年,残值 20000 元,每年取得税后营业利润 35000 元;B 方案需一次性投资 100000 元,可用 5 年,无残值,第一年获利 30000 元,以后每年递增 10%,如果资本成本率为 10%,应采用哪种方案?

【分析】 计算 A 方案的年折旧 = (100000−20000)÷8 = 10000(元),根据资料画时间轴(如图 6-5 所示),各期项目现金净流量为:

$NCF_0 = -100000$(元)

$NCF_{1\sim7} = 税后营业利润 + 非付现成本 = 35000 + 10000 = 45000$(元)

$NCF_8 = 35000 + 10000 + 20000 = 65000$(元)

A 方案净现值 $= 45000 × (P/A, 10\%, 7) + 65000 × (P/F, 10\%, 8) - 100000$

$= 45000 × 4.8684 + 65000 × 0.4665 - 100000$

$= 149400.5$(元)

A 方案的年金净流量 $= \dfrac{现金净流量总现值}{年金现值系数} = \dfrac{149400.5}{(P/A, 10\%, 8)} ≈ 28004.37$(元)

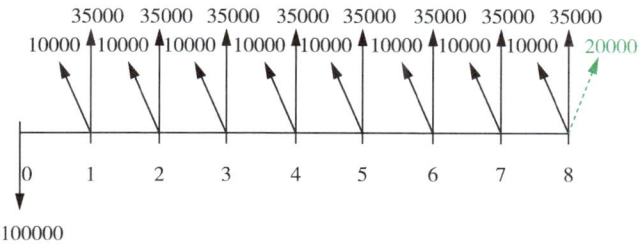

▲ **图 6-5 A 方案投资项目现金流量时间轴**

计算 B 方案的年折旧 = 100000÷5 = 20000(元),根据资料画时间轴,如图 6-6 所示,各期项目现金净流量为:

$NCF_0 = -100000（元）$

$NCF_1 = 税后营业利润 + 非付现成本 = 30000 + 20000 = 50000（元）$

$NCF_2 = 33000 + 20000 = 53000（元）$

$NCF_3 = 36300 + 20000 = 56300（元）$

$NCF_4 = 39930 + 20000 = 59930（元）$

$NCF_5 = 43923 + 20000 = 63923（元）$

B 方案净现值 $= 63923 \times (P/F, 10\%, 5) + 59930 \times (P/F, 10\%, 4) + 56300 \times (P/F,$
$\qquad 10\%, 3) + 53000 \times (P/F, 10\%, 2) + 50000 \times (P/F, 10\%, 1) - 100000$

$\qquad = 63923 \times 0.6209 + 59930 \times 0.6830 + 56300 \times 0.7513 + 53000 \times 0.8264 +$
$\qquad 50000 \times 0.9091 - 100000$

$\qquad = 39689.7907 + 40932.19 + 42298.19 + 43799.2 + 45455 - 100000$

$\qquad = 112174.3707（元）$

B 方案的年金净流量 $= \dfrac{现金净流量总现值}{年金现值系数} = \dfrac{112174.3707}{(P/A, 10\%, 5)} \approx 29591.21（元）$

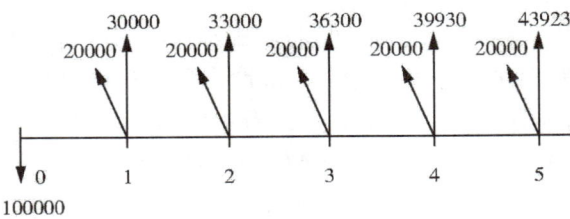

▲ 图 6-6　B 方案投资项目现金流量时间轴

决策原则：由于两个方案年限不同，所以采用年金净流量来进行对比，A 方案的年金净流量 $= 28004.37（元）$，B 方案的年金净流量 $= 29591.21（元）$，很明显 B 方案大于 A 方案，所以 B 方案优于 A 方案。

【例题 6-4 单选题】（2018 年真题）　某投资项目需要在第一年年初投资 840 万元，寿命期为 10 年，每年可带来营业现金流量 180 万元，已知按照必要收益率计算的 10 年期年金现值系数为 7.0，则该投资项目的年金净流量为（　　）万元。

A. 60　　　　　　　B. 120　　　　　　　C. 96　　　　　　　D. 126

【答案】　A

【名师点睛】　年金现金净流量 = 净现值/年金现值系数 $= (180 \times 7 - 840) \div 7 = 60（万元）$

四、现值指数 ★★

（一）概念

现值指数（PVI）是投资项目的未来现金净流量现值与原始投资额现值之比。

其计算公式如下：

$$现值指数 = \dfrac{未来现金净流量现值（P_入）}{原始投资额现值（P_出）}$$

决策原则：

（1）当现值指数≥1，$P_入≥P_出$，说明方案实施后的投资收益率大于等于必要收益率，方案可行。

（2）当年现值指数<1，$P_入<P_出$，说明方案实施后的投资收益率小于必要收益率，方案不可行。

（二）现值指数的优缺点及适用情况

1. 优点。

便于对年限相同的独立投资方案进行比较和评价（与净现值法的区别）。

2. 缺点。

所采用的贴现率不易确定（与净现值一样）。

现值指数法属于净现值法的辅助方法，在各方案原始投资额现值相同时，实质上就是净现值法。

3. 适用情况。

适用于年限相同的独立方案比较，现值指数越大，方案越好。

案例6-6

有两个年限相同的独立方案，其净现值计算表如表6-3所示，分析哪个方案更优。

表6-3　净现值计算表　　　　　单位：元

项目	A方案	B方案
所需投资额现值	50000	6000
现金流入量现值	63500	7800
净现值	13500	1800

【分析】 A方案的现值指数 $=\dfrac{63500}{50000}=1.27$，B方案的现值指数 $=\dfrac{7800}{6000}=1.3$。

结果表明，B方案的现值指数大于A方案的现值指数，所以B方案更优。

【例题6-5 判断题】（2019年真题） 对单个投资项目进行财务可行性评价时，利用净现值法和现值指数法所得出结论一致。（　　　）

【答案】 √

【名师点睛】 对单个投资项目进行财务可行性评价时，当净现值大于0时，说明 $P_入>P_出$，而此时的现值指数是大于1的，方案都是可行的。所以本题表述正确。

五、内含收益率★★

（一）概念

内含收益率（IRR）是指对投资方案未来的每年现金净流量进行贴现，使所得的现值恰好与原始投资额现值相等，从而使净现值等于0时的贴现率。

决策原则：当内含收益率大于等于必要投资收益率时，投资项目可行。

考试方向
考查现值指数的计算、决策原则以及优缺点。

第六章

1.未来每年现金净流量相等时。

令"未来现金净流量现值（$P_入$）－原始投资额现值（$P_出$）＝0"，即"未来每年现金净流量×年金现值系数－原始投资额现值＝0"时，求得的贴现率即为内含收益率。

2.未来每年现金净流量不相等时。

如果投资方案的未来每年现金净流量不相等，则需采用逐次测试法来计算内含收益率。

（二）内含收益率的优缺点及适用情况

1.优点。

（1）反映了投资项目可能达到的实际收益率。

（2）适合寿命期相同或寿命期不同的独立方案的比较决策。

2.缺点。

（1）计算复杂，不易直接考虑投资风险大小。

（2）不适用于互斥方案的决策。

3.适用情况。

适用于年限不同的独立方案的比较。内含收益率越大，方案越好。

考试方向

考查内含收益率的计算、决策原则以及优缺点。

第六章

案例 6－7

仁和公司拟购入一台新型设备，购价为 200 万元，使用年限 10 年，无残值。该方案的最低投资收益率要求为 12%。使用新设备后，估计每年产生现金净流量 40 万元。

用内含收益率指标评价该方案是否可行？

【分析】

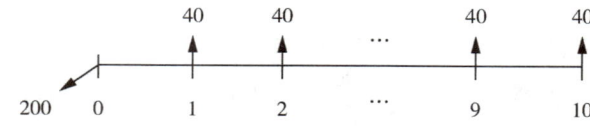

▲ **图 6－7 项目现金流量**

如图 6－7 所示，令未来现金净流量现值＝原始投资额现值。

由 40×(P/A,IRR,10)＝200，可得：(P/A,IRR,10)＝200÷40＝5。

查表得知：(P/A,15%,10)＝5.0188，(P/A,16%,10)＝4.8332。

贴现率＝15%　　　　系数为 5.0188

IRR　　　　　　　　系数为 5

贴现率＝16%　　　　系数为 4.8332

用插值法计算：

$$\frac{IRR-15\%}{16\%-15\%}=\frac{5-5.0188}{4.8332-5.0188}$$

解得：IRR＝15.10%。

由于内含收益率为 15.10%，高于投资者要求的最低必要收益率 12%，所以该方案可行。

案例 6-8

仁和公司有一投资方案,需一次性投资 160000 元,使用年限为 3 年,每年现金净流量分别为 80000 元、50000 元、60000 元。该方案的最低投资收益率要求为 8%。

计算该投资方案的内含收益率,并据以评价该方案是否可行。

【分析】 如图 6-8 所示,令未来现金净流量现值=原始投资额现值,也就是相当于 NPV=0 时,求 IRR。

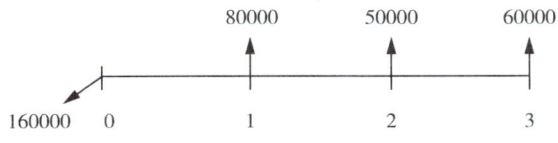

▲ 图 6-8 项目现金流量

$80000 \times (P/F, IRR, 1) + 50000 \times (P/F, IRR, 2) + 60000 \times (P/F, IRR, 3) - 160000 = 0$

此时采用逐次测试的方式来进行测算:

当贴现率为 8% 时,此时 $NPV_{8\%} = 80000 \times 0.9259 + 50000 \times 0.8573 + 60000 \times 0.7938 - 160000 = 4565(元)$;

当贴现率为 9% 时,此时 $NPV_{9\%} = 80000 \times 0.9174 + 50000 \times 0.8417 + 60000 \times 0.7722 - 160000 = 1809(元)$;

当贴现率为 10% 时,此时 $NPV_{10\%} = 80000 \times 0.9091 + 50000 \times 0.8264 + 60000 \times 0.7513 - 160000 = -874(元)$。

利用 $NPV_{10\%} = -874(元)$ 和 $NPV_{9\%} = 1809(元)$ 进行插值法计算,得:IRR = 9.67%。

由于内含收益率为 9.67%,高于投资者要求的最低必要收益率 8%,所以该方案可行。

【例题 6-6 多选题】(2018 年真题) 某项目需要在第一年年初投资 76 万元,寿命期为 6 年,每年年末产生现金净流量 20 万元。已知 (P/A,14%,6)=3.8887,(P/A,15%,6)=3.7845。若公司根据内含收益率法认定该项目具有可行性,则该项目的必要投资收益率不可能为(   )。

A. 16%　　　　　　B. 13%　　　　　　C. 14%　　　　　　D. 15%

【答案】 AD

【名师点睛】 根据题目可知 20×(P/A,内含收益率,6)-76=0,(P/A,内含收益率,6)=3.8,所以内含收益率在 14%~15% 之间。又因为项目具有可行性,所以内含收益率大于必要收益率,即必要收益率必须小于 15%,所以选项 AD 符合题意。

·易错易混点·

净现值、年金净流量、现值指数、内含收益率这 4 个指标在评价单一方案可行与否的时候,结论一致。

当净现值>0 时,年金净流量>0,现值指数>1,内含收益率>投资人期望的最低投资收益率,方案可行;

当净现值＝0 时,年金净流量＝0,现值指数＝1,内含收益率＝投资人期望的最低投资收益率,方案可行;

当净现值＜0 时,年金净流量＜0,现值指数＜1,内含收益率＜投资人期望的最低投资收益率,方案不可行。

六、 回收期★★

(一) 概念

回收期(PP)是指投资项目的未来现金净流量与原始投资额相等时所经历的时间,即原始投资额通过未来现金流量回收所需要的时间(通俗来说就是收回投资额的年限)。

决策原则:回收期越短越好。

1. 静态回收期。

静态回收期没有考虑货币时间价值,直接用未来现金净流量累计到原始投资数额时所经历的时间作为静态回收期。

2. 动态回收期。

动态回收期需要将投资引起的未来现金净流量进行贴现,以未来现金净流量的现值等于原始投资额现值时所经历的时间为动态回收期。

(二) 计算

1. 未来每年现金净流量相等时。

计算公式如下:

(1) $静态回收期 = \dfrac{原始投资额}{每年现金净流量}$

(2) 动态回收期＝每年现金净流量×(P/A,i,n)＝原始投资额

所以 $(P/A,i,n) = \dfrac{原始投资额}{每年现金净流量}$,再采用插值法,计算求出动态回收期 n。

2. 未来每年现金净流量不相等时。

计算公式如下:

(1) $静态回收期 = M + \dfrac{第\ M\ 年的尚未收回额}{第(M+1)年的现金净流量}$

(2) $动态回收期 = M + \dfrac{第\ M\ 年的尚未收回额的现值}{第(M+1)年的现金净流量现值}$

(三) 回收期的优缺点

1. 优点。

计算简便,易于理解。

2. 缺点。

(1) 静态回收期法的不足之处是没有考虑货币的时间价值。

(2) 静态回收期和动态回收期计算时只考虑了回收期满之前的现金流量,没有考虑回收期满之后的现金流量,可能导致放弃收益更高的项目。

案例 6 - 9

仁和公司准备从 A、B 两种机床中选购一种机床。A 机床购价为 66000 元,投入使用后,每年现金净流量为 12000 元;乙机床购价为 45000 元,投入使用后,每年现金净流量为 9000 元。假定资本成本率 10%。分别用静态回收期和动态回收期指标决策该厂应选购哪种机床。

【分析】 (1) 静态回收期:

A 机床静态回收期 $= \dfrac{66000}{12000} = 5.5$(年)

B 机床静态回收期 $= \dfrac{45000}{9000} = 5$(年)

结果表明,B 机床的回收期比 A 机床短,所以仁和公司应选择 B 机床。

(2) 动态回收期:

A 机床的年金现值系数 $(P/A, 10\%, n) = \dfrac{66000}{12000} = 5.5$(年)

采用插值法得到:$n = 8.39$(年)

B 机床的年金现值系数 $(P/A, 10\%, n) = \dfrac{45000}{9000} = 5$(年)

采用插值法得到:$n = 7.28$(年)

结果表明,B 机床的回收期比 A 机床短,所以仁和公司应选择 B 机床。

> **考试方向**
> 考查静态回收期和动态回收期的计算和优缺点。

【例题 6 - 7 单选题】(2011 年真题) 某投资项目各年的预计净现金流量分别为:$NCF_0 = -200$ 万元,$NCF_1 = -50$ 万元,$NCF_{2\sim3} = 100$ 万元,$NCF_{4\sim11} = 250$ 万元,$NCF_{12} = 150$ 万元,则该项目包括建设期的静态投资回收期为( )年。

A. 2.0　　　　　B. 2.5　　　　　C. 3.2　　　　　D. 4.0

【答案】 C

【名师点睛】 该项目各年的预计净现金流量如下表所示。

年份	0	1	2	3	4
NCF	−200	−50	100	100	250
累计 NCF−200	−250	−150	−50	200	

包括建设期的静态投资回收期 $= 3 + 50 \div 250 = 3.2$(年),所以选项 C 正确。

· 易错易混点 ·

投资项目的各财务评价指标的主要区别如表 6 - 4 所示。

表 6 - 4 投资项目的各财务评价指标的主要区别

指标	净现值 (NPV)	年金净流量 (ANCF)	现值指数 (PVI)	内含收益率(IRR)
是否受贴现率的影响	受贴现率的影响			不受贴现率的影响

（续表）

指标	净现值（NPV）	年金净流量（ANCF）	现值指数（PVI）	内含收益率（IRR）
是否反映项目本身收益率	不能反应项目本身收益率			可以反映项目本身收益率
是否考虑投资风险大小	考虑了投资风险的大小			没有考虑投资风险的大小
指标性质	绝对数	绝对数	相对数	相对数
适用情况	年限相同的互斥方案的决策	年限不同的互斥方案的决策	年限相同的独立方案的决策	年限不同的独立方案的决策

第三节　项目投资管理

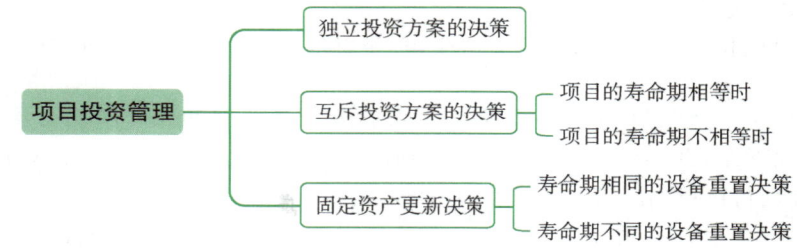

一、独立投资方案的决策 ★★

独立投资方案，是指两个或两个以上项目互不依赖，可以同时存在，各方案的决策也是独立的。

独立投资方案之间比较时，决策要解决的问题是如何确定各种可行方案的投资顺序，即各独立方案之间评价方案的优先次序。对独立方案排序分析时，一般采用内含收益率法进行比较决策。

二、互斥投资方案的决策 ★★★

互斥投资方案，方案之间相互排斥，不能并存，因此决策的实质在于选择最优方案，属于选择决策。一般采用净现值法和年金净流量法进行选优决策。

（一）项目的寿命期相等时

不论方案的原始投资额大小如何，能够获得更大净现值的，即为最优方案。

（二）项目的寿命期不相等时

有两种方法可用来做决策，共同年限法和年金净流量法。

1.共同年限法。

假设投资项目在终止时按各项目的最小公倍寿命进行重置，通过重置使两个项目达到相等的年限,然后应用项目寿命期相等时的决策方法进行比较,即比较两者重置后的净现值,优先选取净现值较大者。

2.年金净流量法。

用方案的净现值除以对应的年金现值系数,当两个项目资本成本相同时,优先选取年金净流量较大者。

案例 6－10

仁和公司现有 A、B 两个机床购置方案,所要求的最低投资收益率为 10%。A 机床投资额为 100000 元,可用 2 年,无残值,每年产生 80000 元现金净流量。B 机床投资额为 200000 元,可用 3 年,无残值,每年产生 90000 元现金净流量。请问两方案何者为优?

【分析】 A 方案年金净流量＝[80000×(P/A,10%,2)－100000]/(P/A,10%,2)＝22379.72(元)

B 方案年金净流量＝[90000×(P/A,10%,3)－200000]/(P/A,10%,3)＝9578.59(元)

由此可见,A 方案的年金净流量高于 B 方案的年金净流量,所以 A 方案优于 B 方案。

【例题 6－8 判断题】(2018 年真题) 净现值可直接用于寿命期不同的互斥投资方案的决策。(   )

【答案】 ×

【名师点睛】 净现值不能直接用于对寿命期不同的互斥投资方案进行决策;年金净流量可以用于寿命期不同的互斥投资方案的决策。所以本题表述错误。

【例题 6－9 单选题】(经典好题) 仁和公司拟进行一项固定资产投资项目决策,必要收益率为 12%,有四个方案可供选择。其中甲方案的寿命期为 10 年,净现值为 1000 万元,(A/P,12%,10)＝0.177;乙方案的现值指数为 0.76;丙方案的寿命期为 12 年,其年金净流量为 150 万元;丁方案的内含收益率为 11%。最优的投资方案是(   )。

A.甲方案　　　　B.乙方案　　　　C.丙方案　　　　D.丁方案

【答案】 A

【名师点睛】 在进行决策之前先要看各项目是否符合决策标准,如果他本身就不符合标准就将其从备选方案中进行排除。现值指数应该大于等于 1 才可行,对于乙方案其现值指数为 0.76 小于 1,所以方案本身不可行,B 选项错误;内含收益率大于等于投资人要求的必要收益率的方案才可行,但是丁方案的内含收益率 11% 小于投资人要求的必要收益率 12%,所以丁方案不可行,D 选项错误;剩余甲方案与丁方案两者的现金净流量大于 0,方案本身是可行的,但是两个方案寿命期不同,所以需要采用年金净流量的方式来判断,甲方案的年金净流量＝1000×(A/P,12%,10)＝177(万元),大于乙方案的年金净流量 150 万,所以最优投资方案是甲方案,选项 A 正确。

三、 固定资产更新决策 ★★★

固定资产更新决策属于互斥方案的决策。
决策方法:净现值法和年金净流量法。

考试方向

考查年金净流量的计算和决策原则,以及共同年限法的适用范围。

第六章

（一）寿命期相同的设备重置决策

寿命期相同的设备重置方案,应当采用净现值法决策。如果没有做特殊说明,默认为新旧设备的生产能力是一致的,即两个方案的销售收入相等,属于决策的无关因素,不予考虑,所以主要考虑的是成本等相关流量,少量的现金流入量作为现金流出量的抵减。

决策原则:选择现金流出总现值较低的方案为优。

> **案例 6 - 11**
>
> 仁和公司现有一台旧设备是 3 年前购进的,目前准备用新设备替换。该公司所得税税率为25%,资本成本率为10%,其余资料如表 6 - 5 所示。
>
> 表 6 - 5 　新旧设备资料 单位:元
>
> | 项目 | 旧设备 | 新设备 |
> |---|---|---|
> | 原价 | 96000 | 80000 |
> | 税法残值 | 6000 | 5000 |
> | 税法使用年限(年) | 9 | 6 |
> | 已使用年限(年) | 4 | 0 |
> | 尚可使用年限(年) | 6 | 6 |
> | 垫支营运资金 | 10000 | 20000 |
> | 大修理支出 | 18000(第 2 年年末) | 9000(第 4 年年末) |
> | 每年折旧费(直线法) | 10000 | 12500 |
> | 每年营运成本 | 15000 | 8000 |
> | 目前变现价值 | 40000 | 80000 |
> | 最终报废残值 | 5000 | 6000 |
>
> 【分析】 　继续使用旧设备方案,相关项目现金净流量如图 6 - 9 所示。
>
>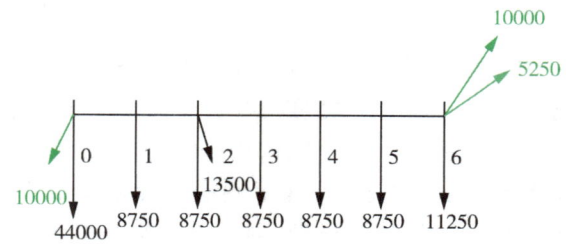
>
> ▲ 图 6 - 9 　继续使用旧设备项目现金流量
>
> 继续使用旧设备的净现值 $= -8750 \times (P/A, 10\%, 5) + (10000 + 5250 - 11250) \times (P/F, 10\%, 6) - 13500 \times (P/F, 10\%, 2) - (10000 + 44000)$
>
> $\qquad = -8750 \times 3.7908 + 4000 \times 0.5645 - 13500 \times 0.8264 - 54000$
>
> $\qquad = -96067.9(元)$
>
> 购买新设备方案,相关项目现金净流量如图 6 - 10 所示。

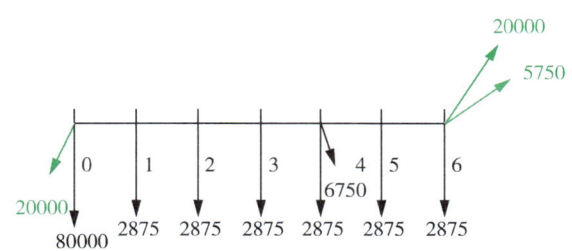

▲ 图 6－10　新设备项目现金流量

新设备的净现值 $= -2875 \times (P/A, 10\%, 6) + (20000 + 5750) \times (P/F, 10\%, 6) - 6750 \times$
$$(P/F, 10\%, 4) - (20000 + 80000)$$
$$= -2875 \times 4.3553 + (20000 + 5750) \times 0.5645 - 6750 \times 0.6830 - (20000 + 80000)$$
$$= -102595.86 (元)$$

将上述内容编制入表 6－6 和表 6－7 中。

表 6－6　继续使用旧设备方案　　　　　　　　　　　　　　　　　　单位：元

项目	现金流量	年价	现值系数	现值
每年营运成本	11250[15000×(1−25%)]	1～6	4.3553	48997.125
每年折旧抵税	2500[10000×25%]	1～5	3.7908	9477
大修理费	13500[18000×(1−25%)]	2	0.8264	11156.4
残值变价收入	5000	6	0.5645	2822.5
残值净损失减税	250[(5000−6000)×25%]	6	0.5645	141.125
营运资金收回	10000	6	0.5645	5645
目前变价收入	40000	0	1	40000
变现净损失减税	4000[(40000−56000)×25%]	0	1	4000
垫支营运资金	10000	0	1	10000
净现值				96067.9

表 6－7　购买新设备方案　　　　　　　　　　　　　　　　　　单位：元

项目	现金流量	年价	现值系数	现值
每年营运成本	6000[8000×(1−25%)]	1～6	4.3553	26131.8
每年折旧抵税	3125[12500×25%]	1～6	4.3553	13610.3125
大修理费	6750[9000×(1−25%)]	4	0.6830	4610.25
残值变价收入	6000	6	0.5645	3387
残值净收益纳税	250[(6000−5000)×25%]	6	0.5645	141.125
营运资金收回	20000	6	0.5645	11290

第六章

（续表）

项目	现金流量	年价	现值系数	现值
设备投资	80000	0	1	80000
垫支营运资金	20000	0	1	20000
净现值				102595.86

　　在两方案营业收入一致的情况下，继续使用旧设备净现值为−96067.9元，购买新设备净现值为−102595.86元，选择净现值大的方案，所以应该继续使用旧设备。

案例6−12

　　某城市二环路已不适应交通需要，市政府决定加以改造。现有两种方案可供选择：A方案是全部重建，需一次性投资700万元，以后每年需投入维护费7万元，每8年年末翻新路面一次需投资42万元，永久使用，原有旧路面设施残料收入为250万元；B方案是在现有基础上拓宽，需一次性投资300万元，以后每年需投入维护费6万元，每5年末翻新路面一次需投资30万元，永久使用。贴现率为10%时，哪种方案为优？

　　【分析】　A方案项目现金流量如图6−11所示。

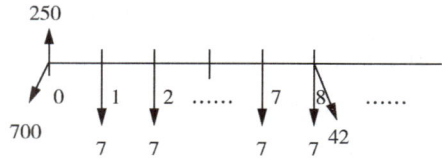

▲ 图6−11　A方案项目现金流量

永续年金现值 $P_{永} = \dfrac{A}{i}$

A方案流出总现值 $P_A = \dfrac{7}{10\%} + \dfrac{42 \div (F/A, 10\%, 8)}{10\%} + (700-250) = 556.73（万元）$

B方案项目现金流量如图6−12所示。

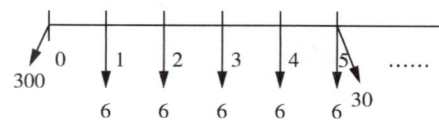

▲ 图6−12　B方案项目现金流量

B方案流出总现值 $P_B = \dfrac{6}{10\%} + \dfrac{30 \div (F/A, 10\%, 5)}{10\%} + 300 = 409.14（万元）$

　　A方案的流出总现值556.73万元大于B方案的流出总现值409.14万元，所以应选择B方案。

（二）寿命期不同的设备重置决策

寿命期不同的设备重置方案,应当采用年金净流量法决策。替换设备不改变生产能力,销售收入属于决策无关因素,主要考虑现金流出,由于寿命期不同,所以应比较年现金流出量即年金成本。

决策原则:选择年金成本较小的方案为优。其公式如下:

$$年金成本 = \frac{\sum（各项目现金净流出现值）}{年金现值系数}$$

案例 6 - 13

仁和公司现有旧设备一台,由于节能减排的需要,准备予以更新。有关资料如表 6 - 8 所示。贴现率为 12%,假定企业所得税税率 25%,考虑所得税对现金流量的影响,则此时应该选择什么方案?

考试方向

考查固定资产更新决策的现金流量的确定、相关指标的计算及其适用范围和决策方法。

表 6 - 8 　仁和公司新旧设备资料　　　　　　单位:元

项目	旧设备	新设备
原价	40000	46000
税法残值	5000	6000
预计使用年限（年）	10	10
已使用年限（年）	4	0
每年折旧费（直线法）	3500	4000
每年营运成本	15000	8000
目前变现价值	10000	46000
最终报废残值	4000	7000

【分析】 （1）继续使用旧设备:

$$NPV_旧 = -14000 - 10375 \times (P/A, 12\%, 6) + 4250 \times (P/F, 12\%, 6)$$
$$= -14000 - 10375 \times 4.1114 + 4250 \times 0.5066$$
$$= -54502.725（元）$$

$$年金成本_旧 = \frac{54502.725}{(P/A, 12\%, 6)} = 13256.49（元）$$

（2）使用新设备:

$$NPV_新 = -46000 - 5000 \times (P/A, 12\%, 10) + 6750 \times (P/F, 12\%, 10)$$
$$= -46000 - 5000 \times 5.6502 + 6750 \times 0.3220$$
$$= -72077.5（元）$$

$$年金成本_新 = \frac{72077.5}{(P/A, 12\%, 10)} = 12756.63（元）$$

当考虑所得税的时候,选择新设备成本会更低,所以选择新设备方案。

·易错易混点·

各期间项目现金流量计算如图6-13所示。

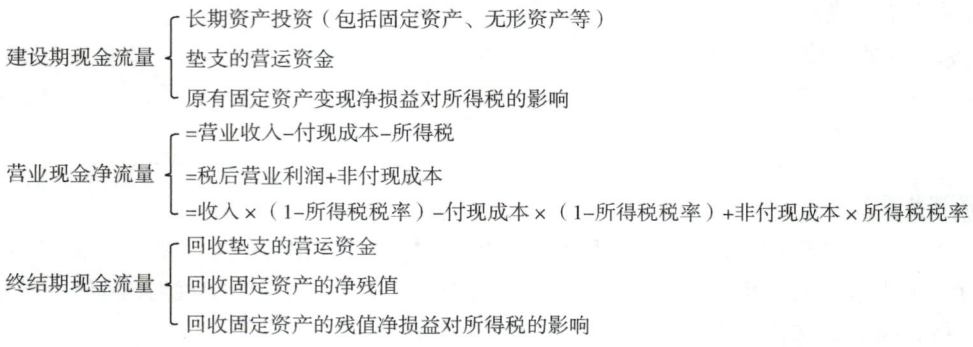

建设期现金流量 ┤长期资产投资（包括固定资产、无形资产等）
　　　　　　　　│垫支的营运资金
　　　　　　　　└原有固定资产变现净损益对所得税的影响

营业现金净流量 ┤=营业收入-付现成本-所得税
　　　　　　　　│=税后营业利润+非付现成本
　　　　　　　　└=收入×（1-所得税税率）-付现成本×（1-所得税税率）+非付现成本×所得税税率

终结期现金流量 ┤回收垫支的营运资金
　　　　　　　　│回收固定资产的净残值
　　　　　　　　└回收固定资产的残值净损益对所得税的影响

▲ **图6-13　各期间项目现金流量计算**

第四节　证券投资管理

 **本节框架** ▶▶

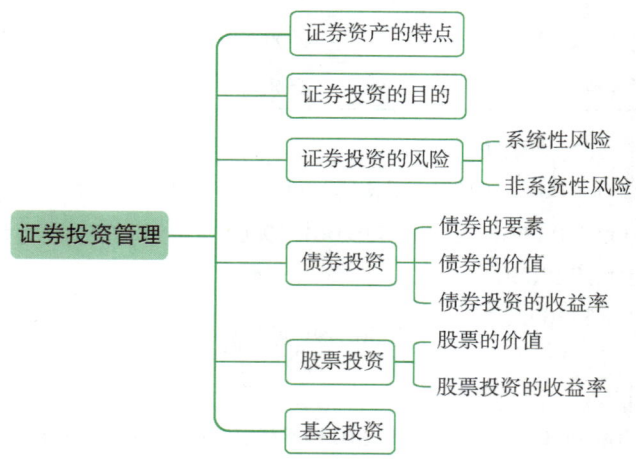

一、证券资产的特点 ★

证券资产的特点详见表6-9。

表6-9 证券资产的特点

特点	具体内容
价值虚拟性	证券资产的价值取决于契约性权利所能带来的未来现金流量,是一种未来现金流量折现的资本化价值
可分割性	证券资产可以分割为一个最小的投资单位
持有目的多元性	既可能是为未来积累现金即为未来变现而持有,也可能是为谋取资本利得即为销售而持有,还有可能是为取得对其他企业的控制权而持有
强流动性	①变现能力强 ②持有目的可以相互转换
高风险性	证券资产是一种虚拟资产,决定了金融投资受公司风险和市场风险的双重影响

考试方向
考查证券投资的特点。

二、 证券投资的目的 ★

(一) 分散资金投向,降低投资风险
(二) 利用闲置资金,增加企业收益
(三) 稳定客户关系,保障生产经营
(四) 提高资产的流动性,增强偿债能力

考试方向
考查证券资产投资的目的。

【例题6-10 单选题】(2017年真题) 一般认为,企业利用闲置资金进行债券投资的主要目的是( )。

A.谋取投资收益　　　　　　　　B.增强资产流动性
C.控制被投资企业　　　　　　　D.降低投资风险

【答案】 A

【名师点睛】 企业利用闲置资金投资的目的是增加企业收益。

三、 证券投资的风险 ★★

证券投资的风险可分为系统性风险与非系统性风险,详见表6-10。

表6-10 证券投资的风险分类

证券投资的风险	分类	特点
系统性风险	价格风险	市场利率上升,使证券资产价格普遍下跌的可能性
	再投资风险	市场利率下降,造成的无法通过再投资而实现预期收益的可能性
	购买力风险	由于通货膨胀而使货币购买力下降的可能性
非系统性风险	违约风险	证券资产发行者无法按时兑付证券资产利息和偿还本金的可能性
	变现风险	证券资产持有者无法在市场上以正常的价格平仓出货的可能性
	破产风险	证券资产发行者破产清算时投资者无法收回应得权益的可能性

【例题6-11 单选题】(2020年真题) 下列关于风险的表述中,不正确的是( )。

A.利率风险属于系统风险　　　　B.购买力风险属于系统风险
C.违约风险不属于系统风险　　　D.破产风险不属于非系统风险

考试方向
考查证券投资风险的分类。

第六章

【答案】 D

【名师点睛】 价格风险、再投资风险和购买力风险属于系统风险;违约风险、变现风险和破产风险属于非系统风险。选项 D 不正确。

【例题 6-12 单选题】(2020 年真题) 某公司预期未来市场利率上升而将闲置资金全部用于短期证券投资,而到期时市场利率却大幅度下降,这意味着公司的证券投资出现( )。

A. 再投资风险   B. 购买力风险   C. 汇率风险   D. 变现风险

【答案】 A

【名师点睛】 再投资风险是由于市场利率下降所造成的无法通过再投资而实现预期收益的可能性。

四、债券投资 ★★

(一)债券的要素

1. 债券面值。

2. 债券票面利率。

3. 债券到期日。

(二)债券的价值

将未来在债券投资上收取的利息和收回的本金折为现值,即可得到债券的内在价值(也称为债券的理论价格)。

决策原则:当债券价值>购买价格时,该债券值得投资。

1. 债券估价。

(1)票面利率<市场利率,折价发行,债券价值<债券面值。

(2)票面利率=市场利率,平价发行,债券价值=债券面值。

(3)票面利率>市场利率,溢价发行,债券价值>债券面值。

案例 6-14

某债券面值 10000 元,期限 20 年,每年支付一次利息,到期归还本金,以市场利率作为评估债券价值的贴现率,目前的市场利率为 10%,如果票面利率分别为 8%,10% 和 12%,要求计算三种情况下的债券价值。

(1)当票面利率为 8% 时:

$V_b = 800 \times (P/A, 10\%, 20) + 10000 \times (P/F, 10\%, 20) = 8296.88(元)$

(2)当票面利率为 10% 时:

$V_b = 1000 \times (P/A, 10\%, 20) + 10000 \times (P/F, 10\%, 20) = 10000(元)$

(3)当票面利率为 12% 时:

$V_b = 1200 \times (P/A, 10\%, 20) + 10000 \times (P/F, 10\%, 20) = 11702.32(元)$

---

2. 债券价值对债券期限的敏感性。

(1)折价债券,期限越长,债券价值越小;期限越短,债券价值越大,越趋向于面值。

(2)平价债券,期限长短对债券价值无影响。

(3)溢价债券,期限越长,债券价值越大;期限越短,债券价值越小,越趋向于面值。

记忆技巧 期限越长，折价越折，溢价越溢。长期债券的敏感性高于短期债券。

案例 6-15

假定市场利率为10%，面值10000元，每年付息一次到期归还本金，票面利率分别为8%，10%和12%的三种债券，在债券到期日发生变化时的债券价值如图6-14所示。

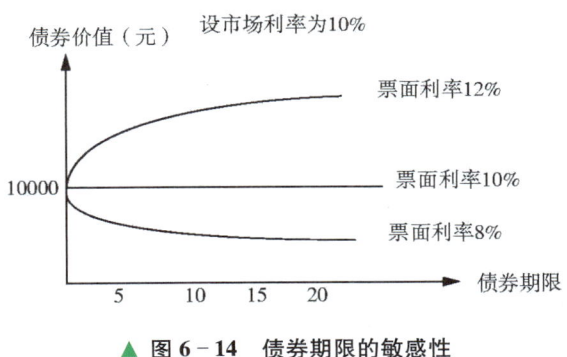

▲ 图6-14 债券期限的敏感性

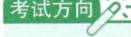
考查债券价值的计算以及影响债券价值各因素与债券价值之间的关系。

3.债券价值对市场利率的敏感性。

市场利率越大，债券价值越小；市场利率越小，债券价值越大。

记忆技巧 市场利率与债券价值呈反向变动。

【例题6-13 单选题】（2019年真题） 根据债券估计基本模型，不考虑其他因素的影响，当市场利率上升时，固定利率债券价值的变化方向是（ ）。

A.不确定　　　　B.上升　　　　C.下降　　　　D.不变

【答案】 C

【名师点睛】 计算固定利率债券价值时，折现率为市场利率，所以市场利率上升会导致债券价值下降。所以选项C正确。

【例题6-14 判断题】（2019年真题） 不考虑其他因素的影响，如果债券的票面利率大于市场利率，则债券的期限越长，价值就越低。（ ）

【答案】 ×

【名师点睛】 债券的票面利率大于市场利率时，为债券溢价发行，则债券的期限越长，价值就越高。所以该表述不正确。

（三）债券投资的收益率

1.债券收益的来源。

（1）名义利息收益。

（2）利息再投资收益。

（3）价差收益。

2.债券的内部收益率。

债券的内部收益率是指按当前市场价格购买债券并持有至到期日或转让日所产生的预期收益率，也就是债券投资项目的内含收益率R。

即：当 $P_入 = P_出$ 时，求 R。

可得结论如下：

（1）平价发行，债券内部收益率＝票面利率。

（2）折价发行（P 小），债券内部收益率（i 大）＞票面利率。

（3）溢价发行（P 大），债券内部收益率（i 小）＜票面利率。

记忆技巧 利用 i 大 P 小原理进行记忆。

案例 6 - 16

假定仁和公司目前以 10759.2 元的价格，购买一份面值为 10000 元、每年付息一次到期归还本金，票面利率为 12% 的 5 年期债券，投资者将该债券持有至到期日。

（1）计算当购买价格为 10759.2 元时，债券的内部收益率。

（2）计算当购买价格为 10000 元时，债券的内部收益率。

（3）计算当购买价格为 8992.4 元时，债券的内部收益率。

【分析】 （1）该债券的现金流量如图 6 - 15 所示。

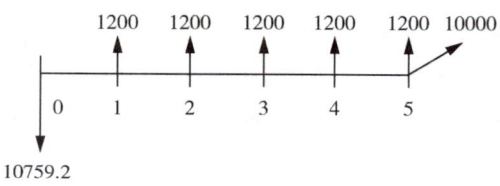

▲ 图 6 - 15　债券现金流量

$10759.2 = 1200 \times (P/A, R, 5) + 10000 \times (P/F, R, 5)$

采用逐步测试的方式再结合插值法，得内部收益率 R＝10%。

（2）同理可得，当购买价格为 10000 元时，债券的内部收益率为 12%。

（3）同理可得，当购买价格为 8992.4 元时，债券的内部收益率为 15%。

---

3. 简便算法。

计算公式如下：

$$R = \frac{I + (B - P)/N}{(B + P)/2}$$

式中：P 表示债券的当前购买价格，B 表示债券面值，N 表示债券期限。分母为平均资金占用，分子为平均收益。

考试方向
考查债券投资的收益率的计算。

【例题 6 - 15 单选题】（2020 年真题）　某投资者年初以 100 元的价格购买 A 债券，当年获得利息收入 5 元，当年年末以 103 元的价格出售该债券，则该债券的持有期间收益率为（　　）。

A. 8%　　　　　　B. 7.77%　　　　　　C. 3%　　　　　　D. 5%

【答案】　A

【名师点睛】　$R = [5 + (103 - 100)] \div 100 = 8\%$

五、股票投资 ★ ★ ★

(一)股票的价值

投资于股票预期获得的未来现金流量的现值,即为股票的价值或内在价值、理论价格(V_S)。

决策原则:当股票价值>股票购买价格时,该股票值得投资。

如果投资者准备永久持有股票,未来的贴现率也是固定不变的,那么未来各期不断变化的股利使其很难计算评价股票的价值,故假设股利按一定的规律变化,从而形成几种常见的股票估价模型。

1. 固定增长模型。

当年股利增长率 g 保持不变时,此时 g 是一个固定的常数时,一般采用简化公式:

$$V_S = \frac{D_0(1+g)}{R_S-g} = \frac{D_1}{R_S-g}$$

式中:D_0 为已经支付的股利、本期支付的股利或刚刚确定的股利,D_1 为即将支付的、下期支付的股利或预计未来第一期将要支付的股利,g 为股利增长率,R_S 为必要收益率。

案例 6 - 17

假定仁和公司准备购买福星公司的股票,要求达到 10% 的收益率,该公司今年每股股利为 0.6 元,预计未来股利会以 6% 的速度增长,则福星公司股票的价值为多少?

【分析】 $V_S = 0.6 \times (1+6\%) \div (10\%-6\%) = 15.9$(元),则福星公司股票价值为 15.9 元。

决策:当福星公司的股票价格低于 15.9 元时,该公司的股票是值得购买的。

---

2. 零增长模型。

当未来每期股利相等,即当固定增长模型中股利增长率 g = 0 时:

$$V_S = \frac{D_0}{R_S}$$

这种股票与优先股类似,属于一种永续年金。

3. 阶段性增长模型。

很多企业的股利在前期会有超常增长率,而后阶段公司股利转入正常稳定增长。对于这种阶段性增长的股票,需要分段单独折现来确定股票的价值。

案例 6 - 18

假定仁和公司准备购买星河公司的股票,打算长期持有,要求达到 10% 的收益率,该公司今年每股股利 0.8 元,预计 B 公司未来 3 年以 12% 的速度高速成长,而后以 8% 的速度转入正常的增长。计算星河公司股票的价值。

【分析】 星河公司股利增长流量如图 6 - 16 所示。

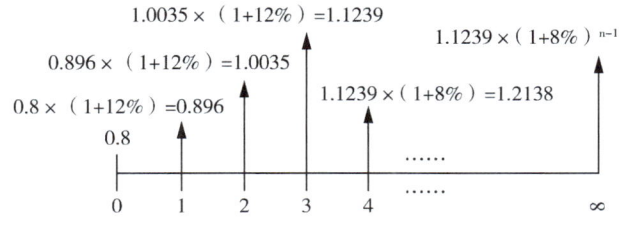

▲ 图 6 - 16 星河公司股利增长流量

如图所示,星河公司前 3 年的增长率和 3 年后的增长率是不一样的,所以需要单独分段折现求价值。

前 3 年股票价值 $= 0.896×(P/F,10\%,1)+1.0035×(P/F,10\%,2)+1.1239×(P/F,10\%,3)=0.896×0.9091+1.0035×0.8264+1.1239×0.7513=2.4882(元)$

3 年后直至无穷期,股利稳定增长,可以采用固定增长模型来进行计算。

$$V_3=1.1239×(1+8\%)÷(10\%-8\%)=60.6906(元)$$

由于是做的分段折现,所以 3 年后的价值 V_3 只折现到了 3 时点,还需要再往前折现 3 期,求 3 期的复利现值即 V_0。

$$V_0=60.6906×(P/F,10\%,3)=60.6906×0.7513=45.5968(元)$$

将两段计算的现值相加,即为该股票的价值。

星河公司的股票价值 $=2.4882+45.5968=48.085(元)$

（二）股票投资的收益率

1. 股票收益的来源。

（1）股利收益。

（2）股利再投资收益。

（3）转让价差收益。

2. 股票的内部收益率。

股票的内部收益率是使得股票未来现金流量贴现值等于目前的购买价格时的贴现率,也就是股票投资项目的内含收益率,即股票的内部收益率 R 是使股票投资净现值为 0 时的贴现率。

在固定增长股票股价模型中,可以用股票的购买价格 P_0 代替内在价值 V_S,则有:

$$R=\frac{D_1}{P_0}+g=\frac{D_0×(1+g)}{P_0}+g$$

可以看出,股票投资内部收益率由预期股利收益率（D_1/P_0）和股利增长率（g）组成。

案例 6-19

仁和公司 2018 年 10 月购入福星公司股票 1000 股,每股购价为 3.2 元;福星公司 2019 年、2020 年、2021 年派分的现金股利分别为每股 0.25 元、0.32 元、0.45 元;仁和公司 2021 年 10 月以每股 3.5 元的价格售出该股票,则福星公司的股票内部收益率为多少?

【分析】 该股票相关的现金流量如图 6-17 所示。

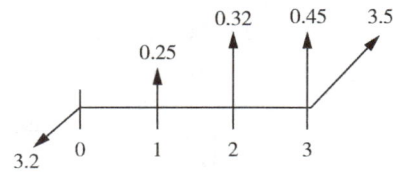

▲ 图 6-17 股利流量

$$NPV=\frac{0.25}{1+R}+\frac{0.32}{(1+R)^2}+\frac{0.45}{(1+R)^3}+\frac{3.5}{(1+R)^3}-3.2=0$$

用逐步测试法结合插值法计算,得出:$R=13.14\%$。

【例题 6－16 单选题】（2019 年真题） 某公司股票的当前市场价格为 10 元/股,今年发放的现金股利为 0.2 元/股（$D_0 = 0.2$）,预计未来每年股利增长率为 5%,则该股票的内部收益率为（ ）。

A.7% B.5% C.7.1% D.2%

【答案】 C

考试方向
考查股票价值的计算以及股票内含收益率的计算。

【名师点睛】 该股票的内部收益率 $R = \dfrac{D_1}{P_0} + g = \dfrac{0.2 \times (1+5\%)}{10} + 5\% = 7.1\%$。

【例题 6－17 单选题】（2020 年真题） 假设投资者要求达到 10% 的收益率,某公司当期每股股利（D0）为 0.5 元,预计股利增长率为 5%,则该公司股票的价值为（ ）元。

A. 5.25 B. 10.5 C. 5 D. 10

【答案】 B

【名师点睛】 该公司股票的价值 = 0.5 × (1+5%) ÷ (10% − 5%) = 10.5（元）。

六、 基金投资 ★

（一）投资基金的概念

投资基金是一种集合投资方式,投资者通过购买基金份额,将众多资金集中起来,由专业的投资者即基金管理人进行管理,通过投资组合的方式进行投资,实现利益共享、风险共担。

（二）证券投资基金的特点

1. 集合理财,实现专业化管理。

2. 通过组合投资实现分散风险的目的。

3. 投资者利益共享,风险共担。

基金投资者获取的收益等于基金投资收益减去基金应当承担的相关费用,各投资者依据所持有的份额比例进行分配。参与基金运作的基金管理人和基金托管人仅按照约定的比例收取管理费用和托管费用,无权参与基金收益的分配。

4. 权力隔离的运作机制。

参与基金运作的包括基金投资者、托管人、管理人,基金财产则交与基金托管人,基金管理人只负责基金的投资工作,资金管理权力与基金操作权力相互隔离。

5. 严格的监管制度。

我国的基金业监管采取法定监管机构与自律性组织相结合的监管模式。中国证监会是我国政府的基金监管机构,基金业协会为行业自律性组织,证券交易所是证券市场的自律管理者。

（三）证券投资基金的分类

证券投资基金可根据不同的标准分为多种形式,详见表 6－11。

表 6－11 证券投资基金的分类

分类标准	分类形式	具体内容
法律形式	契约型基金	依据基金管理人、基金托管人之间签署的基金合同设立,合同规定了参与基金运作各方的权利与义务

考试方向
考查证券投资基金的分类。

 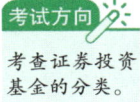

（续表）

分类标准	分类形式	具体内容
法律形式	公司型基金	独立法人，依据基金公司章程设立，基金投资者是基金公司的股东，按持有股份比例承担有限责任，分享投资收益。委托基金管理公司作为专业的投资顾问来经营与管理基金资产
运作方式	封闭式基金	基金份额持有人不得在基金约定的运作期内赎回基金，即基金份额在合同期限内固定不变。适合长期投资的投资者
	开放式基金	可以在合同约定的时间和场所对基金进行申购或赎回，即基金份额不固定。适合短期投资的投资者
投资对象	股票基金	基金资产80%以上投资于股票的基金
	债券基金	基金资产80%以上投资于债券的基金
	货币市场基金	仅投资于货币市场工具的为货币市场基金
	混合基金	比例不符合上述的为混合基金
投资目标	增长型基金	主要投资于具有较好增长潜力的股票
	收入型基金	更加关注能否取得稳定的经常性收入
	平衡型基金	集合上述两种基金投资的目标，既关注能否获得资本增值，也关注收入问题
	风险收益表现：增长型基金>平衡型基金>收入型基金	
投资理念	主动型基金	由基金经理主动操盘寻找超越基准组合表现的投资组合进行投资
	被动（指数）型基金	期望通过复制指数的表现，选取特定的指数成分股作为投资对象，不期望能够超越基准组合，只求能够与所复制的指数表现同步
募集方式	私募基金	采取非公开方式发售，面向特定的投资者，他们往往风险承受能力较高，单个投资者涉及的资金量较大
	公募基金	可以面向社会公众公开发售，募集对象不确定，投资金额较低，适合中小投资者，由于公募基金涉及的投资者数量较多，因此受到更加严格的监管并要求更高的信息透明度

（四）证券投资基金业绩评价

1.业绩评价时需要考虑的因素。

（1）投资目标与范围。

（2）风险水平。

（3）基金规模。

（4）时间区间。

2.基金业绩评估指标。

（1）绝对收益。

①持有期间收益率。

计算公式如下：

$$持有期间收益率=\frac{期末资产价格-期初资产价格+持有期间红利收入}{期初资产价格}\times100\%$$

②现金流和时间加权收益率。

③平均收益率：

a. 算术平均收益率（R_A）：

$$R_A = \frac{\sum_{t=1}^{n} R_t}{n} \times 100\%$$

式中，R_t 为 t 期收益率，n 为期数。

b. 几何平均收益率（R_G）：

$$R_G = \left[\sqrt[n]{\prod_{i=1}^{n}(1+R_i)} - 1 \right] \times 100\%$$

式中，R_i 为 i 期收益率，n 为期数。

（2）相对收益。

是基金相对于一定业绩比较基准的收益。

案例 6－20

某基金近三年的收益率分别为 5%，7%，9%，分别计算其三年的算数平均收益率与几何平均收益率。

【分析】 算数平均收益率：$R_A = (5\% + 7\% + 9\%) \div 3 = 7\%$

几何平均收益率：

$(1+5\%) \times (1+7\%) \times (1+9\%) = (1+R_G)^3$

$R_G = \sqrt[3]{(1+5\%) \times (1+7\%) \times (1+9\%)} - 1 = 6.99\%$

【例题 6－17 单选题】（2020 年真题） 关于证券投资风险的表述，说法错误的是（   ）。

A. 基金投资风险由基金托管人和基金管理人承担

B. 系统性风险不能随着资产种类的增加而降低

C. 非系统性风险能随着资产种类的增加而降低

D. 国家经济政策的变化属于系统性风险

【答案】 A

【名师点睛】 参与基金运作的基金管理人和基金托管人仅按照约定的比例收取管理费和托管费用，无权参与基金收益的分配，所以选项 A 的说法错误。

考试方向

考查证券投资基金的特点和分类。

第六章

同步练习

一、单项选择题

1. 已知某投资项目的原始投资额现值为 100 万元,净现值为 25 万元,则该项目的现值指数为( )。

A. 0.25   B. 0.75

C. 1.05   D. 1.25

2. 某投资项目各年现金净流量按 13% 折现时,净现值大于零;按 15% 折现时,净现值小于零。则该项目的内含收益率一定( )。

A. 大于 14%   B. 小于 14%

C. 小于 13%   D. 小于 15%

3. 下列各项因素,不会对投资项目内含收益率指标计算结果产生影响的是( )。

A. 原始投资额   B. 资本成本

C. 项目计算期   D. 现金净流量

4. 采用静态回收期法进行项目评价时,下列表述错误的是( )。

A. 若每年现金净流量不相等,则无法计算静态回收期

B. 静态回收期法没有考虑资金时间价值

C. 若每年现金净流量相等,则静态回收期等于原始投资额除以每年现金净流量

D. 静态回收期法没有考虑回收期后的现金流量

5. 某投资项目只有第一年年初产生现金净流出,随后各年均产生现金净流入,且其动态回收期短于项目的寿命期,则该项目的净现值( )。

A. 无法判断   B. 小于 0

C. 大于 0   D. 等于 0

6. 在对某独立投资项目进行财务评价时,下列各项中,不能据以判断该项目具有财务可行性的是( )。

A. 以必要收益率作为折现率计算的项目现值指数大于 1

B. 以必要收益率作为折现率计算的年金净流量大于 0

C. 项目静态投资回收期小于项目寿命期

D. 以必要收益率作为折现率计算的项目净现值大于 0

7. 关于项目决策的内含收益率法,下列表述正确的是( )。

A. 项目的内含收益率大于 0,则项目可行

B. 内含收益率不能反映投资项目可能达到的收益率

C. 内含收益率指标没有考虑资金时间价值因素

D. 内含收益率指标有时无法对互斥方案做出正确决策

8. 某项永久性扶贫基金拟在每年年初发放 80 万元扶贫款,年利率为 4%,则该基金需要在第一年年初投入的资金数额(取整数)为( )万元。

A. 1923   B. 2080

C. 2003   D. 2000

9. ST 公司在 2018 年 3 月 5 日宣布其发行的公司债券本期利息总额为 8980 万元将无法于原定付息日 2018 年 3 月 9 日全额支付,仅能够支付 500 万元,则该公司债务的投资者面临的风险是( )。

A. 价格风险   B. 购买力风险

C. 变现风险   D. 违约风险

10. 债券内在价值计算公式中不包含的因素是( )。

A. 债券期限   B. 债券票面利率

C. 债券市场价格   D. 债券面值

11. 某封闭性基金近三年净值分别为 2.5 元/份、4.0 元/份、3.0 元/份,那么该基金几何平均年收益率为( )。

A. 17.5%   B. 9.54%

C. 60%   D. −25%

12. 下列属于系统性风险的是( )。

A. 违约风险   B. 购买力风险

C. 变现风险   D. 破产风险

二、多项选择题

1. 按照企业投资的分类,下列各项中,属于发展性投资的有( )。

A. 企业间兼并合并的投资

B. 更新替换旧设备的投资

C. 大幅度扩大生产规模的投资

D. 开发新产品的投资

2. 在考虑所得税影响的情况下,下列可用于计算营业现金净流量的算式中,正确的有( )。

A. 税后营业利润+非付现成本

B. 营业收入-付现成本-所得税

C. (营业收入-付现成本)×(1-所得税税率)

D. 营业收入×(1-所得税税率)+非付现成本×所得税税率

3. 下列投资项目评价指标中,考虑货币时间价值的有( )。

A. 现值指数   B. 内含收益率

C. 静态回收期   D. 净现值

4. 如果某项目投资方案的内含收益率大于必要收益率,则( )。

A. 年金净流量大于原始投资额现值

B. 现值指数大于1

C. 净现值大于0

D. 静态回收期小于项目寿命期的一半

5. 运用年金成本法对设备重置方案进行决策时,应考虑的现金流量有( )。

A. 旧设备年营运成本

B. 旧设备残值变价收入

C. 旧设备的初始购置成本

D. 旧设备目前的变现价值

6. 下列各项中,属于证券资产特点的有( )。

A. 可分割性   B. 高风险性

C. 强流动性   D. 持有目的多元性

7. 仁和公司拟投资一个项目,需要一次性投入1000000元,全部是固定资产投资,没有投资期,假设没有利息,投产后每年税后营业利润为110000元,预计寿命期10年,按直线法提折旧,度值率为10%。适用的所得税税率为25%,要求的收益率为10%。则下列说法中正确的有( )。

A. 该项目静态投资回收期为5年

B. 该项目净现值为267470元

C. 该项目现值指数为1.73

D. 该项目营业期年现金净流量为200000元

三、判断题

1. 某投资者进行间接投资,与其交易的筹资者是在进行直接筹资;某投资者进行直接投资,与其交易的筹资者是在进行间接筹资。

           ( )

2. 进行固定资产投资时,税法规定的净残值与预计的净残值不同,终结期计算现金流量时应考虑所得税影响。 ( )

3. 投资项目是否具有财务可行性,主要取决于该项目在整个寿命周期内获得的利润总额是否超过整个项目投资成本。   ( )

4. 由于债券的面值、期限和票面利息是固定的,因此带给持有者的未来收益仅仅为利息收益。   ( )

5. 依据固定股利增长模型,股票投资内部收益率由两部分构成:一部分是预期股利收益率 D_1/P_0,另一部分是股利增长率 g。 ( )

四、计算分析题

1. 甲公司为了扩大生产能力,拟购买一台新设备,该投资项目相关资料如下。

资料一:新设备的投资额为1800万元,经济寿命期为10年。采用直线法计提折旧,预计期末净残值为300万元。假设设备购入即可投入生产,不需要垫支营运资金,该企业计提折旧的方法、年限、预计净残值等与税法规定一致。

资料二:新设备投资后第1至6年每年为企业增加营业现金净流量400万元,第7至10年每年为企业增加营业现金净流量500万元,项目终结时,预计设备净残值全部收回。

资料三:假设该投资项目的贴现率为10%,相关货币时间价值系数如下表所示。

期数(n)	4	6	10
(P/F,10%,n)	0.6830	0.5645	0.3855
(P/A,10%,n)	3.1699	4.3553	6.1446

要求:

(1)计算项目静态投资回收期。

(2)计算项目净现值。

(3)评价项目投资可行性并说明理由。

2. 乙公司拟购置一套监控设备。有 X 和 Y 两种设备可供选择,两者具有同样的功能,X 设备的购买成本为480000元,每年付现成本为40000元,使用寿命6年,该设备采用直线法折旧,年折旧额为80000元,税法残值为0,最终报废残值为12000元。Y 设备使用寿命为5年,经测算,年金成本为105000元,投资决策采用的折现率为10%,公司适用的企业所得税税率为25%,有关货币时间价值系数:(P/F,10%,6)=

0.5645；（P/A，10%，6）＝4.3553；（F/A，10%，6）＝7.7156。

要求：

（1）计算 X 设备每年的税后付现成本。

（2）计算 X 设备每年的折旧抵税额和最后一年末的税后残值收入。

（3）计算 X 设备的年金成本。

（4）运用年金成本方式判断公司应选哪一设备。

3. 某投资者准备购买甲公司的股票，当前甲公司股票的市场价格为 4.8 元/股，甲公司采用固定股利政策，预计每年的股利均为 0.6 元/股。已知甲公司股票的 β 系数为 1.5，无风险收益率为 6%，市场平均收益率为 10%。

要求：

（1）采用资本资产定价模型计算甲公司股票的必要收益率。

（2）以要求（1）的计算结果作为投资者要求的收益率，采用股票估价模型计算甲公司股票的价值，据此判断是否值得购买，并说明理由。

（3）采用股票估价模型计算甲公司股票的内部收益率。

五、综合题

1. 甲化工公司拟进行一项固定资产投资，以扩充生产能力，现有 X、Y、Z 三个方案备选，相关资料如下。

资料一：甲公司现有长期资本 10000 万元，其中，普通股股本为 5500 万元，长期借款为 4000 万元，留存收益为 500 万元。长期借款利率为 8%。该公司股票的系统风险是整个股票市场风险的 2 倍。目前整个股票市场平均收益率为 8%，无风险收益率为 5%。假设该投资项目的风险与公司整体风险一致，且投资项目的筹资结构与公司资本结构相同，新增债务利率不变。

资料二：X 方案需要投资固定资产 500 万元，不需要安装就可以使用，预计使用寿命为 10 年，期满无残值，采用直线法计提折旧。该项目投产后预计会使公司的存货和应收账款共增加 20 万元，应付账款增加 5 万元，假设不会增加其他流动资产和流动负债。在项目运营的 10 年中，预计每年为公司增加税前利润 80 万元。X 方案的现金流量如表 1 所示。

表 1　X 方案现金流量计算表

单位：万元

年份	0	1~9	10
一、投资期现金流量			
固定资产投资	（A）		
运营资金垫支	（B）		
投资现金净流量	×		
二、营业期现金流量			
销售收入		×	×
付现成本		×	×
折旧		（C）	×
税前利润		80	×
所得税		×	×
净利润		（D）	×
营业现金净流量		（E）	（F）
三、终结期现金流量			
固定资产净残值			×
回收营运资金			（G）
终结期现金净流量			×
四、年现金净流量合计	×	×	（H）

注：表内的"×"为省略的数值

资料三：Y 方案需要投资固定资产 300 万元，不需要安装就可以使用，预计使用寿命为 8 年，期满无残值。预计每年营业现金净流量为 50 万元。经测算，当折现率为 6% 时，该方案的净现值为 10.49 万元；当折现率为 8% 时，该方案的净现值为 −12.67 万元。

资料四：Z 方案与 X 方案、Y 方案的相关指标如表 2 所示。

表 2　备选方案的相关指标

方案	X 方案	Y 方案	Z 方案
原始投资额现值（万元）	×	300	420
期限（年）	10	8	8
净现值（万元）	197.27	×	180.50
现值指数	1.38	0.92	（J）
内含收益率	17.06%	×	×
年金净流量（万元）	（I）	×	32.61

资料五：公司适用的所得税率为 25%。相关货币时间价值系数如表 3 所示。

表3　相关货币时间价值系数表

期数（n）	8	9	10
(P/F,i,n)	0.5019	0.4604	0.4224
(P/A,i,n)	5.5348	5.9952	6.4170

注：i 为该项目的必要收益率

要求：

（1）根据资料一，利用资本资产定价模型计算戊公司普通股资本成本。

（2）根据资料一和资料五，计算甲公司的加权平均资本成本。

（3）根据资料二和资料五，确定表1中字母所代表的数值（不需要列式计算过程）。

（4）根据以上计算的结果和资料三，完成下列要求：①计算 Y 方案的静态投资回收期和内含收益率；②判断 Y 方案是否可行，并说明理由。

（5）根据资料四和资料五，确定表2中字母所代表的数值（不需要列式计算过程）。

（6）判断甲公司应当选择哪个投资方案，并说明理由。

2. 乙公司是一家上市公司，企业所得税税率为25%，相关资料如下。

资料一：公司为扩大生产经营准备购置一条新生产线，计划于 2020 年年初一次性投入资金6000 万元，全部形成固定资产并立即投入使用，建设期为 0，使用年限为 6 年，新生产线每年增加营业收入 3000 万元，增加付现成本 1000万元。新生产线开始投产时需要垫支营运资金700 万元，在项目终结时一次性收回。固定资产采用直线法计提折旧，预计净残值为 1200 万元。公司所要求的最低投资收益率为 8%，相关资金时间价值系数：(P/A,8%,5) = 3.9927；(P/F,8%,6) = 0.6302。

资料二：为满足购置生产线的资金需求，公司设计了两个筹资方案。方案一：向银行借款6000 万元，期限 6 年，年利率为 6%，每年年末付息一次，到期还本；方案二：发行普通股 1000万股，每股发行价 6 元。公司将持续执行稳定增长的股利政策，每年股利增长率为 3%，预计公司 2020 年每股股利 D_1 为 0.48 元。

资料三：已知筹资方案实施前，公司发行在外的普通股股数为 3000 万股，年利息费用为 500万元。经测算，追加筹资后预计年息税前利润可达到 2200 万元。

要求：

（1）根据资料一，计算新生产线项目下列指标：①投资时点（第 0 年）现金净流量；②第 1 年至第 5 年每年的现金净流量；③第 6 年的现金净流量；④现值指数。

（2）根据现值指数指标并判断公司是否应该进行新生产线投资，并说明理由。

（3）根据资料二，计算下列指标：①银行借款的资本成本率；②发行股票资本成本率。

（4）根据资料二、三，计算两个筹资方案的每股收益无差别点（EBIT），判断公司应该选择哪个筹资方案，并说明理由。

3. 丙公司是一家制造企业，企业所得税税率为25%。公司考虑用效率更高的新生产线来代替现有旧生产线。有关资料如下。

资料一：旧生产线原价为 5000 万元，预计使用年限为 10 年，已经使用 5 年。采用直线法计提折旧，使用期间无残值。每年生产的产品销售收入为 3000 万元，变动成本总额为 1350 万元，固定成本总额为 650 万元。

资料二：旧生产线每年的全部成本中，除折旧外均为付现成本。

资料三：如果采用新生产线取代旧生产线。相关固定资产投资和垫支营运资金均于开始时一次性投入（建设期为 0），垫支营运资金于营业期结束时一次性收回。新生产线使用直线法计提折旧。使用期满无残值。有关资料如下表所示。

丙公司 2017 年的销售预算表

单位：万元

项目	固定资产投资	垫支营运资金	使用年限	年营业收入	年营运成本
数额	2400	600	8 年	1800	500

资料四：公司进行生产线更新投资决策时采用的折现率为 15%。有关资金时间价值系数如下：(P/F,15%,8) = 0.3269；(P/A,15%,7) = 4.1604；(P/A,15%,8) = 4.4873。

资料五：经测算，新生产线的净现值大于旧生产线的净现值，而其年金净流量小于旧生产线的年金净流量。

要求：

（1）根据资料一，计算旧生产线的边际贡献总额和边际贡献率。

（2）根据资料一和资料二，计算旧生产线的年营运成本（即付现成本）和年营业现金净流量。

（3）根据资料三，计算新生产线的如下指标：①投资时点（第 0 年）的现金流量；②第 1 年到第 7 年营业现金净流量；③第 8 年的现金净流量。

（4）根据资料三和资料四，计算新生产线的净现值和年金净流量。

（5）根据资料五，判断公司是否应采用新生产线替换旧生产线，并说明理由。

参考答案及解析

一、单项选择题

1.【答案】 D

【解析】 现值指数 = 未来现金净流量现值/原始投资额现值 = （100+25）÷100 = 1.25

2.【答案】 D

【解析】 内含收益率是净现值为 0 时的折现率，根据题目条件说明内含收益率在 13% ~ 15% 之间。所以选项 D 正确。

3.【答案】 B

【解析】 内含收益率是指对投资方案未来的每年现金净流量进行贴现，使所得的现值恰好与原始投资额现值相等，从而使净现值等于零时的贴现率。计算时并不使用资本成本作贴现率，所以选项 B 正确。

4.【答案】 A

【解析】 若每年现金净流量不相等时，设 M 是收回原始投资额的前一年：静态回收期 = M+第 M 年尚未回收额/第（M+1）年的现金净流量，所以选项 A 错误。

5.【答案】 C

【解析】 由于该项目的动态回收期小于项目的寿命期，而按照动态回收期计算的净现值等于 0，因此项目的净现值大于 0。

6.【答案】 C

【解析】 项目的静态回收期要小于投资人要求的回收期，选项 C 符合题意。

7.【答案】 D

【解析】 项目的内含收益率大于或等于必要投资收益率，则项目可行，所以选项 A 的说法不正确；内含收益率就是投资项目可能达到的收益率，所以，选项 B 的说法不正确；内含收益率是使净现值等于零的贴现率，所以，内含收益率指标考虑了资金时间价值因素，即选项 C 的说法不正确；在互斥投资方案决策时，如果各方案的原始投资额现值不相等，内含收益率指标

有时无法作出正确的决策，所以，选项 D 的说法正确。

8.【答案】 B

【解析】 该基金需要在第一年年初投入的资金数额 = 80+80÷4% = 2080（万元）

9.【答案】 D

【解析】 违约风险是指证券资产发行者无法按时兑付证券资产利息和偿还本金的可能性。

10.【答案】 C

【解析】 债券内在价值指的是未来要支付的利息和到期偿还的本金的现值，利息的计算与债券市场价格无关，到期偿还的本金等于债券的面值，所以选项 C 符合题意。

11.【答案】 B

【解析】 两年的收益率分别为：（4−2.5）÷2.5 = 60%，（3−4）÷4 = −25%。该基金的算术平均年收益率 = （60%−25%）÷2 = 17.5%，几何年平均收益率 = $[(1+60\%)\times(1-25\%)]^{\frac{1}{2}} - 1 = 9.54\%$。

12.【答案】 B

【解析】 系统性风险包括价格风险、再投资风险和购买力风险；非系统性风险包括违约风险、变现风险和破产风险。所以选项 B 正确。

二、多项选择题

1.【答案】 ACD

【解析】 发展性投资是指对企业未来的生产经营发展全局有重大影响的企业投资。发展性投资也可以称为战略性投资，如企业间兼并合并的投资、转换新行业和开发新产品投资、大幅度扩大生产规模的投资等，选项 ACD 正确。选项 B 属于维持性投资。维持性投资一般包括更新替换旧设备的投资、配套流动资金投资、生产技术革新的投资等。

2.【答案】 AB

【解析】 考虑所得税对投资项目现金流量的影响时,营业现金净流量=营业收入-付现成本-所得税=税后营业利润+非付现成本=收入×(1-所得税税率)-付现成本×(1-所得税税率)+非付现成本×所得税税率。

3.【答案】 ABD

【解析】 静态回收期没有考虑货币时间价值,直接用未来现金净流量累计到原始投资数额时所经历的时间作为静态回收期。

4.【答案】 BC

【解析】 某项目内含收益率大于必要收益率,则说明该项目具有可行性,则净现值大于0,年金净流量大于0,现值指数大于1,未来现金净流量现值大于原始投资额现值,选项 A 错误,选项 BC 正确。项目可行,则静态回收期小于项目寿命期,但无法判断静态回收期是否小于项目寿命期的一半,选项 D 错误。

5.【答案】 ABD

【解析】 选项 C,旧设备的初始购置成本为沉没成本,不用考虑。

6.【答案】 ABCD

【解析】 证券资产的特点包括价值虚拟性、可分割性、持有目的多元性、强流动性、高风险性。

7.【答案】 ABD

【解析】 年折旧=1000000×(1-10%)÷10=90000(元);营业期年现金净流量=110000+90000=200000(元);静态投资回收期=1000000÷200000=5(年);净现值 200000×(P/A,10%,10)+1000000×10%×(P/F,10%,10)-1000000=200000×6.1446+100000×0.3855-1000000=267470(元);现值指数=(200000×6.1446+100000×0.3855)÷1000000=1.27。

三、判断题

1.【答案】 ×

【解析】 直接筹资是企业直接与资金供应者协商融通资金的筹资活动;间接筹资是企业借助于银行和非银行金融机构而筹集的资金。直接投资是将资金直接投放于形成生产经营能力的实体性资产,直接谋取经营利润的企业投资;间接投资是将资金投放于股票、债券等权益性资产上的企业投资。

2.【答案】 √

【解析】 固定资产变现净损益对现金净流量的影响=(账面价值-变现净收入)×所得税税率,其中账面价值=税法规定的净残值+未计提的折旧,变价净收入=预计的净残值。

3.【答案】 ×

【解析】 现金流量是投资项目财务可行性分析的主要分析对象。利润只是期间财务报告的结果,对于投资方案财务可行性来说,项目的现金流量状况比会计期间盈亏状况更为重要。一个投资项目能否顺利进行,有无经济上的效益,不一定取决于有无会计期间利润,而在于能否带来正现金流量,即整个项目能否获得超过项目投资的现金回收。

4.【答案】 ×

【解析】 债券投资的收益是投资于债券所获得的全部投资报酬,这些投资收益率来源于三个方面:名义利息收益、利息再投资收益和价差收益。

5.【答案】 √

【解析】 依据固定股利增长模型"$R=D_1/P_0+g$",可以看出,股票投资内部收益率由两部分构成:一部分是预期股利收益率 D_1/P_0,另一部分是股利增长率 g。

四、计算分析题

1.【答案】(1) 静态投资回收期=1800÷400=4.5(年)

(2) 净现值=-1800+400×(P/A,10%,6)+500×(P/A,10%,4)×(P/F,10%,6)+300×(P/F,10%,10)=952.47(万元)

(3) 该项目净现值大于0,所以投资可行。

2.【答案】(1) X 设备每年的税后付现成本=40000×(1-25%)=30000(元)

(2) X 设备每年的折旧抵税额=80000×25%=20000(元)

最后一年年末的税后残值收入=12000×(1-25%)=9000(元)

(3) X 设备的年金成本=[30000×(P/A,10%,6)-20000×(P/A,10%,6)+480000-9000×(P/F,10%,6)]÷(P/A,10%,6)=119044.04(元)

(4) 由于 X 设备的年金成本大于 Y 设备,所以应该选择 Y 设备。

3.【答案】(1) 甲公司股票的必要收益率=6%+1.5×(10%-6%)=12%

（2）甲公司股票的价值=0.6÷12%=5（元/股），甲公司股票的价值5元/股大于股票的市场价格4.8元/股，故该股票值得购买。

（3）甲公司股票的内部收益率=0.6÷4.8=12.5%

五、综合题

1.【答案】（1）戊公司普通股资本成本=5%+2×（8%-5%）=11%

（2）加权平均资本成本=8%×（1-25%）×4000÷10000+11%×（5500+500）÷10000=9%

（3）A=-500（万元）；B=-（20-5）=-15（万元）；C=500÷10=50（万元）；D=80×（1-25%）=60（万元）；E=60+50=110（万元）；F=E=110（万元）；G=15（万元）；H=110+15=125（万元）。

表1 X方案现金流量计算表

单位：万元

年份	0	1~9	10
一、投资期现金流量			
固定资产投资	-500		
运营资金垫支	-15		
投资现金净流量	×		
二、营业期现金流量			
销售收入		×	×
付现成本		×	×
折旧		50	×
税前利润		80	×
所得税		×	×
净利润		60	×
营业现金净流量		110	110
三、终结期现金流量			
固定资产净残值			×
回收营运资金			15
终结期现金净流量			×
四、年现金净流量合计	×	×	125

（4）①Y方案的静态投资回收期=300÷50=6（年）

$$\frac{IRR-6\%}{8\%-6\%}=\frac{0-10.49}{-12.67-10.49}$$

得：IRR=6.91%

②Y方案的内含收益率低于投资人要求的收益率，故项目不可行。

（5）I=197.27÷(P/A,9%,10)=30.74（万元）

J=1+180.50÷420=1.43

方案	X方案	Y方案	Z方案
原始投资额现值（万元）	×	300	420
期限（年）	10	8	8
净现值（万元）	197.27	×	180.50
现值指数	1.38	0.92	1.43
内含收益率	17.06%	×	×
年金净流量（万元）	30.74	×	32.61

（6）Y方案不可行，所以要在X与Z方案中选择，由于年限不一样，所以要选择年金净流量大的Z方案。

2.【答案】（1）①投资时点（第0年）现金净流量=-6000-700=-6700（万元）

②折旧=（6000-1200）÷6=800（万元）

第1至5年每年的现金净流量=3000×（1-25%）-1000×（1-25%）+800×25%=1700（万元）

③第6年的现金净流量=1700+700+1200=3600（万元）

④现值指数=[1700×(P/A,8%,5)+3600×(P/F,8%,6)]÷6700=（1700×3.9927+3600×0.6302)÷6700=1.35

（2）因为现值指数大于1，所以乙公司应该购置该生产线。

（3）①银行借款的资本成本率=6%×（1-25%）=4.5%

②发行股票资本成本率=0.48÷6+3%=11%

（4）（EBIT-500-6000×6%）×（1-25%）÷3000=（EBIT-500）×（1-25%）÷（3000+1000）

每股收益无差别点EBIT=1940（万元）

因为预计的年息税前利润2200万元，大于每股收益无差别点1940万元，所以乙公司应该选择方案一。

3.【答案】（1）旧生产线的边际贡献总额=3000-1350=1650（万元）

边际贡献率=1650÷3000=55%

（2）旧生产线的年折旧额=5000÷10=500（万元）

旧生产线的年营运成本（付现成本）=1350+650-500=1500（万元）

年营业现金净流量=3000×（1-25%）-1500×（1-25%）+500×25%=1250（万元）

（3）①投资时点（第0年）的现金流量=-2400-600=-3000（万元）

②新生产线年折旧额=2400÷8=300（万元）

第1年到第7年营业现金净流量=1800×（1-

25%)−500×(1−25%)+300×25%=1050(万元)

③第8年的现金净流量=1050+600=1650(万元)

(4)新生产线的净现值=−3000+1050×(P/A,15%,7)+1650×(P/F,15%,8)=−3000+1050×4.1604+1650×0.3269=1907.81(万元)

新生产线的年金净流量=1907.81÷(P/A,15%,8)=1907.81÷4.4873=425.16(万元)

(5)不应该采用新生产线替换旧生产线。因为新、旧生产线的期限不同,所以应采用年金净流量法。因为新生产线的年金净流量小于旧生产线的年金净流量,所以不应该采用新生产线替换旧生产线。

财华仁和 | 财华考证系列辅导书

2021年度全国会计专业技术资格考试

中级财务管理
应试指导 下册

财华仁和学院　编著

立信会计出版社
LIXIN ACCOUNTING PUBLISHING HOUSE

目　录

下　册

第七章
营运资金管理

本章主要学习现金管理、应收账款管理、存货管理以及流动负债管理，难度适中。在近几年考试中本章知识点占到 8~10 分的分值，主要题型为单选题、多选题、计算分析题。预计今年考查题型不变，分值为 8~10 分。

考 试 变 化

本章内容无实质性变化。

本 章 结 构

第一节　营运资金管理概述
第二节　现金管理
第三节　应收账款管理
第四节　存货管理
第五节　流动负债管理

第七章

第一节 营运资金管理概述

 **本节框架** ➤

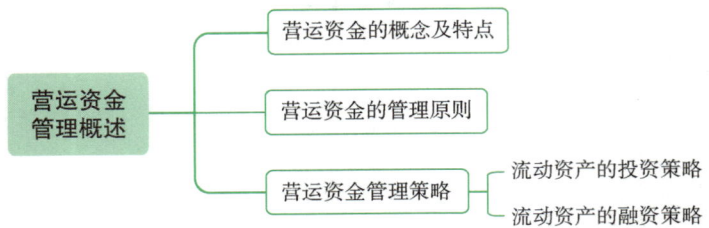

一、营运资金的概念及特点

（一）营运资金的概念 ★

营运资金是指企业生产经营活动中占用在流动资产上的资金。

其计算公式为：营运资金＝流动资产－流动负债

流动负债分为自然性流动负债和人为性流动负债。

自然性流动负债：不需要正式安排，随着企业的生产经营，由于结算程序或有关法律法规的规定等原因自然而然形成的流动负债，如应付账款、应交税费、应付职工薪酬等。

人为性流动负债：由财务人员根据企业对短期资金的需求人为安排所形成的流动负债，如短期借款、短期融资券等。

（二）营运资金的特点 ★

1. 营运资金的来源具有多样性。
2. 营运资金的数量具有波动性。
3. 营运资金的周转具有短期性。
4. 营运资金的实物形态具有变动性和易变现性。

考试方向

考查营运资金的公式和特点。

【例题 7－1 单选题】（2018 年真题） 一般而言，营运资金指的是（　　　）。

A. 流动资产减去速动资产的余额　　　B. 流动资产减去货币资金的余额

C. 流动资产减去流动负债的余额　　　D. 流动资产减去存货后的余额

【答案】 C

【名师点睛】 营运资金＝流动资产－流动负债

二、营运资金的管理原则

（一）满足正常资金需求

（二）提高资金使用效率

（三）节约资金使用成本

（四）维持短期偿债能力

三、营运资金管理策略

（一）流动资产的投资策略 ★ ★

1.流动资产的投资策略有两种基本类型,如表7-1所示。

表7-1　流动资产投资策略的基本类型

	流动资产占收入比重	风险	收益	持有成本	短缺成本
紧缩的流动资产投资策略	低	高	高	低	高
宽松的流动资产投资策略	高	低	低	高	低

2.不同因素对流动资产投资策略的影响。

（1）融资能力。

融资能力较弱的企业,由于短期借贷较困难,往往采用紧缩的投资策略。

（2）产业因素。

在销售边际毛利较高的产业,如果从额外销售中获得的利润超过额外应收账款所增加的成本,宽松的信用政策可能为企业带来更为可观的收益。

（3）影响企业政策的决策者。

①生产经理：喜欢高水平的原材料,以便满足生产所需。

②销售经理：喜欢高水平的产成品存货以便满足顾客的需要,而且喜欢宽松的信用政策以便刺激销售。

③财务管理人员：喜欢使存货和应收账款最小化,以便使流动资产融资的成本最低。

【例题7-2 判断题】（2020年真题）　企业维持较高的流动资产存量水平有助于提高资金使用效率和企业总体收益水平。(　　)

考试方向

考查流动资产投资策略以及影响因素。

【答案】 ×

【名师点睛】　维持高水平的流动资产与销售收入比率：低风险、低收益。所以该表述错误。

【例题7-3 单选题】（2019年真题）　不考虑其他因素,企业采用宽松的流动资产投资策略将导致(　　)。

A.较低的资产流动性　　　　　　　　B.较低的偿债能力

C.较低的流动资产短缺成本　　　　　D.较低的收益水平

【答案】 CD

【名师点睛】　在宽松的流动资产投资策略下,企业将保持较高的流动资产,会增加流动资产的持有成本,降低资产的收益性,但会提高资产的流动性,短缺成本会降低,会提高偿债能力。所以选项CD正确。

（二）流动资产的融资策略 ★ ★ ★

1.流动资产的分类。

流动资产可以被分解为两部分:永久性流动资产和波动性流动资产。

（1）永久性流动资产:指满足企业长期最低需求的流动资产,其占有量通常相对稳定,属于长期资金占用。

（2）波动性流动资产（临时性流动资产）：指那些由于季节性或临时性的原因而形成的流动资产，其占用量随当时的需求而波动，属于短期资金占用。

2. 流动负债的分类。

流动负债可以被分解为两部分：临时性流动负债和自发性流动负债。

（1）临时性流动负债（筹资性流动负债）：指为了满足临时性流动资产需要所发生的负债，临时性负债一般只能供企业短期使用。主要包括短期借款和短期融资券等。

（2）自发性流动负债（经营性流动负债）：指直接产生于企业持续经营中的负债，自发性负债可供企业长期使用。例如，商业信用筹资和日常运营中产生的其他应付款、应付职工薪酬、应付利息、应交税费等。

提示 ▶ 临时性负债属于短期融资；自发性负债、非流动负债、所有者权益属于长期融资。

3. 流动资产融资策略的种类及特点（详见表7-2、图7-1）。

表7-2 流动资产融资策略的种类及特点

策略	具体内容	特点
匹配融资策略	在期限匹配融资策略中，永久性流动资产和非流动资产以长期融资方式融通，波动性流动资产以短期来源融通 波动性流动资产＝临时性流动负债 非流动资产＋永久性流动资产＝自发性流动负债＋长期负债＋所有者权益	风险和收益均适中
保守融资策略	在保守融资策略中，长期融资支持非流动资产、永久性流动资产和部分波动性流动资产 波动性流动资产＞临时性流动负债 非流动资产＋永久性流动资产＜自发性流动负债＋长期负债＋所有者权益	风险和收益均较低
激进融资策略	在激进融资策略中，企业以长期负债、自发性负债和股东权益资本为所有的非流动资产融资，仅对一部分永久性流动资产使用长期融资方式融资 波动性流动资产＜临时性流动负债 非流动资产＋永久性流动资产＞自发性流动负债＋长期负债＋所有者权益	风险和收益均较高

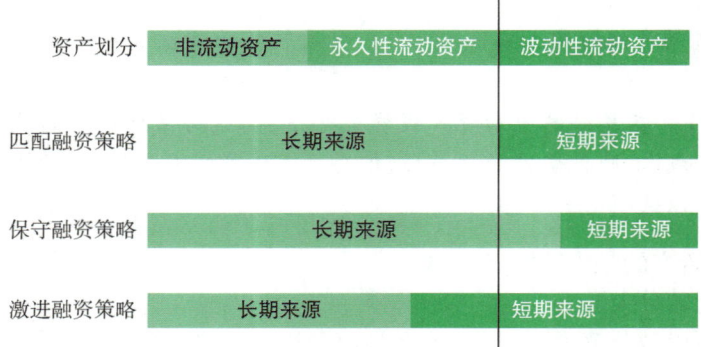

▲ 图7-1 可供选择的流动资产融资策略

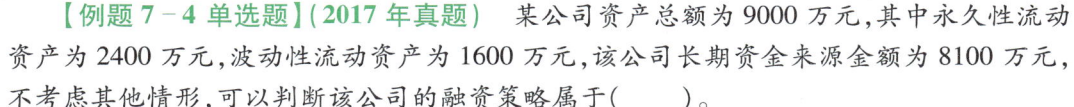

【例题 7－4 单选题】（2017 年真题）　某公司资产总额为 9000 万元,其中永久性流动资产为 2400 万元,波动性流动资产为 1600 万元,该公司长期资金来源金额为 8100 万元,不考虑其他情形,可以判断该公司的融资策略属于(　　　)。

A.期限匹配融资策略　　　　　　　　B.保守融资策略

C.激进融资策略　　　　　　　　　　D.风险匹配融资策略

【答案】　B

【名师点睛】　在保守融资策略中,长期融资支持非流动资产、永久性流动资产和部分波动性流动资产。由于永久性流动资产为 2400 万元,波动性流动资产为 1600 万元,所以非流动资产 = 9000 － 2400 － 1600 = 5000(万元),非流动资产＋永久性流动资产 = 5000 ＋ 2400 = 7400(万元) < 8100 万元,所以选项 B 正确。

【例题 7－5 单选题】（2015 年真题）　某公司用长期资金来源满足非流动资产和部分永久性流动资产的需要,而用短期资金来源满足剩余部分永久性流动资产和全部波动性资产的需要,则该公司采用的流动资产融资策略是(　　　)。

A.激进融资策略　　　　　　　　　　B.保守融资策略

C.折中融资策略　　　　　　　　　　D.期限匹配融资策略

【答案】　A

【名师点睛】　在激进融资策略中,公司以长期负债和权益为所有的固定资产融资,仅对一部分永久性流动资产使用长期融资方式融资。短期融资方式支持剩下的永久性流动资产和所有的临时性流动资产。所以选项 A 正确。

第二节　现金管理

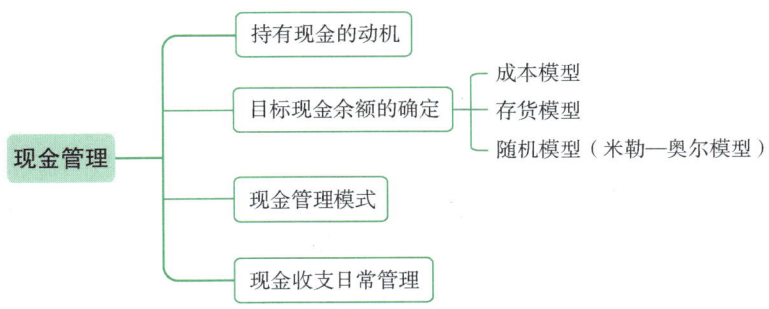

在生产经营过程中现金是指以货币形态存在的资金,包括库存现金、银行存款和其他货币资金等。

一、　持有现金的动机 ★ ★

持有现金是出于三种需求:交易性需求、预防性需求和投机性需求等,详见表 7－3。

第七章

表7-3　持有现金的三种需求

需求	具体内容
交易性需求	为了维持日常周转及正常商业活动所需持有的现金额,如发工资,购买材料,交所得税等
预防性需求	企业需要维持一定量的现金以应付突发事件,例如发生事故等原因马上需要应急支付或偿付等 在确定预防性需求的现金数额时,需要考虑以下的因素: ①企业愿冒现金短缺风险的程度 ②企业预测现金收支可靠的程度 ③企业临时融资的能力
投机性需求	企业持有一定量的现金以抓住突然出现的获利机会,如证券价格的突然下跌等

提示▶ 企业的现金持有量一般小于三种需求下的现金持有量之和,因为为某一需求持有的现金可以用于满足其他需求。

考试方向
区分持有现金的不同动机。

【例题7-6 单选题】(2020年真题)　某企业因供应商收回了信用政策,导致资金支付需求增加,需要补充持有大量现金,这种持有现金的动机属于(　　)。

A.交易性　　　　B.投资性　　　　C.预防性　　　　D.调整性

【答案】 A

【名师点睛】 交易性需求是指为了维持日常周转及正常商业活动所需持有的现金额,如发工资、购买材料、交所得税等。

【例题7-7 单选题】(2019年真题)　某公司发现某股票的价格因突发事件而大幅下降,预判有大的反弹空间,但苦于没有现金购买。这说明该公司持有的现金未能满足(　　)。

A.交易性需求　　　B.预防性需求　　　C.决策性需求　　　D.投机性需求

【答案】 D

【名师点睛】 投机性需求是企业需要持有一定量的现金以抓住突然出现的获利机会,这种机会大多是一闪即逝的,如证券价格的突然下跌,企业若没有用于投机的现金,就会错过这一机会。所以该公司持有的现金未能满足投机性需求。

二、目标现金余额的确定 ★★★

(一)成本模型

由于持有现金是有成本的,最优的现金持有量是使得现金持有成本最小化的持有量。成本模式考虑的现金总持有成本包括的项目如表7-4所示。

表7-4　现金持有成本项目

项目	含义	与现金持有量的关系
机会成本	指企业因持有一定现金余额丧失的再投资收益	现金持有量越大,机会成本越大,反之则越小
管理成本	指企业因持有一定数量的现金而发生的管理费用	一般认为现金的管理成本是固定成本,在一定范围内不会因为现金的持有量而发生变化

（续表）

项目	含义	与现金持有量的关系
短缺成本	指在现金持有量不足,又无法及时通过有价证券变现加以补充所给企业造成的损失,包括直接损失和间接损失	现金的短缺成本随现金持有量的增加而下降,随现金持有量的减少而上升,即与现金持有量负相关

最佳现金持有量是使得机会成本、管理成本和短缺成本所组成的总成本曲线中最低点所对应的现金持有量,如图7-2所示,即:

最佳现金持有量下的现金持有总成本=min(管理成本+机会成本+短缺成本)

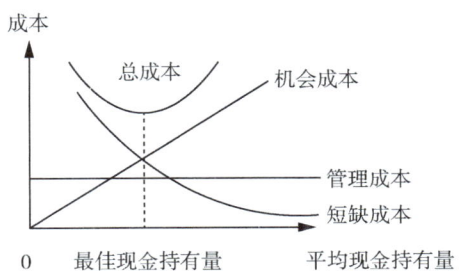

▲ 图7-2 成本模型的现金持有总成本

(二) 存货模型

1. 假设。

（1）每次的交易成本是固定的。

（2）企业不存在短缺成本,可以通过出售有价证券方式马上补足资金。

（3）企业的每日现金收支是均衡的。

2. 存货模式考虑的现金持有成本(如图7-3所示)。

（1）机会成本。

与现金持有量的关系:现金持有量越大,机会成本越大,反之则越小。

（2）交易成本。

交易成本是企业在进行有价证券转换回现金时所付出的代价(如支付手续费)。

与现金持有量的关系:现金持有量越大,交易次数就会越小,现金的交易成本就会越低,反之则越高。

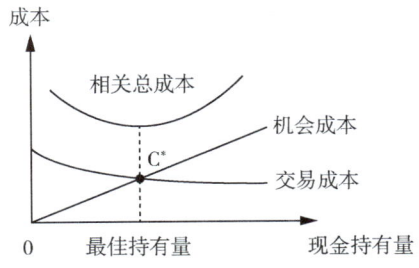

▲ 图7-3 存货模型的现金持有总成本

现金持有量用C表示,一定期间的现金需求量用T表示,每次出售有价证券以补充现金所需的交易成本用F表示,持有现金的机会成本率用K表示,那么:

第七章

交易成本＝交易次数×每次的交易成本＝$\dfrac{一定期间的现金需求量}{现金持有量}$×每次的交易成本＝$\dfrac{T}{C}$×F

机会成本＝现金平均持有量×现金的机会成本率＝$\dfrac{现金持有量}{2}$×现金的机会成本率＝$\dfrac{C}{2}$×K

由于在存货模型下假设现金用尽时可以马上通过出售有价证券来补足现金,所以最少现金持有量为 0,最多现金持有量为 C,因此平均现金持有量＝$\dfrac{C}{2}$,那么:

现金持有相关总成本＝机会成本＋交易成本＝$\dfrac{T}{C}$×F＋$\dfrac{C}{2}$×K

由图 7－5 可知,当"机会成本＝交易成本"时 C 为最佳现金持有量。

即:$\dfrac{T}{C}$×F＝$\dfrac{C}{2}$×K

整理后可得:

最佳现金持有量 $C^* = \sqrt{\dfrac{2×现金需求量×每次交易成本}{现金的机会成本率}} = \sqrt{\dfrac{2TF}{K}}$

最佳现金持有量下的相关总成本 $TC^* = \sqrt{2TFK}$

案例 7－1

长江公司每年现金需求总量为 4000000 元,每次现金转换的成本为 500 元,持有现金的机会成本率约为 10%,则该企业的最佳现金持有量为多少? 相关总成本为多少?

$$C^* = \sqrt{\dfrac{2TF}{K}} = \sqrt{\dfrac{2×4000000×500}{10\%}} = 200000（元）$$

$$TC^* = \sqrt{2TFK} = \sqrt{2×4000000×500×10\%} = 20000（元）$$

考试方向
考查存货模型下最佳现金持有量和相关总成本的计算以及决策原则。

【例题 7－8 判断题】(2020 年真题) 现金存货模型中,最佳现金持有量是机会成本和交易成本线交叉的点所对应的现金持有量。( )

【答案】 √

【名师点睛】 当"机会成本＝交易成本"时,所产生的就是最佳现金持有量,而此时刚好就是机会成本和交易成本两条曲线交叉的点。

(三)随机模型(米勒—奥尔模型)

企业的现金收支往往是随机的,将现金持有量控制在一个固定的金额很难实现,所以只能将现金持有量控制在一个区域内,定出上限、下限和回归线,如图 7－4 所示。

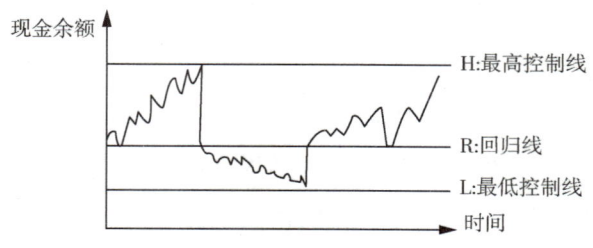

▲ 图 7－4 米勒—奥尔模型

当企业现金余额在上下限之间波动时,表明企业现金持有量处于合理的水平,无需进行调整。

当现金余额达到上限时,则需要通过买证券的方式处置闲置资金,使其达到回归线。

当现金余额下降到下限时,则需要卖出部分证券来补充资金,使其达到回归线。

1. 最低控制线(L)。

最低控制线 L 取决于模型之外的因素:

(1)短缺现金的风险程度。

(2)公司借款能力。

(3)公司日常周转所需资金。

(4)银行要求的补偿性余额。

2. 回归线(R)。

$$回归线 \ R = \sqrt[3]{\frac{3b \times \delta^2}{4i}} + L$$

式中:b 表示证券转换为现金或者现金转换为证券的成本;δ 表示企业每日现金流量变动的标准差;i 表示以日为基础计算的现金机会成本。

3. 最高控制线(H)。

H−R=2×(R−L)

H=3R−2L

随机模型适用于所有企业,建立在未来现金需求总量和收支不可预测的前提下,计算出来的现金持有量比较保守。

【例题 7−9 单选题】(2016 年真题) 某企业根据现金持有量随机模型进行现金管理,已知现金最低持有量为 15 万元,现金余额回归线为 80 万元,如果公司现有现金 220 万元,此时应当投资于有价证券的金额是( )万元。

A. 65 　　　　　 B. 205 　　　　　 C. 140 　　　　　 D. 95

【答案】 C

【名师点睛】 H=3R−2L=3×80−2×15=210(万元),而当现金持有量达到 220 万元时,应投资于有价证券,投资额=220−80=140(万元)。

考试方向

考查随机模型最高控制线的计算和如何进行资金的调整。

三、 现金管理模式 ★

(一)"收支两条线"的管理模式

企业实行"收支两条线"管理模式的目的:

(1)对现金进行集中管理,减少现金持有成本,加速资金周转,提高资金使用效率。

(2)以实施收支两条线为切入点,通过高效的价值化管理来提高企业效益。

(二)集团企业资金集中管理模式

现行的资金集中管理主要内容包括:资金集中、内部结算、融资管理、外汇管理、支付管理等。其中,资金集中是基础。

现行的资金集中管理模式大致可以分为五种,如表 7−5 所示。

表 7-5 资金集中管理模式

管理模式	含义	特点	适用范围
统收统支模式	指企业的一切资金收入都集中在集团总部的财务部门,各分支机构或子企业不单独设立账号,一切现金支出都通过集团总部财务部门付出,现金收支的批准权高度集中	优点:有利于企业集团实现全面收支平衡,提高资金的周转效率,减少资金沉淀,监控现金收支,降低资金成本 缺点:不利于调动成员企业开源节流的积极性,影响成员企业经营的灵活性	规模比较小的企业
拨付备用金模式	指集团按照一定的期限统拨给所有所属分支机构或子企业备其使用的一定数额的现金。各分支机构或子企业发生现金支出后,持有关凭证到集团财务部门报销以补足备用金	拨付备用金模式相比统收统付模式具有一定的灵活性	经营规模比较小的企业
结算中心模式	结算中心通常是企业集团内部设立的,办理内部各成员现金收付和往来结算业务的专门机构。它通常设立于财务部门内,是一个独立运行的职能机构	结算中心是为成员企业办理资金融通和结算,以降低企业成本、提高资金使用效率的服务机构	
内部银行模式	内部银行通常具有三大职能:结算、融资信贷和监督控制	通过吸纳企业下属各单位闲散资金,调剂余缺,减少资金占用,活化与加速资金周转速度,提高资金使用效率、效益	具有较多责任中心的企事业单位
财务公司模式	财务公司是一种经营部分银行业务的非银行金融机构	集团各子公司具有完全独立的财权,可以自行经营自身的现金,对现金的使用行使决策权。集团对各子公司的现金控制是建立在各自具有独立的经济利益基础上的。集团公司经营者(或最高决策机构)不再直接干预子公司的现金使用和取得	它一般是集团公司发展到一定水平后,需要经过人民银行审核批准才能设立的

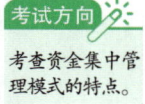
考试方向

考查资金集中管理模式的特点。

【例题 7-10 判断题】(2014 年真题) 企业内部银行是一种经营部分银行业务的非银行金融机构,需要经过中国人民银行审核批准才能设立。(   )

【答案】 ×

【名师点睛】 现行的资金集中管理模式包括:统收统支模式、拨付备用金模式、结算中心模式、内部银行模式和财务公司模式,只有财务公司模式需要经过人民银行审核批准才能设立。所以该表述不正确。

四、现金收支日常管理★★

(一)现金周转期

经营周期指从取得存货开始到销售存货并收回现金为止的时期;存货周转期指从收到原材料到加工原材料,形成产成品,到将产成品卖出的时期;应收账款周转期指产品卖出后到收到顾客支付的货款的时期;应付账款周转期指企业购买原材料产生应付账款到企业支付贷款的时期;现金周转期是指介于企业支付现金到收到现金之间的时间段。

企业营业周期循环过程如图7-5所示。

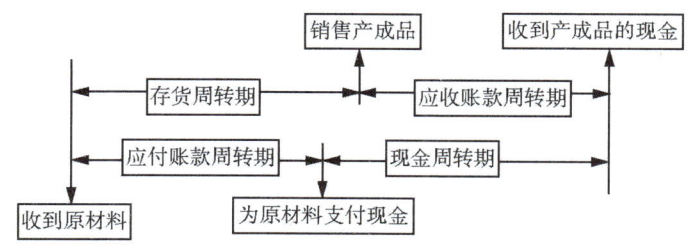

▲ 图7-5 企业营业周期循环过程

上述周转过程用公式来表示就是:

经营周期(天数)=存货周转期+应收账款周转期=应付账款周转期+现金周转期

现金周转期(天数)=经营周期-应付账款周转期

现金周转期(天数)=存货周转期+应收账款周转期-应付账款周转期

其中:

$$存货周转期(天数)=\frac{存货平均余额}{每天的销货成本}$$

$$应收账款周转期(天数)=\frac{应收账款平均余额}{每天的销售收入}$$

$$应付账款周转期(天数)=\frac{应付账款平均余额}{每天的购货成本}$$

如果要缩短现金周转期,可以从以下方面着手:加快制造与销售产成品来缩短存货周转期;加速应收账款的回收来缩短应收账款周转期;减缓支付应付账款来延长应付账款周转期。

【例题7-11 单选题】(2018年真题) 关于现金周转期的计算,下列公式正确的是(   )。

A.现金周转期=存货周转期+应收账款周转期+应付账款周转期

B.现金周转期=应收账款周转期+应付账款周转期-存货周转期

C.现金周转期=存货周转期+应收账款周转期-应付账款周转期

D.现金周转期=存货周转期+应付账款周转期-应收账款周转期

【答案】 C

【名师点睛】 现金周转期=经营周期-应付账款周转期,经营周期=存货周转期+应收账款周转期,所以,现金周转期=存货周转期+应收账款周转期-应付账款周转期。

考试方向
考查现金周转期的计算公式和缩短现金周转期的方法。

(二)收款管理★

1.收款系统。

一个高效率的收款系统能够使收款成本和收款浮动期达到最小。

（1）收款成本。

收款成本包括：

①浮动期成本。

②管理收款系统相关费用（银行手续费）。

③第三方处理费用或清算相关费用。

（2）收款浮动期。

收款浮动期是指从支付开始到企业收到资金的时间间隔。收款浮动期主要是由纸基支付工具导致的，有下列三种类型：

①邮寄浮动期：从付款人寄出支票到收款人或收款人的处理系统收到支票的时间间隔。

②处理浮动期：指支票的接受方处理支票和将支票存入银行以收回现金所花的时间。

③结算浮动期：指通过银行系统进行支票结算所需的时间。

2.收款方式的改善。

电子支付方式对比纸基（或称纸质）支付方式是一种改进。

电子支付方式的优点：

（1）结算时间和资金可用性可以预计。

（2）向任何一个账户或任何金融机构的支付具有灵活性，不受人工干扰。

（3）客户的汇款信息可与支付同时传送，更容易更新应收账款。

（4）客户的汇款从纸基方式转向电子方式，减少或消除了收款浮动期，降低了收款成本，收款过程更容易控制，并且提高了预测精度。

（三）付款管理★

控制现金支出的目标是在不损害企业信誉条件下，尽可能推迟现金的支出。

延缓现金支出的策略如表 7－6 所示。

表 7－6　延缓现金支出的策略

延缓现金支出的策略	说明
使用现金浮游量（未达账项）	现金浮游量是指由于企业提高收款效率和延长付款时间所产生的企业账户上的现金余额和银行账户上的企业存款余额之间的差额
推迟应付款的支付	推迟应付款的支付是指企业在不影响自己信誉的前提下，充分运用供货方所提供的信用优惠，尽可能地推迟应付款的支付期
汇票代替支票	与支票不同的是，承兑汇票并不是见票即付。它推迟了企业调入资金支付汇票的实际所需时间
改进员工工资支付模式	企业可以为支付工资专门设立一个工资账户，通过银行向职工支付工资
透支	企业开出支票的金额大于活期存款余额
争取现金流出与现金流入同步	应尽量使现金流出与流入同步，这样，就可以降低交易性现金余额，同时可以减少有价证券转换为现金的次数，提高现金的利用效率，节约转换成本
使用零余额账户	企业与银行合作，保持一个主账户和一系列子账户。企业只在主账户保持一定的安全储备，而在一系列子账户不需要保持安全储备

第三节 应收账款管理

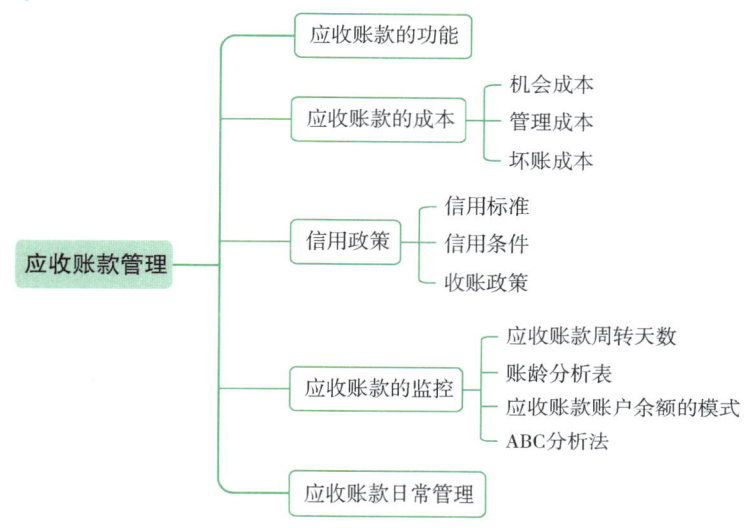

一、 应收账款的功能 ★

应收账款的功能指其在生产经营中的作用。主要有以下两方面：

1.增加销售的功能。

2.减少存货的功能。

二、 应收账款的成本 ★

应收账款的成本主要有机会成本、管理成本、坏账成本。

（一）应收账款的机会成本

应收账款的机会成本是指因投放于应收账款而放弃其他投资所带来的收益。应收账款的机会成本常用应收账款占用资金的应计利息来表示。其计算公式如下：

应收账款占用资金的应计利息＝应收账款占用资金×资本成本率

应收账款占用资金＝应收账款平均余额×变动成本率

应收账款平均余额＝日销售额×平均收现期

应收账款占用资金的应计利息＝日销售额×平均收现期×变动成本率×资本成本率

$$=\frac{全年销售额}{360}×平均收现期×变动成本率×资本成本率$$

提示 ▶ 因为应收账款是赊销形成,所以上面公式中的"销售额"应当使用"赊销额"。如果题目已经明确区分了赊销额和现销额的金额,则应当使用"赊销额";如果题目没有明确区分赊销额和现销额的金额,则假定销售额全部为赊销额,即赊销额等于销售额。

（二）应收账款的管理成本

企业对应收账款进行管理而耗费的开支,包括对客户的信用状况调查费用、收账费用和其他费用。

（三）应收账款的坏账成本

应收账款基于商业信用而产生,存在无法收回的可能性,由此而给应收账款持有企业带来的损失,即为坏账成本。其计算公式如下:

坏账成本=赊销额×预计坏账损失率

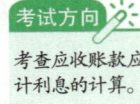

考查应收账款应计利息的计算。

【例题 7-12 单选题】（2013 年真题） 某企业预计下年度销售净额为 1800 万元,应收账款周转天数为 90 天（一年按 360 天计算）,变动成本率为 60%,资本成本为 10%,则应收账款的机会成本为（　　）万元。

A. 27　　　　　　　B. 45　　　　　　　C. 108　　　　　　　D. 180

【答案】 A

【名师点睛】 应收账款的机会成本＝1800÷360×90×60%×10%＝27（万元）

三、信用政策 ★

应收账款的信用政策包括信用标准、信用条件和收账政策三个方面。

（一）信用标准

信用标准是指信用申请者获得企业提供信用所必须达到的最低信用水平,通常以预期的坏账损失率作为判别标准。

1. 信用的定性分析。

信用的定性分析是指对申请人"质"的方面的分析。常用的信用定性分析法是 5C 信用评价系统。

（1）品质（character）：个人或企业申请人的诚实和正直表现,反映了申请人在过去还款中体现出的还款意图和愿望,是 5C 中最重要的因素。

（2）能力（capacity）：偿债能力,应了解申请人流动资产的数量、质量及流动比率的高低。

（3）资本（capital）：如果申请人当期的现金流不足以还债,申请人在短期和长期内可以使用的财务资源。

（4）抵押（collateral）：当申请人不能满足还款条款时,可以用作债务担保的资产或其他担保物。

（5）条件（condition）：影响申请者还款能力和还款意愿的外在因素。

2. 信用的定量分析。

信用的定量分析主要从债务人的偿债能力和盈利能力等方面进行分析,具体考核指标详见表 7-7。

表 7-7　信用的定量分析考核指标

考核指标类别	具体指标
流动性和营运资本比率	流动比率、速动比率以及现金对负债总额比率
债务管理和支付比率	利息保障倍数、长期债务对资本比率、带息债务对资产总额比率,以及负债总额对资产总额比率

（续表）

考核指标类别	具体指标
盈利能力指标	销售回报率、总资产回报率和净资产收益率

（二）信用条件 ★ ★ ★

信用条件是指销货企业要求赊购客户支付货款的条件，由信用期间、折扣期限和现金折扣三个要素组成。

1. 信用期限。

企业允许顾客从购货到付款之间的时间，或者说是企业给予顾客的最长付款时间，一般简称信用期。

（1）延长信用期的影响。

①有利影响：会使销售额增加，收益增加。

②不利影响：应收账款、坏账损失和收账费用增加，成本增加。

（2）各指标的计算。

①收益的增加。

其计算公式如下：

利润 EBIT 的增加＝新信用政策下的 EBIT－原信用政策下的 EBIT

提示 ▶ 如果利润 EBIT 的增加＞0，则产生有利的影响。

②成本的增加。

其计算公式如下：

应收账款占用资金应计利息的增加＝新信用政策占用资金的应计利息－原信用政策占用资金的应计利息

管理成本的增加＝新信用政策产生的管理成本－原信用政策产生的管理成本

坏账损失的增加＝新信用政策产生的坏账损失－原信用政策产生的坏账损失

存货占用资金应计利息增加＝存货数量的增加×单位变动成本×资金成本率

应付账款占用资金应计利息的增加＝应付账款平均余额增加×资金成本率

成本的增加＝应收账款占用资金应计利息的增加＋收账费用的增加＋坏账损失的增加＋存货占用资金应计利息的增加－应付账款占用资金应计利息的增加

③税前损益的增加。

其计算公式如下：

税前损益的增加＝收益的增加－成本的增加

（3）决策原则。

①增加的税前损益＞0，则选择新信用政策。

②增加的税前损益＜0，则选择原信用政策。

案例 7－2

仁和公司目前采用 30 天按发票金额（即无现金折扣）付款的信用政策，拟将信用期间放宽至 60 天，仍按发票金额付款。假设等风险投资的最低报酬率为 12%，其他有关数据见表 7－8。

要求：（1）计算增加的盈利。

（2）计算增加的成本。

（3）计算增加的税前损益。

（4）决策仁和公司是否应当延长信用期。

表 7-8　信用期决策数据　　　　　　　　　　　　　　单位：万元

项目	信用期间（30 天）	信用期间（60 天）
全年销售量（万件）	10	14
全年销售额（单价 6 元）	60	84
变动成本（每件 4 元）	40	56
固定成本	6	7
可能发生的收账费用	0.4	0.5
可能发生的坏账损失	0.5	0.8

【分析】　数据分析详见表 7-9。

表 7-9　应收账款信用期决策分析　　　　　　　　　　单位：万元

项目	信用期间（30 天）	信用期间（60 天）	增加额
盈利	（6-4）×10-6=14	（6-4）×14-7=21	7
变动成本率	4÷6=66.67%		
应收账款应计利息	60÷360×30×66.67%×12%=0.4	84÷360×60×66.67%×12%=1.12	0.72
收账费用	0.4	0.5	0.1
坏账损失	0.5	0.8	0.3
税前损益	12.7	18.58	5.88

（1）增加的盈利=（6-4）×（14-10）-（7-6）=7（万元）

（2）增加的成本：

①增加的应收账款应计利息（机会成本）=新政策 60 天信用期的应计利息-原政策 30 天的应计利息=84÷360×60×66.67%×12%-60÷360×30×66.67%×12%=0.72（万元）

②增加的收账费用=新政策 60 天信用期的收账费用-原政策 30 天的收账费用=0.5-0.4=0.1（万元）

③增加的坏账损失=新政策 60 天信用期的收账费用-原政策 30 天的收账费用=0.8-0.5=0.3（万元）

（3）增加的税前损益=增加的盈利-增加的成本费用=7-（0.72+0.1+0.3）=5.88（万元）

（4）由于放宽信用期后增加的税前损益大于 0，故应该延长信用期，即采用 60 天信用期。

现假定信用期由 30 天改为 60 天,由于销售量的增加,平均存货水平将从 1 万件上升到 2 万件,其他情况不变。决策仁和公司是否应当延长信用期。

【分析】 数据分析详见表 7-10。

表 7-10 应收账款信用期决策分析 单位:万元

项目	信用期间(30 天)	信用期间(60 天)	增加额
盈利	(6-4)×10-6=14	(6-4)×14-7=21	7
变动成本率	4÷6=66.67%		
应收账款应计利息	60÷360×30×66.67%×12%=0.4	84÷360×60×66.67%×12%=1.12	0.72
收账费用	0.4	0.5	0.1
坏账损失	0.5	0.8	0.3
存货应计利息	1×4×12%=0.48	2×4×12%=0.96	0.48
税前损益	12.22	17.62	5.4

存货占用资金应计利息的增加=新政策 60 天信用期的存货占用资金应计利息-原政策 30 天的存货占用资金应计利息=(2-1)×4×12%=0.48(万元)

增加的税前损益=5.88-0.48=5.4(万元)

因为放宽信用期增加的税前损益大于 0,所以应该延长信用期,即采用 60 天信用期。

2. 折扣条件。

折扣条件包括折扣期限和现金折扣两个方面。

(1)折扣期限:为顾客规定的可享受现金折扣的付款时间。

(2)现金折扣:为吸引客户,在客户提前付款时给予的优惠。

其计算公式如下:

现金折扣成本=销售收入×享受现金折扣的顾客比例×现金折扣率

现金折扣成本的增加=新的政策产生的现金折扣成本-旧的政策产生的现金折扣成本

假设仁和公司在放宽信用期的同时,为了吸引顾客尽早付款,提出了 2/30,N/60 的现金折扣条件,估计会有一半的顾客(按 60 天信用期所能实现的销售量计算)将享受现金折扣优惠。

要求:(1)计算增加的盈利。

(2)计算增加的成本。

(3)计算增加的税前损益。

(4)决策仁和公司是否应当延长信用期。

【分析】 数据分析详见表 7-11。

表 7 - 11　应收账款信用期决策分析　　　单位：万元

项目	信用期间（30 天）	信用期间（2/30，N/60）	增加额
盈利	$(6-4)\times10-6=14$	$(6-4)\times14-7=21$	7
变动成本率	$4\div6=66.67\%$		
平均收现期（天）	30	$30\times50\%+60\times50\%=45$	
应收账款应计利息	$60\div360\times30\times66.67\%\times12\%=0.4$	$84\div360\times45\times66.67\%\times12\%=0.84$	0.44
收账费用	0.4	0.5	0.1
坏账损失	0.5	0.8	0.3
享受折扣成本	0	$84\times2\%\times50\%=0.84$	0.84
税前损益	12.7	18.02	5.32

（1）增加的盈利 $=(6-4)\times(14-10)-(7-6)=7$（万元）

（2）增加的成本：

①增加的应收账款应计利息（机会成本）＝新政策 60 天信用期的应计利息－原政策 30 天的应计利息 $=84\div360\times45\times66.67\%\times12\%-60\div360\times30\times66.67\%\times12\%=0.44$（万元）

②增加的收账费用＝新政策 60 天信用期的收账费用－原政策 30 天的收账费用 $=0.5-0.4=0.1$（万元）

③增加的坏账损失＝新政策 60 天信用期的收账费用－原政策 30 天的收账费用 $=0.8-0.5=0.3$（万元）

④增加的现金折扣成本＝新政策的现金折扣成本－原政策的现金折扣成本 $=84\times2\%\times50\%-0=0.84$（万元）

（3）增加的税前损益＝增加的盈利－增加的成本费用 $=7-(0.44+0.1+0.3+0.84)=5.32$（万元）

（4）由于放宽信用期并提供现金折扣后增加的税前损益大于 0，故应该放宽信用期并提供现金折扣。

（三）收账政策 ★

收账政策是指信用条件被违反时，企业采取的收账策略。

如果采取较积极的收账策略：可能会减少应收账款投资，减少坏账损失，但要增加收账成本；如果采用较消极的收账策略：可能会增加应收账款投资，增加坏账损失，但会减少收账费用。企业需根据企业实际情况需要做出权衡。

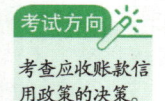

考试方向

考查应收账款信用政策的决策。

四、 应收账款的监控

实施信用政策时，企业应当监督和控制每一笔应收账款和应收账款总额。

（一）应收账款周转天数 ★

应收账款周转天数或平均收账期是衡量应收账款管理状况的一个指标。其计算公式如下：

$$应收账款的周转期(天数)=\frac{应收账款平均余额}{每天的销售收入}$$

应收账款的逾期天数＝应收账款周转天数－平均信用期天数

案例 7 - 5

仁和公司 2021 年第一季度应收账款平均余额为 300000 元，信用条件为在 60 天内按全额付清货款，3 个月的赊销情况如下：一月份 90000 元；二月份 100000 元；三月份 120000 元。

要求：（1）确定应收账款周转天数。

（2）确定应收账款平均逾期天数。

【分析】 （1）平均日销售额＝（90000＋100000＋120000）÷90＝3444.44（元）

应收账款周转天数＝应收账款平均余额/平均日销售额＝300000÷3444.44＝87.10（天）

（2）平均逾期天数＝应收账款周转天数－平均信用期天数＝87.10－60＝27.10（天）

（二）账龄分析表 ★

账龄分析表将应收账款划分为未到信用期的应收账款和以一定期限为间隔的逾期应收账款。

账龄分析法可以确定逾期应收账款，随着逾期时间的增加，应收账款收回的可能性变小。

（三）应收账款账户余额的模式 ★ ★

应收账款账户余额模式反映一定期间（如一个月）的赊销额，在发生赊销的当月月末及随后的各月仍未偿还的百分比。

企业可以运用应收账款账产余额的模式来计划应收账款金额水平，衡量应收账款的收账效率以及预测未来的现金流。

案例 7 - 6

仁和公司 1 月份至 4 月份销售额分别为 300000 元、400000 元、500000 元、400000 元，假设没有坏账费用。收款模式如下：销售的当月收回销售额的 20%；销售后的第 1 个月收回销售额的 40%；销售后的第 2 个月收回销售额的 30%；销售后的第 3 个月收回销售额的 10%。

要求：（1）3 月末应收账款余额合计。

（2）预计 4 月份现金流入。

【分析】 各月份应收账款如表 7 - 12 所示。

表 7－12　仁和公司各月份应收账款余额模式　　　　　　单位：元

月份	1	2	3	4
销售收入	300000	400000	500000	400000
预计现金流入：				
1月	300000×20%	300000×40%	300000×30%	300000×10%
2月		400000×20%	400000×40%	400000×30%
3月			500000×20%	500000×40%
4月				400000×20%
现金流入估计总额				

（1）3月底应收账款余额合计＝1月份的10%＋2月份的40%＋3月份的80%＝300000×10%＋400000×40%＋500000×80%＝30000＋160000＋400000＝590000（元）

（2）估计的4月份现金流入＝1月份的10%＋2月份的30%＋3月份的40%＋4月份的20%＝300000×10%＋400000×30%＋500000×40%＋400000×20%＝30000＋120000＋200000＋80000＝430000（元）

考试方向

考查期末应收账款余额和当期现金流入的计算。

【例题 7－13 单选题】（经典好题）　某企业应收账款收款模式为：销售当月收回销售额的40%；销售后的第1个月收回销售额的30%；销售后的第2个月收回销售额的30%。已知本年1至3月份的销售额分别为200万元、300万元、360万元。根据以上资料估计3月份的现金流入为（　　　）万元。

A. 240　　　　　B. 180　　　　　C. 306　　　　　D. 294

【答案】　D

【名师点睛】　200×30%＋300×30%＋360×40%＝60＋90＋144＝294（万元）

（四）ABC 分析法

ABC 分析法是现代经济管理中广泛应用的一种"抓重点、照顾一般"的管理方法，又称重点管理法。它将企业的所有欠款客户按其金额的多少进行分类排队，然后分别采用不同的收账策略。

A 类：逾期金额比重大，占客户数量的比例低。

C 类：逾期金额比重小，占客户数量的比例高。

B 类：介于 AC 之间。

对这三类不同的客户，应采取不同的收款策略。

例如，对 A 类客户，可以发出措辞较为严厉的信件催收，或派专人催收，或委托收款代理机构处理，甚至可通过法律解决；对 B 类客户则可以多发几封信函催收，或打电话催收；对 C 类客户只需要发出通知其付款的信函即可。

五、 应收账款日常管理

（一）调查客户信用

信用调查是指收集和整理反映客户信用状况的有关资料的工作，是企业应收账款日常管理的基础,也是正确评价客户信用的前提条件。

（二）评估客户信用

企业一般采用"5C"系统来评价,并对客户信用进行等级评分。

在信用等级方面,目前主要有两种:

三类九等:分为 AAA（最优）、AA、A、BBB、BB、B、CCC、CC、C 九等。

三级制:分为 AAA、AA、A 三个信用等级。

（三）收账的日常管理

应收账款发生后,企业应采取各种措施,尽量争取按期收回款项,否则会因拖欠时间过长而发生坏账,使企业蒙受损失。同时还要考虑收账收益与成本进行比较。

（四）应收账款保理 ★ ★

应收账款保理是企业将赊销形成的未到期应收账款,在满足一定条件的情况下转让给保理商,以获得流动资金,加快资金的周转。

1. 保理的分类。

保理可以分为有追索权保理（非买断型）和无追索权保理（买断型）,明保理和暗保理,折扣保理和到期保理,详见表 7－13。

表 7－13　保理的分类

分类依据	分类	含义
有无追索权	有追索权保理（非买断型）	指供应商将债权转让给保理商,供应商向保理商融通货币资金后,如果购货商拒绝付款或无力付款,保理商有权向供应商要求偿还预付的货币资金
	无追索权保理（买断型）	指保理商将销售合同完全买断,并承担全部的收款风险
保理是否让告知购货商	明保理	指保理商和供应商需要将销售合同被转让的情况通知购货商,并签订保理商、供应商、购货商之间的三方合同
	暗保理	指供应商为了避免让客户知道自己因流动资金不足而转让应收账款,并不将债权转让情况通知客户,货款到期时仍由销售商出面催款,再向银行偿还借款
按保理是否提前预付款	折扣（融资）保理	在销售合同到期前,保理商将剩余未收款部分先预付给销售商,一般不超过全部合同额的 70%～90%
	到期保理	保理商并不提供预付账款融资,而是在赊销到期时才支付,届时不管货款是否收到,保理商都必须向销售商支付货款

2. 应收账款保理的作用。

（1）融资功能。

（2）减轻企业应收账款的管理负担。

（3）减少坏账损失、降低经营风险。

（4）改善企业的财务结构。

【例题 7－14 判断题】（2020 年真题）　应收账款保理的主要意图在于将逾期未能收回的应收账款转让给保理商,从而获取相应的资金。（　　　）

【答案】　×

【名师点睛】　应收账款保理是企业将赊销形成的未到期应收账款,在满足一定条件

考试方向

考查明保理和暗保理、有追索权保理和无追索权保理的特点,以及应收账款保理的作用。

的情况下转让给保理商,以获得流动资金,加快资金的周转。应收账款保理作用:①融资功能;②减轻企业应收账款的管理负担;③减少坏账损失、降低经营风险;④改善企业的财务结构。获得资金只是目的之一,所以该表述错误。

【例题 7－15 单选题】(2017 年真题) 在应收账款保理业务中,保理商和供应商将应收账款被转让的情况通知购货商,并签订三方合同,同时,供应商向保理商融通资金后,如果购货商拒绝付款,保理商有权向供应商要求偿还融通的资金,则这种保理是( )。

A.暗保理,且是无追索权的保理 　　　　B.明保理,且是有追索权的保理

C.暗保理,且是有追索权的保理 　　　　D.明保理,且是无追索权的保理

【答案】 B

【名师点睛】 有追索权保理指供应商将债权转让给保理商,供应商向保理商融通货币资金后,如果购货商拒绝付款或无力付款,保理商有权向供应商要求偿还预付的货币资金,如购货商破产或无力支付,只要有关款项到期未能收回,保理商都有权向供应商进行追索,因而保理商具有全部"追索权",这种保理方式在我国采用较多。明保理是指保理商和供应商需要将销售合同被转让的情况通知购货商,并签订保理商、供应商、购货商之间的三方合同,因此选项 B 正确。

第四节　存货管理

**本节框架**

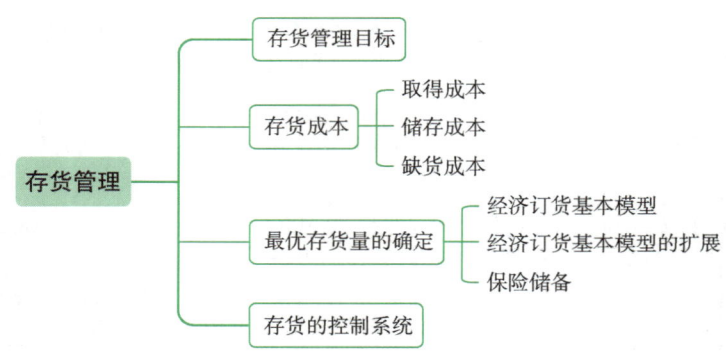

一、存货管理目标★

存货管理的目标就是在保证生产或销售经营需要的前提下,最大限度地降低存货成本。包括以下几个方面:

(1) 保证生产正常进行。

(2) 有利于销售。

(3) 便于维持均衡生产,降低产品成本。

(4) 降低存货取得成本。

(5) 防止意外事件的发生。

二、存货的成本 ★★★

（一）取得成本

取得成本是指为取得某种存货而支出的成本，通常用 TC_a 来表示，其又分为订货成本和购置成本。

1. 订货成本。

订货成本分为固定订货成本和变动订货成本。固定订货成本与订货次数无关，如常设采购机构的基本开支等，用 F_1 表示；变动订货成本与订货次数有关，如差旅费、邮资等，每次订货的变动成本用 K 表示。计算公式如下：

$$总订货成本=固定订货成本+变动订货成本$$
$$=固定订货成本+年订货次数×每次订货成本$$
$$=固定订货成本+\frac{存货年需要量}{订货量}×每次订货成本$$
$$=F_1+\frac{D}{Q}K$$

2. 购置成本。

购置成本是指为购买存货本身所支出的成本，即存货本身的价值，经常用数量与单价（U）的乘积来确定。计算公式如下：

$$购置成本=存货年需要量×单价=DU$$
$$取得成本 TC_a=订货成本+购置成本$$
$$=固定订货成本+变动订货成本+购置成本$$
$$=F_1+\frac{D}{Q}K+DU$$

（二）储存成本

储存成本分为变动储存成本和固定储存成本。固定储存成本与存货的数量的多少无关，如仓库折旧，仓库职工的固定工资等，用 F_2 表示；变动储存成本与存货的数量有关，如存货占用资金所应计的利息、存货破损和变质损失、存货的保险费等，用 K_c 表示。

计算公式如下：

$$变动储存成本=存货年平均占用量×单位变动储存成本$$
$$=\frac{订货量}{2}×单位变动储存成本$$
$$=\frac{Q}{2}K_c$$

假设存货库存是 0 时可以马上补足存货，所以最少存货占用量为 0，最多存货占用量为 Q，因此存货平均占用量 $=\frac{Q}{2}$。计算公式如下：

$$储存成本 TC_c=固定储存成本+变动储存成本=F_2+\frac{Q}{2}K_c$$

（三）缺货成本

缺货成本是指由于材料供应中断造成的停工损失、产成品库存缺货造成的拖欠发货损失和丧失销售机会的损失及造成的商誉损失等。如果生产企业以紧急采购代用材料解决库存材料中断之急,那么缺货成本表现为紧急额外购入成本。缺货成本用 TC_s 表示。计算公式如下:

储存存货总成本 TC = 取得成本+储存成本+缺货成本

$$= F_1 + \frac{D}{Q}K + DU + F_2 + \frac{Q}{2}K_c + TC_s$$

企业存货的最优化,就是使企业存货总成本即上式中的 TC 值最小。

存货成本内容总结如图 7-6 所示。

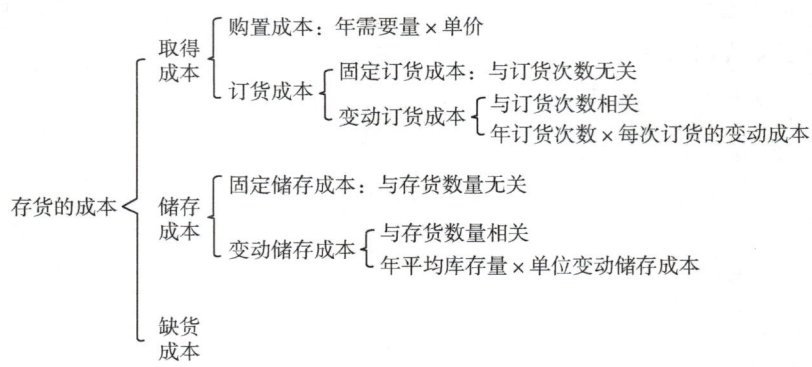

▲ 图 7-6 存货的成本

三、 最优存货量的确定 ★★★

(一)经济订货基本模型

使存货总成本最低的进货批量,称为经济订货批量或经济批量。

1. 经济订货批量基本模型需满足的假设前提。

(1)存货总需求量是已知常数。

(2)订货提前期是常数。

(3)货物是一次性入库。

(4)单位货物成本为常数,无批量折扣。

(5)库存储存成本与库存水平呈线性关系。

(6)货物是一种独立需求的物品,不受其他货物影响。

(7)不允许缺货,即无缺货成本,TC_s 为零。

2. 经济订货模型下的非相关成本。

(1)缺货成本:假设中已经说明在经济订货批量下不允许缺货,所以是决策非相关成本。

(2)购置成本:假设中说明了一定时期需求量(D)是固定的,单价(U)也是固定的,即购置成本是固定不变的,所以是决策非相关成本。

(3)固定的订货成本:如采购部的工资、折旧,不受订货量的影响,所以是决策非相关成本。

(4)固定的储存成本:如仓库租金等费用,不受库存量的影响,所以是决策非相关。

3. 与订货批量相关的成本。

(1)变动订货成本:随着订货量的增加而减少,与订货量反向变动。

(2)变动储存成本:随着订货量的增加而增加,与订货量同向变动。

4. 决策原则。

使得存货相关总成本最小的订货量即为经济订货批量（EOQ）。

经济订货批量模型下存货相关总成本关系，如图 7-7 所示。

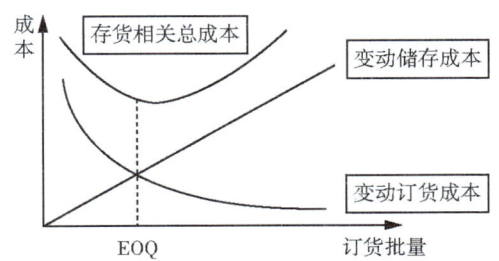

▲ 图 7-7　经济订货批量模型下存货相关总成本关系

由图 7-7 可知，当变动订货成本＝变动储存成本时，存货的相关总成本最低。

即：$\dfrac{\text{存货年需要量}}{\text{经济订货量}} \times \text{每次订货成本} = \dfrac{\text{经济订货量}}{2} \times \text{单位变动储存成本}$

即：$\dfrac{D}{Q} \times K = \dfrac{Q}{2} \times K_c$，推导可得出：经济订货量 $\text{EOQ} = \sqrt{\dfrac{2KD}{K_c}}$

经济订货量下的存货相关总成本 $\text{TC(EOQ)} = \sqrt{2KDK_c}$

提示 ▶ 经济订货量下的存货相关总成本 TC（EOQ）＝变动订货成本＋变动储存成本＝2×
变动订货成本＝2×变动储存成本

案例 7-7

仁和公司每年所需的原材料为 100000 千克，单位成本为 20 元/千克。每次订货
的变动成本为 40 元，单位变动储存成本为 2 元/千克。一年按 360 天计算。

计算下列指标：

（1）经济订货批量。

（2）每年最佳订货次数。

（3）最佳订货周期。

（4）经济订货量平均占用资金。

（5）与经济订货批量相关的存货总成本。

（6）在经济订货批量下的变动订货成本和变动储存成本。

【分析】　（1）经济订货批量 $= \sqrt{\dfrac{2 \times 100000 \times 40}{2}} = 2000$（千克）

（2）每年最佳订货次数＝100000÷2000＝50（次）

（3）最佳订货周期＝360÷50＝7.2（天）

（4）经济订货量平均占用资金＝2000÷2×20＝20000（元）

（5）与经济订货批量相关的存货总成本 $= \sqrt{2 \times 100000 \times 40 \times 2} = 4000$（元）

（6）变动订货成本＝50×40＝2000（元）

变动储存成本＝2000÷2×2＝2000（元）

（二）经济订货基本模型的扩展 ★ ★ ★

1. 再订货点。

再订货点是指企业再次发出订货单时应保持的存货库存量。

不考虑保险储备时：

再订货点 R＝平均交货时间×每日平均需用量＝L×d

> **案例 7－8**
>
> 仁和公司订货日至到货日的时间为 3 天，每日存货需用量为 30 千克，那么，在不考虑保险储备的情况下再订货点是多少千克？
>
> 【分析】 再订货点 R＝L×d＝3×30＝90（千克）

2. 存货陆续供应和使用模型。

经济订货基本模型假设货物是一次性入库的，但是很多情况下存货是陆续入库的，库存量也是陆续增加的，所以在计算经济订货量时需要考虑陆续供应和陆续耗用造成的影响。因此需要修正经济订货基本模型。

假设每批订货数为 Q，每日送货量为 p，每日耗用量为 d，则该批货全部送达所需日数即送货期表示为：

$$送货期 = \frac{Q}{p}$$

送货期内的全部耗用量表示为：

$$送货期耗用量 = \frac{Q}{p} \times d$$

由于陆续供应模式下，当每日耗用量和每日送货量不一致时，会产生剩余存量，所以

$$存货最高库存量 = Q - \frac{Q}{P} \times d = Q \times \left(1 - \frac{d}{p}\right)，最低库存量 = 0，平均库存量 = \frac{Q \times \left(1 - \frac{d}{p}\right)}{2} = \frac{Q}{2} \times$$

$\left(1 - \frac{d}{p}\right)$，因此，存货陆续供应和使用情况下求经济订货量和相关总成本，即：

$$\frac{D}{Q} \times K = \frac{Q}{2} \times \left(1 - \frac{d}{p}\right) \times K_c，推导可得：$$

$$经济订货量\ EOQ = \sqrt{\frac{2KD}{K_c \times \left(1 - \frac{d}{p}\right)}}$$

$$存货相关总成本\ TC(EOQ) = \sqrt{2KDK_c \times \left(1 - \frac{d}{p}\right)}$$

> **案例 7－9**
>
> 仁和公司生产产品需用采购零件，该零件年需用量为 38400 件，每日送货量为 50件，每日耗用量为 20 件，单价为 8 元，一次订货成本（生产准备成本）为 20 元，单位变动储存成本为 4 元。计算该零件的经济订货量和相关总成本。

【分析】　$EOQ = \sqrt{\dfrac{2KD}{K_c \times \left(1 - \dfrac{d}{p}\right)}} = \sqrt{\dfrac{2 \times 20 \times 38400}{4 \times \left(1 - \dfrac{20}{50}\right)}} = 800（件）$

$TC(EOQ) = \sqrt{2KDK_c \times \left(1 - \dfrac{d}{p}\right)} = \sqrt{2 \times 20 \times 38400 \times 4 \times \left(1 - \dfrac{20}{50}\right)} = 1920（元）$

（三）保险储备 ★ ★

在交货期内,如果对存货的需求量很大,或交货时间由于某种原因被延误,企业可能发生缺货。为防止存货中断,企业应当在确定再订货点时考虑保险储备。

考虑保险储备时再订货点的确定:

再订货点=预计交货期内的需求+保险储备

由于增加保险储备,会增加储存成本,而保险储备不足会导致缺货损失,所以最佳的保险储备应该是使缺货损失和保险储备的储存成本之和达到最低。

（1）储存成本。

计算公式如下:

保险储备的储存成本=保险储备×单位变动储存成本

增加保险储备,会增加变动储存成本,保险储备越多,变动储存成本越大。

（2）缺货损失。

计算公式如下:

缺货成本=每年订货次数×每次订货的加权平均缺货数量×单位缺货损失

每次订货的加权平均缺货数量 $= \sum$（每次订货各种可能的缺货数量 × 对应的概率）

每次订货各种可能的缺货数量通常是对比再订货点和交货期内的生产需要量得到。

增加保险储备,可以降低缺货造成的损失,保险储备越多,缺货损失越小。

计算公式如下:

相关总成本=保险储备的储存成本+缺货损失

提示 ▶ 计算保险储备的储存成本时,保险储备不需要除以2。

案例 7 - 10

仁和公司计划年度需用某材料 100000 千克,材料单价为 60 元,经济订货量为 20000 千克,全年订货为 5 次（100000/20000）。单位材料年变动储存成本为 15 元,单位材料缺货损失 20 元。在交货期内,生产需要量及其概率如表 7 - 14 所示。请问该公司保险储备量为多少时比较合适?

表 7 - 14　材料生产需要量及其概率

生产需要量（千克）	800	900	1000	1100	1200
概率	0.1	0.2	0.4	0.2	0.1

【分析】　企业材料平均需用量 = 800×0.1+900×0.2+1000×0.4+1100×0.2+1200×0.1 = 1000（千克）

由此可知企业平时需要 1000 千克材料,所以假设企业最少会准备 1000 千克材料。以 1000 为基础按表格所示数量间隔依次进行累加测试(从保险储备为 0 一直测试到无缺货损失时):

(1)当保险储备为 0 时,此时企业总存量为 1000 千克。当需求量为 1100 千克时,缺货 100 千克,出现概率为 0.2;当需求量为 1200 千克时,缺货 100 千克,出现概率为 0.1。

储存成本 = 0

缺货损失 = 5×100×0.2×20+5×200×0.1×20 = 4000(元)

相关总成本 = 4000(元)

(2)当保险储备为 100 千克时,此时企业总存量为 1100 千克。当需求量为 1100 千克时,缺货为 0,出现概率为 0.2;当需求量为 1200 千克时,缺货 100 千克,出现概率为 0.1。

储存成本 = 100×15 = 1500(元)

缺货损失 = 5×100×0.1×20 = 1000(元)

相关总成本 = 1500+1000 = 2500(元)

(3)当保险储备为 200 千克时,此时企业总存量为 1200 千克;当需求量为 1200 千克时,缺货为 0,出现概率为 0.1。

储存成本 = 200×15 = 3000(元)

缺货损失 = 0

相关总成本 = 3000(元)

决策:当保险储备为 100 千克时,缺货损失与储存成本之和最低。因此,仁和公司保险储备量为 100 千克比较合适。

考试方向

考查经济订货批量、再订货点以及保险储备的计算。

【例题 7-16 单选题】(2020 年真题) 某公司存货年需求量为 36000 千克,经济订货批量为 600 千克,一年按 360 天计算,则最佳订货期为( )天。

A.100　　　　B.1.67　　　　C.60　　　　D.6

【答案】 D

【名师点睛】 订货次数 = 36000÷600 = 60(次),订货期 = 360÷60 = 6(天)。

【例题 7-17 单选题】(2017 年真题) 下列成本费用中,一般属于存货变动储存成本的有( )。

A.存货资金应计利息　　　　B.存货毁损和变质损失

C.仓库折旧费　　　　D.库存商品保险费

【答案】 ABD

【名师点睛】 变动储存成本与存货的数量有关,如存货资金的应计利息、存货的破损和变质损失、存货的保险费用等。仓库折旧费属于固定储存成本。

【例题 7-18 单选题】(2019 年真题) 某公司全年(360 天)材料采购量预计为 7200 吨,假定材料日耗均衡,从订货到送达正常需要 3 天,鉴于延迟交货会产生较大损失,公司按照延误天数 2 天建立保险储备。不考虑其他因素,材料再订货点为( )吨。

A.40　　　　B.80　　　　C.60　　　　D.100

【答案】 D

【名师点睛】 日耗用量＝7200÷360＝20（吨），保险储备量＝20×2＝40（吨），再订货点＝20×3+40＝100（吨）。

四、 存货的控制系统 ★

（一）ABC 控制系统

ABC 控制系统就是把企业种类繁多的存货,依据其重要程度、价值大小或者资金占用等标准分为 A、B、C 三大类。其中 A 类价值高,应重点控制、严格管理。

A 类高价值存货,品种数量占整个存货的 10%~15%,价值占全部存货的 50%~70%。

B 类中等价值存货,品种数量占整个存货的 20%~25%,价值占全部存货的 15%~20%。

C 类低价值存货,品种数量多,占整个存货的 60%~70%,价值占全部存货的 10%~35%。

（二）适时制库存控制系统（零库存管理、看板管理系统）

适时制库存控制系统是指制造企业事先和供应商和客户协调好:当制造企业在生产过程中需要原料或零件时,供应商会及时将原料或零件送达;当产品生产出来后会立刻被售出。

优点:库存持有水平大大下降,提高企业运营管理效率。

缺点:经营风险大（适时制库存控制系统需要的是稳定而标准的生产程序以及诚信的供应商,否则,任何一环出现差错都将导致整个生产线的停止）。

第五节　流动负债管理

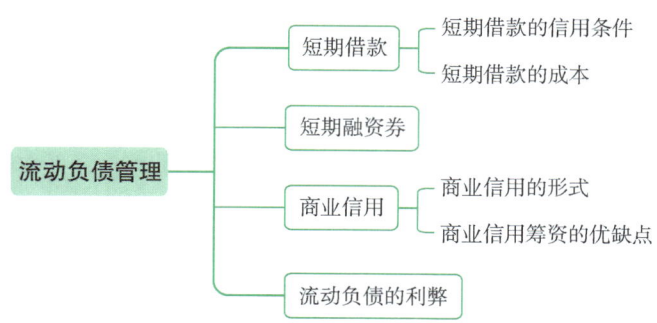

一、 短期借款 ★

（一）短期借款的信用条件

1.信贷额度。

信贷额度亦即贷款限额,是借款企业与银行在协议中规定的借款最高限额,有限期限通常为 1 年。但银行并不承担必须支付全部信贷数额的义务。

2.周转信贷协定。

周转信贷协定是银行具有法律义务地承诺提供不超过某一最高限额的贷款协定。企业通常要对贷款限额的未使用部分支付给银行一笔承诺费用。

【例题 7-19 单选题】(经典好题) 2021 年 1 月 1 日,某企业取得银行为期一年的周转信贷协定,金额为 100 万元,1 月 1 日企业借入 60 万元,8 月 1 日又借入 20 万元,年末企业偿还所有的借款本金,假设利率为每年 10%,年承诺费率为 0.5%,则年终企业应支付利息和承诺费共为(   )万元。

A. 7.5 　　　　B. 6.9883 　　　　C. 7.6 　　　　D. 6.3325

【答案】 B

【名师点睛】 承诺费=20×0.5%+20×0.5%÷12×7=0.1583(万元),利息=60×10%+20×10%÷12×5=6.83(万元),共计 6.9883 万元。

3. 补偿性余额。

补偿性余额贷款实际利率的计算公式如下:

补偿性余额是指银行要求借款企业在银行中保持按贷款限额或实际借用额一定比例(通常为 10%~20%)计算的最低存款余额。

对借款企业来说,补偿性余额提高了借款的实际利率。

补偿性余额贷款实际利率的计算公式如下:

$$补偿性余额贷款实际利率=\frac{利息}{可以动用的贷款额}$$
$$=\frac{借款额×名义利率}{借款额×(1-补偿性余额比例)}$$
$$=\frac{名义利率}{1-补偿性余额比例}$$

4. 借款抵押。

银行根据抵押品面值的 30%~90% 发放贷款,具体比例取决于抵押品的变现能力和银行对风险的态度。

5. 偿还条件。

有到期一次偿还和在贷款期内定期(每月、每季)等额偿还。一般来说,企业不希望采用后一种偿还方式,因为这会提高借款的实际年利率;而银行不希望采用前一种偿还方式,因为这会加重企业的财务负担,增加企业的拒付风险,同时会降低实际贷款利率。

6. 其他承诺。

银行有时还会要求企业为取得贷款而作出其他承诺。例如,及时提供账务报表、保持适当的财务水平(如特定的流动比率)等。如企业违背承诺,银行可要求企业立即偿还全部贷款。

【例题 7-20 单选题】(2019 年真题) 某公司向银行借款 2000 万元,期限 1 年,年利率 6.5%,银行要求的补偿性余额比例为 12%,则借款的实际利率为(   )。

A. 7.28% 　　　　B. 6.5% 　　　　C. 12% 　　　　D. 7.39%

【答案】 D

【名师点睛】 借款实际利率=2000×6.5%÷[2000×(1-12%)]=6.5%÷(1-12%)=7.39%,所以选项 D 正确。

(二) 短期借款的成本 ★★

短期借款成本主要包括利息、手续费等。短期借款成本的高低主要取决于贷款利率的高低和利息的支付方式。

短期贷款利息的支付方式有收款法、贴现法和加息法三种,详见表 7－15。

表 7－15 短期贷款利息的支付方式

付息方式	含义	实际利率与名义利率的关系
收款法	借款到期时向银行支付利息	实际利率＝名义利率
贴现法(折价法)	指银行向企业发放贷款时,先从本金中扣除利息部分,到期时借款企业偿还全部贷款本金的一种利息支付方法	实际利率＞名义利率
加息法	加息法是银行发放分期等额偿还贷款时采用的利息收取方法	实际利率＝2×名义利率

案例 7－11

仁和公司从银行取得借款 1000 万元,期限 1 年,利率 8%。按贴现法付息,仁和公司该借款的实际利率 $=\dfrac{1000\times 8\%}{1000\times (1-8\%)}=8.70\%$。

考试方向

考查各种利息支付方式下的实际利率的计算。

案例 7－12

仁和公司借入(名义)年利率为 10% 的贷款 10000 元,分 12 个月等额偿还本息。该项借款的实际年利率 $=\dfrac{10000\times 10\%}{10000\div 2}=20\%$。

二、 短期融资券 ★

在我国,短期融资券是指在银行间债券市场发行和交易并约定在一定期限内还本付息的有价证券,是企业筹措短期资金(1 年以内)的直接融资方式。

(一)发行短期融资券的相关规定

1. 发行人为非金融企业。

2. 发行和交易的对象是银行间债券市场的机构投资者,不向社会公众发行和交易。

3. 由符合条件的金融机构承销,企业不得自行销售融资券,发行融资券募集的资金用于本企业的生产经营。

4. 融资券采用实名记账方式在中央国债登记结算有限责任公司(简称中央结算公司)登记托管,中央结算公司负责提供有关服务。

5. 债务融资工具发行利率、发行价格和所涉费率以市场化方式确定,任何商业机构不得以欺诈、操纵市场等行为获取不正当利益。

(二)短期融资券的种类

1. 按发行人分类,短期融资券分为金融企业的融资券和非金融企业的融资券。在我国,目前发行和交易的是非金融企业的融资券。

2. 按发行方式分类,短期融资券分为经纪人承销的融资券和直接销售的融资券。非金融企业发行融资券一般采用间接承销方式进行,金融企业发行融资券一般采用直接发行方式进行。

（三）短期融资券的筹资特点

1. 优点。

（1）短期融资券的筹资成本较低（相对于发行公司债券筹资而言）。

（2）短期融资券一次性的筹资数额比较大（相对于银行借款筹资而言）。

2. 缺点。

发行短期融资券的条件比较严格。必须具备一定的信用等级的实力强的企业，才能发行短期融资券筹资。

考试方向

考查短期融资券的筹资特点。

【例题 7－21 多选题】（2019 年真题） 在我国，下列关于短期融资券的说法，正确的有（   ）。

A. 相对银行借款，信用要求等级高　　　　B. 相对企业债券，筹资成本较高

C. 相对商业信用，偿还方式灵活　　　　　D. 相对于银行借款，一次性筹资金额较大

【答案】 AD

【名师点睛】 只有具备一定的信用等级的实力强的企业，才能发行短期融资券筹资，银行借款没有这样的规定，选项 A 正确；相对于发行企业债券筹资而言，发行短期融资券的筹资成本较低，选项 B 不正确；采用商业信用筹资，如果在期限内不能付款或交货时，一般还可以通过与客户的协商，请求延长时限，偿还方式更为灵活，选项 C 不正确；相对于银行借款筹资而言，短期融资券一次性的筹资数额比较大，选项 D 正确。

三、商业信用 ★★★

商业信用是指企业在商品或劳务交易中，以延期付款或预收货款方式进行购销活动而形成的借贷关系，是企业之间的直接信用行为，也是企业短期资金的重要来源。

（一）商业信用的形式

1. 应付账款。

应付账款是供应商给企业提供的一种商业信用。供应商在信用条件中规定有现金折扣，目的主要在于加速资金回收。企业在决定是否享受现金折扣时，应仔细考虑。通常，放弃现金折扣的成本是很高的。

（1）放弃现金折扣的信用成本。

放弃折扣的信用成本率的计算公式如下：

$$放弃折扣的信用成本率 = \frac{折扣\%}{1-折扣\%} \times \frac{360\ 天}{信用期-折扣期}$$

放弃现金折扣的信用成本率与折扣百分比大小、折扣期长短和付款期长短有关。折扣率越高，折扣期越长，放弃折扣的信用成本率越高；信用期（付款期）越长，放弃折扣的信用成本率越低。

（2）放弃现金折扣的信用决策。

①放弃现金折扣的信用成本率大于短期借款利率（短期投资报酬率）的，应选择享受折扣。

②放弃现金折扣的信用成本率小于短期借款利率（短期投资报酬率）的，应选择放弃折扣。

考试方向

考查放弃现金折扣的信用成本的计算和决策。

案例 7-13

仁和公司按"2/10,N/30"的付款条件购入货物 100 万元,仁和公司如果放弃现金折扣,则信用成本率 $= \dfrac{折扣\%}{1-折扣\%} \times \dfrac{360 天}{信用期-折扣期} = \dfrac{2\%}{1-2\%} \times \dfrac{360}{(30-10)} = 36.73\%$。

案例 7-14

仁和公司采购一批材料,供应商报价为 10000 元,付款条件为:3/10、2/30、1/50、N/90。目前企业用于支付账款的资金需要在 90 天时才能周转回来,在 90 天内付款,只能通过银行借款解决。假设银行利率为 10%。

要求:(1)计算放弃折扣信用成本率,判断是否应享受折扣。

(2)确定公司材料采购款的付款时间和价格。

【分析】 (1)①10 天付款方案:放弃折扣的信用成本率 $= \dfrac{3\%}{1-3\%} \times \dfrac{360}{(90-10)} = 13.92\%$

②30 天付款方案:放弃折扣的信用成本率 $= \dfrac{2\%}{1-2\%} \times \dfrac{360}{(90-30)} = 12.24\%$

③50 天付款方案:放弃折扣的信用成本率 $= \dfrac{1\%}{1-1\%} \times \dfrac{360}{(90-50)} = 9.09\%$

银行利率为 10%,由于 50 天付款方案放弃折扣的信用成本率低于借款利息率,所以仁和公司只能选择 10 天付款方案,或者 30 天付款方案,进行借款偿还货款。

(2)①10 天付款方案,可以享受的现金折扣 $= 10000 \times 3\% = 300$(元),需要借款额 $= 10000 - 300 = 9700$(元),借款 80 天,产生的利息 $= 9700 \times 10\% \div 360 \times 80 = 215.56$(元),产生的净收益 $= 300 - 215.56 = 84.44$(元)。

②30 天付款方案,可以享受的现金折扣 $= 10000 \times 2\% = 200$(元),需要借款额 $= 10000 - 200 = 9800$(元),借款 60 天,产生的利息 $= 9800 \times 10\% \div 360 \times 60 = 163.33$(元),产生的净收益 $= 200 - 163.33 = 36.67$(元)。

③50 天付款方案,可以享受的现金折扣 $= 10000 \times 1\% = 100$(元),需要借款额 $= 10000 - 100 = 9900$(元),借款 40 天,产生的利息 $= 9900 \times 10\% \div 360 \times 40 = 110$(元),产生的净收益 $= 100 - 110 = -10$(元),当放弃折扣的信用成本率低于借款利率时,其折扣产生的收益也会低于借款产生的利息。

所以,第 10 天付款是最佳方案,其净收益最大。

【例题 7-22 判断题】(2020 年真题) 如果购货付款条件为"2/10,N/30",一年按360 天计算,则放弃现金折扣的信用成本率为 20%。(   )

【答案】 ×

【名师点睛】 放弃折扣的信用成本率 $= \dfrac{2\%}{1-2\%} \times \dfrac{360}{(30-10)} = 36.73\%$

2. 应付票据。

应付票据是指企业在商品购销活动和对工程价款进行结算中,因采用商业汇票结算方式而产生的商业信用。

3. 预收货款。

预收货款是指销货单位按照合同和协议规定,在发出货物之前向购货单位预先收取部分或全部货款的信用行为。

购买单位对于紧俏商品往往乐于采用这种方式购货;销货方对于生产周期长,造价较高的商品,往往采用预收货款方式销货,以缓和本企业资金占用过多的矛盾。

4. 应计未付款。

应计未付款是指企业在生产经营和利润分配过程中已经计提但尚未以货币支付的款项。主要包括应付职工薪酬、应缴税金、应付利润或应付股利等。

(二)商业信用筹资的优缺点

1. 商业信用筹资的优点。

(1)商业信用容易获得。

(2)企业有较大的机动权。

(3)企业一般不用提供担保(还款和延期方便)。

2. 商业信用筹资的缺点。

(1)商业信用筹资成本高。

(2)容易恶化企业的信用水平。

(3)受外部环境影响较大。

考试方向
考查商业信用筹资的特点。

【例题7−23判断题】(2019年真题) 企业利用商业信用筹资比较机动灵活,而且期限较短,不会恶化企业信用水平。( )

【答案】 ×

【名师点睛】 商业信用筹资的缺点之一是容易恶化企业的信用水平。商业信用的期限短,还款压力大,对企业现金流量管理的要求很高。如果长期和经常性地拖欠账款,会造成企业的信誉恶化。

四、流动负债的利弊

1. 优点。

(1)容易获得,具有灵活性,能够有效满足企业季节性信贷需求。

(2)短期借款一般比长期借款具有更少的约束性条款。

(3)为季节性行业的流动资产进行融资。

2. 缺点。

需要持续地重新谈判或滚动安排负债。

同步练习

一、单项选择题

1. 下列各项中,不属于营运资金构成内容的是( )。

A. 存货　　　　　　　B. 应收账款

C. 货币资金　　　　　D. 无形资产

2. 下列流动资产融资策略中,收益和风险均较低的是( )。

A. 产权匹配融资策略　B. 期限匹配融资策略

C. 保守融资策略　　　D. 激进融资策略

3. 某公司当年的资本成本率为10%,现金平均持有量30万元,现金管理费用2万元,现金与有价证券之间的转换成本1.5万元,则该公司当年持有现金的机会成本为( )万元。

A. 6.5　　B. 5.0　　C. 3.0　　D. 3.5

4. 某上市公司利用随机模型确定最佳现金持有量,已知现金余额下限为200万元,目标现金余额为360万元,则现金余额上限为( )万元。

A. 480　　B. 560　　C. 960　　D. 680

5. 下列关于现金回归线的表述中,正确的是( )。

A. 现金回归线的确定与企业可接受的最低现金持有量无关

B. 有价证券利息率增加,会导致现金回归线上升

C. 有价证券的每次固定转换成本上升,会导致现金回归线上升

D. 当现金的持有量高于或低于现金回归线时,应立即购入或出售有价证券

6. 下列各项中,不属于现金支出管理措施的是( )。

A. 推迟支付应付款　　B. 提高信用标准

C. 以汇票代替支票　　D. 争取现金收支同步

7. 企业将资金投放于应收账款而放弃其他投资项目,就会丧失这些投资项目可能带来的收益,则该收益是( )。

A. 应收账款的管理成本

B. 应收账款的机会成本

C. 应收账款的坏账成本

D. 应收账款的短缺成本

8. 信用评价的5C系统中,调查了解企业资本规模和负债比率,反映企业资产或资本对负债的保障程度是评估顾客信用品质的( )。

A. 能力方面　　　　　B. 资本方面

C. 抵押方面　　　　　D. 条件方面

9. 下列各项中,可用来表示应收账款机会成本的是( )。

A. 坏账损失

B. 给予客户的现金折扣

C. 应收账款占用资金的应计利息

D. 应收账款日常管理费用

10. 某公司第二季度的月赊销额分别为120万元、130万元和110万元,信用条件为N/60,二季度公司的应收账款平均余额为270万元。则该公司在第二季度应收账款平均逾期( )天(一个月按30天计算)。

A. 7.5　　　　　　　B. 10

C. 0　　　　　　　　D. 6.35

11. 下列各项因素中,不影响存货经济订货批量计算结果的是( )。

A. 单位变动储存成本　B. 保险储备

C. 存货年需要量　　　D. 每次订货变动成本

12. 某公司全年需要零配件72000件,假设一年按360天计算,按经济订货基本模型计算的最佳订货量为9000件,订货日至到货日的时间为3天,公司确定的保险储备为1000件,则再订货点为( )件。

A. 1600　　　　　　B. 4000

C. 600　　　　　　　D. 1075

13. 下列关于存货保险储备的表述中,正确的是( )。

A. 较低的保险储备可降低存货缺货成本

B. 保险储备的多少取决于经济订货量的大小

C. 最佳保险储备能使缺货损失和保险储备的储存成本之和达到最低

D. 较高的保险储备可降低存货储存成本

14. 某企业获批100万元的周转信贷额度,约定年利率为10%,承诺费率为0.5%,年度内企业实际动用贷款60万元,使用了12个月,则该笔业务在当年实际发生的借款成本为( )万元。

A. 10　　B. 6　　C. 6.2　　D. 10.2

15. 某企业按"2/20，N/40"的付款条件购进原料一批，则企业放弃现金折扣的机会成本率为（　　　）。
A. 2%　　　　　　　　B. 36.73%
C. 18%　　　　　　　　D. 36%

二、多项选择题

1. 不同决策者对流动资产投资策略的倾向不同。下列说法中正确的有（　　　）。
A. 保守的决策者更倾向于宽松的流动资产投资策略
B. 运营经理通常喜欢高水平的原材料
C. 销售经理通常喜欢高水平的产成品存货
D. 财务管理人员通常喜欢使存货和应收账款最小化

2. 下列关于运营资金管理的表述中，正确的有（　　　）。
A. 销售稳定并可预测时，投资于流动资产的资金可以相对少一些
B. 加速营运资金周转，有助于降低资金使用成本
C. 管理者偏好高风险高收益时，通常会保持较低的流动资产投资水平
D. 销售变数较大而难以预测时，通常要维持较低的流动资产与销售收入比率

3. 下列各项中，对营运资金占用水平产生影响的有（　　　）。
A. 货币资金　　　　B. 应收账款
C. 预付账款　　　　D. 存货

4. 企业持有现金，主要出于交易性、预防性和投机性三大需求，下列各项中体现了交易性需求的有（　　　）。
A. 为满足季节性库存的需求而持有现金
B. 为避免因客户违约导致的资金链意外断裂而持有现金
C. 为提供更长的商业信用期而持有现金
D. 为在证券价格下跌时买入证券而持有现金

5. 商业信用作为企业短期资金的一种来源，主要表现形式有（　　　）。
A. 应付票据　　　　B. 预收货款
C. 季节性周转贷款　　D. 应付账款

6. 在存货订货量决策中，下列关于保险储备的表述正确的有（　　　）。
A. 保险储备增加，存货的缺货损失减少

B. 保险储备增加，存货中断的概率变小
C. 保险储备增加，存货的再订货点降低
D. 保险储备增加，存货的储存成本提高

7. 一般而言，与短期筹资和短期借款相比，商业信用融资的优点有（　　　）。
A. 融资数额较大　　B. 融资条件宽松
C. 融资机动权大　　D. 不需提供担保

三、判断题

1. 营运资金具有多样性、波动性、短期性、变动性和不易变现性等特点。（　　　）
2. 企业持有现金的机会成本指企业为了取得投资机会所产生的佣金、手续费等相关成本。（　　　）
3. 应收账款保理中，从风险角度看，有追索权的保理相对于无追索权的保理对供应商更有利，对保理商更不利。（　　　）
4. 应付账款是供应商给企业的一种商业信用，采用这种融资方式是没有成本的。（　　　）
5. 在确定目标现金余额时，无论成本模型还是存货模型，都需要考虑持有现金的机会成本。（　　　）
6. 银行借款如果附带补偿性余额条款，则会降低银行借款的实际利率。（　　　）

四、计算分析题

1. 乙公司使用存货模型确定最佳现金持有量。根据有关资料分析，2015 年该公司全年现金需求量为 8100 万元，每次现金转换的成本为 0.2 万元，持有现金的机会成本率为 10%。
要求：
（1）计算最佳现金持有量。
（2）计算最佳现金持有量下的现金转换次数。
（3）计算最佳现金持有量下的现金交易成本。
（4）计算最佳现金持有量下持有现金的机会成本。
（5）计算最佳现金持有量下的相关总成本。

2. 甲公司 2018 年度全年营业收入为 4500 万元（全部为赊销收入），应收账款平均收现期为 60 天，公司产品销售单价为 500 元/件，单价变动成本为 250 元/件。若将应收账款所占用的资金用于其他等风险投资可获得的收益率为 10%，2019 年调整信用政策，全年销售收入（全部为赊销收入）预计增长 40%，应收账款平均余额预计为 840 万元，假定全年按照 360 天计算。
要求：
（1）计算 2018 年应收账款平均余额。

（2）计算 2018 年变动成本率。

（3）计算 2018 年应收账款的机会成本。

（4）计算 2019 年预计的应收账款周转率和周转天数。

3. 公司 2017 年采用"N/30"的信用条件，全年销售额（全部为赊销）为 10000 万元，平均收现期为 40 天。2018 年年初，乙公司为了尽早收回货款，提出了"2/10，N/30"的信用条件。新的折扣条件对销售额没有影响，但坏账损失和收账费用共减少 200 万元。预计占销售额一半的客户将享受现金折扣优惠，享受现金折扣的客户均在第 10 天付款；不享受现金折扣的客户，平均付款期为 40 天。该公司的资本成本为 15%，变动成本率为 60%。假设一年按 360 天计算，不考虑增值税及其他因素的影响。

要求：

（1）计算信用条件改变引起的现金折扣成本的增加额。

（2）计算信用条件改变后的应收账款平均收现期。

（3）计算信用条件改变引起的应收账款机会成本的增加额。

（4）计算信用条件改变引起的税前利润增加额。

（5）判断提供现金折扣的信用条件是否可行，并说明理由。

五、综合题

甲公司是一家制造业企业集团，生产耗费的原材料为 L 零部件。有关资料如下：

资料一：L 零部件的年正常需要量为 54000 个，2018 年及以前年度，一直从乙公司进货，单位购买价格为 100 元/个，单位变动储存成本为 6 元/个，每次订货变动成本为 2000 元，一年按 360 天计算。

资料二：2018 年，甲公司全年应付账款平均余额为 450000 元，假定应付账款全部为向乙公司支付的 L 零部件的价款。

资料三：2019 年年初，乙公司为鼓励甲公司尽早还款，向甲公司开出的现金折扣条件为"2/10，N/30"，目前甲公司用于支付赊款资金需要在 30 天时才能周转回来，30 天以内的资金需求通过银行借款筹集，借款利率为 4.8%，甲公司综合考虑借款成本与折扣收益，决定在第 10 天付款方案和第 30 天付款方案中作出选择。

资料四：受经济环境的影响，甲公司决定自 2020 年将 L 零部件从外购转为自行生产，计划建立一个专门生产 L 零部件的 A 分厂。该分厂投入后的有关数据估算如下：零部件的年产量为 54000 个，单位直接材料为 30 元/个，单位直接人工为 20 元/个，其他成本全部为固定成本，金额为 1900000 元。

要求：

（1）根据资料一，按照经济订货基本模型计算：①L 零部件的经济订货量；②全年最佳订货次数；③最佳订货周期（要求用天数表示）；④经济订货量下的变动储存成本总额。

（2）根据资料一和资料二，计算 2018 年度的应付账款周转期（要求用天数表示）。

（3）根据资料一和资料三，分别计算甲公司 2019 年度两个付款方案的净收益，并判断甲公司应选择哪个付款方案。

（4）根据资料四，计算 A 分厂投入运营后预计年产品成本总额。

参考答案及解析

一、单项选择题

1.【答案】 D

【解析】 营运资金是指企业生产经营活动中占用流动资产上的资金。广义理解：企业流动资产的总额；狭义理解：流动资产－流动负债。本章指的是狭义的营运资金概念。流动资产是指可以在 1 年以内或超过 1 年的一个营业周期内变现或运用的资产。流动负债是指需要在 1 年或者超过 1 年的一个营业周期内偿还的债务。选项 D 既不属于流动资产也不属于流动负债，所以不属于营运资金构成。

2.【答案】 C

【解析】 保守型融资策略融资成本较高，收益较低，是一种风险低、成本高的融资策略。

3.【答案】 C

【解析】 持有现金的机会成本＝现金平均持有

量×资本成本率＝30×10%＝3（万元）

4.【答案】 D

【解析】 H＝3R-2L＝3×360-2×200＝680（万元）

5.【答案】 C

【解析】 下限与回归线正相关,回归线与有价证券的日利息率负相关,回归线与有价证券的每次转换成本正相关,所以选项 AB 错误,选项 C 正确;当现金的持有量达到上下限时,应立即购入或出售有价证券,所以选项 D 错误。

6.【答案】 B

【解析】 现金支出管理的主要任务是尽可能延缓现金的支出时间。现金支出管理的措施包括:①使用现金浮游量;②推迟应付款的支付;③汇票代替支票;④改进员工工资支付模式;⑤透支;⑥争取现金流出与现金流入同步;⑦使用零余额账户。所以,选项 ACD 都属于现金支出管理措施,选项 B 提高信用标准,不属于现金支出管理措施。

7.【答案】 B

【解析】 应收账款会占用企业一定量的资金,而企业若不把这部分资金投放于应收账款,便可以用于其他投资并可能获得收益,如投资债券获得利息收入。这种因投放于应收账款而放弃其他投资所带来的收益,即为应收账款的机会成本。

8.【答案】 B

【解析】 资本是指如果企业或个人当前的现金流不足以还债,他们在短期和长期内可供使用的财务资源。信用分析必须调查了解企业资本规模和负债比率,反映企业资产或资本对负债的保障程度。

9.【答案】 C

【解析】 应收账款机会成本指的是应收账款占用资金的应计利息。

10.【答案】 A

【解析】 平均日销售额＝（120+130+110）÷90＝4（万元）,应收账款周转天数＝270÷4＝67.5（天）,平均逾期天数＝67.5-60＝7.5（天）。

11.【答案】 B

【解析】 根据存货经济订货批量计算公式可知,选项 ACD 影响存货经济订货批量计算结果,选项 B 不影响经济订货批量计算结果。通俗的理解是,保险储备是前期购入的,与本

期的订货量无关。

12.【答案】 A

【解析】 再订货点＝72000÷360×3+1000＝1600（件）

13.【答案】 C

【解析】 较高的保险储备可降低缺货损失,但也增加了存货的储存成本。因此,最佳的保险储备应该是使缺货损失和保险储备的储存成本之和达到最低。

14.【答案】 C

【解析】 实际借款成本即支付的利息和承诺费之和,企业有 40 万元额度没有使用,利息费用+承诺费＝60×10%+40×0.5%＝6.2（万元）。

15.【答案】 B

【解析】 放弃现金折扣的机会成本率＝［2%÷（1-2%）］×［360/（40-20）］×100%＝36.73%

二、多项选择题

1.【答案】 ABCD

【解析】 保守的决策者不愿意承担风险,宽松的流动资产投资策略下,企业将保持高水平的现金和有价证券、高水平的应收账款和存货。在这种策略下,由于较高的流动性,企业的财务与经营风险较小。所以,选项 A 的说法正确;运营经理通常喜欢高水平的原材料,以便满足生产所需,选项 B 的说法正确;销售经理通常喜欢高水平的产成品存货以便满足顾客的需要,选项 C 的说法正确;财务管理人员通常喜欢使存货和应收账款最小化,以便使流动资产融资的成本最低,选项 D 的说法正确。

2.【答案】 ABC

【解析】 销售额越不稳定,越不可预测,则投资于流动资产上的资金就应越多,以保证有足够的存货和应收账款占用来满足生产经营和顾客的需要,所以选项 D 不正确。

3.【答案】 ABCD

4.【答案】 AC

【解析】 企业的交易性需求是指企业为了维持日常周转及正常商业活动所需持有的现金额。预防性需求是指企业需要持有一定量的现金,以应付突发事件。投机性需求是企业需要持有一定量的现金以抓住突然出现的获利机会。选项 B 属于应付突发事件,体现了预防

性需求;选项 D 是企业需要持有一定量的现金以抓住突然出现的获利机会,体现了投机性需求。

5.【答案】 ABD

【解析】 商业信用的形式包括应付账款、应付票据、预收货款、应计未付款。

6.【答案】 ABD

【解析】 增加保险储备,很明显会增加变动储存成本,保险储备越多,变动储存成本越大。增加保险储备,可以降低缺货造成的损失,保险储备越多,缺货损失越小。最佳的保险储备应该是使缺货损失和保险储备的储存成本之和达到最低。所以选项 ABD 正确。

7.【答案】 BCD

【解析】 商业信用筹资的优点:商业信用容易获得、企业有较大的机动权、企业一般不用提供担保。

三、判断题

1.【答案】 ×

【解析】 营运资金一般具有如下特点:营运资金的来源具有多样性;营运资金的数量具有波动性;营运资金的周转具有短期性;营运资金的实物形态具有变动性和易变现性。

2.【答案】 ×

【解析】 转换成本是指企业用现金购入有价证券以及用有价证券换取现金时付出的交易费用,即现金同有价证券之间相互转换的成本,如买卖佣金、手续费等。现金的机会成本是指企业因持有一定现金余额丧失的再投资收益。

3.【答案】 ×

【解析】 有追索权保理指供应商将债权转让给保理商,供应商向保理商融通货币资金后,如果购货商拒绝付款或无力付款,保理商有权向供应商要求偿还预付的货币资金,所以对保理商有利,而对供应商不利。

4.【答案】 ×

【解析】 应付账款是供应商给企业提供的一种商业信用。商业信用条件通常包括以下两种:第一,有信用期,但无现金折扣;第二,有信用期和现金折扣。企业在决定是否享受现金折扣时,应仔细考虑。通常而言,放弃现金折扣的成本是很高的。

5.【答案】 √

【解析】 目标现金余额成本模型的相关成本有管理成本、机会成本、短缺成本;存货模型的相关成本有机会成本、交易成本。

6.【答案】 ×

【解析】 银行要求借款企业在银行中保持按贷款限额或实际借用额一定比例(通常为 10%~20%)计算的最低存款余额。对借款企业来说,补偿性余额则提高了借款的实际利率。

四、计算分析题

1.【答案】 (1) 最佳现金持有量 $= \sqrt{\dfrac{2 \times 8100 \times 0.2}{10\%}} = 180$(万元)

(2) 最佳现金持有量下的现金转换次数 $= 8100 \div 180 = 45$(次)

(3) 最佳现金持有量下的现金交易成本 $= 45 \times 0.2 = 9$(万元)

(4) 最佳现金持有量下持有现金的机会成本 $= (180 \div 2) \times 10\% = 9$(万元)

(5) 最佳现金持有量下的相关总成本 $= 9 + 9 = 18$(万元),也可以按照公式计算,最佳现金持有量下的相关总成本 $= \sqrt{2 \times 8100 \times 0.2 \times 10\%} = 18$(万元)。

2.【答案】(1) 2018 年应收账款平均余额 $= 4500 \div 360 \times 60 = 750$(万元)

(2) 2018 年变动成本率 $= 250 \div 500 \times 100\% = 50\%$

(3) 2018 年应收账款的机会成本 $= 750 \times 50\% \times 10\% = 37.5$(万元)

(4) 2019 年预计的应收账款周转率 $= 4500 \times (1 + 40\%) \div 840 = 7.5$(次)

2019 年预计的应收账款周转天数 $= 360 \div 7.5 = 48$(天)

3.【答案】(1) 现金折扣成本增加额 $= 10000 \times 50\% \times 2\% = 100$(万元)

(2) 应收账款平均收现期 $= 10 \times 50\% + 40 \times 50\% = 25$(天)

(3) 应收账款机会成本增加额 $= (10000 \div 360) \times (25 - 40) \times 60\% \times 15\% = -37.5$(万元)

(4) 税前利润增加额 $= 200 + 37.5 - 100 = 137.5$(万元)

(5) 可行。因为提供现金折扣的信用条件可以增加税前利润,税前利润增加 137.5 万元。

第七章

五、综合题

【答案】（1）①L 零部件的经济订货量 =

$$\sqrt{\dfrac{2\times2000\times54000}{6}}=6000(个)$$

②全年最佳订货次数 = 54000÷6000 = 9（次）

③最佳订货周期 = 360÷9 = 40（天）

④经济订货量下的变动储存成本总额 = 6000÷2× 6 = 18000（元）

（2）2018 年度的应付账款周转次数 =（54000× 100）÷450000 = 12（次）

2018 年度的应付账款周转期 = 360÷12 = 30（天）

（3）在第 10 天付款的净收益 = 54000×100×2% - 54000×100×（1 - 2%）×4.8%×（30 - 10）÷360 = 108000 - 14112 = 93888（元）

在第 30 天付款的净收益 = 0

在第 10 天付款的净收益大，所以甲公司应选择在第 10 天付款方案。

（4）A 分厂投入运营后预计年产品成本总额 = 54000×（30 + 20）+ 1900000 = 4600000（元）

第八章
成本管理

考情回顾

本章主要学习本量利分析与应用、标准成本控制与分析、作业成本与责任成本的相关知识,难度较大,近几年平均分值为 12.5 分左右,各类题型均有涉及。预计今年考查题型不变,分值为 10~13 分。

考试变化

本章没有实质性变化。

本章结构

第一节　成本管理概述
第二节　本量利分析与应用
第三节　标准成本控制与分析
第四节　作业成本与责任成本

第一节 成本管理概述

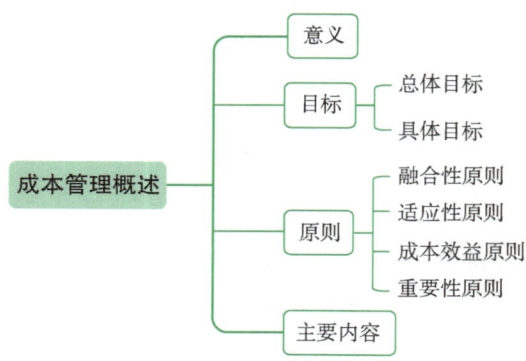

一、 成本管理的意义 ★

成本管理的意义主要体现在三个方面：
（一）降低成本，为企业扩大再生产创造条件
（二）增加企业利润，提高企业经济效益
（三）帮助企业取得竞争优势，增强企业的竞争能力和抗风险能力

二、 成本管理的目标 ★

从成本管理活动所涉及的层面来看，成本管理的目标可以分为总体目标和具体目标。
（一）总体目标
在竞争性经济环境中，成本管理的总体目标主要依据竞争战略而定：
1. 成本领先战略：追求成本水平的绝对降低。
2. 差异化战略：在保证实现产品、服务等方面差异化的前提下，对产品全生命周期成本进行管理，实现成本的持续降低。
（二）具体目标
成本管理的具体目标是对总体目标的细分，包括成本计算的目标和成本控制的目标。

三、 成本管理的原则 ★

（一）融合性原则
成本管理以企业业务模式为基础，实现成本管理责任到人、控制到位、考核严格、目标落实。
（二）适应性原则
成本管理应与生产经营特点和目标相适应，与企业发展战略或竞争战略相适应。
（三）成本效益原则
成本管理应权衡为企业带来的收益和付出的成本，避免获得的收益小于其投入的成本。

（四）重要性原则

成本管理应重点关注对成本具有重大影响的项目。

四、成本管理的主要内容 ★

成本管理具体包括成本预测、成本决策、成本计划、成本控制、成本核算、成本分析和成本考核等七项内容，详见表8-1。

表8-1 成本管理的主要内容

主要内容	要点
成本预测	成本预测是进行成本管理的第一步，也是组织成本决策和编制成本计划的前提
成本决策	成本决策具有较强的综合性，对其他营运决策起着指导和约束作用
成本计划	成本计划属于成本的事前管理
成本控制	成本控制的关键是选取适用于本企业的成本控制方法，它决定着成本控制的效果
成本核算	成本核算分为财务成本核算和管理成本核算。财务成本核算采用历史成本计量，而管理成本核算既可以用历史成本，又可以用现在成本或未来成本计量
成本分析	成本分析是成本管理的重要组成部分，成本分析的方法主要有对比分析法、连环替代法和相关分析法等
成本考核	成本考核的关键是评价指标体系的选择和评价结果与约束激励机制的衔接。考核指标可以是财务指标，也可以是非财务指标

第二节 本量利分析与应用

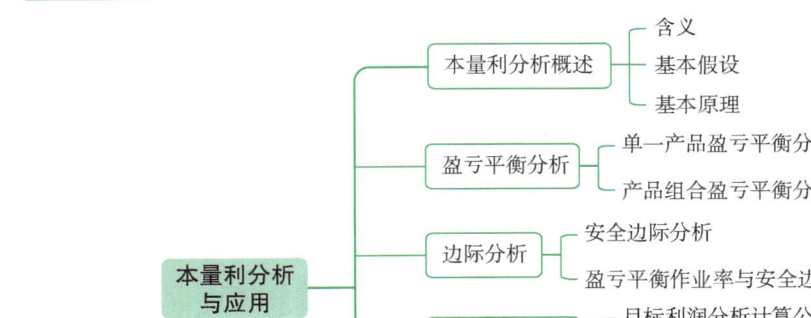

本节框架

本量利分析与应用
- 本量利分析概述
  - 含义
  - 基本假设
  - 基本原理
- 盈亏平衡分析
  - 单一产品盈亏平衡分析
  - 产品组合盈亏平衡分析
- 边际分析
  - 安全边际分析
  - 盈亏平衡作业率与安全边际率的关系
- 目标利润分析
  - 目标利润分析计算公式
  - 实现目标利润的措施
- 敏感性分析
  - 各因素对利润的影响程度
  - 允许各因素的升降幅度
- 本量利分析在经营决策中的应用

一、本量利分析概述 ★

(一) 含义

本量利分析以成本性态分析和变动成本法为基础,对成本、利润、业务量与单价等因素之间的依存关系进行分析的一种方法。

(二) 本量利分析的基本假设 ★ ★

1. 总成本由固定成本和变动成本两部分组成:在相关范围内,固定成本总额和单位变动成本保持不变。

2. 销售收入与业务量呈完全线性关系:当销售量在相关范围内变化时,产品的单价不会发生变化。

3. 产销平衡:当期产品的生产量与业务量一致,不考虑存货变动对利润的影响。

4. 产品产销结构稳定:同时生产销售多种产品的企业,其销售产品的品种结构不变,各种产品的产销额在全部产品的产销额中所占比重不变。

考试方向
考查本量利分析基本假设的内容。

【例题 8-1 单选题】(2015 年真题)　下列关于本量利分析基本假设的表述中,不正确的是(　　)。

A. 产销平衡

B. 产品产销结构稳定

C. 销售收入与业务量呈完全线性关系

D. 总成本由营业成本和期间费用两部组成

【答案】　D

【名师点睛】　本量利分析的主要假设前提有:①总成本由固定成本和变动成本两部分组成;②销售收入与业务量呈完全线性关系;③产销平衡;④产品产销结构稳定。所以选项 D 不正确。

(三) 本量利分析的基本原理 ★ ★ ★

1. 本量利分析基本关系式。

关系式如下:

利润 = 销售收入 - 总成本

　　　 = 销售收入 - (变动成本 + 固定成本)

　　　 = 销售量 × 单价 - 销售量 × 单位变动成本 - 固定成本

　　　 = 销售量 × (单价 - 单位变动成本) - 固定成本

2. 边际贡献分析。

关系式如下:

单位边际贡献 = 单价 - 单位变动成本 = 单价 × 边际贡献率

边际贡献总额 = 销售收入 - 变动成本 = 销售量 × 单位边际贡献 = 销售收入 × 边际贡献率

考试方向
考查利润、单位边际贡献、边际贡献总额、边际贡献率及变动成本率的相关计算。

$$边际贡献率 = \frac{单位边际贡献}{单价} \times 100\% = \frac{边际贡献总额}{销售收入} \times 100\%$$

$$变动成本率 = \frac{单位变动成本}{单价} \times 100\% = \frac{变动成本总额}{销售收入} \times 100\%$$

边际贡献率 + 变动成本率 = 1

利润＝边际贡献－固定成本

通过公式可以发现,边际贡献与营业利润之间有密切关系,边际贡献用于补偿企业的固定成本,只有当边际贡献大于固定成本时才能为企业提供利润,否则将亏损。

案例 8－1

甲公司生产销售 A 产品,A 产品的销售单价为 100 元/件,单位变动成本为 40 元/件,固定成本总额为 200000 元,当年 A 产品的产销量为 30000 件,则:

A 产品的单位边际贡献＝100－40＝60(元)

A 产品的边际贡献总额＝60×30000＝1800000(元)

A 产品的边际贡献率＝60÷100×100%＝60%

A 产品的利润＝1800000－200000＝1600000(元)

二、 盈亏平衡分析

盈亏平衡分析(也称保本分析)是指分析、测定盈亏平衡点,以及有关因素变动对盈亏平衡点的影响等,是本量利分析的核心内容。

(一)单一产品盈亏平衡分析 ★★★

1.盈亏平衡点。

盈亏平衡点(又称保本点),是企业达到盈亏平衡状态的业务量或销售额,即企业一定时期的总收入等于总成本、利润为零时的业务量或销售额。

根据本量利分析基本关系式,当利润＝0 时,销售量×(单价－单位变动成本)－固定成本＝0,可求得:

$$盈亏平衡点的业务量 = \frac{固定成本}{单价-单位变动成本}$$

$$= \frac{固定成本}{单位边际贡献}$$

$$盈亏平衡点的销售额 = 盈亏平衡点的业务量×单价$$

$$= \frac{固定成本}{1-变动成本率}$$

$$= \frac{固定成本}{边际贡献率}$$

提示 ▶ 盈亏平衡点越低,企业经营风险就越小。

▶ 降低盈亏平衡点销售量的措施:降低固定成本总额、降低单位变动成本、提高销售单价。

【例题 8－2 多选题】(2013 年真题) 下列各项指标中,与盈亏平衡点呈同向变化关系的有( )。

A.固定成本总额　　B.单位变动成本　　C.单位售价　　D.预计销量

【答案】 AB

考试方向
考查盈亏平衡点的计算与分析。

【名师点睛】 本题主要考查本量利的核心公式在盈亏平衡点的运用,销售量×(单价－单位变动成本)－固定成本＝0,固定成本总额、单位变动成本与盈亏平衡点是呈同方向变化的,所以选项 AB 正确。

【例题 8 – 3 单选题】(经典好题) 下列各项中,不属于降低盈亏平衡点途径的是( )。

A. 降低固定成本总额　　　　　　　B. 降低单位变动成本

C. 提高销售单价　　　　　　　　　D. 降低销售单价

【答案】 D

【名师点睛】 盈亏平衡点的销售量=固定成本/(单价-单位变动成本)=固定成本/单位边际贡献,通过公式我们可以看出降低盈亏平衡点的途径主要有三个:降低固定成本总额、降低单位变动成本和提高销售单价。

2. 盈亏平衡作业率。

盈亏平衡作业率是指盈亏平衡点的业务量(或销售额)占正常经营情况下的业务量(或销售额)的百分比,或盈亏平衡点的业务量(或销售额)占实际或预计业务量(或销售额)的百分比。

$$盈亏平衡作业率=\frac{盈亏平衡点的业务量}{正常经营业务量(或实际业务量、预计业务量)}\times100\%$$

$$=\frac{盈亏平衡点的销售额}{正常经营销售额(或实际销售额、预计销售额)}\times100\%$$

案例 8 – 2

甲公司为一家制造型企业,生产销售 A 产品,该产品的销售单价为 200 元/件,单位变动成本为 100 元/件,固定成本为 200000 元,假定甲公司在正常经营条件下实现的销售量为 5000 件,则:

A 产品的边际贡献率=(200-100)÷200=50%

A 产品的盈亏平衡点销售量=200000÷(200-100)=2000(件)

A 产品的盈亏平衡点销售额=200000÷50%=400000(元)

A 产品的盈亏平衡作业率=2000÷5000×100%=40%

3. 本量利关系图。

(1) 传统式本量利关系图。

传统式本量利关系图是最基本、最常见的本量利关系图形,如图 8 – 1 所示。

盈亏平衡点为销售收入线与总成本线的交叉点。

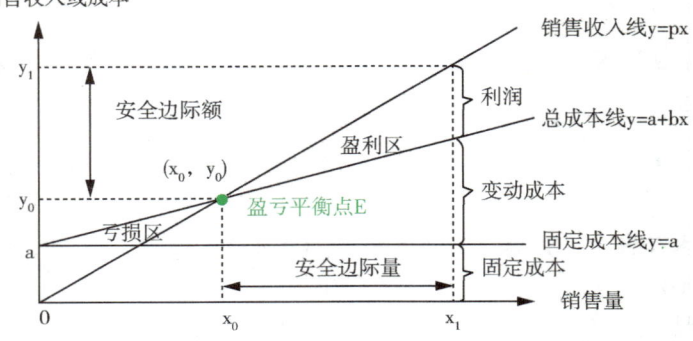

▲ 图 8 – 1　传统式本量利关系图

（2）边际贡献式本量利关系图。

边际贡献式的本量利关系图的主要优点是可以表示边际贡献的数值，如图 8－2 所示。

盈亏平衡点为销售收入线和总成本线的交叉点。

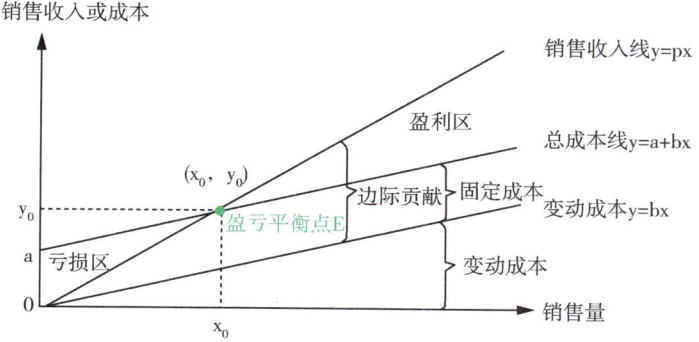

▲ 图 8－2　边际贡献式本量利关系图

（3）利量式本量利关系图。

利量式的本量利分析图反映了销售利润与销售量之间关系，如图 8－3 所示。

利润线的斜率表示单位边际贡献，盈亏平衡点的业务量为利润线与横轴的交叉点。

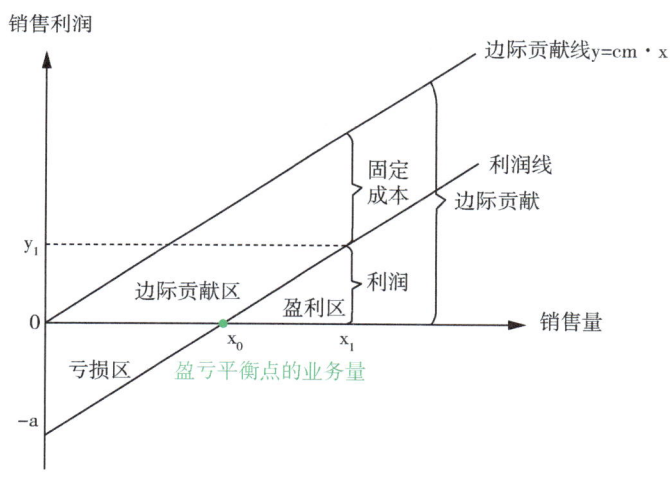

▲ 图 8－3　利量式本量利关系图

【例题 8－4 判断题】（2013 年真题）　根据传统本量利关系图，在销售量不变的情况下，盈亏平衡点越低，盈利区越小、亏损区越大。（　　　）

【答案】　×

【名师点睛】　根据传统本量利关系图，在销售量不变的情况下，盈亏平衡点越低，盈利区越大、亏损区越小，所以本题表述不正确。

【例题 8－5 单选题】（经典好题）　下列有关本量利关系图的表述正确的是（　　　）。

A.传统式本量利关系图的盈亏平衡点是总成本线和销售收入线的交点

B.边际贡献式本量利关系图的盈亏平衡点是边际贡献线和横轴的交点

考试方向

考查传统式本量利关系图、边际贡献式本量利关系图以及利量式本量利关系图的特点与区别。

C.利量式本量利关系图中的盈亏平衡点是利润线与边际贡献线的交点

D.利量式本量利关系图中利润线的斜率是单位变动成本

【答案】 A

【名师点睛】 选项B,边际贡献式本量利关系图的盈亏平衡点是总成本线和销售收入线的交点;选项C,利量式本量利关系图的盈亏平衡点是利润线与横轴的交点;选项D,利量式本量利关系图下利润线的斜率是单位边际贡献。

(二)产品组合盈亏平衡分析 ★★★

1.加权平均法。

加权平均法是在掌握每种单一产品的边际贡献率的基础上,按各种产品销售额的比重进行加权平均,据以计算综合边际贡献率,从而确定多产品组合的盈亏平衡点。其计算公式如下:

$$综合边际贡献率=\sum(某种产品的边际贡献率×某种产品销售额的比重)$$

$$=\frac{各种产品的边际贡献合计}{各种产品的销售额合计}$$

$$某种产品的销售额比重=\frac{该产品的销售额}{各种产品的销售额合计}$$

$$盈亏平衡点的销售额=\frac{固定成本}{综合边际贡献率}$$

$$某种产品盈亏平衡点销售额=盈亏平衡点的销售额×某种产品的销售额的比重$$

$$某种产品盈亏平衡点销售量=\frac{某种产品盈亏平衡点销售额}{某种产品的单价}$$

案例 8－3

甲公司为一家生产制造企业,目前该企业生产销售A、B、C三种产品,三种产品的在市场上的销售单价分别为40元、60元、80元,三种产品的单位变动成本分别为24元、48元、56元,三种产品的预计销售量分别为30000件、20000件、10000件,甲公司的固定成本总额为600000元。

要求:按加权平均法进行多种产品的本量利分析。

【分析】 整理的A、B、C三种产品的数据如表8－2所示。

表8－2 A、B、C三种产品的数据

产品	销售量（件）	单价（元）	单位变动成本（元）	销售收入（元）	各产品的销售比重	边际贡献（元）	边际贡献率
A产品	30000	40	24	1200000	37.5%	480000	40%
B产品	20000	60	48	1200000	37.5%	240000	20%
C产品	10000	80	56	800000	25%	240000	30%
合计				3200000	100%	960000	30%

A、B、C三种产品边际贡献率分别为40%、20%和30%。

A产品的销售比重=1200000÷3200000×100%=37.5%

B 产品的销售比重 = 1200000÷3200000×100% = 37.5%

C 产品的销售比重 = 800000÷3200000×100% = 25%

综合边际贡献率 = 40%×37.5%+20%×37.5%+30%×25% = 30%

综合盈亏平衡点销售额 = 600000÷30% = 2000000（元）

A 产品盈亏平衡点销售额 = 2000000×37.5% = 750000（元）

B 产品盈亏平衡点销售额 = 2000000×37.5% = 750000（元）

C 产品盈亏平衡点销售额 = 2000000×25% = 500000（元）

用每种产品盈亏平衡点销售额分别除以每种产品的单价,就可以求出它们的盈亏平衡点的业务量:

A 产品盈亏平衡点的业务量 = 750000÷40 = 18750（件）

B 产品盈亏平衡点的业务量 = 750000÷60 = 12500（件）

C 产品盈亏平衡点的业务量 = 500000÷80 = 6250（件）

2. 联合单位法。

联合单位法是在事先确定各种产品间产销实物量比例的基础上,将各种产品产销实物量的最小比例作为一个联合单位,确定每一联合单位的单价、单位变动成本,进行本量利分析的一种分析方法。

例如,企业同时生产甲、乙、丙三种产品,且三种产品之间的产销量长期保持固定的比例关系,产销量比为 1：2：3。那么,1 件甲产品、2 件乙产品和 3 件丙产品就构成一组产品,简称联合单位。

案例 8 - 4 沿用 **案例 8 - 3**

要求: 按联合单位法进行多种产品的量本利分析。

【分析】 产品销量比 = A：B：C = 3：2：1

联合单价 = 40×3+60×2+80×1 = 320（元）

联合单位变动成本 = 24×3+48×2+56×1 = 224（元）

联合盈亏平衡点的业务量 = 600000÷（320−224） = 6250（件）

各种产品盈亏平衡点的业务量计算:

A 产品盈亏平衡点的业务量 = 6250×3 = 18750（件）

B 产品盈亏平衡点的业务量 = 6250×2 = 12500（件）

C 产品盈亏平衡点的业务量 = 6250×1 = 6250（件）

各种产品盈亏平衡点的销售额计算:

A 产品盈亏平衡点的销售额 = 18750×40 = 750000（元）

B 产品盈亏平衡点的销售额 = 12500×60 = 750000（元）

C 产品盈亏平衡点的销售额 = 6250×80 = 500000（元）

3. 分算法。

分算法是在一定的条件下,将全部固定成本按一定标准在各种产品之间进行合理分配,确定每种产品应补偿的固定成本数额,然后再对每一种产品按单一品种条件下的情况分别进行本量利分析的方法。

在分配固定成本时应注意:

（1）对于专属于某种产品的固定成本应直接计入产品成本。

（2）对于应由多种产品共同负担的公共性固定成本，应选择适当的分配标准（如销售额、边际贡献、工时、产品重量、长度、体积等）在各产品之间进行分配。

（3）鉴于固定成本需要由边际贡献来补偿，故按照各种产品的边际贡献比重分配固定成本的方法最为常见。

案例 8-5 沿用案例 8-3

要求：按分算法进行多种产品的量本利分析。

【分析】 假设固定成本按照边际贡献的比重进行分配：

A 产品边际贡献比重 = 480000÷960000 = 50%

B 产品边际贡献比重 = 240000÷960000 = 25%

C 产品边际贡献比重 = 240000÷960000 = 25%

分配给 A 产品的固定成本 = 600000×50% = 300000（元）

分配给 B 产品的固定成本 = 600000×25% = 150000（元）

分配给 C 产品的固定成本 = 600000×25% = 150000（元）

A 产品盈亏平衡点的业务量 = 300000÷(40-24) = 18750（件）

A 产品盈亏平衡点的销售额 = 18750×40 = 750000（元）

同理，B 产品和 C 产品的盈亏平衡点的业务量分别为 12500 件、6250 件，它们的盈亏平衡点的销售额分别为 750000 元、500000 元。

---

4. 顺序法。

顺序法是按照事先确定的各品种产品销售顺序，依次用各种产品的边际贡献补偿整个企业的全部固定成本，直至全部由产品的边际贡献补偿完为止，从而完成本量利分析的一种方法。

在确定补偿顺序时通常有两种结果：

（1）乐观的排列：按照各种产品的边际贡献率由高到低排列，边际贡献率高的产品先销售、先补偿，边际贡献率低的产品后出售、后补偿。

（2）悲观的排列：各产品销售顺序与乐观排列相反。

案例 8-6 沿用案例 8-3

要求：按顺序法进行多种产品的量本利分析。

【分析】 （1）乐观排序，如表 8-3 所示。

表 8-3　产品顺序（乐观排序）　　　　　　　　　　　　单位：元

顺序	品种	边际贡献率	销售收入	累计销售收入	边际贡献	累计边际贡献	固定成本补偿额	累计固定成本补偿额	累计损益
1	A	40%	1200000	1200000	480000	480000	480000	480000	-120000
2	C	30%	800000	2000000	240000	720000	120000	600000	120000
3	B	20%	1200000	3200000	240000	960000	0	600000	360000

企业要想达到盈亏平衡状态，A 产品的销售量需达到 30000 件，此时销售额为 1200000 元。C 产品的销售额（量）需达到：

销售额＝120000÷30%＝400000（元）

销售量＝400000÷80＝5000（件）

当 A 产品销售额达到 1200000 元，即销售 30000 件，同时 C 产品销售额达到 400000 元，即销售 5000 件时，企业盈亏平衡，企业的盈亏平衡状态与 B 产品无关。

（2）悲观排序，如表 8－4 所示。

表 8－4　产品顺序（悲观排序）　　　　　　　　单位：元

顺序	品种	边际贡献率	销售收入	累计销售收入	边际贡献	累计边际贡献	固定成本补偿额	累计固定成本补偿额	累计损益
1	B	20%	1200000	1200000	240000	240000	240000	240000	－360000
2	C	30%	800000	2000000	240000	480000	240000	480000	－120000
3	A	40%	1200000	3200000	480000	960000	120000	600000	360000

企业要想达到盈亏平衡状态，B 产品的销售量需达到 20000 件，此时销售额为 1200000 元；C 产品的销售量需达到 10000 件，此时销售额为 800000 元；A 产品的销售额（量）需达到：

销售额＝120000÷40%＝300000（元）

销售量＝300000÷40＝7500（件）

当 B 产品销售额达到 1200000 元，即销售 20000 件；C 产品销售额达到 800000 元，即销售 10000 件；A 产品销售额达到 300000 元，即销售 7500 件时，企业盈亏平衡。

5. 主要产品法。

主要产品法是在企业产品品种较多的情况下，如果存在一种产品是主要产品，它提供的边际贡献占企业边际贡献总额的比重较大，代表了企业产品的主导方向，则可以按该主要品种的有关资料进行本量利分析，视同于单一品种。

三、边际分析 ★★★

（一）安全边际分析

安全边际是指实际销售量或预期销售量超过盈亏平衡点销售量的差额，体现企业营运的安全程度。它表明销售量、销售额下降多少，企业仍不至于亏损。

其关系式如下：

安全边际量＝实际或预期销售量－盈亏平衡点的业务量

安全边际额＝实际或预期销售额－盈亏平衡点的销售额＝安全边际量×单价

$$安全边际率＝\frac{安全边际量}{实际销售量或预期销售量}$$

$$＝\frac{安全边际额}{实际销售额或预期销售额}$$

当实际或预期销售量大于盈亏平衡点的销售量时，实际或预期销售量与盈亏平衡点的销售量差距越大，安全边际或安全边际率越大，企业发生亏损的可能性越小。

案例 8－7

甲企业生产销售 A 产品,A 产品的销售单价为 100 元/件,单位变动成本为 50 元,固定成本为 130000 元,当年 A 产品的产销量为 5000 件,则:

A 产品的盈亏平衡点销售量 = 130000÷(100-50) = 2600(件)

A 产品的安全边际量 = 5000-2600 = 2400(件)

A 产品的安全边际额 = 2400×100 = 240000(元)

A 产品的安全边际率 = 2400÷5000×100% = 48%

【例题 8－6 单选题】(经典好题) 甲公司生产 A 产品,实际销售量为 8000 件,单价为 30 元,单位变动成本为 12 元,固定成本总额为 36000 元,则该产品的安全边际率为( )。

A. 25% B. 40% C. 60% D. 75%

【答案】 D

【名师点睛】 盈亏平衡点销售量 = 固定成本/(单价-单位变成成本) = 36000÷(30-12) = 2000(件),安全边际量 = 实际销售量-盈亏平衡点销售量 = 8000-2000 = 6000(件),安全边际率 = 安全边际量/实际销售量×100% = 6000÷8000×100% = 75%。

(二)盈亏平衡作业率与安全边际率的关系

其关系式如下:

盈亏平衡点的业务量+安全边际量 = 实际销售量

盈亏平衡点的销售额+安全边际额 = 实际销售额

盈亏平衡点作业率+安全边际率 = 1

利润 = 安全边际额×边际贡献率

提示 ▶ 只有安全边际才能为企业提供利润,而盈亏平衡点的销售额扣除变动成本后只为企业收回固定成本。安全边际销售额减去其自身变动成本后成为企业利润,即安全边际中的边际贡献等于企业利润。

▶ 销售利润率 = 安全边际率×边际贡献率

▶ 提高销售利润率的途径:①扩大现有销售水平,提高安全边际率;②降低变动成本水平,提高边际贡献率。

考试方向

考查盈亏平衡点作业率的计算。

【例题 8－7 多选题】(经典好题) A 公司只生产销售甲产品,正常经营条件下的销售量为 5000 件,单价为 100 元/件,单位变动成本为 60 元/件,固定成本为 130000 元。下列说法中正确的有( )。

A. 边际贡献总额为 200000 元 B. 盈亏平衡点销售额为 325000 元

C. 盈亏平衡点作业率为 60% D. 安全边际率为 40%

【答案】 AB

【名师点睛】 单位边际贡献 = 100-60 = 40(元),边际贡献总额 = 5000×40 = 200000(元),边际贡献率 = 40÷100×100% = 40%,盈亏平衡点销售额 = 固定成本/边际贡献率 = 130000÷40% = 325000(元),盈亏平衡点销售量 = 325000÷100 = 3250(件),盈亏平衡点作

业率＝3250÷5000×100%＝65%,安全边际率＝1-65%＝35%。

【例题 8-8 单选题】(经典好题)　已知甲企业总成本是销售额 x 的函数,两者的函数关系为:y＝20000+0.6x,若产品的售价为 10 元/件,则该企业的盈亏平衡点销售量为(　　)件。

　　A. 50000　　　　　　B. 2127　　　　　　C. 5000　　　　　　D. 无法确定

【答案】　C

【名师点睛】　根据题中给出的总成本与销售额的函数关系,可以得出变动成本率为 60%,所以边际贡献率＝1-60%＝40%,盈亏平衡点销售量＝20000÷(40%×10)＝5000(件)。

【例题 8-9 计算分析题】(2020 年真题)　甲公司生产销售 A 产品,产销平衡,目前单价为 60 元/件,单位变动成本 24 元/件,固定成本总额 72000 元,目前销售量水平为 10000 件。计划期决定降价 10%,预计产品销售量将提高 20%,计划单位变动成本和固定成本总额不变。

　　要求:(1)计算当前 A 产品的单位边际贡献,边际贡献率和安全边际率。

　　(2)计算计划期 A 产品的盈亏平衡点的业务量和盈亏平衡作业率。

【答案】　(1)当前 A 产品的单位边际贡献＝60-24＝36(元/件)

当前 A 产品的边际贡献率＝36÷60＝60%

当前 A 产品的盈亏平衡点的业务量＝72000÷(60-24)＝2000(件)

安全边际率＝(10000-2000)÷10000＝80%

(2)计划期 A 产品的单价＝60×(1-10%)＝54(元/件)

计划期 A 产品的销售量＝10000×(1+20%)＝12000(件)

计划期 A 产品的盈亏平衡点的业务量＝72000÷(54-24)＝2400(件)

计划期 A 产品的盈亏平衡作业率＝2400÷12000＝20%

四、目标利润分析 ★★

目标利润分析是在本量利分析方法的基础上,计算为达到目标利润所需达到的业务量、收入和成本的一种利润规划方法。

(一)目标利润分析计算公式

其计算公式如下:

目标利润＝销售量×(单价-单位变动成本)-固定成本

$$目标利润的销售量＝\frac{固定成本+目标利润}{单价-单位变动成本}$$

$$目标利润的销售额＝目标利润的销售量×单价＝\frac{固定成本+目标利润}{边际贡献率}$$

提示▶ 上述公式中的目标利润一般是指的息税前利润。如果企业预测的目标利润是税后利润,则上述公式要作如下调整:

　　税后目标利润＝(息税前利润-利息)×(1-所得税税率)

　　　　　　　　＝[(单价-单位变动成本)×销售量-固定成本-利息]×(1-所得税税率)

$$实现目标利润的销售量 = \dfrac{固定成本 + \dfrac{税后目标利润}{1-所得税税率} + 利息}{单位边际贡献}$$

$$实现目标利润的销售额 = \dfrac{固定成本 + \dfrac{税后目标利润}{1-所得税税率} + 利息}{边际贡献率}$$

案例 8 - 8

甲公司生产销售某单一产品,产品的单价为 100 元,单位变动成本为 50 元,固定成本为 100000 元。如果将目标利润定为 80000 元,则:

目标利润销售量 =(100000+80000)÷(100-50)= 3600(件)

目标利润销售额 = 3600×100 = 360000(元)

（二）实现目标利润的措施

其他因素不变,如果要实现目标利润,应当提高销售数量或销售价格,降低固定成本或单位变动成本。

案例 8 - 9 沿用 案例 8 - 8

甲公司生产销售某单一产品,产品的单价为 100 元,单位变动成本为 50 元,固定成本为 100000 元,销售量为 3600 件,假如该公司将目标利润定为 120000 元,在其他因素不变的情况下,影响目标利润的四个基本要素分别该如何调整?

【分析】 （1）销售量 =(100000+120000)÷(100-50)= 4400（件）

在其他因素不变的情况下,销售数量应上升至 4400 件,比原来的销售数量增加了 800 件。

（2）单位变动成本 = 100-[(100000+120000)÷3600]= 38.89（元）

在其他因素不变的情况下,单位变动成本应下降至 38.89 元,比原来的单位变动成本降低了 11.11 元。

（3）固定成本 =(100-50)×3600-100000 = 80000（元）

在其他因素不变的情况下,固定成本应下降至 80000 元,比原来的固定成本降低了 20000 元。

（4）单价 = 50+[(100000+120000)÷3600]= 111.11（元）

在其他因素不变的情况下,销售单价应上升为 111.11 元,比原来的售价增加 11.11 元。

五、 敏感性分析 ★ ★

利润敏感性分析就是研究本量利分析中影响利润的诸多因素发生微小变化时,对利润的影响方向和程度。

（一）各因素对利润的影响程度

各因素对利润敏感程度用敏感系数来衡量。其公式如下:

$$敏感系数 = \dfrac{利润变动百分比}{因素变动百分比}$$

某因素的敏感系数为正数,表明该因素与利润呈正向变动关系;若某因素的敏感系数为负数,表明该因素与利润呈反向变动关系。

提示 ▶ 判断敏感性的依据是敏感系数的绝对值,绝对值越大,利润对该因素越敏感。敏感系数的绝对值大于1,该因素为敏感因素;绝对值小于1,该因素为非敏感因素。敏感因素的较小变动会导致利润的较大变动。

(二)允许各因素的升降幅度

对各因素允许升降幅度的分析,实质上是各因素对利润影响程度分析的反向推算。

案例 8 - 10

已知销售量的敏感系数为3,如果企业要求目标利润上升9%,则销售量需要上升3%。

【分析】 销售量敏感系数=利润变动率/销售量变动率=3,利润上升9%,销售量需上升3%。

【例题 8 - 10 单选题】(2020年真题) 基于本量利分析模式,各相关因素变动对于利润的影响程度的大小可用敏感系数来表达,其数值等于经营杠杆系数的是( )。

A.利润对销售量的敏感系数　　　　　B.利润对单位变动成本的敏感系数

C.利润对单价的敏感系数　　　　　　D.利润对固定成本的敏感系数

【答案】 A

考试方向 考查敏感系数公式的计算与运用。

【名师点睛】 对销售量进行敏感分析,实质上就是分析经营杠杆现象,利润对销售量的敏感系数其实就是经营杠杆系数。经营杠杆系数=息税前利润变动率/销售量变动率=利润对销售量的敏感系数。

【例题 8 - 11 计算分析题】(2020年真题) 甲公司2019年A产品产销量为3万件,单价为90元/件,单位变动成本为40元/件,固定成本总额为100万元。预计2020年A产品的市场需求持续增加,甲公司面临以下两种可能的情形,并从中作出决策。

情形1:A产品单价保持不变,产销量将增加10%。

情形2:A产品单价提高10%,产销量将保持不变。

要求:(1)根据情形1,计算:①利润增长百分比;②利润对销售量的敏感系数。

(2)根据情形2,计算:①利润增长百分比;②利润对单价的敏感系数。

(3)判断甲公司是否应当选择提高A产品单价。

【答案】 (1)①2019年的利润=3×(90-40)-100=50(万元)

2020年的利润=3×(1+10%)×(90-40)-100=65(万元)

利润增长百分比=(65-50)÷50=30%

②利润对销售量的敏感系数=30%÷10%=3

(2)①2020年的利润=3×[90×(1+10%)-40]-100=77(万元)

利润增长百分比=(77-50)÷50=54%

②利润对单价的敏感系数=54%÷10%=5.4

(3)提高A产品单价导致的利润增长百分比高于提高产销量导致的利润增长百分比,所以应当选择提高A产品单价。

六、 本量利分析在经营决策中的应用 ★ ★ ★

本量利分析在经营决策中的应用本质上还是对本量利基本模型公式的运用,找到利润最大方案。

(一)生产工艺设备的选择

在经营决策中应用本量利分析法的关键在于确定成本分界点。所谓成本分界点就是两个备选方案预期成本相同情况下的业务量。

当两个备选方案的固定成本总额和单位变动成本此消彼长时,如果预计产品的业务量大于成本分界点的业务量,决策时选择固定成本高、单位变动成本低的方案;如果预计产品的业务量小于成本分界点的业务量,决策时选择固定成本低、单位变动成本高的方案。

案例 8−11

甲公司有一台生产设备,目前公司决定添置一条生产线。面临两种选择:①购买与原来相同的生产线;②购买一条自动化程度较高的生产线。原有生产线的价格为500000元,而新的生产线的价格为1000000元,两种生产线的使用年限均为10年,无残值,并且两种生产线生产出来的产品相同,产品在市场上进行销售,售价为100元/件。有关数据如表8−5所示,其计算过程如表8−6所示。

表8−5　新旧生产线的相关数据　　　　　　单位:元

成本费用项目		原来生产线	新的生产线
直接材料		20	20
直接人工		20	15
变动制造费用		20	15
固定制造费用(假设只包括折旧)		50000	100000
年销售费用	固定部分	20000	
	变动部分	10	
年管理费用(假设全部为固定费用)		20000	

表8−6　计算过程

项目	原来生产线	新生产线
单位产品售价(元)	100	100
单位变动成本(元)	20+20+20+10=70	20+15+15+10=60
单位边际贡献(元)	30	40
年固定成本(元)	50000+20000+20000=90000	100000+20000+20000=140000
盈亏平衡点(件)	3000	3500

当年产销量=X(件)时,

原生产线利润=30X−90000

新生产线利润=40X−140000

令 30X−90000＝40X−140000，求得 X＝5000（件）。

这说明：当年产销量等于 5000 件时，两种生产线所带来的年利润相等；当年产销量小于 5000 件时，采用原生产线所获得的利润较多；当年产销量高于 5000 件时，采用新生产线所获得的利润较多。

本案例中采用新生产线后，盈亏平衡点虽然变大了，但是年产销量能够高于 5000 件的话，采用新生产线会比采用原生产线创造更多的利润。因此，如何选择还需要考虑产销量的估计。

（二）新产品投产的选择

选择增量利润大的方案。

其计算公式如下：

增量利润＝增量边际贡献−增量固定成本

如果多个方案之间存在无差别的成本，该成本与决策无关，不予考虑。

案例 8−12

乙公司只生产 L 产品，计划投产一种新产品，现有 M、N 两个品种可供选择，相关资料如下。

资料一：L 产品单位售价为 600 元，单位变动成本为 450 元，预计年产销量为 2 万件。

资料二：M 产品的预计单价为 1000 元，边际贡献率为 30%，年产销量为 2.2 万件，开发 M 产品需增加一台设备将导致固定成本增加 100 万元。

资料三：N 产品的年边际贡献总额为 630 万元，生产 N 产品需要占用原有 L 产品的生产设备，将导致 L 产品的年产销量减少 10%。

乙公司采用本量利分析法进行生产产品的决策，不考虑增值税及其他因素的影响。

要求：（1）根据资料二，计算 M 产品边际贡献总额。

（2）根据（1）的计算结果和资料二，计算开发 M 产品对乙公司息税前利润的增加额。

（3）根据资料一和资料三，计算开发 N 产品导致原有 L 产品的边际贡献减少额。

（4）根据（3）的计算结果和资料三，计算开发 N 产品对乙公司息税前利润的增加额。

（5）乙公司应该投产 M 产品还是 N 产品？做出选择并说明理由。

【答案】（1）M 产品边际贡献总额＝1000×2.2×30%＝660（万元）

（2）息税前利润的增加额＝660−100＝560（万元）

（3）边际贡献减少额＝（600−450）×2×10%＝30（万元）

（4）息税前利润的增加额＝630−30＝600（万元）

（5）开发 M 产品对乙公司息税前利润的增加额 560 万元小于开发 N 产品对乙公司息税前利润的增加额 600 万元，因此，应该投产 N 产品。

第三节 标准成本控制与分析

本节框架 ▶

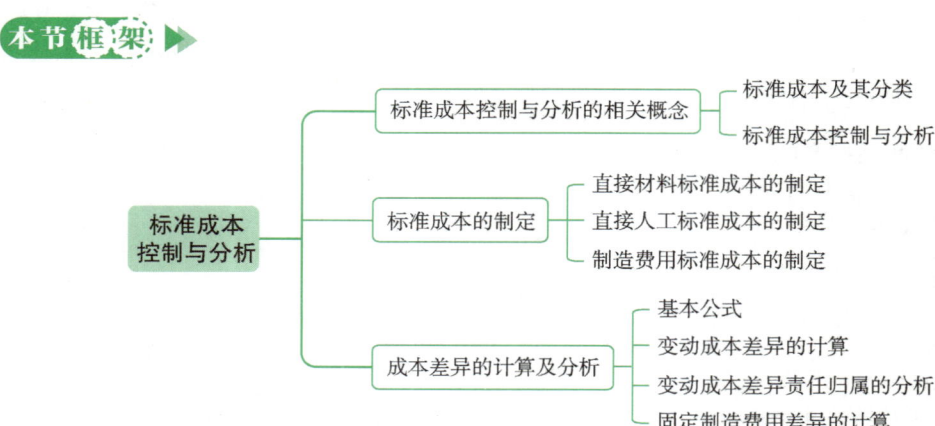

一、 标准成本控制与分析的相关概念 ★★

（一）标准成本及其分类

考试方向

区分理想标准成本和正常标准成本。

标准成本,是指在正常的生产技术水平和有效的经营管理条件下,企业经过努力应达到的产品成本水平。企业在确定标准成本时可以根据自身的技术条件和经营水平,在以下类型中进行选择:

一是理想标准成本,即在生产过程无浪费、机器无故障、人员无闲置、产品无废品的假设条件下制定的成本标准。

二是正常标准成本,即在正常情况下,企业经过努力可以达到的成本标准。考虑了生产中不可避免的损失、故障和偏差等。

提示 ▶ 通常来说,理想标准成本小于正常标准成本。

▶ 正常标准成本具有客观性、现实性和激励性等特点,在实践中得到广泛应用。

（二）标准成本控制与分析

标准成本控制与分析,又称标准成本管理,是企业以预先制定的标准成本为基础,通过比较标准成本与实际成本,揭示成本差异的原因和责任,进而采取措施,对成本进行有效控制的管理方法。

二、 标准成本的制定 ★★

产品标准成本通常由直接材料标准成本、直接人工标准成本和制造费用标准成本构成。每一成本项目的标准成本应分为用量标准和价格标准,详见表8-7。

（1）用量标准:包括单位产品材料消耗量、单位产品人工工时等。

（2）价格标准:包括原材料单价、小时工资率、小时制造费用分配率等。

其计算公式如下:

单位产品的标准成本=直接材料标准成本+直接人工标准成本+制造费用标准成本

表8－7　直接材料、直接人工、制造费用标准成本制定

直接材料标准成本	用量标准：单位产品的材料标准用量 价格标准：材料的标准单价 直接材料标准成本=Σ（单位产品的材料标准用量×材料的标准单价）
直接人工标准成本	用量标准：单位产品的标准工时 价格标准：标准小时工资率 直接人工标准成本=单位产品的标准工时×标准小时工资率
制造费用标准成本	用量标准：单位产品的标准工时 价格标准：标准制造费用分配率 制造费用标准成本=单位产品的标准工时×标准制造费用分配率

三、成本差异的计算及分析 ★★★

（一）基本公式

公式如下：

成本差异=实际产量下实际成本－实际产量下标准成本

成本差异为正，即实际产量下实际成本大于实际产量下标准成本，表示超支。

成本差异为负，即实际产量下实际成本小于实际产量下标准成本，表示节约。

提示▶ 此处分析的都是实际产量下的实际成本和实际产量下的标准成本。

实际产量下实际成本=实际产量下实际用量×实际单价
　　　　　　　　　　=实际产量×实际单位用量×实际单价

实际产量下标准成本=实际产量下的标准用量×标准单价
　　　　　　　　　　=实际产量×标准单位用量×标准单价

（二）变动成本差异的计算

其计算公式如下：

价格差异=（实际单价－标准单价）×实际用量
　　　　=（实际单价－标准单价）×实际产量×实际单位用量

用量差异=（实际用量－实际产量下标准用量）×标准单价
　　　　=（实际产量×实际单位用量－实际产量×标准单位用量）×标准单价

直接材料、直接人工和变动制造费用的变动成本差异计算公式，如表8－8所示。

表8－8　变动成本差异计算公式

直接材料	价格差异=（实际单价－标准单价）×实际用量 　　　　=（实际单价－标准单价）×实际产量×实际单位用量 数量差异=（实际用量－实际产量下标准用量）×标准单价 　　　　=（实际产量×实际单位用量－实际产量×标准单位用量）×标准单价
直接人工	工资率差异=（实际工资－标准工资率）×实际工时 　　　　　=（实际工资－标准工资率）×实际产量×实际单位工时 效率差异=（实际工时－实际产量下标准工时）×标准工资率 　　　　=（实际产量×实际单位工时－实际产量×标准单位工时）×标准工资率

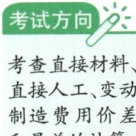
考试方向
考查直接材料、直接人工、变动制造费用价差和量差的计算。

（续表）

变动制造费用	耗费差异=（实际分配率−标准分配率）×实际工时 　　　　=（实际分配率−标准分配率）×实际产量×实际单位工时 效率差异=（实际工时−实际产量下标准工时）×标准分配率 　　　　=（实际产量×实际单位工时−实际产量×标准单位工时）×标准分配率

【例题 8−12 单选题】（2013 年真题）　在标准成本管理中，成本总差异是成本控制的重要内容。其计算公式为（　　　）。

A. 实际产量下实际成本−实际产量下标准成本

B. 实际产量下标准成本−预算产量下实际成本

C. 实际产量下实际成本−预算产量下标准成本

D. 实际产量下实际成本−标准产量下的标准成本

【答案】　A

【名师点睛】　总差异=实际产量下实际成本−实际产量下标准成本

案例 8−13

甲公司是一家制造业企业，只生产和销售防滑瓷砖一种产品。该产品生产工艺流程比较成熟，生产工人技术操作比较熟练，生产组织管理水平较高，公司实行标准成本制度，定期进行标准成本差异分析。甲公司生产能量 6000 平方米/月，2016 年 9 月实际生产 5000 平方米。关于该产品的其他相关资料如表 8−9、表 8−10 所示。

表 8−9　实际消耗量

项目	直接材料	直接人工	变动制造费用	固定制造费用
实际使用量	24000 千克	5000 人工小时	8000 机器小时	8000 机器小时
实际单价	1.5 元/千克	20 元/小时	15 元/小时	10 元/小时

表 8−10　标准成本资料

项目	用量标准	价格标准
直接材料	5 千克/平方米	1.6 元/千克
直接人工	1.2 小时/平方米	19 元/小时
变动制造费用	1.6 小时/平方米	12.5 元/小时
固定制造费用	1.5 小时/平方米	8 元/小时

要求：（1）计算直接材料的价格差异、数量差异和成本差异。

（2）计算直接人工的工资率差异、人工效率差异和成本差异。

（3）计算变动制造费用的耗费、效率差异和成本差异。

【答案】　（1）直接材料价格差异=24000×（1.5−1.6）=−2400（元）

直接材料数量差异=（24000−5000×5）×1.6=−1600（元）

直接材料成本差异=−2400+（−1600）=−4000（元）

（2）直接人工的工资率差异＝5000×（20-19）＝5000（元）

直接人工的人工效率差异＝（5000-5000×1.2）×19＝-19000（元）

直接人工成本差异＝5000-19000＝-14000（元）

（3）变动制造费用的耗费差异＝8000×（15-12.5）＝20000（元）

变动制造费用的效率差异＝12.5×（8000-5000×1.6）＝0（元）

变动制造费用的成本差异＝20000（元）

（三）变动成本差异责任归属的分析

变动成本差异责任归属详见表8-11。

表8-11 变动成本差异责任归属

项目	价格差异			用量差异		
	直接材料价格差异	直接人工工资率差异	变动制造费用耗费差异	直接材料数量差异	直接人工效率差异	变动制造费用效率差异
主要责任部门	采购部门	劳动人事部门	主要是生产部门,但是不绝对,如采购材料质量差导致材料数量差异是采购部门的责任			

【例题8-13判断题】（2020年真题） 在标准成本控制与分析中,产品成本所出现的不利或有利差异均应由生产部门负责。（　　）

【答案】 ×

【名师点睛】 直接人工工资率差异,一般由人事部门负责;直接材料价格差异,一般由采购部门负责。

考试方向 区分各种变动成本差异的责任归属。

（四）固定制造费用差异的计算

计算公式如下:

固定制造费用成本差异＝固定制造费用实际成本-固定制造费用标准成本

1.固定制造费用两差异分析法。

将固定制造费用总差异分为耗费差异和能量差异两部分。耗费差异是实际固定制造费用与预算产量下标准固定制造费用之间的差额;能量差异是预算产量下标准固定制造费用与实际产量下标准固定制造费用之间的差额。计算公式如下:

耗费差异＝实际固定制造费用-预算产量下标准固定制造费用

　　　　＝实际固定制造费用-预算产量下标准工时×标准分配率

　　　　＝实际固定制造费用-预算产量×标准单位工时×标准分配率

能量差异＝预算产量下标准固定制造费用-实际产量下标准固定制造费用

　　　　＝预算产量×标准单位工时×标准分配率-实际产量×标准单位工时×标准分配率

　　　　＝（预算产量-实际产量）×标准单位工时×标准分配率

固定制造费用差异＝耗费差异+能量差异

2. 固定制造费用三差异分析法。

将固定制造费用成本差异分为<u>耗费差异</u>、<u>产量差异</u>和<u>效率差异</u>三个部分。其中产量差异和效率差异由两差异分析法下的能量差异分解而来。计算公式如下：

耗费差异＝实际固定制造费用－预算产量下标准固定制造费用

＝实际固定制造费用－标准单位工时×预算产量×标准分配率

产量差异＝（预算产量下标准工时－实际产量下实际工时）×标准分配率

＝（预算产量×标准单位工时－实际产量×实际单位工时）×标准分配率

效率差异＝（实际产量下实际工时－实际产量下标准工时）×标准分配率

＝（实际产量×实际单位工时－实际产量×标准单位工时）×标准分配率

固定制造费用差异＝耗费差异＋产量差异＋效率差异

记忆技巧 实际固定制造费用＝实际产量下的实际工时×实际分配率①

预算固定制造费用＝预算产量下的标准工时×标准分配率②

实际产量下的实际工时×标准分配率③

标准固定制造费用＝实际产量下的标准工时×标准分配率④

两差异分析法：

耗费差异＝①－②

能量差异＝②－④

固定制造费用成本差异＝耗费差异＋能量差异＝①－②＋②－④＝①－④

三差异分析法：

耗费差异＝①－②

产量差异＝②－③

效率差异＝③－④

固定制造费用成本差异＝耗费差异＋产量差异＋效率差异＝①－②＋②－③＋③－④＝①－④

其中，产量差异＋效率差异＝②－③＋③－④＝②－④＝能量差异

考试方向
考查两差异分析法、三差异分析法的相关计算。

案例 8－14 沿用 **案例 8－13**

要求：（1）计算固定制造费用的耗费差异、产量差异、效率差异和成本差异。

（2）计算产品成本差异总额和单位成本差异。

【答案】（1）固定制造费用的耗费差异＝8000×10－6000×1.5×8＝8000（元）

固定制造费用的产量差异＝（6000×1.5－8000）×8＝8000（元）

固定制造费用的效率差异＝（8000－5000×1.5）×8＝4000（元）

固定制造费用的成本差异＝8000＋8000＋4000＝20000（元）

（2）产品成本差异总额＝－4000－14000＋20000＋20000＝22000（元）

单位成本差异＝22000÷5000＝4.4（元/平方米）

第四节 作业成本与责任成本

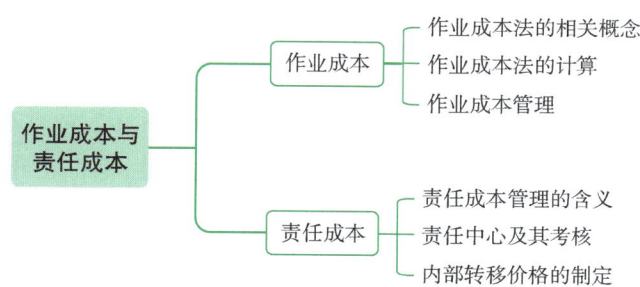

一、作业成本 ★★

（一）作业成本法的相关概念

作业成本法以"作业消耗资源、产出消耗作业"为原则,按照资源动因将资源费用追溯或分配至各项作业,计算出作业成本,然后再根据作业动因,将作业成本追溯或分配至各成本对象,最终完成成本计算的过程。作业成本法的相关概念详见表8-12。

表8-12 作业成本法的相关概念

资源费用	企业在一定期间内开展经济活动所发生的各项资源耗费,包括有形资源耗费、无形资源耗费、人力资源耗费以及其他各种税费支出等	
作业	企业基于特定目的重复执行的任务或活动,是连接资源和成本对象的桥梁	主要作业:被产品、服务或顾客等最终成本对象消耗的作业
		次要作业:被原材料、主要作业等介于中间地位的成本对象消耗的作业
成本对象	企业追溯或分配资源费用、计算成本的对象物	
成本动因	资源动因:引起作业成本变动的驱动因素,反映作业量与耗费之间的因果关系,用于计量各项作业对资源的耗用,是将资源成本分配给各有关作业的依据	
	作业动因:引起产品成本变动的驱动因素,反映产品产量与作业成本之间的因果关系,用于计量各种产品对作业耗用的情况,是将作业成本分配给各种产品的基础,也是沟通资源消耗与最终产出的中介	
作业中心	构成一个业务过程的相互联系的作业集合,用来汇集业务过程及其产出的成本	

【例题8-14 单选题】(2020年真题) 作业成本法下,产品成本计算的基本程序可以表示为( )。

A.资源——作业——产品 B.作业——部门——产品

C.资源——部门——产品 D.资源——产品——作业

【答案】 A

【名师点睛】 作业成本法基于资源耗用的因果关系进行成本分配:根据作业活动耗用资源的情况,将资源耗费分配给作业;再依照成本对象消耗作业的情况,把作业成本分配给成本对象。

(二)作业成本法的计算

作业成本法的具体步骤为:

1. 资源识别及资源费用的确认与计量。

2. 成本对象选择。

3. 作业认定。

4. 作业中心设计。

作业中心可以是某一项具体的作业,也可以是由若干个相互联系的能够实现某种特定功能的作业的集合。企业可按照受益对象、层次和重要性,将作业分为以下五类,并分别设计相应的作业中心,详见表8-13。

表8-13 作业中心的类型

作业中心类型	特征	示例
产量级作业	明确地为个别产品(或服务)实施的、使单个产品(或服务)受益的作业。数量与产品(或服务)的数量成正比例变动	产品加工、检验等
批别级作业	为一组(或一批)产品(或服务)实施的、使该组(该批)产品(或服务)受益的作业。数量与产品(或服务)的批量数成正比变动	设备调试、生产准备等
品种级作业	为生产和销售某种产品(或服务)实施的、使该种产品(或服务)的每个单位都受益的作业。数量与品种的多少成正比例变动	新产品设计、现有产品质量与功能改进、生产流程监控、工艺变换需要的流程设计、产品广告等
顾客级作业	为服务特定客户所实施的作业。本身与产品(或服务)数量独立	向个别客户提供的技术支持活动、咨询活动、独特包装等
设施级作业	为提供生产产品(或服务)的基本能力而实施的作业,使所有产品(或服务)都受益。与产量或销量无关	管理作业、针对企业整体的广告活动等

5. 资源动因选择与计量。

6. 作业成本汇集。

7. 作业动因选择与计量。

作业动因的种类及适用情形详见表8-14。

表8-14 作业动因的种类及适用情形

类型	定义	适用情形	示例
交易动因	用执行频率或次数计量的成本动因	每次执行所需要的资源数量相同或接近	接受或发出订单数、处理收据数等
持续时间动因	用执行时间计量的成本动因	每次执行所需要的时间存在显著的不同	产品安装时间、检查小时等

（续表）

类型	定义	适用情形	示例
强度动因	不易按照频率、次数或执行时间进行分配而需要直接衡量每次执行所需资源的成本动因	作业的执行比较特殊或复杂	特别复杂产品的安装、质量检验等

8. 作业成本分配。

将各作业中心的作业成本按作业动因分配至产品等成本对象：

（1）分配次要作业成本至主要作业，计算主要作业的总成本和单位成本。

（2）分配主要作业成本至成本对象，计算各成本对象的总成本和单位成本。

（三）作业成本管理

1. 含义。

作业成本管理是基于作业成本法，以提高客户价值、增加企业利润为目的一种新型管理方法，包含两个维度的含义：成本分配观和流程观。

（1）成本分配观。它说明成本对象引起作业需求，而作业需求又引起资源的需求。因此，成本分配是从资源到作业，再从作业到成本对象，而这一流程正是作业成本计算的核心。

（2）流程观。它为企业提供引起作业的原因（成本动因）以及作业完成情况（业绩计量）的信息。流程观关注的是确认作业成本的根源、评价已经完成的工作和已实现的结果。企业利用这些信息，可以改进作业链，提高从外部顾客获得的价值。

2. 流程价值分析。

流程价值分析关心的是作业的责任，基本思想是以作业来识别资源，将作业分为增值作业和非增值作业，并把作业和流程联系起来，确认流程的成本动因，计量流程的业绩，从而促进流程的持续改进，具体包括成本动因分析、作业分析、作业业绩考核。

（1）成本动因分析。

找出形成作业成本的根本原因，采取相应的措施改善作业。

（2）作业分析。

按照对顾客价值的贡献，作业可以分为增值作业和非增值作业。

①增值作业。就是那些顾客认为可以增加其购买的产品或服务的有用性，有必要保留在企业中的作业。一项作业必须同时满足下列三个条件才可断定为增值作业：

a. 该作业导致了状态的改变。

b. 该状态的变化不能由其他作业来完成。

c. 该作业使其他作业得以进行。

②非增值作业。是指即便消除也不会影响产品对顾客服务的潜能，不必要的或可消除的作业。如果一项作业不能同时满足增值作业的三个条件，就可断定其为非增值作业。

提示 ▶ 增值成本就是高效增值作业的成本，而非增值成本包括低效增值作业的成本和非增值作业成本。

③作业成本管理中进行成本节约的途径。

a. 作业消除：消除非增值作业或不必要的作业，降低非增值成本。

b. 作业选择：对所有能够达到同样目的的不同作业，选取其中最佳的方案。

c. 作业减少：以不断改进的方式降低作业消耗的资源或时间。

d. 作业共享：利用规模经济来提高增值作业的效率。

（3）作业业绩考核。

企业必须建立业绩指标来评价作业和流程的执行情况，可以是财务指标，也可以是非财务指标。

①财务指标。主要集中在增值成本和非增值成本上，可以提供增值与非增值报告，以及作业成本趋势报告。

②非财务指标。主要体现在效率、质量和时间三个方面，比如投入产出比、次品率、生产周期等。

考试方向

考查增值作业与非增值作业的判断、增值成本和非增值成本的内容。

【例题 8－15 多选题】（2016 年真题）　作业成本管理的一个重要内容是寻找非增值作业，将非增值成本降至最低。下列各项中，属于非增值作业的有(　　)。

A. 零部件加工作业　　　　　　　　　　B. 零部件组装作业

C. 产成品质量检验作业　　　　　　　　D. 从仓库到车间的材料运输作业

【答案】　CD

【名师点睛】　非增值作业是指即便消除也不会影响产品对顾客服务的潜能，不必要的或可消除的作业。

【例题 8－16 单选题】（2020 年真题）　在作业成本法下，划分增值作业与非增值作业的主要依据是(　　)。

A. 是否有助于提高产品质量　　　　　　B. 是否有助于增加产品功能

C. 是否有助于提升企业技能　　　　　　D. 是否有助于增加顾客价值

【答案】　D

【名师点睛】　按照对顾客价值的贡献，作业可分为增值作业和非增值作业，选项 D 正确。

二、　责任成本 ★★★

（一）责任成本管理的含义

责任成本管理，是指将企业内部划分为不同的责任中心，明确责任成本，并根据各责任中心的权、责、利关系来考核其工作业绩的一种成本管理模式。

（二）责任中心及其考核

按照企业内部责任中心的权责范围以及业务活动的不同特点，责任中心一般可以划分为成本中心、利润中心和投资中心。

1. 成本中心。

（1）含义。

有权发生并控制成本的单位。成本中心一般不会产生收入，通常只计量考核发生的成本。只要是对成本的发生负有责任的单位和个人都可以成为成本中心。

（2）特点。

①不考核收入，只考核成本。

②只对可控成本负责，不负责不可控成本。

可控成本应该具备的三个条件：第一，该成本的发生是成本中心可以预见的；第二，该成本是成本中心可以计量的;第三,该成本是成本中心可以调节和控制的。

③责任成本是成本中心考核和控制的主要内容。

(3)考核指标。

计算公式如下:

预算成本节约额＝实际产量预算责任成本－实际责任成本

$$预算成本节约率＝\frac{预算成本节约额}{实际产量预算责任成本}×100\%$$

【例题8-17 单选题】(2020年真题) 对于成本中心而言,某项成本成为可控成本的条件不包括( )。

A.该成本是成本中心可以计量的　　　B.该成本的发生是成本中心可以预见的

C.该成本是成本中心可以调节和控制的　D.该成本是总部向成本中心分摊的

【答案】 D

【名师点睛】 可控成本是指成本中心可以控制的各种耗费,它应具备三个条件:第一,该成本的发生是成本中心可以预见的;第二,该成本是成本中心可以计量的;第三,该成本是成本中心可以调节和控制的。

考试方向

考查可控成本应具备的条件。

2.利润中心。

(1)含义。

既能控制成本,又能控制收入和利润的责任单位。

(2)分类。

①自然利润中心:自然形成的,直接对外提供劳务或销售产品以取得收入的责任中心。

②人为利润中心:人为设定的,通过企业内部各责任中心之间使用内部结算价格结算半成品内部销售收入的责任中心。

(3)考核指标。

其计算公式分别如下:

①边际贡献。

边际贡献＝销售收入总额－变动成本总额

反映了利润中心的盈利能力,但对业绩评价没有太大作用。

②可控边际贡献。

可控边际贡献＝边际贡献－该中心负责人可控固定成本

可控边际贡献也叫部门经理边际贡献,是评价利润中心管理者业绩的理想指标。

③部门边际贡献。

部门边际贡献＝可控边际贡献－该中心负责人不可控固定成本

部门边际贡献也称部门毛利,反映了部门为企业利润和弥补与生产能力有关的成本所作的贡献,它更多地用于评价部门业绩,而不是利润中心管理者的业绩。

【例题8-18 单选题】(2011年真题) 下列各项指标中,根据责任中心权责利关系,适用于利润中心业绩评价的有( )。

A.部门边际贡献　　B.可控边际贡献　　C.投资收益率　　D.剩余收益

【答案】 AB

【名师点睛】 利润中心的业绩考核指标包括边际贡献、可控边际贡献和部门边际贡献。

考试方向

考查利润中心考核指标边际贡献、可控边际贡献、部门边际贡献的相关计算。

3. 投资中心。

（1）含义。

投资中心指既能控制成本、收入和利润，又能对投入的资金进行控制的责任中心。

（2）考核指标。

①投资收益率。

计算公式如下：

$$投资收益率 = \frac{息税前利润}{平均经营资产}$$

其中：$平均经营资产 = \frac{期初经营资产 + 期末经营资产}{2}$

优点：根据现有的会计资料计算，比较客观；相对数指标，可用于部门之间，以及不同行业之间的比较；有利于资产存量的调整，优化资源配置。

缺点：会引起短期行为的产生；可能导致追求局部利益而损害公司整体利益。

②剩余收益。

计算公式如下：

$$剩余收益 = 息税前利润 - （平均经营资产 \times 最低投资收益率）$$

优点：弥补了投资收益率指标会使局部利益与整体利益相冲突的不足，使局部利益与整体利益一致。

缺点：绝对指标，难以在不同规模的投资中心之间进行业绩比较；仅反映当期业绩，单纯使用这一指标也会导致投资中心管理者的短期行为。

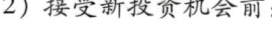

考试方向

考查投资收益率与剩余收益的计算以及优缺点。

【例题 8-19 判断题】（经典好题） 对不同规模的投资中心进行业绩比较时，应使用剩余收益指标，而不是投资收益率指标。（　　　）

【答案】 ×

【名师点睛】 剩余收益指标属于绝对数指标，难以在不同规模的投资中心之间进行业绩比较。本题说法错误。

【例题 8-20 计算分析题】（2013 年真题） 甲公司为某企业集团的一个投资中心，X是甲公司下设的一个利润中心，相关资料如下。

资料一：2012 年 X 利润中心的营业收入为 120 万元，变动成本为 72 万元，该利润中心负责人可控固定成本为 10 万元，不可控但应由该利润中心负担的固定成本为 8 万元。

资料二：甲公司 2013 年年初已投资 700 万元，预计可实现利润为 98 万元，现有一个投资额为 300 万元的投资机会，预计可获利润为 36 万元，该企业集团要求的最低投资收益率为 10%。

要求：（1）根据资料一，计算 X 利润中心 2012 年度的部门边际贡献。

（2）根据资料二，计算甲公司接受新投资机会前的投资收益率和剩余收益。

（3）根据资料二，计算甲公司接受新投资机会后的投资收益率和剩余收益。

（4）根据（2）和（3）的计算结果从企业集团整体利益的角度，分析甲公司是否应接受新投资机会，并说明理由。

【答案】 （1）部门边际贡献 = 120 - 72 - 10 - 8 = 30（万元）

（2）接受新投资机会前：

投资收益率＝98÷700×100%＝14%

剩余收益＝98－700×10%＝28（万元）

（3）接受新投资机会后：

投资收益率＝（98+36）÷（700+300）×100%＝13.4%

剩余收益＝（98+36）－（700+300）×10%＝34（万元）

（4）从企业集团整体利益角度，甲公司应该接受新投资机会。因为接受新投资机会后，甲公司的剩余收益增加了。

（三）内部转移价格的制定

（1）内部转移价格的含义及作用。

内部转移价格是指企业内部分公司、分厂、车间、分部等责任中心之间相互提供产品（或服务）、资金等内部交易时所采用的计价标准。其作用主要是：

①防止成本转移引起的责任中心间责任转嫁，使每个责任中心都能作为单独的组织单位进行业绩评价。

②作为一种价格机制引导下级部门采取明智的决策，保证局部利益与整体利益一致。

（2）种类。

①价格型内部转移价格。

价格型内部转移价格是指以市场价格为基础、由成本和毛利构成的内部转移价格，适用于内部利润中心。

> **提示** ▶ 价格型内部转移价格的具体应用：
>
> ①提供的产品（或服务）经常外销且外销比例较大的，或所提供的产品（或服务）有外部活跃市场可靠报价的，可以外销价格或者活跃市场报价作为内部转移价格。
>
> ②一般不对外销售且外部市场没有可靠报价的产品（或服务），或企业管理层和有关各方认为不需要频繁变动价格的，可参照外部市场或预测价格制定模拟市场价作为内部转移价格。
>
> ③没有外部市场但企业出于管理需要设置为模拟利润中心的可在生产成本基础上加一定比例毛利作为内部转移价格。

②成本型内部转移价格。

成本型内部转移价格是指以标准成本等相对稳定的成本数据为基础制定的内部转移价格，适用于内部成本中心。采用以成本为基础的转移定价，适用于内部转移的产品或劳务没有市价的情况，包括完全成本、完全成本加成、变动成本以及变动成本加固定制造费用四种形式。

③协商型内部转移价格。

协商型内部转移价格是指企业内部供求双方为使双方利益相对均衡，通过协商机制制定的内部转移价格，适用于分权程度较高的企业。协商价格的取值范围通常较宽，一般不高于市场价，不低于变动成本。

同步练习

一、单项选择题

1. 根据本量利分析原理,下列计算利润的公式中,正确的是( )。

A. 利润＝盈亏平衡点销售量×边际贡献率

B. 利润＝销售收入×变动成本率−固定成本

C. 利润＝(销售收入−盈亏平衡点销售额)×边际贡献率

D. 利润＝销售收入×(1−边际贡献率)−固定成本

2. 某产品实际销售量为 8000 件,单价为 30 元,单位变动成本为 12 元,固定成本总额为 36000 元,则该产品的安全边际率为( )。

A. 25%   B. 40%   C. 60%   D. 75%

3. 对于生产多种产品的企业而言,如果能够将固定成本在各种产品之间进行合理分配,则比较适用的综合盈亏平衡点分析方法是( )。

A. 联合单位法   B. 顺序法

C. 分算法   D. 加权平均法

4. 某公司生产和销售单一产品,该产品单位边际贡献为 2 元,2019 年销售量为 40 万件,利润为 50 万元。假设成本性态保持不变,则销售量的利润敏感系数为( )。

A. 0.60   B. 0.80   C. 1.25   D. 1.60

5. 某产品预计单位售价为 12 元,单位变动成本为 8 元,固定成本总额为 120 万元,适用的企业所得税税率为 25%。要实现 750 万元的净利润,企业完成的销售量至少应为( )万件。

A. 105   B. 157.5

C. 217.5   D. 280

6. 下列因素中,一般不会导致直接人工工资率差异的是( )。

A. 工资制度的变动

B. 工作环境的好坏

C. 工资级别的升降

D. 加班或临时工的增减

7. 下列成本项目中,与传统成本法相比,运用作业成本法核算更具有优势的是( )。

A. 直接材料成本

B. 直接人工成本

C. 间接制造费用

D. 特定产品专用生产线折旧费

8. 在企业责任成本管理中,责任成本是成本中心考核和控制的主要指标,其构成内容是( )。

A. 产品成本之和   B. 固定成本之和

C. 可控成本之和   D. 不可控成本之和

9. 某公司月成本考核例会上,各部门经理正在讨论、认定直接人工效率差异的责任部门。根据你的判断,该责任部门应是( )。

A. 生产部门   B. 销售部门

C. 供应部门   D. 管理部门

10. 下列关于成本动因(又称成本驱动因素)的表述中,不正确的是( )。

A. 成本动因可作为作业成本法中成本分配的依据

B. 成本动因可按作业活动耗费的资源进行度量

C. 成本动因可分为资源动因和生产动因

D. 成本动因可以导致成本的发生

11. 下列各项中,最适用于评价投资中心业绩的指标是( )。

A. 边际贡献   B. 部门毛利

C. 剩余收益   D. 部门净利润

12. 根据作业成本管理原理,下列关于成本节约途径的表述中,不正确的是( )。

A. 将外购材料交货地点从厂外临时仓库变更为材料耗用车间属于作业选择

B. 将内部货物运输业务由自营转为外包属于作业选择

C. 新产品在设计时尽量考虑利用现有其他产品使用的原件属于作业共享

D. 不断改进技术降低作业消耗时间属于作业减少

13. 仁和公司目前只生产销售 A 产品,单价为 50 元,边际贡献率为 40%,每年固定成本为 300 万元,预计下年产销量为 20 万件,则价格对利润影响的敏感系数为( )。

A. 10   B. 8   C. 4   D. 40

14. 下列各项中,利用有关成本资料或其他信息,从多个成本方案中选择最优方案的成本管理活动是( )。

A. 成本决策　　　　B. 成本计划

C. 成本预测　　　　D. 成本分析

15. 某企业生产 M 产品,计划销售量为 20000 件,目标利润额为 400000 元,完全成本总额为 600000 元,不考虑其他因素,则使用目标利润法测算的 M 产品的单价为(　　)元。

A. 10　　B. 30　　C. 50　　D. 20

16. 下列关于投资中心业绩评价指标的说法中,错误的是(　　)。

A. 使用投资收益率和剩余收益指标分别进行决策可能导致结果冲突

B. 采用投资收益率指标可能因追求局部利益最大化而损害整体利益

C. 在不同规模的投资中心之间进行比较时不适合采用剩余收益指标

D. 计算剩余收益指标所使用的最低投资收益率一般小于资本成本

二、多项选择题

1. 在标准成本差异的计算中,下列成本差异属于价格差异的有(　　)。

A. 变动制造费用效率差异

B. 变动制造费用耗费差异

C. 固定制造费用耗费差异

D. 直接人工工资率差异

2. 成本管理的原则包括(　　)。

A. 融合性原则　　　　B. 适应性原则

C. 成本效益原则　　　D. 重要性原则

3. 下列各项指标中,根据责任中心权、责、利关系,适用于利润中心业绩评价的有(　　)。

A. 部门边际贡献　　　B. 可控边际贡献

C. 投资收益率　　　　D. 剩余收益

4. 作业成本管理中进行成本节约的途径,主要有(　　)。

A. 作业消除　　　　B. 作业选择

C. 作业减少　　　　D. 作业共享

5. 下列各项作业中,属于批别级作业的有(　　)。

A. 设备调试　　　　B. 生产准备

C. 产品广告　　　　D. 产品加工、检验

6. 下列各项作业动因中,属于交易动因的有(　　)。

A. 接受或发出订单次数

B. 处理收据

C. 检查小时

D. 特别复杂产品的安装

7. 某公司的相关部门分类为利润中心,2019 年该公司的销售收入为 100 万元,变动成本总额为 40 万元,该中心部门负责人可控固定成本为 10 万元、不可控固定成本为 5 万元,下列选项中正确的有(　　)。

A. 边际贡献为 60 万元

B. 可控边际贡献为 50 万元

C. 部门边际贡献为 45 万元

D. 部门边际贡献为 55 万元

8. 判断一项作业为增值作业,必须满足的条件是(　　)。

A. 该作业导致了状态的改变

B. 该状态的变化不能由其他作业来完成

C. 该作业使其他作业得以进行

D. 该产品能使得产品收入增加

9. 作业成本管理的业绩指标包括(　　)。

A. 效率　　　　　　B. 时间

C. 增值成本　　　　D. 非增值成本

10. 以成本为基础的转移定价中,成本的形式包括(　　)。

A. 完全成本

B. 完全成本加成

C. 变动成本

D. 变动成本加固定制造费用

11. 增值作业需要同时满足的三条标准包括(　　)。

A. 该作业导致了状态的改变

B. 该状态的改变不能由其他作业来完成

C. 加工对象状态的改变,可以由其他作业实现。而不能由价值链中的

D. 该作业使其他作业得以进行

12. 根据责任成本管理基本原理,成本中心只对可控成本负责。可控成本应具备的条件有(　　)。

A. 该成本是成本中心可计量的

B. 该成本的发生是成本中心可预见的

C. 该成本是成本中心可调节和控制的

D. 该成本是为成本中心取得收入而发生的

13. 成本管理是一系列成本管理活动的总称。下列各项中,属于成本管理内容的有(　　)。

A. 成本考核　　　　B. 成本计划

C. 成本控制　　　　D. 成本预测

14. 关于本量利分析模式,下列各项中,能够提高销售利润额的有(　　)。

A. 提高边际贡献率

B. 提高盈亏平衡作业率

C. 提高变动成本率

D. 提高安全边际率

三、判断题

1. 差异化战略中,成本管理的总体目标是在保证实现产品、服务等方面差异化的前提下,对产品全生命周期成本进行管理,实现成本的绝对降低。（　　）

2. 对作业和流程的执行情况进行评价时,使用的考核指标可以是财务指标也可以是非财务指标,其中非财务指标主要用于时间、质量、效率三个方面的考核。（　　）

3. 理想标准成本考虑了生产过程中不能避免的损失、故障和偏差,属于企业经过努力可以达到的成本标准。（　　）

4. 多种产品本量利分析顺序法是按照事先确定的各品种产品销售顺序,依次用各种产品的边际贡献补偿整个企业的全部变动成本,直至全部由产品的边际贡献补偿完为止,从而完成本量利分析的一种方法。（　　）

5. 在作业成本法下,成本动因是导致成本发生的诱因,是成本分配的依据。（　　）

6. 在标准成本法下,变动制造费用成本差异指的是实际变动制造费用与预算产量下的标准变动制造费用之间的差额。（　　）

7. 企业对成本中心进行业绩考核时,应要求成本中心对其所发生或负担的全部成本负责。（　　）

8. 在作业成本法下,一个作业中心只能包括一种作业。（　　）

四、计算分析题

1. 甲公司生产销售 A、B、C 三种产品,采用联合单位法进行本量利分析,由 2 件 A 产品、1 件 B 产品和 2 件 C 产品构成一个联合单位。已知固定成本总额为 72000 元,产品产销量、单价和单位变动成本数据如下表所示。

项目	A 产品	B 产品	C 产品
产销量（件）	2000	1000	2000
单价（元）	60	90	75
单位变动成本（元）	40	60	50

要求:

(1) 计算联合单价。

(2) 计算联合单位变动成本。

(3) 计算联合盈亏平衡点的业务量。

(4) 计算 A 产品盈亏平衡点的业务量。

(5) 计算三种产品的综合边际贡献率。

2. 甲公司是一家生产经营比较稳定的制造企业,假定只生产一种产品,并采用标准成本法进行成本计算分析。单位产品用料标准为 6 千克/件,材料标准单价为 1.5 元/千克。2019 年 1 月份实际产量为 500 件,实际用料为 2500 千克,直接材料实际成本为 5000 元。另外,直接人工实际成本为 9000 元,实际耗用工时为 2100 小时,经计算,直接人工效率差异为 500 元,直接人工工资率差异为 -1500 元。

要求:

(1) 计算单位产品直接材料标准成本。

(2) 计算直接材料成本差异,直接材料数量差异和直接材料价格差异。

(3) 计算该产品的直接人工单位标准成本。

参考答案及解析

一、单项选择题

1.【答案】　C

【解析】　利润 = 边际贡献 - 固定成本 = 销售收入 × 边际贡献率 - 固定成本 = 销售收入 × (1 - 变动成本率) - 固定成本 = 销售收入 × 边际贡献率 - 盈亏平衡点销售额 × 边际贡献率 = (销售收入 - 盈亏平衡点销售额) × 边际贡献率

2.【答案】　D

【解析】　盈亏平衡点销售量 = 固定成本/(单价 - 单位变动成本) = 36000 ÷ (30 - 12) = 2000 (件),安全销售量 = 实际销售量 - 盈亏平衡点销售量 = 8000 - 2000 = 6000 (件),安全边际率 = 安全边际量/实际销售量 = 6000 ÷ 8000 = 75%。

3.【答案】　C

【解析】　分算法是指在一定的条件下,将全部固定成本按一定标准在各种产品之间进行合理分配,确定每种产品应补偿的固定成本数额,然后再对每一种产品按单一品种条件下的情况分别进行本量利分析的方法。

4.【答案】 D

【解析】 销售量的利润敏感系数即经营杠杆系数,经营杠杆系数=基期边际贡献/基期息税前利润=(40×2)÷50=1.60。

5.【答案】 D

【解析】 根据公式,[销售量×(单价-单位变动成本)-固定成本]×(1-所得税税率)=净利润,我们将题中数据代入公式,则有[销售量×(12-8)-120]×(1-25%)=750,解得销售量=280(万件)。

6.【答案】 B

【解析】 工资率差异是价格差异,其形成原因比较复杂,工资制度的变动、工人的升级降级、加班或临时工的增减等都将导致工资率差异。工作环境的好坏影响的是直接人工的效率差异。

7.【答案】 C

【解析】 在作业成本法下,对于直接费用的确认和分配与传统的成本计算方法一样,而间接费用的分配对象不再是产品,而是作业活动。采用作业成本法,制造费用按照成本动因直接分配,避免了传统成本计算法下的成本扭曲。

8.【答案】 C

【解析】 责任成本是成本中心考核和控制的主要内容。成本中心当期发生的所有的可控成本之和就是其责任成本。

9.【答案】 A

【解析】 直接人工效率差异,其形成的原因是多方面的,包括工人技术状况、工作环境和设备条件的好坏等,均会影响人工效率的高低,但其主要责任还是在生产部门。

10.【答案】 C

【解析】 在作业成本法下,成本动因是成本分配的依据,选项A正确;成本动因通常以作业活动耗费的资源来进行度量,选项B正确;成本动因分为资源动因和作业动因,选项C错误;成本动因是指导致成本发生的因素,选项D正确。

11.【答案】 C

【解析】 对投资中心的业绩进行评价时,不仅要运用利润指标,还需要计算、分析利润与投资的关系,主要有投资收益率和剩余收益等指标。

12.【答案】 A

【解析】 作业成本管理中进行成本节约的途径主要有以下四种形式:①作业消除:消除非增值作业或不必要的作业,降低非增值成本;②作业选择:对所有能够达到同样目的的不同作业,选取其中最佳的方案;③作业减少:以不断改进的方式降低作业消耗的资源或时间;④作业共享:利用规模经济来提高增值作业的效率。因此,将外购材料交货地点从厂外临时仓库变更为材料耗用车间属于作业消除。

13.【答案】 A

【解析】 预计下年息税前利润=收入-变动成本-固定成本=20×50-20×50×(1-40%)-300=100(万元)。假设价格增长10%,达到55元,单位变动成本不变,所以单位变动成本=50x(1-40%)=30(元),预计息税前利润=20×55-20×30-300=200(万元),利润变动率=(200-100)÷100×100%=100%,单价的敏感系数=100%÷10%=10。

14.【答案】 A

【解析】 "从多个成本方案中选择最优方案"这是做出决策,所以选项A正确。

15.【答案】 C

【解析】 M产品的单价=(400000+600000)÷20000=50(元)

16.【答案】 D

【解析】 计算剩余收益指标所使用的最低投资收益率是根据资本成本来确定的,一般等于或大于资本成本。所以,选项D的说法不正确。

二、多项选择题

1.【答案】 BD

【解析】 变动制造费用耗费差异和直接人工工资率差异属于价格差异,选项BD正确;变动制造费用效率差异属于用量差异,选项A错误;固定制造费用成本差异不能分为价格差异和用量差异,选项C错误。

2.【答案】 ABCD

【解析】 成本管理的原则包括:①融合性原则;②适应性原则;③成本效益原则;④重要性原则。

3.【答案】 AB

【解析】 利润中心的业绩考核指标有边际贡献、可控边际贡献和部门边际贡献。投资收益

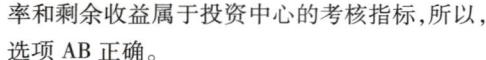

率和剩余收益属于投资中心的考核指标,所以,选项 AB 正确。

4.【答案】 ABCD

【解析】 作业成本管理中进行成本节约的途径,主要有以下四种形式:①作业消除;②作业选择;③作业减少;④作业共享。

5.【答案】 AB

【解析】 选项 AB 属于批别级作业;选项 C 属于品种级作业;选项 D 属于产量级作业。

6.【答案】 AB

【解析】 接受或发出订单数、处理收据数等属于交易动因,AB 选项正确;选项 C 属于持续动因;选项 D 属于强度动因。

7.【答案】 ABC

【解析】 边际贡献 = 100 - 40 = 60(万元),可控边际贡献 = 边际贡献 - 该中心负责人可控固定成本 = 60 - 10 = 50(万元),部门边际贡献 = 可控边际贡献 - 该中心负责人不可控固定成本 = 50 - 5 = 45(万元)。

8.【答案】 ABC

【解析】 一项作业必须同时满足下列三个条件才可断定为增值作业:①该作业导致了状态的改变;②该状态的变化不能由其他作业来完成;③该作业使其他作业得以进行。

9.【答案】 ABCD

【解析】 实施作业成本管理建立业绩指标,可以是财务指标,也可以是非财务指标,以此来评价是否改善了流程。财务指标主要集中在增值成本和非增值成本上,可以提供增值与非增值报告,以及作业成本趋势报告。而非财务指标主要体现在效率、质量和时间三个方面,如投入产出比、次品率、生产周期等。

10.【答案】 ABCD

【解析】 采用以成本为基础的转移定价是指所有的内部交易均以某种形式的成本价格进行结算,它适用于内部转移的产品或劳务没有市价的情况,包括完全成本、完全成本加成、变动成本以及变动成本加固定制造费用四种形式。

11.【答案】 ABD

【解析】 一项作业必须同时满足下列三个条件才可断定为增值作业:①该作业导致了状态的改变;②该状态的变化不能由其他作业来完成;③该作业使其他作业得以进行。

12.【答案】 ABC

【解析】 可控成本是指本中心可以控制的各种耗费,它应具备三个条件:第一,该成本的发生是成本中心可以预见的;第二,该成本是成本中心可以计量的;第三,该成本是成本中心可以调节和控制的,所以本题的正确答案是 ABC。

13.【答案】 ABCD

【解析】 成本管理具体包括成本预测、成本决策、成本计划、成本控制、成本核算、成本分析和成本考核等七项内容。

14.【答案】 AD

【解析】 销售利润额 = 安全边际额 × 边际贡献率 = 边际贡献 × 安全边际率,提高边际贡献率、降低变动成本率会提高销售利润额,选项 A 正确、选项 C 错误;提高安全边际率,降低盈亏平衡作业率会提高销售利润额,选项 B 错误、选项 D 正确。

三、判断题

1.【答案】 ×

【解析】 差异化战略中,成本管理的总体目标是在保证实现产品、服务等方面差异化的前提下,对产品全生命周期成本进行管理,实现成本的持续降低。

2.【答案】 √

【解析】 若要评价作业流程的执行情况,必须建立业绩指标,可以是财务指标,也可以是非财务指标,非财务指标主要体现在效率、质量和时间三个方面,如投入产出比、次品率、生产周期等。

3.【答案】 ×

【解析】 正常标准成本考虑了生产过程中不能避免的损失、故障和偏差,属于企业经过努力可以达到的成本标准。

4.【答案】 ×

【解析】 多种产品本量利分析顺序法是按照事先确定的各品种产品销售顺序,依次用各种产品的边际贡献补偿整个企业的全部固定成本,直至全部由产品的边际贡献补偿完为止,从而完成本量利分析的一种方法。

5.【答案】 √

【解析】 成本动因,亦称成本驱动因素,是指导致成本发生的因素,即成本的诱因。成本动因通常以作业活动耗费的资源来进行度量,如质量检查次数、用电度数等。在作业成本法下,成本动因是成本分配的依据。

6.【答案】 ×

【解析】 变动制造费用成本差异指的是实际变动制造费用与实际产量下的标准变动制造费用之间的差额。

7.【答案】 ×

【解析】 成本中心只对可控成本负责,不负责不可控成本。

8.【答案】 ×

【解析】 作业中心可以是某一项具体的作业,也可以是由若干个相互联系的能够实现某种特定功能的作业的集合。

四、计算分析题

1.【答案】(1)联合单价 $= 60 \times 2 + 90 + 75 \times 2 = 360$(元)

(2)联合单位变动成本 $= 40 \times 2 + 60 + 50 \times 2 = 240$(元)

(3)联合盈亏平衡点的业务量 $= 72000 \div (360 - 240) = 600$(件)

(4)A产品盈亏平衡点的业务量 $= 600 \times 2 = 1200$(件)

(5)三种产品的综合边际贡献率 $= (2000 \times 20 + 1000 \times 30 + 2000 \times 25) \div (2000 \times 60 + 1000 \times 90 + 2000 \times 75) = 33.33\%$

2.【答案】(1)单位产品直接材料标准成本 $= 6 \times 1.5 = 9$(元/件)

(2)直接材料成本差异 $= 5000 - 500 \times 9 = 500$(元)(超支)

直接材料数量差异 $= (2500 - 500 \times 6) \times 1.5 = -750$(元)(节约)

直接材料价格差异 $= 2500 \times (5000 \div 2500 - 1.5) = 1250$(元)(超支)

(3)直接人工成本差异 $=$ 直接人工效率差异 $+$ 直接人工工资率差异 $= 500 + (-1500) = -1000$(元)(节约)

由直接人工成本差异 $=$ 直接人工实际成本 $-$ 实际产量标准成本 $= 9000 -$ 实际产量标准成本 $= -1000$,得实际产量标准成本 $= 10000$(元)。

直接人工单位标准成本 $= 10000 \div 500 = 20$(元/件)

第九章

收入与分配管理

本章主要学习收入与分配管理的主要内容,包括收入管理、纳税管理、分配管理,难度适中。在近几年考试中所占分值约为5~10分,主要题型为单选题、多选题、判断题,但是也可以计算分析题和综合题的形式考查。预计今年考查题型不变,分值为8~10分。

考 试 变 化

增加了"向股东(投资者)分配股利(利润)"的限制条件。

本 章 结 构

第一节　收入与分配管理概述
第二节　收入管理
第三节　纳税管理
第四节　分配管理

第一节　收入与分配管理概述

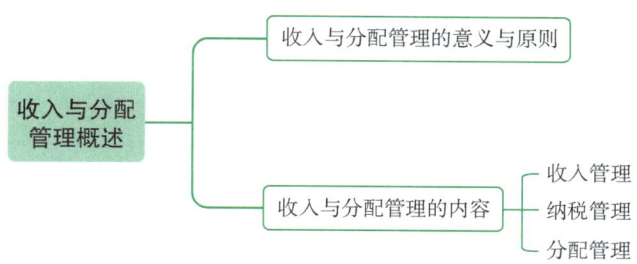

一、收入与分配管理的意义与原则 ★

（一）收入与分配管理的意义

1. 集中体现了企业所有者、经营者与劳动者之间的利益关系。

2. 是企业维持简单再生产和实现扩大再生产的基本条件。

3. 是企业优化资本结构、降低资本成本的重要措施。

4. 是国家建设资金的重要来源之一。

（二）收入与分配管理的原则

1. 依法分配原则。收入分配必须依法进行，认真执行相关法规。

2. 分配与积累并重原则。企业获取的收入既要保证企业简单再生产的持续进行，又要不断积累企业扩大再生产的财力基础。

3. 兼顾各方利益原则。企业在收入分配时，应兼顾国家、股东、债权人、职工等各方利益。

4. 投资与收入对等原则。收入分配应遵循"谁投资，谁受益"，按投资额的比例进行分配。

二、收入与分配管理的内容 ★

收入管理、纳税管理和分配管理的具体内容如表9-1所示。

表9-1　收入与分配管理的具体内容

收入管理	销售收入是企业收入的主要构成部分，是企业能够持续经营的基本条件。销售收入的制约因素主要是销量与价格，销售预测分析与销售定价管理构成了收入管理的主要内容
纳税管理	纳税管理的主要内容是纳税筹划，即在合理合法的前提下，对企业经济交易或事项进行事先规划以减少应纳税额或延迟纳税，实现企业的财务目标
分配管理	根据我国《公司法》及相关法律制度的规定，公司净利润的分配应按照下列顺序进行，并构成了分配管理的主要内容： ①弥补以前年度亏损 ②提取法定公积金 ③提取任意公积金 ④向股东（投资者）分配股利（利润）

提示 《公司法》规定,法定公积金的提取比例为当年税后利润(弥补亏损后)的 10%。当年法定公积金的累积额已达注册资本的 50% 时,可以不再提取。法定公积金提取后,根据企业的需要,可用于弥补亏损或转增资本,但企业用法定公积金转增资本后,法定公积金的余额不得低于转增前公司注册资本的 25%。提取法定公积金的主要目的是为了增加企业内部积累,以利于企业扩大再生产。公司持有的本公司股份不得分配利润。

考试方向
考查公司净利润的分配顺序以及《公司法》的相关规定。

【例题 9-1 单选题】(2014 年真题) 下列净利润分配事项中,根据相关法律法规和制度,应当最后进行的是( )。

A.向股东分配股利　　　　　　　B.提取任意公积金
C.提取法定公积金　　　　　　　D.弥补以前年度亏损

【答案】 A

【名师点睛】 净利润的分配顺序是弥补以前年度亏损、提取法定公积金、提取任意公积金、向股东(投资者)分配股利(利润)。所以,选项 A 正确。

【例题 9-2 单选题】(经典好题) 对股利分配顺序的说法不正确的有( )。

A.法定公积金必须按照本年净利润的 10% 提取
B.法定公积金达到注册资本的 50% 时,就不能再提取
C.企业提取的法定公积金可以全部转增资本
D.公司当年无盈利不能分配股利

【答案】 ABCD

【名师点睛】 法定公积金按照净利润扣除弥补以前年度亏损后的 10% 提取,不一定必须按照本年净利润的 10% 提取,所以选项 A 不正确;法定盈余公积金已达注册资本的 50% 时可不再提取,所以选项 B 不正确;企业提取的法定盈余公积金转增资本时,法定盈余公积金的余额不得低于转增前公司注册资本的 25%,所以选项 C 不正确;公司本年净利润扣除公积金后,再加上以前年度的未分配利润,即为可供普通股分配的利润,本年无盈利时,可能还会有以前年度的未分配利润,经过股东大会决议,也可以发放股利,所以选项 D 不正确。

第二节　收入管理

本节框架 ▶

收入管理
├─ 销售预测分析
│　├─ 定性分析法
│　└─ 定量分析法
└─ 销售定价管理
　　├─ 销售定价管理的含义
　　├─ 影响产品价格的因素
　　├─ 企业的定价目标
　　├─ 产品定价方法
　　└─ 价格运用策略

一、 销售预测分析 ★ ★

(一)销售预测的定性分析法

1. 营销员判断法。

营销员判断法又称意见汇集法,指由企业熟悉市场情况及相关变化信息的营销人员对市场进行预测,再将各种判断意见加以综合分析、整理,并得出预测结论的方法。

2. 专家判断法。

专家判断法是由专家根据他们的经验和判断能力对特定产品的未来销售量进行判断和预测的方法,主要包括个别专家意见汇集法、专家小组法、德尔菲法。

3. 产品寿命周期分析法。

产品寿命周期是指产品从投入市场到退出市场所经历的时间,一般要经过推广期、成长期、成熟期、衰退期四个阶段。通常,推广期历史资料缺乏,适合用定性分析法进行预测;成长期适合用回归分析法进行预测;成熟期销售稳定,适合用趋势预测分析法。

(二)销售预测的定量分析法

1. 趋势预测分析法。

趋势预测分析法主要包括算术平均法、加权平均法、移动平均法、指数平滑法等,详见表9-2。

表 9-2 趋势预测分析法的内容

方法	含义	计算公式	特点及适用范围
算术平均法	指将若干历史时期的实际销售量或销售额作为样本值,求出其算术平均数,并将该平均数作为下期销售量的预测值	$Y = \dfrac{\sum X_i}{n}$(其中:Y 表示预测值;X_i 表示第 i 期的实际销售量;n 表示期数)	算术平均法适用于每期销售量波动不大的产品的销售预测
加权平均法	指将各个样本值按照一定的权数计算得出加权平均数,并将该平均数作为下期销售量的预测值	$Y = \sum\limits_{i=1}^{n} W_i X_I$〔其中:Y 表示预测值;$W_i$ 表示第 i 期权数($0 < W_i \le W_{i+1} < 1$,且 $\sum W_i = 1$);X_i 表示第 i 期的实际销售量;n 表示期数〕	加权平均法权数的选取应遵循"近大远小"的原则,较算术平均法更合理,现实中用得较多
移动平均法	指从 n 期的时间数列销售量中选取 m 期(m 数值固定,且 $m < \dfrac{n}{2}$)数据作为样本值,求其 m 期的算术平均数,并不断向后移动计算观测其平均值,以最后一个 m 期的平均数作为未来第(n+1)期销售预测值	$Y_{n+1} = \dfrac{X_{n-(m-1)} + X_{n-(m-2)} + \cdots + X_n}{m}$ 修正的移动平均法的计算公式: $\overline{Y}_{n+1} = Y_{n+1} + (Y_{n+1} - Y_n)$	移动平均法在计算的时候没有考虑全部数据,只选取了 n 期数据中的最后 m 期作为计算依据,代表性差,适用于销售量略有波动的产品预测

（续表）

方法	含义	计算公式	特点及适用范围
指数平滑法	实质上是一种加权平均法，是以事先确定的平滑指数 a 及（1−a）作为权数进行加权计算，预测销售量的一种方法	$Y_{n+1} = aX_n + (1-a)Y_n$［其中：$Y_{n+1}$ 表示未来第（n+1）期的预测值；Y_n 表示第 n 期的预测值，即预测前期的预测值；X_n 表示第 n 期的实际销售量，即预测前期的实际销售量；a 表示平滑指数；n 表示期数］	若选用较大的平滑指数，预测值可以反映样本值新近的变化趋势；若选用较小的平滑指数，则可以反映样本值长期的变化趋势。因此，在销售量波动较大或进行短期预测时，应选择较大的平滑指数；在销售量波动较小或进行长期预测时，应选择较小的平滑指数 指数平滑法运用比较灵活，适用范围较广，但在选择平滑指数时具有一定的主观性

考试方向

考查各趋势预测分析法的计算及特点。

【例题 9−3 单选题】（2020 年真题）　下列各项中，属于销售预测定量分析方法的是（　　）。

A. 营销员判断法　　　　　　　　　B. 专家判断法

C. 产品寿命周期分析法　　　　　　D. 趋势预测分析法

【答案】　D

【名师点睛】　趋势预测分析法属于销售预测定量分析法。营销员判断法、专家判断法、产品寿命周期分析法属于销售预测定性分析法。

【例题 9−4 单选题】（经典好题）　关于销售预测的趋势预测分析法，下列说法中正确的是（　　）。

A. 算术平均法适用于销售量略有波动的产品预测

B. 移动平均法的代表性较差

C. 加权平均法的权数选取应遵循"近小远大"的原则

D. 采用指数平滑法时，在销售量波动较小或进行长期预测时，可选择较大的平滑指数

【答案】　B

【名师点睛】　算术平均法适用于每期销售量波动不大的产品的销售预测，而移动平均法则适用于销售量略有波动的产品预测，选项 A 不正确；移动平均法只选用了 n 期数据中的最后 m 期作为计算依据，代表性较差，选项 B 正确；加权平均法的权数选取应遵循"近大远小"的原则，选项 C 不正确；采用指数平滑法时，在销售量波动较小或进行长期预测时，可选择较小的平滑指数，选项 D 不正确。

【例题 9−5 多选题】（经典好题）　利用指数平滑法预测销售量时，平滑指数的取值通常在 0.3~0.7 之间，其取值大小决定了前期实际值与预测值对本期预测值的影响，下列有关说法正确的有（　　）。

A. 采用较大的平滑指数，预测值可以反映样本值新近的变化趋势；采用较小的平滑指数，则反映了样本值变动的长期趋势

B. 平滑指数就是预测前期实际销售量的权数

C. 在销售量波动较小或进行长期预测时,可选择较小的平滑指数

D. 指数平滑法预测销售量实质上是预测前期实际销售量与预测销售量的加权平均数

【答案】 ABCD

【名师点睛】 采用较大的平滑指数,预测值可以反映样本值新近的变化趋势;采用较小的平滑指数,则反映了样本值变动的长期趋势。因此,在销售量波动较大或进行短期预测时,可选择较大的平滑指数;在销售量波动较小或进行长期预测时,可选择较小的平滑指数。指数平滑法实质上是一种加权平均法,是以事先确定的平滑指数 a 及(1-a)分别作为预测前期的实际销量和预测前期的预测销量的权数进行加权计算。

2. 因果预测分析法。

通过分析影响产品销售量(因变量)的相关因素(自变量)以及它们之间的函数关系,并利用这种函数关系进行产品销售预测的方法。因果预测分析法最常用的是回归分析法,这里主要介绍回归直线法。

根据直线方程式 y＝a+bx,求出 a、b 的值,再带入 y＝a+bx,结合自变量 x 的取值,即可求得预测对象 y 的预测销售量或销售额。计算公式如下:

$$b = \frac{n\sum xy - \sum x \sum y}{n\sum x^2 - (\sum x)^2}$$

$$a = \frac{\sum y - b\sum x}{n}$$

总的来说,销售预测的方法有很多种,主要包括定性分析法和定量分析法,如图 9－1 所示。

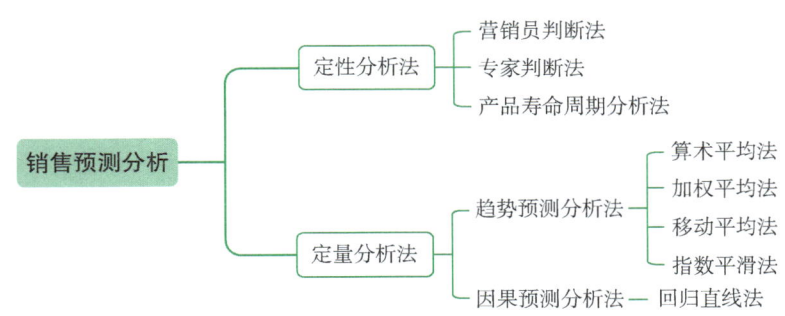

▲ 图 9－1 销售预测分析方法

【例题 9－6 单选题】(2016 年真题) 下列销售预测分析方法中,属于定量分析法的是( )。

A. 专家判断法   B. 营销员判断法

C. 因果预测分析法   D. 产品寿命周期分析法

【答案】 C

【名师点睛】 定量分析法,也称为数量分析法,它一般包括趋势预测分析法和因果预测分析法两大类。专家判断法、营销员判断法、产品寿命周期分析法均属于销售预测的定性分析法。

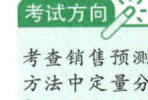

考试方向

考查销售预测方法中定量分析法和定性分析法的区分。

【例题 9-7 单选题】（2014 年真题） 下列销售预测方法中,属于因果预测分析法的是(　　)。

A.指数平滑法　　　B.移动平均法　　　C.专家小组法　　　D.回归直线法

【答案】 D

【名师点睛】 因果预测分析法是指通过影响产品销售量(因变量)的相关因素(自变量)以及它们之间的函数关系,并利用这种函数关系进行产品销售预测的方法。因果预测分析法最常用的是回归分析法。

二、 销售定价管理

(一) 销售定价管理的含义

销售定价管理是指在调查分析的基础上,选用合适的产品定价方法,为销售的产品制定最为恰当的售价,并根据具体情况运用不同价格策略,以实现经济效益最大化的过程。

(二) 影响产品价格的因素 ★

1. 价值因素。

2. 成本因素。

3. 市场供求因素。

4. 竞争因素。

5. 政策法规因素。

(三) 企业的定价目标 ★ ★

企业的定价目标多种多样,主要的几种如表 9-3 所示。

考试方向

考查不同定价目标的特点和适用范围。

表 9-3　企业定价目标

定价目标	具体内容
实现利润最大化	通过为产品制定一个较高的价格,从而提高产品单位利润率,最终实现企业利润最大化。适用在市场中处于领先或垄断地位的企业,或者在行业竞争中具有很强的竞争优势,并能长时间保持这种优势的企业
保持或提高市场占有率	其产品价格往往需要低于同类产品价格,以较低的价格吸引客户,逐步扩大市场份额,但在短期内可能要牺牲一定的利润空间。适用于要求企业具有潜在的生产经营能力,总成本的增长速度低于总销量的增长速度,商品的需求价格弹性较大,即适用于能够薄利多销的企业
稳定价格	由行业中的领导企业制定一个价格,其他企业的价格则与之保持一定的比例关系,无论是大企业,还是中小企业都不会随便降价。适用于产品标准化的行业,如钢铁制造业等
应付和避免竞争	企业参照对市场有决定性影响的竞争对手的产品价格变动情况,随时调整本企业产品价格。适用于中小型企业
树立企业形象及产品品牌	以树立企业形象及产品品牌为定价目标主要有两种情况:一是树立优质高价形象;二是树立大众化评价形象

(四) 产品定价方法 ★ ★ ★

1. 以成本为基础的定价方法(详见表 9-4)。

其计算公式为:

单位产品价格=单位成本+单位价内税+单位利润

=单位成本+单位价格×适用税率+单位利润

$$单位产品价格=\frac{单位成本+单位利润}{1-适用税率}$$

表9-4 以成本为基础的定价方法

方法	含义	公式
全部成本费用加成定价法	在全部成本费用的基础上,加合理的利润来定价 提示▶单位成本是指单位全部成本费用,可以用单位制造成本加上单位产品负担的期间费用来确定	在工业企业一般是根据成本利润率定价: 单位利润=单位成本×成本利润率 $单位产品价格=\dfrac{单位成本×(1+成本利润率)}{1-适用税率}$ 在商业企业一般是根据销售利润率定价: 单位利润=单位价格×销售利润率 $单位产品价格=\dfrac{单位成本+单位价格×销售利润率}{1-适用税率}$ $单位产品价格=\dfrac{单位成本}{1-销售利润率-适用税率}$
保本点定价法	按照刚好能够保本的原理来制定产品销售价格	单位利润=0 $单位产品价格=\dfrac{单位成本+0}{1-适用税率}$ $=\dfrac{单位固定成本+单位变动成本}{1-适用税率}$ $=\dfrac{单位完全成本}{1-适用税率}$
目标利润法	根据预期目标利润和产品销售量、产品成本、适用税率等因素来确定产品销售价格	$单位产品价格=\dfrac{单位成本+单位目标利润}{1-适用税率}$
变动成本定价法	企业在生产能力有剩余的情况下增加生产一定数量的产品,这些增加的产品不负担企业的固定成本,只负担变动成本,在确定价格时产品成本仅为变动成本	$单位产品价格=\dfrac{单位变动成本×(1+成本利润率)}{1-适用税率}$

【例题9-8 多选题】(2014年真题) 下列各项产品定价方法中,以成本为基础的是( )。

A.目标利润定价法　　　　　　　B.保本点定价法

C.边际分析定价法　　　　　　　D.变动成本定价法

【答案】 ABD

【名师点睛】 以成本为基础的定价方法包括全部成本费用加成定价法、保本点定价法、目标利润定价法、变动成本定价法。

【例题9-9 综合题】(2014年真题) 戊公司生产和销售E、F两种产品,每年产销平衡。为了加强产品成本管理,合理确定下年度经营计划和产品销售价格,该公司专门召开

考试方向

考查全部成本费用加成定价法、保本点定价法、目标利润法、变动成本定价法的相关计算,以及变动成本定价法的适用条件。

总经理办公会进行讨论。相关资料如下。

资料一：2014 年 E 产品实际产销量为 3680 件，生产实际用工为 7000 小时，实际人工成本为 16 元/小时。标准成本资料如下表所示。

E 产品单位标准成本

项目	直接材料	直接人工	制造费用
价格标准	35 元/千克	15 元/小时	10 元/小时
用量标准	2 千克/件	2 小时/件	2 小时/件

资料二：F 产品年设计生产能力为 15000 件，2015 年计划生产 12000 件，预计单位变动成本为 200 元，计划期的固定成本总额为 720000 元。该产品适用的消费税税率为 5%，成本利润率为 20%。

资料三：戊公司接到 F 产品的一个额外订单，意向订购量为 2800 件，订单价格为 290 元/件，要求 2015 年内完工。

要求：（1）根据资料一，计算 2014 年 E 产品的下列指标：①单位标准成本；②直接人工成本差异；③直接人工效率差异；④直接人工工资率差异。

（2）根据资料二，运用全部成本费用加成定价法测算 F 产品的单价。

（3）根据资料三，运用变动成本费用加成定价法测算 F 产品的单价。

（4）根据资料二，资料三和上述测算结果，作出是否接受 F 产品额外订单的决策，并说明理由。

（5）根据资料二，如果 2015 年 F 产品的目标利润为 150000 元，销售单价为 350 元，假设不考虑消费税的影响。计算 F 产品盈亏平衡点销售量和实现目标利润的销售量。

【答案】（1）①单位标准成本 = $35×2+15×2+10×2=120$（元）

②直接人工成本差异 = 实际产量下实际工时×实际工资率 - 实际产量下标准工时×标准工资率 = $7000×16-3680×2×15=1600$（元）

③直接人工效率差异 = （实际产量下实际工时 - 实际产量下标准工时）×标准工资率 = $(7000-3680×2)×15=-5400$（元）

④直接人工工资率差异 = （实际工资率 - 标准工资率）×实际产量下实际工时 = $(16-15)×7000=7000$（元）

（2）全部成本费用加成定价法确定的 F 产品的单价：单位产品价格 = 单位成本×（1+成本利润率）/（1-适用税率）= $(200+720000÷12000)×(1+20\%)÷(1-5\%)=328.42$（元）。

（3）变动成本费用加成定价法确定的 F 产品的单价：单位产品价格 = 单位变动成本×（1+成本利润率）/（1-适用税率）= $200×(1+20\%)÷(1-5\%)=252.63$（元）。

（4）由于额外订单价格 290 元高于按变动成本费用加成定价法确定的 F 产品的单价 252.63 元，接受额外订单在不增加固定成本的情形下增加边际贡献，即增加利润，故应接受这一额外订单。

（5）盈亏平衡点销售量 = $720000÷(350-200)=4800$（件）

实现目标利润的销售量 = $(150000+720000)÷(350-200)=5800$（件）

2. 以市场需求为基础的定价方法。

（1）需求价格弹性系数定价法。

在其他条件不变的情况下，某种产品的需求量随其价格的升降而变动的程度，就是需求价格弹性系数。其计算公式为：

$$E = \frac{\Delta Q / Q_0}{\Delta P / P_0}$$

其中：E 表示某种产品的需求价格弹性系数；ΔP 表示价格变动量；ΔQ 表示需求变动量；P_0 表示基期单位产品价格；Q_0 表示基期需求量。

运用需求价格弹性系数确定产品的销售价格时,其基本计算公式为：

$$P = \frac{P_0 Q_0^{(1/|E|)}}{Q^{(1/|E|)}}$$

其中：P_0 表示基期单位产品价格；Q_0 表示基期销售数量；E 表示需求价格弹性系数；P 表示单位产品价格；Q 表示预计销售数量。

（2）边际分析定价法。

边际分析定价法是基于微分极值原理,通过分析不同价格与销售量组合下的产品边际收入、边际成本和边际利润之间的关系,进行定价决策的一种定量分析方法。

边际收入等于边际成本时,边际利润等于零,利润最大,此时的价格为最优销售价格。

总的来说,产品定价方法主要包括以成本为基础的定价方法和以市场需求为基础的定价方法,如图 9－2 所示。

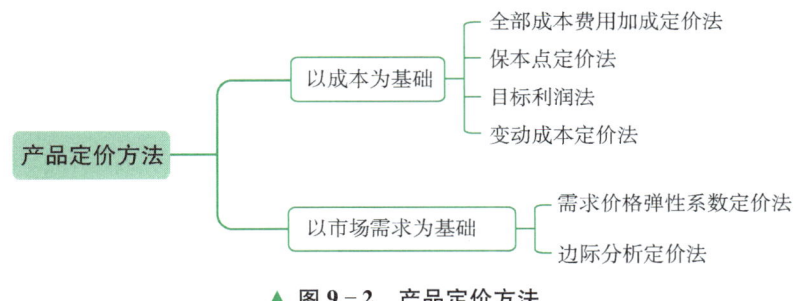

▲ 图 9－2　产品定价方法

（五）价格运用策略 ★

合理运用不同的价格策略,可以有效提高产品市场占有率和企业竞争力,主要的价格运用策略如表 9－5 所示。

表 9－5　价格运用策略

策略	方式	要点
折让定价策略	现金折扣	购买方如果在企业规定的期限内付款,企业就给予购买方一定的折扣,鼓励购买方提前付款,以尽快回笼资金,加快资金周转
	数量折扣	企业对大量购买或集中购买本企业产品的购买方给予的一定折扣优惠
	季节折扣	企业给予非季节性热销商品的购买者提供的一种价格优惠
	团购折扣	买家通过团购网站集合足够人数,便可以优惠价格购买或使用第三方公司的物品、优惠券或服务
	预购折扣	对预先向企业订购或购买产品进行折扣

（续表）

策略	方式	要点
心理定价策略	声望定价	按照其产品在市场上的知名度和消费者中的信任程度来制定产品价格。一般地,声望越高,价格越高,这就是产品的"名牌效应"
	尾数定价	价格的尾数取接近整数的小数(如 199.9 元)或带有一定谐音的数(158 元)等,一般只适用于价值较小的中低档日用消费品定价
	双位定价	在向市场以挂牌价格销售时,采用两种不同的标价
	高位定价	根据消费者"价高质优"的心理特点,实行高标价促销的方法。但高位定价必须是优质产品,不能弄虚作假
组合定价策略	有互补关系的相关产品	降低部分产品价格而提高互补产品价格
	有配套关系的相关产品	对组合购买进行优惠
寿命周期定价策略	推广期	低价促销
	成长期	中等价格策略
	成熟期	可以采用高价促销,但必须考虑竞争者的情况,以保持现有市场销售量
	衰退期	降价促销或维持现价并辅之以折扣等其他手段

第三节　纳税管理

本节框架

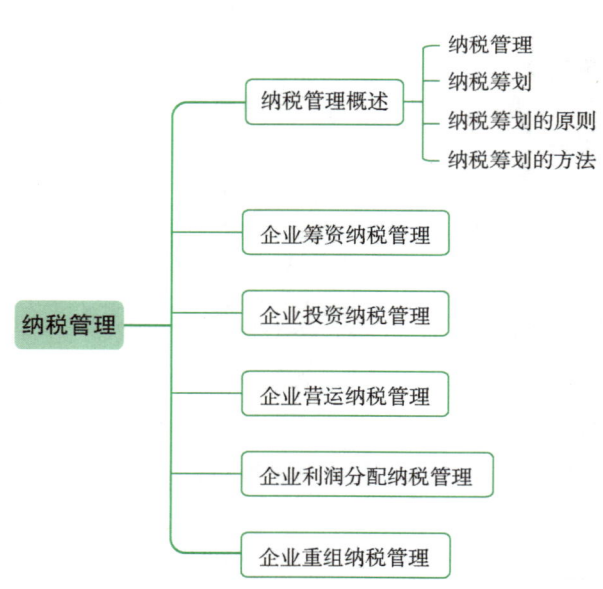

一、 纳税管理概述

（一）纳税管理 ★

纳税管理是指企业对其涉税业务和纳税实务所实施的研究和分析、计划和筹划、处理和监控、协调和沟通、预测和报告的全过程管理行为。其目标是规范企业纳税行为、合理降低税收支出、有效防范纳税风险。

（二）纳税筹划 ★

纳税筹划是指在纳税行为发生之前，在不违反税法及相关法律法规的前提下，对纳税主体的投资、筹资、营运及分配行为等涉税事项作出事先安排，以实现企业财务管理目标的一系列谋划活动，其外在表现为降低税负、延期纳税。

（三）纳税筹划的原则 ★

1.合法性原则：即必须遵守国家的各项法律法规。

2.系统性原则：也称为整体性原则、综合性原则。选择纳税方案的时候，要着眼于整体税负的降低。

3.经济性原则：即必须进行成本效益分析，选择净收益最大的方案。

4.先行性原则：是指筹划的实施通常在纳税义务发生之前。

（四）纳税筹划的方法 ★★

1.减少应纳税额。

（1）利用税收优惠政策筹划法。是指利用免税政策、减税政策、退税政策、税收扣除政策、税率差异、分劈技术、税收抵免等。

（2）转让定价筹划法。主要是指通过关联企业采用非常规的定价方式和交易条件进行纳税筹划。

2.递延纳税。

主要是在存货计价方法和固定资产折旧方法等的选择上，选择有利的会计处理方法，实现递延纳税。

【例题9-10 多选题】（2016年真题） 纳税筹划可以利用的税收优惠政策包括(　　)。

A.免税政策　　　　　　　　　　B.减税政策

C.退税政策　　　　　　　　　　D.税收扣除政策

【答案】 ABCD

【名师点睛】 从税制构成角度探讨，利用税后优惠进行纳税筹划主要是利用以下几个优惠要素：①利用免税政策；②利用减税政策；③利用退税政策；④利用税收扣除政策；⑤利用税率差异；⑥利用分劈技术；⑦利用税收抵免。

二、 企业筹资纳税管理 ★

（一）内部筹资纳税管理

从税收角度来看，内部筹资虽然不能减少企业的所得税负担，但若将这部分资金以股利分配的形式发放给股东，股东会承担双重税负，若将这部分资金继续留在企业内部获取投资收益，投资者可以自由选择资本收益的纳税时间，可以享受递延纳税带来的收益。因此，内部筹资是减少股东税收的一种有效手段，有利于股东财富最大化的实现。

（二）外部筹资纳税管理

采用债务筹资可以为企业带来节税收益,增加企业价值,但是同时也会带来财务困境成本,因此,应选择适当的资本结构,将资本结构控制在相对安全的范围内。同时出于财务管理目标的考虑,还要确保总资产收益率(息税前)大于债务利息率。

三、 企业投资纳税管理 ★

（一）直接对外投资纳税管理

纳税人可以在投资组织形式、投资行业、投资地区和投资收益取得方式的选择上进行筹划,详见表9-6。

表9-6 直接对外投资纳税管理

投资组织形式的纳税筹划	公司制企业与合伙制企业的选择	①公司制企业的营业利润在分配前课征企业所得税,当税后利润作为股息分配给个人股东时,股东还要缴纳个人所得税,因此公司制企业有双重税收问题 ②合伙制企业不缴纳企业所得税,只对各个合伙人分得收益的课征个人所得税
	子公司与分公司的选择	①子公司需要独立申报企业所得税 ②分公司不单独纳税,由总公司汇总计算并缴纳企业所得税
投资行业的纳税筹划		进行投资决策的时候,尽可能选择税收负担较轻的行业: ①国家重点扶持的高新技术企业,按15%的税率征收企业所得税 ②创业投资企业进行国家重点扶持和鼓励的投资,可以按投资额的一定比例抵扣应纳税所得额
投资地区的纳税筹划		企业在选择注册地点时,应考虑不同地区的税收优惠政策 如:设在西部地区属于国家鼓励类产业的企业,自2011年1月1日至2020年12月31日,减按15%的税率征收企业所得税
投资收益取得方式的纳税筹划		居民企业直接投资于其他居民企业取得的股息、红利等权益性投资收益为企业的免税收入,不包括连续持有居民企业公开发行并上市流通的股票不足12个月取得的投资收益;而企业卖出股份所取得的投资收益需要缴纳企业所得税

（二）直接对内投资纳税管理

无形资产投资方面,为支持企业科技创新,2018年9月财政部提高了研发费用税前加计扣除比例,即企业开展研发活动中实际发生的研发费用,未形成无形资产计入当期损益的,在按规定据实扣除的基础上,在2018年1月1日至2020年12月31日期间,再按照实际发生额的75%在税前加计扣除;形成无形资产的,在上述期间按照无形资产成本的175%在税前摊销。因此,企业在具备相应的技术和资金实力时,应该进行自主研发,从而享受加计扣除优惠。

（三）间接投资纳税管理

我国税法规定,我国国债利息收入免交企业所得税。当可供选择债券的回报率较低时,应将其税后投资收益与国债的收益相比,再作决策。

四、企业营运纳税管理 ★

（一）采购的纳税管理

1.增值税纳税人的纳税筹划。

（1）一般纳税人应交增值税＝不含税销售额×增值税税率－不含税购进额×增值税税率

（2）小规模纳税人应交增值税＝不含税销售额×征收率

（3）无差别平衡点增值率。

设一般纳税人适用的增值税税率为13%，小规模纳税人的增值税税率为3%，令两类纳税人税负相同，则有：

（不含税销售额－不含税购进额）×13%＝不含税销售额×3%

（不含税销售额－不含税购进额）/不含税销售额＝3%÷13%＝23.08%

得：无差别平衡点增值率＝23.08%

当实际增值率大于无差别平衡点增值率时，选择小规模纳税人；

当实际增值率小于无差别平衡点增值率时，选择一般纳税人。

2.购货对象的纳税筹划。

一般纳税人从一般纳税人处采购的货物，增值税进项税额可以抵扣；一般纳税人从小规模纳税人采购的货物，增值税不能抵扣（由税务机关代开的除外），为了弥补购货人的损失，小规模纳税人有时会在价格上有优惠。

在选择购货对象时，若价格优惠所带来的成本的减少高于不能抵扣的增值税带来的成本费用的增加，应选择小规模纳税人，否则选择一般纳税人。

3.结算方式的纳税筹划。

结算方式包括赊购、现金、预付等。在购货价格无明显差异时，要尽可能选择赊购方式。在价格有差异的情况下，需要综合考虑货物价格、付款时间和进项税额抵扣时间。

（二）生产的纳税管理

可以从以下三个方面对生产过程进行纳税筹划，如表9-7所示。

表9-7 生产的纳税管理

存货计价的纳税筹划	①如果预计企业将处于长期盈利，应该选择使本期存货成本最大化的存货计价方法 ②如果预计企业将亏损或已经亏损，应该选择使亏损尚未得到完全弥补的年度存货成本最小化的方法，使该年度成本费用降低，尽量使成本费用延迟到以后能够完全得到抵补的时期，以保证成本费用的抵税效果最大化 ③如果企业处于所得税减税或免税期间，应该选择使减免税期间内存货成本最小化的计价方法，尽量将存货成本转移到非税收优惠期间 ④如果企业处于非税收优惠期间，应该选择使存货成本最大化的计价方法，以减少当期应纳税所得额、延迟纳税
固定资产的纳税筹划	①盈利企业新增固定资产入账价值尽可能低，尽可能在当期扣除相关费用，尽量缩短折旧年限或采用加速折旧法 ②亏损企业和享受税收优惠的企业，合理预计企业的税收优惠期间或弥补亏损所需年限，采用适当的折旧安排，尽量在税收优惠期间和亏损期间少提折旧，以达到抵税收益最大化

(续表)

期间费用的纳税筹划	企业发生的业务招待费支出,按照发生额的60%扣除,但最高不得超过当年销售收入的5‰,因此,应严格规划招待费的支出时间,金额巨大的招待费争取在两个或多个会计年度分别支出,以使扣除金额最多

(三)销售的纳税管理

企业销售过程中需注意以下税收问题:

1. 结算方式的纳税筹划。

尽量采取有利于本企业的结算方式,以推迟纳税时间,获得纳税期的递延。

2. 促销方式的纳税筹划。

不同促销方式下,同样的产品取得的销售额有所不同,其应交增值税也有可能不一样,详见表9-8。

表9-8 促销方式

促销方式	具体内容
销售折扣	又称为现金折扣,指销货方在销售货物或提供应税劳务和应税服务后,为了鼓励购货方及早偿还贷款而许诺给予购货方的一种折扣优待。销售折扣不得从销售额中减除,不能减少增值税纳税义务,但是可以尽早收到货款,提高企业资金周转效率
折扣销售	给予消费者购货价格上的优惠,如八折销售等。如果销售额和折扣额在同一张发票上注明,可以销售额扣除折扣额后的余额作为计税金额,减少企业的销项税额
实物折扣	销货方在销售过程中,当购买方购买货物时配送,赠送一定数量的货物,实物款额不仅不能从货物销售额中减除,而且还需要按"赠送他人"计征增值税
以旧换新	一般应按新货物的同期销售价格确定销售额,不得扣减旧货物的收购价格

从税负角度考虑,企业适合选择折扣销售方式。

五、企业利润分配纳税管理 ★

(一)所得税纳税管理

利润分配环节的所得税纳税管理主要体现为亏损弥补的纳税筹划。亏损弥补的纳税筹划,最重要的就是正确把握亏损弥补期限。税法规定,纳税人发生年度亏损,可以用下一纳税年度的所得弥补,下一年度的所得不足以弥补的,可以逐年延续弥补,但延续弥补期最长不得超过5年。但对于高新技术企业和科技型中小企业,自2018年1月1日起,亏损结转年限由5年延长至10年。

(二)股利分配纳税管理

1. 基于自然人股东的纳税筹划。

股息红利收益:统一适用20%税率计算个人所得税。

资本利得收益:免征个人所得税,但需按成交金额千分之一征收印花税。

提示▶ 个人从公开发行和转让市场取得的上市公司股票,股息红利所得的税收政策:

①持股期限在1个月以内,全额征收个人所得税;

②持股期限为1个月以上至1年(含1年),暂减按50%计入应纳税所得额;

③持股期限超过1年,暂免征收个人所得税。

2. 基于法人股东的纳税筹划。

股息红利收益：投资企业从居民企业取得的股息等权益性收益所得只要符合相关规定都可享受免税收入待遇，而不论该投资企业是否为居民企业。

资本利得收益：投资企业通过股权转让等方式取得的投资收益需要计入应纳税所得额，按企业适用的所得税税率缴纳企业所得税。

六、 企业重组纳税管理★

企业重组是指使企业法律结构或经济结构发生重大改变的交易，包括企业法律形式改变、债务重组、股权收购、资产收购、合并和分立等。

企业重组的纳税管理包括可以从两方面着手：一方面，通过重组事项，长期降低企业的各项纳税义务；另一方面，减少企业重组环节的纳税义务。

（一）企业合并的纳税筹划

税法意义上的企业合并只包括吸收合并与新设合并，详见表9-9。

表9-9 目标企业与支付方式的选择

并购目标企业的选择	有税收优惠的企业	应充分重视行业优惠因素和地区优惠因素，在同等条件下，优先选择享有税收优惠政策的企业，可以使并购后企业整体的税务负担较小
	亏损的企业	如果企业并购重组符合特殊性税务处理的规定，合并企业可以对被合并企业的亏损进行弥补，获得抵税收益。可由合并企业弥补的被合并企业亏损的限额等于被合并企业净资产公允价值乘以截至合并业务发生当年年末国家发行的最长期限的国债利率
	上下游企业或关联企业	并购可以实现关联企业或上下游企业流通环节的减少，减少流转税纳税义务
并购支付方式的纳税筹划	股权支付	以本企业或其控股企业的股权、股份作为支付的形式。当企业符合特殊性税务处理的其他条件，且股权支付金额不低于其交易支付总额的85%时，可以使用资产重组的特殊性税务处理方法，这样可以相对减少合并环节的纳税义务，获得抵税收益
	非股权支付	以本企业的现金、银行存款、应收款项、本企业或其控股企业股权和股份以外的有价证券、存货、固定资产、其他资产以及承担债务等作为支付的形式。非股权支付采用一般性税务处理方法，合并企业需对被合并企业公允价值大于原计税基础的所得进行确认，缴纳所得税，并且不能弥补被合并企业的亏损；被合并企业的股东需要对资产转让所得缴纳所得税

（二）企业分立的纳税筹划

企业分立的纳税筹划中，分立方式和支付方式的选择详见表9-10。

表9-10 分立方式和支付方式的选择

分立方式的选择	新设分立	把一个企业分解成两个或多个新企业，单个新企业应纳税所得额大大减少，使之适用小型微利企业，可以按照更低的税率征收企业所得税；或者使某些新设企业符合高新技术企业的优惠，所适用的税率相对较低

（续表）

分立方式的选择	存续分立	指原企业存续,而其一部分分出设立为一个或数个新的企业。通过存续分立,可以将企业某个特定部门分立出去,获得流转税的税收利益(如消费税)。此外,将销售部门分立为一个子公司,还可以增加产品在企业集团内部的销售环节,从而扩大母公司的销售收入,增加可在税前列支的费用数额(如业务招待费和广告费),从而达到节税的目的
支付方式的选择		当企业符合特殊性税务处理的其他条件,且被分立企业股东在该企业分立发生时取得的股权支付金额不低于其交易支付总额的85%时,可以使用企业分立的特殊性税务处理方法。这样可以相对减少分立环节的所得税纳税义务,而且被分立企业未超过法定弥补期限的亏损额可按分立资产占全部资产的比例进行分配,由分立企业继续弥补,分立企业可以获得抵税收益。分立企业应该优先考虑股权支付,或者尽量使股权支付金额不低于其交易支付总额的85%,争取达到企业分立的特殊性税务处理条件

【例题9-11 判断题】(经典好题) 分立企业应该优先考虑股权支付,或者尽量使股权支付金额不低于其交易支付总额的80%,争取达到企业分立的特殊性税务处理条件。(   )

考试方向 考查特殊性税务处理的条件。

【答案】 ×

【名师点睛】 分立企业应该优先考虑股权支付,或者尽量使股权支付金额不低于其交易支付总额的85%,争取达到企业分立的特殊性税务处理条件。

第四节 分配管理

本节框架 ▶

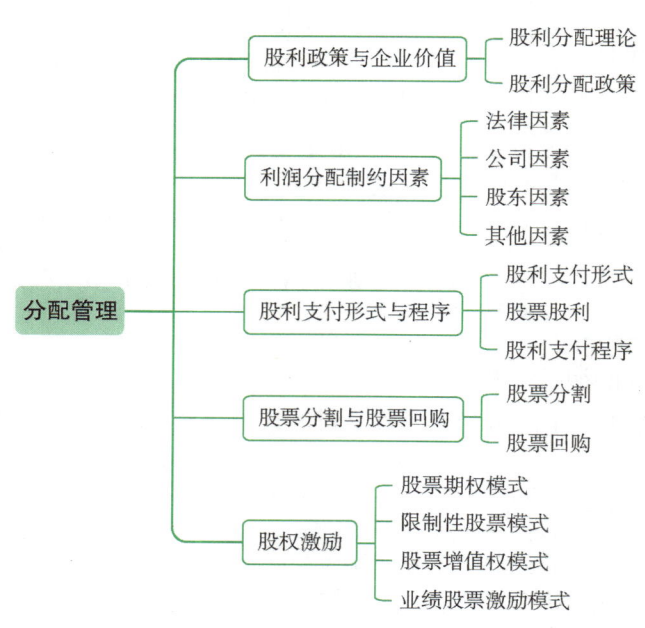

一、股利政策与企业价值

（一）股利分配理论 ★ ★

1. 股利无关论。

（1）观点。

股利无关论认为,在一定的假设条件限制下,股利政策不会对公司的价值或股票的价格产生任何影响,投资者不关心公司股利的分配。公司市场价值的高低,是由公司所选择的投资决策的获利能力和风险组合所决定的,而与公司的利润分配政策无关。

（2）假设条件。

股利无关论建立在完全资本市场理论之上,其假定条件包括:

①市场具有强式效率,没有交易成本。

②不存在任何公司或个人所得税。

③不存在任何筹资费用。

④公司的投资决策与股利决策彼此独立。

⑤股东对股利收入和资本增值之间并无偏好。

2. 股利相关论。

股利相关论认为,股利政策会影响股票价格和公司价值,主要观点如表9－11所示。

表9－11 股利相关论主要观点

理论观点	具体内容
"手中鸟"理论	"手中鸟"理论认为,用留存收益再投资给投资者带来的收益具有很大的不确定性,并且投资的风险随着时间的推移将进一步加大,因此,厌恶风险的投资者会偏好确定的股利收益,而不愿将收益留存在公司内部去承担未来的投资风险。当公司支付较高股利的时候,公司的股票价格会随之上升,公司价值将得到提高
信号传递理论	信号传递理论认为,在信息不对称的情况下,公司可以通过股利政策向市场传递有关公司未来获利能力的信息,从而会影响公司的股价。一般来讲,预期未来获利能力强的公司,往往愿意通过相对较高的股利支付水平用来吸引更多的投资者
所得税差异理论	所得税差异理论认为,由于普遍存在的税率以及纳税时间的差异,资本利得收益比股利收益更有助于实现收益最大化目标,企业应当采用低股利政策。一般来说,对资本利得收益征收的税率低于对股利收益征收的税率,即使两者没有税率上的差异,由于投资者对资本利得收益的纳税时间选择更具有弹性,投资者仍可以享受延迟纳税带来的收益差异
代理理论	代理理论认为股利政策是协调股东与管理者之间代理关系的一种约束机制,股利的支付能够有效地降低代理成本,高水平的股利政策降低了企业的代理成本,但同时增加了外部融资成本。理想的股利政策应当使代理成本和外部融资成本之和最小

【例题9－12 单选题】(2016年真题) 厌恶风险的投资者偏好确定的股利收益,而不愿将收益留存在公司内部去承担未来的投资风险,因此公司采用高现金股利政策有利于提升公司价值。这种观点的理论依据是(　　)。

A. 代理理论　　　　　　B. 信号传递理论

C. 所得税差异理论　　　D. "手中鸟"理论

【答案】 D

考试方向：考查"手中鸟"理论、信号传递理论、所得税差异理论、代理理论的观点。

【名师点睛】 "手中鸟"理论认为,用留存收益再投资给投资人带来的收益具有较大的不确定性,并且投资的风险随着时间的推移会进一步加大,因此,厌恶风险的投资者会偏好确定的股利收益,而不愿意将收益留存在公司内部去承担未来的投资风险。

【例题 9 - 13 单选题】(2017 年真题) 股利的支付可减少管理层可支配的自由现金流量,在一定程度上可以抑制管理层的过度投资或在职消费行为。这种观点体现的股利理论是( )。

A. 股利无关理论   B. 信号传递理论

C. "手中鸟"理论   D. 代理理论

【答案】 D

【名师点睛】 代理理论认为,股利的支付能够有效地降低代理成本。首先,股利的支付减少了管理者对自由现金流量的支配权,这在一定程度上可以抑制公司管理者的过度投资或在职消费行为,从而保护外部投资者的利益;其次,较多的现金股利发放,减少了内部融资,导致公司进入资本市场寻求外部融资,从而公司将接受资本市场上更多的、更严格的监督,这样便能通过资本市场的监督降低代理成本。

【例题 9 - 14 多选题】(2020 年真题) 下列股利分配理论中,认为股利政策会影响公司的价值的有( )。

A. 信号传递理论   B. 所得税差异理论

C. "一鸟在手"理论   D. 代理理论

【答案】 ABCD

【名师点睛】 股利相关理论认为,企业的股利政策会影响股票价格和公司价值。主要观点有:①"一鸟在手"理论;②信号传递理论;③所得税差异理论;④代理理论。

(二)股利分配政策 ★ ★ ★

1. 剩余股利政策(如表 9 - 12 所示)。

表 9 - 12   剩余股利政策

含义	指公司在有良好投资机会时,根据目标资本结构,测算出投资所需的权益资本额,先从盈余中留用,然后将剩余的盈余作为股利发放
理论依据	股利无关理论
优点	有助于降低再投资的资金成本,保持最佳的资本结构,实现企业价值的长期最大化
缺点	若完全遵照执行剩余股利政策,股利发放额会每年随着投资机会和盈利水平的波动而波动,不利于投资者安排收入与支出,不利于树立公司良好形象
适用范围	一般适用于公司的初创阶段

考试方向

考查剩余股利政策的计算及优缺点。

案例 9 - 1

丁公司 2017 年年末的资产总额为 60000 万元,权益资本占资产总额的 60%,当年净利润为 7200 万元,根据 2018 年的投资计划,丁公司需要追加 9000 万元,基于公司目标资本结构,要求追加的投资中权益资本占 60%。

要求:如果丁公司针对 2017 年度净利润采取剩余股利政策分配股利,计算下列指标:

①2018 年追加投资所需要的权益资本额。

②可发放的股利总额。

【分析】 ①追加投资所需要的权益资本额＝9000×60%＝5400(万元)

②可发放的股利总额＝7200−5400＝1800(万元)

【例题 9－15 多选题】(2015 年真题) 下列各项中,属于剩余股利政策优点的有( )。

A. 保持目标资本结构　　　　　　B. 降低再投资资本成本

C. 使股利与企业盈余紧密结合　　D. 实现企业价值的长期最大化

【答案】 ABD

【名师点睛】 剩余股利政策的优点:留存收益优先满足再投资的需要,有助于降低再投资的资金成本,保持最佳的资本结构,实现企业价值的长期最大化。股利与企业盈余紧密结合是固定股利支付率政策的优点,所以选项 ABD 是答案。

2. 固定或稳定增长的股利政策(如表 9－13 所示)。

表 9－13　固定或稳定增长的股利政策

含义	指公司将每年派发的股利额固定在某一特定水平或在此基础上维持某一固定比率逐年稳定增长。公司只有在确信未来盈余增长不会发生逆转时,才会宣布实施固定或稳定增长的股利政策
理论依据	股利相关理论
优点	①向市场传递公司正常发展的信息,有利于树立公司的良好形象,增强投资者对公司的信心,稳定股票的价格 ②稳定的股利额有助于投资者安排股利收入与支出,有利于吸引那些打算进行长期投资并对股利有很高依赖性的股东 ③为了将股利或股利增长率维持在稳定的水平上,即使推迟某些投资方案或暂时偏离目标资本结构,也可能比降低股利或股利增长率更为有利
缺点	①股利的支付与企业的盈利相脱节 ②在企业无利可分时,若依然实施该政策,也是违反《公司法》的行为
适用范围	通常适用于经营比较稳定或正处于成长期的企业,且很难被长期采用

3. 固定股利支付率政策(如表 9－14 所示)。

表 9－14　固定股利支付率政策

含义	指公司将每年净利润的某一固定百分比作为股利分派给股东。这一百分比通常称为股利支付率,股利支付率一经确定,一般不得随意变更
理论依据	股利相关理论
优点	①采用固定股利支付率政策,股利与公司盈余紧密地配合,体现了"多盈多分、少盈少分、无盈不分"的股利分配原则 ②采用固定股利支付率政策,公司每年按固定的比例从税后利润中支付现金股利,从企业支付能力的角度看,这是一种稳定的股利政策

(续表)

缺点	①股利支付额波动较大,由于股利的信号传递作用,波动的股利很容易给投资者带来经营状况不稳定、投资风险较大的不良印象,成为影响股价的不利因素 ②容易使公司面临较大的财务压力。因为公司实现的盈利多,并不代表公司有充足的现金流用来支付较多的股利额 ③合适的固定股利支付率的确定难度大。如果固定股利支付率确定得较低,不能满足投资者对投资收益的要求;而固定股利支付率确定得较高,没有足够的现金派发股利时会给公司带来巨大的财务压力。另外,当公司发展需要大量资金时,也要受其制约。所以,确定合适的股利支付率的难度很大
适用范围	适用于那些处于稳定发展且财务状况也比较稳定的公司

4.低正常股利加额外股利政策(如表9－15所示)。

表9－15 低正常股利加额外股利政策

含义	指企业事先设定一个较低的正常股利额,每年除了按正常股利额向股东发放现金股利外,还在企业盈余较多、资金较为充裕的年份向股东发放额外股利
理论依据	股利相关理论
优点	①赋予公司较大的灵活性,使公司在股利发放上留有余地,并具有较大的财务弹性。公司可根据每年的具体情况,选择不同的股利发放水平,以稳定和提高股价,进而实现公司价值的最大化 ②使那些依靠股利度日的股东每年至少可以得到虽然较低但比较稳定的股利收入,从而吸引住这部分股东
缺点	①由于各年度之间公司盈利的波动使得额外股利不断变化,造成分派的股利不同,容易给投资者造成收益不稳定的感觉 ②当公司在较长时期持续发放额外股利后,可能会被股东误认为是"正常股利",一旦取消,传递出去的信号可能会使股东认为这是公司财务状况恶化的表现,进而导致股价下跌
适用范围	对那些盈利随着经济周期而波动较大的公司或者盈利与现金流量很不稳定时,低正常股利加额外股利政策也许是一种不错的选择

考试方向

考查固定或稳定增长的股利政策、固定股利支付率政策、低正常股利加额外股利政策的优缺点和适用范围。

【例题9－16 单选题】(2016年真题) 下列各项中,属于固定股利支付率政策优点的是( )。

A.股利分配有较大灵活性　　　　B.有利于稳定公司的股价

C.股利与公司盈余紧密配合　　　　D.有利于树立公司的良好形象

【答案】 C

【名师点睛】 固定股利支付率政策是指公司将每年净利润的某一固定百分比作为股利分派给股东。所以,股利与公司盈余紧密配合。

【例题9－17 多选题】(2014年真题) 下列各项股利政策中,股利水平与当期盈利直接关联的有( )。

A.固定股利政策　　　　　　　　B.稳定增长股利政策

C.固定股利支付率政策　　　　　　D.低正常股利加额外股利政策

【答案】 CD

【名师点睛】 固定或稳定增长股利政策的缺点之一是股利的支付与企业的盈利相脱节。

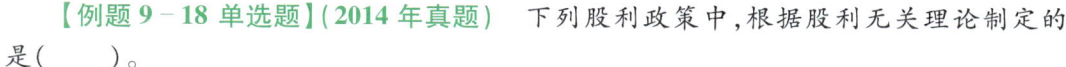

【例题 9-18 单选题】(2014 年真题)　下列股利政策中,根据股利无关理论制定的是(　　)。

A.剩余股利政策

B.固定股利支付率政策

C.稳定增长股利政策

D.低正常股利加额外股利政策

【答案】　A

【名师点睛】　剩余股利政策的理论依据是股利无关理论。根据股利无关理论,在完全理想的资本市场中,公司的股利政策与普通股每股市价无关,故而股利政策只需随着公司投资、融资方案的制定而自然确定。

【例题 9-19 判断题】(2020 年真题)　与固定股利政策相比,低正常股利加额外股利政策赋予了公司股利发放的灵活性。(　　)

【答案】　√

【名师点睛】　低正常股利加额外股利政策下,公司可根据每年的具体情况,选择不同的股利发放水平,赋予了公司较大的灵活性。

二、利润分配制约因素 ★★

确定利润分配政策时,主要考虑法律、公司、股东及其他因素,详见表 9-16。

表 9-16　利润分配制约因素

法律因素	资本保全约束	公司不能用资本(实收资本或股本和资本公积)发放股利
	资本积累约束	公司必须按照一定的比例和基数提取各种公积金,股利只能从企业的可供股东分配利润中支付
	超额累积利润约束	由于资本利得与股利收入的税率不一致,如果公司为了股东避税而使得盈余的保留大大超过了公司目前及未来的投资需要时,将被加征额外的税款
	偿债能力约束	要求公司在现金股利分配后仍能保持较强的偿债能力
公司因素	现金流量	公司盈余与现金流量并非完全同步,有利润不一定有现金支持股利支付
	资产的流动性	企业现金股利的支付会减少其现金持有量,降低资产的流动性,而保持一定的资产流动性是企业正常运转的必备条件
	盈余的稳定性	一般来讲,公司的盈余越稳定,其股利支付水平也就越高
	投资机会	投资机会多,低股利;投资机会少,高股利
	筹资因素	筹资能力强,有较强的股利支付能力
	其他因素	需要考虑不同发展阶段以及所处行业状况等影响
股东因素	控制权	拥有控制权的股东会倾向于低股利支付水平
	稳定的收入	靠股利维持生活的股东要求支付稳定的股利,反对过多的留存
	避税	一般来讲,股利收入的税率要高于资本利得的税率,高股利收入的股东出于避税的考虑,偏好低股利支付水平
其他因素	债务契约	债权人通常都会在债务契约、租赁合同中加入关于借款公司限制公司股利发放的条款
	通货膨胀	在通货膨胀时期,企业一般采用偏紧的利润分配政策

考试方向

考查股利分配的制约因素及具体影响。

【例题 9-20 单选题】(2010 年真题)　下列关于股利分配政策的表述中,正确的是(　　)。

A. 公司盈余的稳定程度与股利支付水平负相关

B. 偿债能力弱的公司一般不应采用高现金股利政策

C. 基于控制权的考虑,股东会倾向于较高的股利支付水平

D. 债权人不会影响公司的股利分配政策

【答案】　B

【名师点睛】　一般来讲,公司的盈余越稳定,其股利支付水平也就越高,所以选项 A 错误;基于控制权的考虑,股东会倾向于较低的股利支付水平,所以选项 C 错误;根据债务条约,债权人通常都会在债务契约、租赁合同中加入关于借款公司股利政策的限制条款,所以选项 D 错误。

三、 股利支付形式与程序

考试方向

区分股利的四种支付形式。

(一) 股利支付形式 ★

1. 现金股利:以现金支付的股利,是股利支付最常见的方式。

2. 财产股利:以现金以外的其他资产支付的股利,主要是以公司所拥有的其他公司的有价证券作为股利支付给股东。

3. 负债股利:通常以公司的应付票据支付给股东,有时也以发放公司债券的方式支付股利。

4. 股票股利:公司以增发股票的方式所支付的股利,我国实务中通常也称其为"红股"。

(二) 股票股利 ★★★

1. 股票股利。

公司发放股票股利,并没有现金流出企业,也不会导致公司财产减少,只是将公司的未分配利润转化为股本和资本公积。

发放股票股利会使得股数增加,每股收益下降,每股市价下降,所有者权益的内部结构变化。但发放股票股利不会改变股票面值、资产总额、负债总额、所有者权益总额、资本结构、股东持股比例。

提示 ▶ 确定股票股利的两种方法:

①股票股利按面值确定,"未分配利润"的减少数=增加的股数×每股面值,"股本"的增加数=增加的股数×每股面值="未分配利润"的减少数,不会产生股本溢价,资本公积不变。我国采用的是此方法。

②股票股利按市价确定,"未分配利润"的减少数=增加的股数×每股市价,"股本"的增加数=增发的股数×每股面值,"未分配利润"的减少数与"股本"的增加数之间的差额计入资本公积。

2. 股票股利的优点。

(1) 对股东来讲,股票股利的主要优点。

①发放股票股利往往预示着公司会有较大的发展和成长,这样的信息传递会稳定股价或使股价下降比例减小甚至不降反升,股东便可以获得股票价值相对上升的好处。

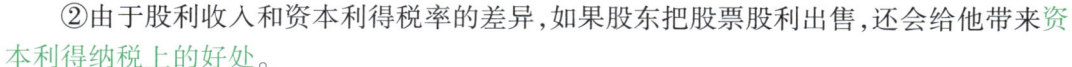

②由于股利收入和资本利得税率的差异,如果股东把股票股利出售,还会给他带来资本利得纳税上的好处。

(2) 对公司来讲,股票股利的主要优点。

①发放股票股利不需要向股东支付现金。

②发放股票股利可以降低公司股票的市场价格,既有利于促进股票的交易和流通,又有利于吸引更多的投资者成为公司股东,进而使股权更为分散,有效地防止公司被恶意控制。

③股票股利的发放可以传递公司未来发展前景良好的信息,从而增强投资者的信心,在一定程度上稳定股票价格。

案例 9-2

2020 年,甲股份有限公司在发放股票股利前,资产负债表上的股东权益账户情况如表 9-17 所示。

表 9-17 股东权益情况 单位:万元

股本(面值 1 元,发行在外 1000 万股)	1000
资本公积	2000
盈余公积	2000
未分配利润	4000
股东权益合计	9000

该公司宣布发放 10%的股票股利,即现有股东每持有 10 股可获赠 1 股普通股。若该股票当时市价为 6 元/股,那么随着股票股利的发放,所有者权益各项目将如何变化?

【分析】 (1)方法一:股票股利按面值确定。

"未分配利润"项目减少额 = 1000×10%×1 = 100(万元);"股本"项目增加额 = 1000×10% = 100(万元);"资本公积"和"盈余公积"项目不变,股东权益总额也不变。如表 9-18 所示。

表 9-18 股东权益情况(股票股利按面值确定) 单位:万元

股本(面值 1 元,发行在外 1100 万股)	1100
资本公积	2000
盈余公积	2000
未分配利润	3900
股东权益合计	9000

(2) 方法二:股票股利按市价确定。

"未分配利润"项目减少额 = 1000×10%×6 = 600(万元);"股本"项目增加额 = 1000×10% = 100(万元);"未分配利润"的减少额 600 万元与"股本"的增加额 100 万元之间的差额 500 万元计入资本公积项目,"资本公积"项目增加 500 万元;"盈余公积"项目不变,股东权益总额也不变。如表 9-19 所示。

表 9-19　股东权益情况(股票股利按市价确定)　　　　单位：万元

股本(面值 1 元,发行在外 1100 万股)	1100
资本公积	2500
盈余公积	2000
未分配利润	3400
股东权益合计	9000

假设某股东派发股票股利之前持有公司的普通股 10 万股,他所拥有的股权比例＝10÷1000×100%＝1%,派发股利之后,他所拥有的股票数量和股份比例＝10×(1+10%)÷1100×100%＝1%。

可见,发放股票股利,不会引起所有者权益总额发生变化,但是会使得所有者权益内部项目发生变化。而且发放股票股利不会改变每一位股东的持股比例。

考试方向

考查发放股票股利的影响及优点。

【例题 9-21 多选题】(2013 年真题)　下列关于发放股票股利的表述中,正确的有(　　)。

A. 不会导致公司现金流出　　　　　　B. 会增加公司流通在外的股票数量

C. 会改变公司股东权益的内部结构　　D. 会对公司股东权益总额产生影响

【答案】　ABC

【名师点睛】　发放股票股利,不会对公司股东权益总额产生影响。

【例题 9-22 单选题】(2015 年真题)　下列各种股利支付形式中,不会改变企业资本结构的是(　　)。

A. 股票股利　　　B. 财产股利　　　C. 负债股利　　　D. 现金股利

【答案】　A

【名师点睛】　发放股票股利对公司来说,并没有现金流出企业,也不会导致公司的财产减少,而只是将公司的未分配利润转化为股本和资本公积,不改变公司股东权益总额,不会改变企业资本结构,所以选项 A 符合题意。

(三)股利支付程序★

由董事会提出分配预案后提交股东大会决议,股东大会决议通过后进行分配。同时,股东大会要向股东宣布发放股利的方案,并确定股利宣告日、股权登记日、除息日和股利发放日。

1.股利宣告日:分红预案经股东大会决议通过并由董事会将股利支付情况予以公告的日期。公告中将宣布每股应支付的股利、股权登记日、除息日以及股利支付日。

2.股权登记日:有权领取本期股利的股东资格登记截止日期。在此指定日期收盘之前取得公司股票,成为公司在册股东的投资者都可以作为股东享受公司本期分派的股利。

3.除息日:指领取股利的权利与股票分离的日期。除息日的股票失去了"收息"的权利,价格会下跌。除息日是股权登记日的下一个交易日。

4.股利发放日:向股东发放股利的日期。

考试方向

考查股权登记日与除息日的区分。

【例题 9-23 判断题】(2014 年真题)　在股利支付程序中,除息日是指领取股利的权利与股票分离的日期,在除息日购买股票的股东有权参与当次股利的分配。(　　)

【答案】　×

【名师点睛】　在除息日当天或是以后购买股票的股东,不能参与当次股利的分配。

【例题 9－24 单选题】（2016 年真题） 要获得收取股利的权利,投资者购买股票的最迟日期是(   )。

A.除息日　　　　　B.股权登记日　　　　C.股利宣告日　　　D.股利发放日

【答案】 B

【名师点睛】 股权登记日是指有权领取本期股利的股东资格登记的截止日期,凡是在此指定日期收盘之前取得公司股票,成为公司在册股东的投资者都可以作为股东享受本期分派的股利。在这一天之后取得股票的股东则无权领取本次分派的股利。

四、股票分割与股票回购 ★★★

（一）股票分割

1.股票分割的概念。

股票分割又称拆股,即将一股股票拆分成多股股票的行为。

股票分割会使得股数增加、面值降低、每股市价降低、每股收益降低。

但股票分割不会改变资产总额、负债总额、所有者权益总额、资本结构、所有者权益的内部结构、股东持股比例。

2.股票分割的作用。

（1）降低股票价格。可以促进股票的流通和交易;加大对公司股票恶意收购的难度;还可以为公司发行新股做准备。

（2）向市场和投资者传递"公司发展前景良好"的信号,有助于提高投资者对公司股票的信心。

3.股票分割与股票股利的区别（详见表 9－20）。

表 9－20　股票分割与股票股利的区别

对比	不同点	相同点
股票股利	①面值不变 ②股东权益结构改变 ③属于股利支付方式	①普通股股数增加(股票分割增加更多) ②每股收益和每股市价下降(股票分割下降更多) ③股东持股比例不变 ④资产总额、负债总额、股东权益总额、资本结构不变
股票分割	①面值变小 ②股东权益结构不变 ③不属于股利支付方式	

案例 9－3

甲上市公司在 2020 年年末资产负债表上的股东权益账户如表 9－21 所示。

表 9－21　股东权益情况　　　　　　　　　单位:万元

股本(面值 10 元,发行在外 1000 万股)	10000
资本公积	3000
盈余公积	4000
未分配利润	7000
股东权益合计	24000

资料一：假设目前股票市价为 15 元，该公司宣布发放 10% 的股票股利。

资料二：假设该公司按照 1:2 的比例进行股票分割。

要求：（1）根据资料一，发放股票股利后（按市价确定），股东权益有何变化？每股净资产是多少？

（2）根据资料二，进行股票分割后，股东权益有何变化？每股净资产是多少？

【分析】 发放股票股利和股票分割前，每股净资产 = 24000 ÷ 1000 = 24（元/股）。

（1）发放股票股利后股东权益情况如表 9 - 22 所示。

表 9 - 22　股东权益情况（发放股票股利后）　　　　　单位：万元

股本（面值 10 元，发行在外 1100 万股）	11000
资本公积	3500
盈余公积	4000
未分配利润	5500
股东权益合计	24000

股东权益总额不变，股本增加 1000 万元，资本公积增加 500 万元，盈余公积不变，未分配利润较少 1500 万元。

发放股票股利后，每股净资产 = 24000 ÷ 1100 = 21.82（元/股）。

（2）股票分割后股东权益情况如表 9 - 23 所示。

表 9 - 23　股东权益情况（股票分割后）　　　　　单位：万元

股本（面值 5 元，发行在外 2000 万股）	10000
资本公积	3000
盈余公积	4000
未分配利润	7000
股东权益合计	24000

股东权益总额不变，股本不变，资本公积不变，盈余公积不变，未分配利润不变。

进行股票分割后，每股净资产 = 24000 ÷ 2000 = 12（元/股）。

考试方向

区分股票分割与股票股利的相同点和不同点。

【例题 9 - 25 多选题】（2020 年真题） 股票分割和股票股利的相同之处有（　　）。

A. 不改变公司股票数量　　　　　　B. 不改变资本结构

C. 不改变股东权益结构　　　　　　D. 不改变股东权益总额

【答案】 BD

【名师点睛】 股票分割和股票股利都会导致股票数量增加，所以选项 A 错误；股票分割和股票股利都不改变资本结构和股东权益总额，所以选项 BD 正确；股票分割不改变股东权益结构，而股票股利会改变股东权益结构，所以选项 C 错误。

【例题 9 - 26 单选题】（2013 年真题） 股票分割会使股票的每股市价下降，可以提高股票的流动性。（　　）

【答案】 √

【名师点睛】 股票分割会使每股市价降低，买卖该股票所需资金减少，从而可以促

进股票的流通和交易。因此本题的表述正确。

4. 股票反分割。

与股票分割相反,如果公司认为其股票价格过低,不利于其在市场上的声誉和未来的再筹资时,为提高股票的价格,会采取反分割措施。反分割又称为股票合并或逆向分割,是指将多股股票合并为一股股票的行为,会使得股数减少,股票面值上升。反分割会降低股票的流通性,提高公司股票投资的门槛,它向市场传递的信息通常是不利的。

（二）股票回购

1. 股票回购的含义。

股票回购是指上市公司出资将其发行在外的股票以一定价格购买回来予以注销或作为库存股的一种资本运作方式。我国《公司法》的规定,有下列情形之一的,可以收购本公司股份:

（1）减少公司注册资本。

（2）与持有本公司股份的其他公司合并。

（3）将股份用于员工持股计划或者股权激励。

（4）股东因对股东大会作出的公司合并、分立决议持异议,要求公司收购其股份。

（5）将股份用于转换上市公司发行的可转换为股票的公司债券。

（6）上市公司为维护公司价值及股东权益所必需。

2. 股票回购的动机（如表 9-24 所示）。

表 9-24 股票回购的动机

动机	具体内容
现金股利的替代	当公司有富余资金时,通过购回股东所持股票将现金分配给股东,这样,股东就可以根据自己的需要选择继续持有股票或出售以获得现金
改变公司资本结构	无论是现金回购还是举债回购股份,都会提高公司的财务杠杆水平,改变公司的资本结构。公司认为权益资本在资本结构中所占比例较大时,为了调整资本结构而进行股票回购,可以在一定程度上降低整体资本成本
传递公司信息（稳定或提高公司股价）	由于信息不对称和预期差异,证券市场上的公司股票价格可能被低估,而过低的股价将会对公司产生负面影响。一般情况下,投资者会认为股票回购意味着公司认为其股票价值被低估而采取的应对措施
基于控制权的考虑	控股股东为了保证其控制权不被改变,往往采取直接或间接的方式回购股票,从而巩固既有的控制权。另外,股票回购使流通在外的股份数变少,股价上升,从而可以有效地防止敌意收购

3. 股票回购的影响。

股票回购对上市公司的影响主要表现在以下几个方面:

（1）符合股票回购条件的多渠道回购方式允许公司选择适当时机回购本公司股份,将进一步提升公司调整股权结构和管理风险的能力,提高公司整体质量和投资价值。

（2）因实施持股计划和股权激励的股票回购,形成资本所有者和劳动者的利益共同体,有助于提高投资者回报能力。

（3）当市场不理性,公司股价严重低于股份内在价值时,为了避免投资者损失,适时进行股份回购,减少股份供应量,有助于稳定股价,增强投资者信心。

（4）股票回购若用大量资金支付回购成本,一方面,容易造成资金紧张,降低资产流动性,影响公司的后续发展;另一方面,在公司没有合适的投资项目又持有大量现金的情况下,回购股份,也能更好地发挥货币资金的作用。

（5）上市公司通过履行信息披露义务和公开的集中交易方式进行股份回购有利于防止操纵市场、内幕交易等利益输送行为。

考试方向
考查股票回购的动机和影响。

【例题 9 – 27 单选题】（2020 年真题） 下列因素可能改变企业的资本结构的是(　　)。

A. 股票回购
B. 股票股利
C. 股票分割
D. 股票合并

【答案】 A

【名师点睛】 股票回购会使股东权益减少,会改变公司的资本结构。股票股利、股票分割和股票合并都不改变股东权益总额,不改变资本结构。

五、 股权激励 ★

现阶段,股权激励模式主要有股票期权模式(详见表 9 – 25)、限制性股票模式(详见表 9 – 26)、股票增值权模式(详见表 9 – 27)、业绩股票激励模式(详见表 9 – 28),以及虚拟股票模式。

表 9 – 25　股票期权模式

含义	指上市公司授予激励对象在未来一定期限内以预先确定的条件购买本公司一定数量股份的权利。激励对象获授的股票期权不得转让,不得用于担保或偿还债务
优点	①能够降低委托代理成本 ②可以锁定期权人的风险
缺点	①影响现有股东的权益 ②可能遭遇来自股票市场的风险 ③可能带来经营者的短期行为
适用范围	初始资本投入较少、资本增值较快、处于成长初期或扩张期的企业,如网络、高科技等风险较高的企业等

表 9 – 26　限制性股票模式

含义	指激励对象按照股权激励计划规定的条件,获得的转让等部分权利受到限制的本公司股票 限制性股票模式在解除限售前不得转让,用于担保或偿还债务 公司为实现某一特定目标,先将一定数量的股票赠与或以较低价格售予激励对象。只有当实现预定目标后,激励对象才可将限制性股票抛售并从中获利;若预定目标没有实现,公司有权将免费赠与的限制性股票收回或者将售出股票以激励对象购买时的价格回购
优点	不需要支付现金对价,便能够留住人才
缺点	缺乏一个能推动企业股价上涨的激励机制,即在企业股价下跌的时候,激励对象仍能获得股份,这样可能达不到激励的效果,并使股东遭受损失
适用范围	股价的上涨空间有限,处于成熟期的企业

表9-27　　股票增值权模式

含义	指公司授予经营者一种权利,如果经营者努力经营企业,在规定的期限内,公司股票价格上升或业绩上升,经营者就可以按一定比例获得这种由股价上扬或业绩提升所带来的收益,收益为行权价与行权日二级市场股价之间的差价或净资产的增值额。激励对象不用为行权支付现金,行权后由公司支付现金、股票或股票和现金的组合
优点	易于操作
缺点	①这种模式审批程序简单,无须解决股票来源问题,但由于激励对象不能获得真正意义上的股票,激励的效果相对较差 ②公司方面需要提取奖励基金,从而使公司的现金支付压力较大
适用范围	现金流量比较充裕且比较稳定的上市公司和现金流量比较充裕的非上市公司

表9-28　　业绩股票激励模式

含义	指公司在年初确定一个合理的年度业绩目标,如果激励对象经过大量努力后,在年末实现了公司预定的年度业绩目标,则公司给予激励对象一定数量的股票,或奖励其一定数量的奖金来购买本公司的股票。业绩股票在锁定一定年限以后才可以兑现。因此,这种激励模式是根据被激励者完成业绩目标的情况,以普通股作为长期激励形式支付给经营者的激励机制
优点	能够激励公司高管人员努力完成业绩目标,激励对象获得激励股票后便成为公司的股东,与原股东有了共同利益,会更加努力地去提升公司的业绩,进而获得因公司股价上涨带来的更多收益
缺点	①由于公司的业绩目标确定的科学性很难保证,容易导致公司高管人员为获得业绩股票而弄虚作假 ②激励成本较高,可能造成公司支付现金的压力
适用范围	业绩稳定型的上市公司及其集团公司、子公司

【例题9-28 判断题】(2015年真题)　业绩股票激励模式只对业绩目标进行考核,而不要求股价的上涨,因而比较适合业绩稳定的上市公司。(　　　)

【答案】　√

【名师点睛】　业绩股票激励模式是指公司在年初确定一个合理的年度业绩目标,如果激励对象经过大量努力后,在年末实现了公司预定的年度业绩目标,则公司给予激励对象一定数量的股票,或奖励其一定数量的奖金来购买本公司的股票。由此可知,业绩股票激励模式只对公司的业绩目标进行考核,不要求股价的上涨,对业绩稳定型的上市公司比较适合。

【例题9-29 单选题】(2020年真题)　某公司对公司高管进行股权激励,约定每位高管只要自即日起在公司工作满三年,即有权按每股10元的价格购买本公司股票50万股,该股权激励模式属于(　　　)。

A.股票期权模式　　　　　　　　　　B.限制性股票模式

C.业绩股票激励模式　　　　　　　　D.股票增值权模式

【答案】　A

【名师点睛】　股票期权模式是指上市公司授予激励对象在未来一定期限内以预先确定的条件购买本公司一定数量股份的权利。

考试方向

考查各种股权激励模式的特点和适用范围。

同步练习

一、单项选择题

1. 确定股东是否有权领取本期股利的截止日期是( )。
   A. 除息日
   B. 股权登记日
   C. 股利宣告日
   D. 股利发放日

2. 某股利分配理论认为,由于对资本利得收益征收的税率低于对股利收益征收的税率,企业应采用低股利政策。该股利分配理论是( )。
   A. 代理理论
   B. 信号传递理论
   C. "手中鸟"理论
   D. 所得税差异理论

3. 下列各项政策中,最能体现"多盈多分、少盈少分、无盈不分"股利分配原则的是( )。
   A. 剩余股利政策
   B. 低正常股利加额外股利政策
   C. 固定股利支付率政策
   D. 固定或稳定增长的股利政策

4. 股份有限公司赋予激励对象在未来某一特定日期内,以预先确定的价格和条件购买公司一定数量股份的选择权,这种股权激励模式是( )。
   A. 股票期权模式
   B. 限制性股票模式
   C. 股票增值权模式
   D. 业绩股票激励模式

5. 下列各项中,不影响股东权益总额变动的股利支付形式是( )。
   A. 现金股利
   B. 股票股利
   C. 负债股利
   D. 财产股利

6. 某公司非常重视产品定价工作,公司负责人强调,产品定价一定要正确反映企业产品的真实价值消耗和转移,保证企业简单再生产的继续进行。在下列定价方法中,该公司不宜采用的是( )。
   A. 完全成本加成定价法
   B. 制造成本定价法
   C. 保本点定价法
   D. 目标利润定价法

7. 若激励对象没有实现约定的目标,公司有权将免费赠与的股票收回,这种股权激励是( )。
   A. 股票期权模式
   B. 业绩股票激励模式
   C. 股票增值权模式
   D. 限制性股票模式

8. 下列股利理论中,支持"低现金股利有助于实现股东利益最大化目标"观点的是( )。

A. 信号传递理论
B. 所得税差异理论
C. "手中鸟"理论
D. 代理理论

9. 股票回购对上市公司的影响是( )。
   A. 有利于保护债权人利益
   B. 分散控股股东的控制权
   C. 有利于降低公司财务风险
   D. 降低资产流动性

10. 下列各项销售预测分析方法中,属于定性分析法的是( )。
    A. 加权平均法
    B. 指数平滑法
    C. 因果预测分析法
    D. 营销员判断法

11. 在生产能力有剩余的情况下,下列各项成本中,适合作为增量产品定价基础的是( )。
    A. 固定成本
    B. 制造成本
    C. 全部成本
    D. 变动成本

12. 有种观点认为,企业支付高现金股利可以减少管理者对于自由现金流量的支配,从而在一定程度上抑制管理者的在职消费,持这种观点的股利分配理论是( )。
    A. 所得税差异理论
    B. 代理理论
    C. 信号传递理论
    D. "手中鸟"理论

13. 下列各项中,受企业股票分割影响的是( )。
    A. 每股股票价值
    B. 股东权益总额
    C. 企业资本结构
    D. 股东持股比例

14. 下列关于平滑指数法的表述中,错误的是( )。
    A. 采用较大的平滑指数,预测值可以反映样本值新近的变化趋势
    B. 平滑指数的大小决定了前期实际值与预测值对本期预测值的影响
    C. 在销售量波动较大的时候,可选择较大的平滑指数
    D. 进行长期预测时,可选择较大的平滑指数

15. 某股利分配理论认为,由于对资本利得收益征收的税率低于对股利收益征收的税率,企业应采用低股利政策。该股利分配理论是( )。
    A. 代理理论
    B. 信号传递理论
    C. "手中鸟"理论
    D. 所得税差异理论

二、多项选择题

1. 股利发放率是上市公司财务分析的重要指标,下

列关于股利发放率的表述中,正确的有(　　)。

A. 可以评价公司的股利分配政策

B. 反映每股股利与每股收益之间的关系

C. 股利发放率越高,盈利能力越强

D. 是每股股利与每股净资产之间的比率

2. 处于初创阶段的公司,一般不宜采用的股利分配政策有(　　)。

A. 固定股利政策

B. 剩余股利政策

C. 固定股利支付率政策

D. 稳定增长股利政策

3. 下列销售预测方法中,属于定性分析法的有(　　)。

A. 德尔菲法　　　　B. 推销员判断法

C. 因果预测分析法　　D. 产品寿命周期分析法

4. 对公司而言,发放股票股利的优点有(　　)。

A. 减轻公司现金支付压力

B. 使股权更为集中

C. 可以向市场传递公司未来发展前景良好的信息

D. 有利于股票交易和流通

5. 下列各项中,属于固定或稳定增长的股利政策优点的有(　　)。

A. 稳定的股利有利于稳定股价

B. 稳定的股利有利于树立公司的良好形象

C. 稳定的股利使股利与公司盈余密切挂钩

D. 稳定的股利有利于优化公司资本结构

6. 下列各项中,可以作为企业产品定价目标的有(　　)。

A. 保持或提高市场占有率

B. 应付和避免市场竞争

C. 实现利润最大化

D. 树立企业形象

7. 股票回购的动机包括(　　)。

A. 现金股利的替代

B. 改变公司的资本结构

C. 传递公司信息

D. 基于控制权的考虑

8. 有关股利无关论的假设条件,以下说法正确的有(　　)。

A. 市场具有强式效率,没有交易成本

B. 不存在任何公司或个人所得税

C. 存在任何筹资费用

D. 股东对股利收入和资本增值之间并无偏好

9. 从股东角度考虑利润分配时,需要考虑的因素有(　　)。

A. 控制权　　　　B. 稳定的收入

C. 避税　　　　　D. 盈余的稳定性

10. 纳税筹划应该遵循的原则(　　)。

A. 合法性原则　　B. 系统性原则

C. 经济性原则　　D. 先行性原则

11. 下列关于股利政策的说法中,符合代理理论观点的有(　　)。

A. 股利政策应当向市场传递有关公司未来获利能力的信息

B. 股利政策是协调股东与管理者之间代理关系的约束机制

C. 高股利政策有利于降低公司的代理成本

D. 理想的股利政策应当是发放尽可能高的现金股利

12. 发放股票股利对上市公司产生的影响有(　　)。

A. 公司股票数量增加

B. 公司资产总额增加

C. 公司股东权益总额增加

D. 公司股本增加

三、判断题

1. 不论是公司制企业还是合伙制企业,股东或合伙人都面临双重课税问题,即缴纳企业所得税后,还要缴纳个人所得税。(　　)

2. 企业税务风险管理是为避免企业多缴税所采取的管理对策和措施,应由财务部作出决策并负责督导。(　　)

3. 处于衰退期的企业在制定收益分配政策时,应当优先考虑企业积累。(　　)

4. 企业可以通过将部分产品成本计入研究开发费用的方式进行税收筹划,以降低税负。(　　)

5. 当公司处于经营稳定或成长期,对未来的盈利和支付能力可作出准确判断并具有足够把握时,可以考虑采用稳定增长的股利政策,增强投资者的信心。(　　)

6. 采用剩余股利政策,在有投资机会时,企业偏向留存收益进行筹资。(　　)

7. 企业利用有息债务筹资可以获得节税效应。(　　)

四、计算分析题

1. 仁和公司为一家生产制造企业,目前生产销售A、B、C 三种产品,2019 年公司管理层为了更好

地制定明年的战略发展,召开了管理层会议,在会议中展开了有关于产品定价的相关问题讨论,资料如下:

资料一:针对 A 产品作出判断,预计生产 A 产品会发生单位制造成本为 100 元,预计销售量为 5000 件,预计期间费用总额为 600000 元。

资料二:针对 B 产品作出判断,生产 B 产品预计销售量可以达到 4000 件,负担的固定成本总额为 100000 元,B 产品单位变动成本为 60 元。

资料三:针对 C 产品作出判断,生产 C 产品预计销售量可以达到 8000 件,目标利润总额为 200000 元,全部成本总额为 500000 元。

其他资料:该公司对 A 产品要求的成本利润率为 20%,A、B、C 三种产品适用的消费税税率均为 5%。

要求:

(1)根据全部成本费用加成定价法确定 A 产品的价格。

(2)根据保本点定价法确定 B 产品的价格。

(3)根据目标利润法确定 C 产品的价格。

2. 仁和公司于 2018 年 1 月 1 日成立,2018 年仁和公司实现的净利润为 1000 万元,并向股东分配现金股利 550 万元,提取盈余公积 450 万元,在 2019 年实现的净利润为 1200 万元(不考虑计提法定盈余公积的因素)。2020 年计划增加投资,所需资金为 700 万元。假定仁和公司目标资本结构为自有资金占 70%,借入资金占 30%。

要求:

(1)在保持目标资本结构的前提下,计算 2020 年投资方案所需的自有资金金额和需要从外部借入的资金金额。

(2)在保持目标资本结构的前提下,如果仁和公司执行剩余股利政策,计算 2019 年应分配的现金股利。

(3)在不考虑目标资本结构的前提下,如果仁和公司执行固定股利政策,计算 2019 年应分配的现金股利、可用于 2020 年投资的留存收益和需要额外筹集的资金额。

(4)在不考虑目标资本结构的前提下,如果仁和公司执行固定股利支付率政策,计算该公司的股利支付率和 2019 年应分配的现金股利。

(5)假定仁和公司 2020 年难以从外部筹资,只能从内部筹集筹资,不考虑目标资本结构,计算该公司 2019 年度应分配的现金股利。

3. 甲公司发放股票股利前,投资者张某持有甲公司普通股 20 万股,甲公司的股东权益账户情况如下:股本为 2000 万元(发行在外的普通股为 2000 万股,面值 1 元),资本公积为 3000 万元,盈余公积为 2000 万元,未分配利润为 3000 万元。公司每 10 股发放 2 股股票股利,按市值确定的股票股利总额为 2000 万元。

要求:

(1)计算股票股利发放后的"未分配利润"项目金额。

(2)计算股票股利发放后的"股本"项目金额。

(3)计算股票股利发放后的"资本公积"项目金额。

(4)计算股票股利发放后张某持有公司股份的比例。

参考答案及解析

一、单项选择题

1.【答案】 B

【解析】 股权登记日,即有权领取本期股利的股东资格登记截止日期。

2.【答案】 D

【解析】 所得税差异理论认为,资本利得收益与股利收益的税率以及纳税时间存在差异。一般来说,对资本利得收益征收的税率低于对股利收益征收的税率,同时由于投资者对资本利得收益的纳税时间选择更具有弹性,投资者仍可以享受延迟纳税带来的收益差异。

3.【答案】 C

【解析】 采用固定股利支付率政策,股利与公司盈余紧密地配合,体现了"多盈多分、少盈少分、无盈不分"的股利分配原则。

4.【答案】 A

5.【答案】 B

【解析】 选项 ACD 均会引起股东权益总额的变动;选项 B,发放股票股利不会改变股东权益总额,只会引起股东权益内部结构的变化。

6.【答案】 B

【解析】 制造成本是指企业为生产产品或提供劳务等发生的直接费用支出,一般包括直接材料成本、直接人工成本和制造费用。由于它不包括各种期间费用,因此不能正确反映企业产品的真实价值消耗和转移。利用制造成本定价法不利于企业简单再生产的继续进行。

7.【答案】 D

【解析】 限制性股票模式是指公司为了实现某一特定目标,先将一定数量的股票赠与或以较低价格售予激励对象。

8.【答案】 B

【解析】 所得税差异理论认为,由于普遍存在的税率以及纳税时间的差异,资本利得收益比股利收益更有助于实现股东利益最大化目标,公司应当采用低股利政策。

9.【答案】 D

【解析】 股票回购若用大量资金支付回购成本,容易造成资金紧张,降低资产流动性,降低偿债能力,因此不利于保护债权人的利益,而且会提高公司的财务风险,选项AC错误,选项D正确;进行股票回购,减少股份供应量,会集中控股股东的控制权,选项B错误。

10.【答案】 D

【解析】 销售预测的定性分析法主要包括营销员判断法、专家判断法和产品寿命周期分析法。

11.【答案】 D

【解析】 变动成本定价法是指企业在生产能力有剩余的情况下增加生产一定数量的产品,这些增加的产品可以不负担企业的固定成本,只负担变动成本,在确定价格时产品成本仅以变动成本计算。

12.【答案】 B

【解析】 代理理论认为,股利的支付能够有效地降低代理成本。首先,股利的支付减少了管理者对自由现金流量的支配权,这在一定程度上可以抑制公司管理者的过度投资或在职消费行为,从而保护外部投资者的利益。其次,较多的现金股利发放,减少了内部融资,导致公司进入资本市场寻求外部融资,从而公司将接受资本市场上更多的、更严格的监督,这样便通过资本市场的监督减少了代理成本。

13.【答案】 A

【解析】 股票分割,只是增加企业发行在外的股票股数,而企业的股东权益总额及内部结构都不会发生变化。股数增加导致每股价值降低,所以选项A符合题意。

14.【答案】 D

【解析】 平滑指数的取值通常在0.3~0.7之间,其取值大小决定了前期实际值与预测值对本期预测值的影响。采用较大的平滑指数,预测值可以反映样本值新近的变化趋势;采用较小的平滑指数,则反映了样本值变动的长期趋势。因此,在销售量波动较大或进行短期预测时,可选择较大的平滑指数;在销售量波动较小或进行长期预测时,可选择较小的平滑指数。

15.【答案】 D

【解析】 所得税差异理论认为,资本利得收益与股利收益的税率以及纳税时间存在差异。一般来说,对资本利得收益征收的税率低于对股利收益征收的税率,同时由于投资者对资本利得收益的纳税时间选择更具有弹性,投资者仍可以享受延迟纳税带来的收益差异。因此企业应采用低股利政策。

二、多项选择题

1.【答案】 AB

【解析】 股利发放率,即每股股利与每股收益之比。借助于该指标可以了解一家上市公司的股利发放政策。股利发放率越高,未必公司盈利能力就越强,因为股利发放率越高,留存收益率就越低,会减弱公司未来的发展后劲,最终会影响到公司的盈利能力。

2.【答案】 ACD

【解析】 固定或稳定增长的股利政策通常适用于经营比较稳定或正处于成长期的企业,但很难被长期采用,所以选项AD符合题意;剩余股利政策不利于投资者安排收入与支出,也不利于公司树立良好的形象,一般适用于公司初创阶段,所以选项B不符合题意;固定股利支付率政策比较适用于那些处于稳定发展阶段且财务状况也较稳定的公司,所以选项C符合题意。

3.【答案】 ABD

【解析】 销售预测的定性分析法包括推销员判断法、专家判断法和产品寿命周期分析法。其中的专家判断法包括个别专家意见汇集法、专家小组法和德尔菲法。所以,选项 ABD 符合题意;选项 C 属于销售预测的定量分析法。

4.【答案】 ACD

【解析】 对公司来讲,股票股利的优点主要有:①发放股票股利不需要向股东支付现金,在再投资机会较多的情况下,公司就可以为再投资提供成本较低的资金,从而有利于公司的发展;②发放股票股利可以降低公司股票的市场价格,既有利于促进股票的交易和流通,又有利于吸引更多的投资者成为公司股东,进而使股权更为分散,有效地防止公司被恶意控制;③股票股利的发放可以传递公司未来发展前景良好的信息,从而增强投资者的信心,在一定程度上稳定股票价格。

5.【答案】 AB

【解析】 固定或稳定增长股利政策的优点:①稳定的股利向市场传递着公司正常发展的信息,有利于树立公司的良好形象,增强投资者对公司的信心,稳定股票的价格;②稳定的股利额有助于投资者安排股利收入和支出,有利于吸引那些打算进行长期投资并对股利有很高依赖性的股东;③固定或稳定增长的股利政策可能会不符合剩余股利理论,但考虑到股票市场会受多种因素影响(包括股东的心理状态和其他要求),为了将股利或股利增长率维持在稳定的水平上,即使推迟某些投资方案或暂时偏离目标资本结构,也可能比降低股利或股利增长率更为有利。

6.【答案】 ABCD

【解析】 企业自身的实际情况及所面临的外部环境不同,企业的定价目标也多种多样,主要有以下几种:①实现利润最大化;②保持或提高市场占有率;③稳定市场价格;④应付和避免竞争;⑤树立企业形象及产品品牌。

7.【答案】 ABCD

【解析】 在证券市场上,股票回购的动机多种多样,主要有以下几点:①现金股利的替代;②改变公司的资本结构;③传递公司信息;④基于控制权的考虑。

8.【答案】 ABD

【解析】 股票无关论是建立在完全资本市场理论之上的,其假定条件包括:①市场具有强式效率,没有交易成本;②不存在任何公司或个人所得税;③不存在任何筹资费用;④公司的投

资决策与股利决策彼此独立;⑤股东对股利收入和资本增值之间并无偏好。

9.【答案】 ABC

【解析】 从股东角度考虑利润分配时,需要考虑的因素有:①控制权:股东会倾向于较低的股利支付水平;②稳定的收入:靠股利维持生活的股东要求支付稳定的股利,反对过多的留存;③避税:一般来讲,股利收入的税率要高于资本利得的税率,高股利收入的股东出于避税的考虑,偏好低股利支付水平。

10.【答案】 ABCD

【解析】 纳税筹划的原则:①合法性原则:必须遵守国家的各项法律法规;②系统性原则:也称为整体性原则、综合性原则。选择纳税方案的时候,要着眼于整体税负的降低;③经济性原则:必须进行成本效益分析,选择净收益最大的方案;④先行性原则:筹划的实施通常在纳税义务发生之前。

11.【答案】 BC

【解析】 代理理论认为,股利政策有助于减缓管理者与股东之间的代理冲突,即股利政策是协调股东与管理者之间代理关系的一种约束机制,所以选项 B 正确;代理理论认为,高水平的股利政策降低了企业的代理成本,但同时增加了外部融资成本,理想的股利政策应当使两种成本之和最小,所以选项 C 正确,选项 D 错误;选项 A 属于信号传递理论的观点。

12.【答案】 AD

【解析】 发放股票股利对公司来说,并没有现金流出企业,也不会导致公司的财产减少,而只是将公司的未分配利润转化为股本和资本公积。但股票股利会增加流通在外的股票数量,同时降低股票的每股价值。它不改变公司股东权益总额,但会改变股东权益的构成。所以选项 AD 正确,选项 BC 错误。

三、判断题

1.【答案】 ×

【解析】 公司作为独立的法人,其利润需缴纳企业所得税,企业利润分配给股东后,股东还需缴纳个人所得税,所以会面临双重课税问题。合伙制企业合伙人不会面临双重课税问题。

2.【答案】 ×

【解析】 税务风险管理由董事会负责督导并

参与决策。

3.【答案】×

【解析】 由于企业处于衰退期,此时企业将留存收益用于再投资所得报酬低于股东个人单独将股利收入投资于其他投资机会所得的报酬,因此企业就不应多留收益,而应多发股利,这样有利于股东价值的最大化。

4.【答案】×

【解析】 企业纳税筹划必须遵循合法性原则、系统性原则、经济性原则和先行性原则。企业通过将部分产品成本计入研究开发费用的方式进行税收筹划,以降低税负违背了合法性原则。

5.【答案】√

【解析】 采用固定或稳定增长的股利政策,要求公司对未来的盈利和支付能力能够作出准确的判断。固定或稳定增长的股利政策通常适用于经营比较稳定或正处于成长期的企业。

6.【答案】√

【解析】 剩余股利政策是指公司在有良好的投资机会时,根据目标资本结构,测算出投资所需的权益资本额,先从盈余中留用,然后将剩余的盈余作为股利来分配,即净利润首先满足公司的权益资金需求,如果还有剩余,就派发股利;如果没有,则不派发股利。可以看出,剩余股利政策是偏向留存收益进行筹资的。

7.【答案】√

【解析】 利息税前扣除,可以抵税,所以企业利用有息债务筹资可以获得节税效应。

四、计算分析题

1.【答案】(1) 根据全部成本费用加成定价法确定 A 产品的价格:

A 产品全部成本 = 100+600000÷5000 = 220(元)

A 产品价格 = [单位全部成本×(1+成本利润率)]/(1-适用的消费税税率) = [220×(1+20%)]÷(1-5%) = 277.89(元)

(2) 根据保本点定价法确定 B 产品的价格:

B 产品单位固定成本 = 100000/4000 = 25(元)

B 产品价格 = (单位固定成本+单位变动成本)/(1-适用的消费税税率) = (25+60)÷(1-5%) = 89.47(元)

(3) 根据目标利润法确定 C 产品的价格:

C 产品价格 = (目标利润总额+完全成本总额)/销售量×(1-适用的消费税税率) = (200000+500000)÷8000×(1-5%) = 92.11(元)

2.【答案】(1) 投资方案所需的自有资金金额 = 700×70% = 490(万元)

投资需要从外部借入的资金金额 = 700×30% = 210(万元)

(2) 在保持目标资本结构的前提下,执行剩余股利政策:

2019 年度应分配的现金股利 = 1200-490 = 710(万元)

(3) 在不考虑目标资本结构的前提下,执行固定股利政策:

2019 年度应分配的现金股利 = 2018 年的现金股利 = 550(万元)

可用于 2020 年投资的留存收益 = 1200-550 = 650(万元)

需要额外筹集的资金额 = 700-650 = 50(万元)

(4) 在不考虑目标资本结构的前提下,执行固定股利支付率政策:

股利支付率 = 550÷1000×100% = 55%

2019 年应分配的现金股利 = 1200×55% = 660(万元)

(5) 2019 年应分配的现金股利 = 1200-700 = 500(万元)

3.【答案】(1) 股票股利发放后的"未分配利润"项目金额 = 3000-2000 = 1000(万元)

(2) 股票股利发放后的"股本"项目金额 = 2000+2000÷10×2×1 = 2400(万元)

(3) 股票股利发放后的"资本公积"项目金额 = 3000+(2000-2000÷10×2×1) = 4600(万元)

(4) 股票股利发放后张某持有公司股份的比例 = 20×(1+0.2)÷2000×(1+0.2) = 1%

第十章
财务分析与评价

考情回顾

本章主要学习基本的财务报表分析、上市公司财务分析、财务评价与考核,难度适中,近几年考试中所占分值约为 11 分,每种题型均有涉及。预计今年考查题型不变,分值约为 10 分。

考试变化

本章没有实质性变化。

本章结构

第一节　财务分析与评价概述
第二节　基本的财务报表分析
第三节　上市公司财务分析
第四节　财务评价与考核

第一节　财务分析与评价概述

本节框架　

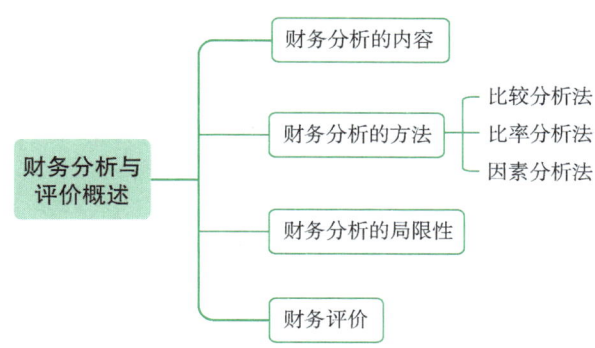

一、财务分析的内容 ★

不同主体出于不同的利益考虑,对财务分析信息有着各自不同的需求,如表 10 - 1 所示。

表 10 - 1　财务分析内容

主体	需求
所有者	关心其资本的保值和增值状况,因此较为重视企业盈利能力指标,主要进行企业盈利能力分析
债权人	重点关注的是其投资的安全性,因此主要进行企业偿债能力分析,同时也关注企业盈利能力分析
经营决策者	必须对企业经营理财的各方面,包括偿债能力、运营能力、盈利能力、发展能力的全部信息予以详尽的了解和掌握,进行各方面综合分析,并关注企业财务风险和经营风险
政府	兼具多重身份,既是宏观经济管理者,又是国有企业的所有者和重要的市场参与者,因此政府对企业财务分析的关注点因所具身份不同而异

【例题 10 - 1 单选题】(2018 年真题)　企业所有者作为投资人,关心其资本的保值和增值状况,因此较为重视企业的(　　)指标。

A.偿债能力　　　　B.营运能力　　　　C.盈利能力　　　　D.发展能力

【答案】　C

【名师点睛】　企业所有者作为投资人,关心其资本的保值和增值状况,因此较为重视企业盈利能力指标,主要进行企业盈利能力分析。

考试方向

区分不同主体对财务分析信息的需求。

二、财务分析的方法

(一)比较分析法 ★

财务报表的比较分析法是指对两个或两个以上的可比数据进行对比,找出企业财务状况、经营成果中的差异与问题。根据比较对象的不同,比较分析法分为趋势分析法、横向比较法和预算差异分析法。

采用比较分析法时,应注意:

(1)用于对比的各个时期的指标,其计算口径必须一致。

(2)应剔除偶发性项目影响,使分析所利用的数据能反映正常生产经营状况。

(3)应运用例外原则对某些显著变动的指标进行重点分析,研究其产生的原因,以便采取对策,趋利避害。

(二)比率分析法 ★★

比率分析法是通过计算各种比率指标来确定财务活动变动程度的方法。

1. 构成比率。

其计算公式为:

$$构成比率 = \frac{某个组成部分数值}{总体数值} \times 100\%$$

构成比率反映部分与总体的关系,如企业资产中流动资产、固定资产和无形资产占资产总额的百分比(资产构成比率),企业负债中流动负债和长期负债占负债总额的百分比(负债构成比率)。

2. 效率比率。

其计算公式为:

$$效率比率 = \frac{所得}{所费} \times 100\%$$

效率比率是某项财务活动中所费与所得的比率,反映投入与产出的关系,如成本利润率、营业利润率和资本金利润率等利润率类的指标。

3. 相关比率。

其计算公式为:

$$相关比率 = 某一项目 / 另一相关项目 \times 100\%$$

相关比率反映有关经济活动的相互关系,如流动比率、资产负债率。

一般不属于构成比率和效率比率的都属于相关比率。

提示 ▶ 采用比率分析法时,应注意对比项目的相关性,对比口径的一致性和衡量标准的科学性。

考试方向

区分构成比率、效率比率和相关比率。

【例题 10-2 单选题】(2017 年真题)　下列财务比率中,属于效率比率的是(　　　)。

A. 速动比率

B. 成本利润率

C. 资产负债率

D. 所有者权益增长率

【答案】　B

【名师点睛】　效率比率是某项财务活动中所费与所得的比率,反映投入与产出的关系。利用效率比率指标,可以进行得失比较,考查经营成果,评价经济效益。比如,将利润项目与营业成本、营业收入、资本金等项目加以对比,可以计算出成本利润率、营业利润率和资本金利润率等指标,从不同角度观察比较企业盈利能力的高低及其增减变化情况,故选项 B 正确,选项 ACD 均属于相关比率。

(三)因素分析法 ★★★

因素分析法是依据分析指标与其影响因素的关系,从数量上确定各因素对分析指标影响方向和影响程度的一种方法。因素分析法具体包括两种:连环替代法和差额分析法。

1. 连环替代法。

设某一财务指标 N 是由相互联系的 A、B、C 三个因素组成,$N=A\times B\times C$,则:

计划(标准)指标 $N_0=A_0\times B_0\times C_0$

实际指标 $N_1=A_1\times B_1\times C_1$

该指标实际脱离计划(标准)的差异(N_1-N_0),可能是三因素同时变动的影响。在测定各个因素的变动对指标 N 的影响程度时可顺序计算如下:

计划(标准)指标 $N_0=A_0\times B_0\times C_0$ ①

第一次替代 A 因素:$N_2=A_1\times B_0\times C_0$ ②

第二次替代 B 因素:$N_3=A_1\times B_1\times C_0$ ③

第三次替代 C 因素:$N_1=A_1\times B_1\times C_1$ ④

据此测定的结果:

②-① = N_2-N_0……A 因素变动的影响

③-② = N_3-N_2……B 因素变动的影响

④-③ = N_1-N_3……C 因素变动的影响

三因素影响合计:$(N_2-N_0)+(N_3-N_2)+(N_1-N_3)=N_1-N_0=$④-①

提示 ▶ 如果将各因素替代的顺序改变,则各个因素的影响程度也就不同。在考试中一般会给出各因素的分析顺序,一定要按照题目要求的顺序依次替代。

案例 10-1

东方公司 2020 年 10 月直接人工成本的实际数为 2310 万元,而其计划数为 2000万元,实际比计划增加 310 万元。由于直接人工成本由产品产量、单位产品人工工时和每小时工资率三个因素的乘积组成,所以可以把直接人工成本这一总指标分解为三个因素,然后逐个分析它们对直接人工成本总额的影响程度。现假设这三个因素的数值如表 10-2 所示。

考试方向  考查因素分析法的计算与简单分析,以及与"杜邦分析法"相结合合考查计算。

表 10-2 直接人工成本的三个因素的数值

项目	计划数	实际数
产品产量(万件)	50	55
单位产品人工工时(小时/件)	8	7
每小时工资率(元/小时)	5	6
直接人工成本总额(元)	2000	2310

【分析】 根据资料,直接人工成本总额实际数较计划数增加310万元。运用连环替代法,计算各因素变动对直接人工成本总额的影响。

计划指标:$50×8×5=2000$(万元)①

第一次替代:$55×8×5=2200$(万元)②

第二次替代:$55×7×5=1925$(万元)③

第三次替代:$55×7×6=2310$(万元)④

②－①$=2200-2000=200$(万元)　　　产量增加的影响

③－②$=1925-2200=-275$(万元)　　工时节约的影响

④－③$=2310-1925=385$(万元)　　　工资率提高的影响

$200-275+385=310$(万元)　　　　　全部因素的影响

2.差额分析法(仅适用于各因素之间是乘数的关系式)。

A 因素变动的影响$=(A_1-A_0)×B_0×C_0$

B 因素变动的影响$=A_1×(B_1-B_0)×C_0$

C 因素变动的影响$=A_1×B_1×(C_1-C_0)$

案例 10－2 沿用**案例 10－1**

采用差额分析法计算确定各因素变动对直接人工成本的影响。

【分析】 (1)产量增加对直接人工成本的影响$=(55-50)×8×5=200$(万元)

(2)人工工时节约对直接人工成本的影响$=55×(7-8)×5=-275$(万元)

(3)工资率提高对直接人工成本的影响$=55×7×(6-5)=385$(万元)

提示 ▶ 使用因素分析法时,要注意以下几点:

①因素分解的关联性。

②因素替代的顺序性。

③顺序替代的连环性。

④计算结果的假定性。

三、 财务分析的局限性 ★

(一)资料来源的局限性

(二)财务分析方法的局限性

(三)财务分析指标的局限性

四、 财务评价 ★

财务评价是对企业财务状况和经营情况进行的总结、考核和评价。它以企业的财务报表和其他财务分析资料为依据,注重对企业财务分析指标的综合考核。

第二节　基本的财务报表分析

本节框架

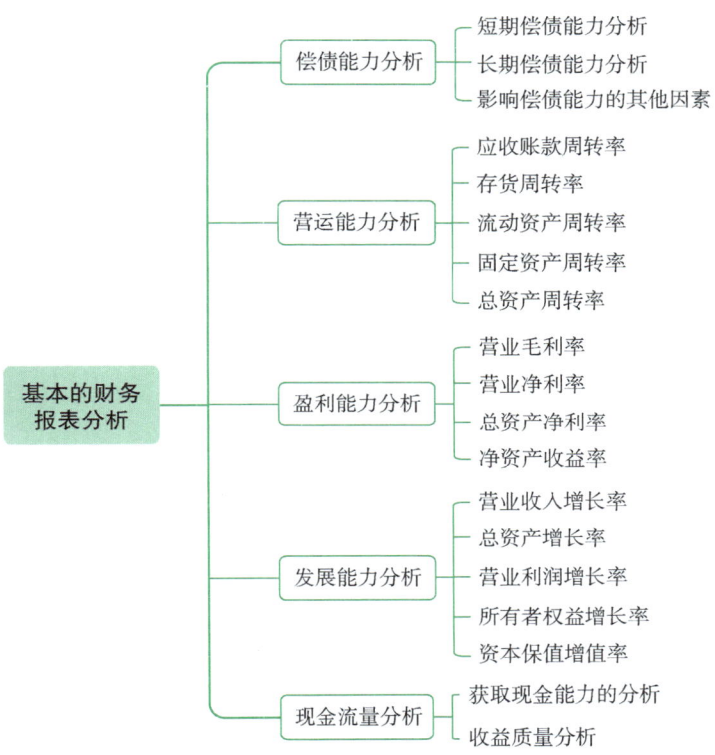

一、偿债能力分析 ★★★

（一）短期偿债能力分析

企业短期偿债能力分析衡量的是对流动负债的清偿能力,衡量指标主要有营运资金、流动比率、速动比率和现金比率。

1. 营运资金。

（1）指标计算。

公式如下:

营运资金=流动资产−流动负债

（2）指标分析。

公式如下:

一般情况下,营运资金越大,企业的短期偿债能力越强。但营运资金是绝对数,不便于在不同企业之间比较。

考试方向

考查营运资金的计算及分析。

案例 10－3

根据表 10－3 中的资料,比较 A 公司和 B 公司的营运资金,分析两者的短期偿债能力是否相同。

表 10－3　A 公司与 B 公司的相关数据

	A 公司	B 公司
流动资产	300 万元	1000 万元
流动负债	200 万元	900 万元
营运资金	100 万元	100 万元

【分析】　尽管 A 公司和 B 公司营运资金都为 100 万元,但是 A 公司的偿债能力明显好于 B 公司,因为 A 公司的营运资金占流动资产的比例为 1/3,即流动资产中只有 2/3 用于偿还流动负债;而 B 公司的营运资金占流动资产的比例为 1/10,即流动资产的绝大部分(9/10)用于偿还流动负债。因此,营运资金不便于不同企业之间的比较。

2. 流动比率。

(1) 指标计算。

公式如下:

$$流动比率 = \frac{流动资产}{流动负债}$$

(2) 指标分析。

考试方向

考查流动比率的计算及分析。

一般情况下,流动比率越高,企业的短期偿债能力越强。但流动比率高,并不等于说企业已有足够的货币资金用来偿债,比如部分存货可能已被抵押。

3. 速动比率。

(1) 流动资产中速动资产与非速动资产的划分。

计算公式如下:

流动资产＝速动资产＋非速动资产

速动资产＝货币资金＋以公允价值计量且其变动计入当期损益的金融资产(以下简称"交易性金融资产")＋各种应收款项

非速动资产＝存货＋预付款项＋一年内到期的非流动资产＋其他流动资产

速动资产＝流动资产－存货－预付款项－一年内到期的非流动资产－其他流动资产

考试方向

考查速动资产和非速动资产的区别。

【例题 10－3 单选题】(2018 年真题)　在计算速动比率指标时,下列各项中,不属于速动资产的是(　　)。

A. 存货
B. 货币资金
C. 应收票据及应收账款
D. 其他应收款

【答案】　A

【名师点睛】　变现速度较快的货币资金、交易性金融资产和各种应收款项属于速动资产;其他变现速度较慢的流动资产,包括存货、预付款项、一年内到期的非流动资产和其他流动资产等,属于非速动资产。

第十章

（2）指标计算。

公式如下：

$$速动比率 = \frac{速动资产}{流动负债}$$

（3）指标分析。

一般情况下，速动比率越高，企业的短期偿债能力越强。但速动比率高，并不等于说企业已有足够的货币资金用来偿债，比如应收款项可能已经坏账，难以收回。

考查速动比率的计算及分析。

4. 现金比率。

（1）指标计算。

公式如下：

$$现金比率 = \frac{货币资金 + 交易性金融资产}{流动负债}$$

提示 ▶ 这里的"现金"包括现金（货币资金）和现金的替代（交易性金融资产）。

▶ 一般情况下，流动比率≥速动比率≥现金比率。

▶ 与速动比率相比较，现金比率剔除了应收款项对偿债能力的影响，最能反映企业直接偿付流动负债的能力。

（2）指标分析。

一般情况下，现金比率越高，企业的短期偿债能力越强。如果现金比率过高，说明企业过多资源占用在盈利能力较低的现金资产上，从而影响了企业盈利能力。

考查现金比率的计算及分析。

【例题 10-4 单选题】（2018 年真题） 下列财务指标中，最能反映企业即时偿付短期债务能力的是（   ）。

A. 资产负债率　　　B. 流动比率　　　C. 权益乘数　　　D. 现金比率

【答案】 D

【名师点睛】 现金比率剔除了应收款项对偿债能力的影响，最能反映企业直接偿付流动负债的能力。

记忆技巧 流动比率、速动比率和现金比率这三个短期偿债能力指标属于"分子比率"，指标的名称是该指标的分子，指标的分母都是流动负债。

短期偿债能力各指标的计算公式，如表 10-4 所示。

表 10-4　短期偿债能力分析指标

指标名称	计算公式
营运资金	营运资金 = 流动资产 - 流动负债
流动比率	流动比率 = 流动资产/流动负债
速动比率	速动比率 = 速动资产/流动负债
现金比率	现金比率 = （货币资金 + 交易性金融资产）/流动负债

（二）长期偿债能力分析

长期偿债能力是指企业在较长的期间偿还债务的能力。其财务指标主要有四项：资产负债率、产权比率、权益乘数、利息保障倍数。

1. 资产负债率。

（1）指标计算。

公式如下：

$$资产负债率 = \frac{负债总额}{资产总额} \times 100\%$$

记忆技巧 资产负债率属于"母子率"，是资产负债表的右侧上方（负债总额）除以资产负债表左侧合计（资产总额）。

（2）指标分析。

通常，资产负债率越低，负债比重越低，表明企业的长期偿债能力越强。

2. 产权比率。

（1）指标计算。

公式如下：

$$产权比率 = \frac{负债总额}{所有者权益} \times 100\%$$

第十章

考试方向
考查资产负债率的计算及分析。

考试方向
考查产权比率的计算及分析。

记忆技巧 产权比率的分子和分母对应资产负债表的右侧，是资产负债表右上（负债总额）除以右下（所有者权益）。

（2）指标分析。

通常，产权比率越低，表明企业的长期偿债能力越强。产权比率与资产负债率对评价偿债能力的作用基本一致，只是资产负债率侧重于分析债务偿付安全性的物质保障程度，产权比率则侧重于揭示财务结构的稳健程度以及自有资金对偿债风险的承受能力。

3. 权益乘数。

（1）指标计算。

公式如下：

$$权益乘数 = \frac{总资产}{股东权益} \times 100\%$$

记忆技巧 权益乘数是资产负债表左侧合计（总资产）除以右下（所有者权益）。

权益乘数表明股东每投入1元钱可实际拥有和控制的金额。权益乘数越低，表明企业的长期偿债能力越强。

（2）资产负债率、产权比率和权益乘数三者之间的关系。

其计算公式如下：

$$权益乘数 = \frac{总资产}{所有者权益} = \frac{负债+所有者权益}{所有者权益} = \frac{负债}{所有者权益} + 1 = 产权比率 + 1$$

$$权益乘数 = \frac{资产}{所有者权益} = \frac{资产}{资产-负债} = \frac{1}{1-负债/资产} = \frac{1}{1-资产负债率}$$

（3）指标分析。

资产负债率、产权比率和权益乘数这三个指标都是常用的反映**财务杠杆水平**的指标。指标越小,表明企业的财务杠杆水平越低,长期偿债能力越强,财务结构越稳定,反之亦然。

资产负债率、产权比率和权益乘数三者同向变动。

【例题 10-5 单选题】（2019 年真题） 关于产权比率指标和权益乘数指标之间的数量关系,下列表达式中正确的是（　　　）。

A. 权益乘数×产权比率=1

B. 权益乘数−产权比率=1

C. 权益乘数+产权比率=1

D. 权益乘数/产权比率=1

【答案】 B

【名师点睛】 产权比率=负债总额/所有者权益

= (资产−所有者权益)/所有者权益

= 资产/所有者权益−所有者权益/所有者权益

= 权益乘数−1

所以,权益乘数−产权比率=1,因此选项 B 正确。

4. 利息保障倍数。

（1）指标计算。

公式如下:

$$利息保障倍数 = \frac{息税前利润}{应付利息}$$

提示 ▶ 分子:息税前利润=净利润+所得税费用+利润表中的利息费用

▶ 分母:应付利息是本期发生的全部利息,包括资本化利息和费用化利息

（2）指标分析。

通常,利息保障倍数越高,长期偿债能力越强。在短期内,利息保障倍数小于 1 也仍然具有利息支付能力。因为计算息税前利润时减去了非付现费用（如折旧费用等）。

【例题 10-6 单选题】（2020 年真题） 已知利润总额为 700 万元,利润表中的财务费用为 50 万元,资本化利息为 30 万元,则利息保障倍数为（　　　）。

A. 9.375　　　　　B. 15　　　　　C. 8.75　　　　　D. 9.75

【答案】 A

【名师点睛】 利息保障倍数=息税前利润/应付利息=(700+50)÷(50+30)=9.375

长期偿债能力各分析指标的计算公式,如表 10-5 所示。

表 10-5　长期偿债能力分析指标

指标名称	计算公式
资产负债率	资产负债率=负债总额/资产总额×100%
产权比率	产权比率=负债总额/所有者权益×100%
权益乘数	权益乘数=总资产/股东权益×100%
利息保障倍数	利息保障倍数=息税前利润/应付利息

考试方向

考查权益乘数的计算和分析,以及资产负债率、产权比率和权益乘数三者之间的关系。

考试方向

考查利息保障倍数的计算与分析。

（三）影响偿债能力的其他因素 ★★

1. 可动用的银行贷款指标或授信额度。

2. 资产质量。

3. 或有事项和承诺事项。

4. 经营租赁。

考试方向

区分各选项是否属于影响偿债能力的其他因素。

【例题 10－7 多选题】（2015 年真题） 下列各项因素中,影响企业偿债能力的有(　　)。

A. 经营租赁　　　　B. 或有事项　　　　C. 资产质量　　　　D. 授信额度

【答案】 ABCD

【名师点睛】 影响偿债能力的其他因素有:①可动用的银行贷款指标或授信额度;②资产质量;③或有事项和承诺事项;④经营租赁。因此,选项 ABCD 均正确。

二、营运能力分析 ★★★

营运能力比率是衡量企业资产管理效率的财务比率。通常,资金周转速度越快,说明企业的资金管理水平越高,资金利用效率越高,企业可以以较少的投入获得较多的收益。营运能力分析指标主要有资产周转率和资产周转期等。

提示 ▶ 资产周转率又称为资产周转次数,通常是指一年内该资产周转的次数。

　　▶ 资产周转期又称为资产周转天数,是指该资产周转一次需要的天数。

　　▶ 假设一年为 360 天,那么某一资产的周转率和周转期两者的乘积为 360,即周转期 ＝360/周转率。

1. ××资产周转率属于"母子率",即××资产周转率＝周转额/××资产。

（1）分子"周转额"通常为销售收入,即利润表的第一个报表项目"营业收入"（存货周转率除外,其分子"周转额"为销售成本,即利润表的第二个报表项目"营业成本"）。销售收入或销售成本是来自利润表的时期数。

（2）分母"××资产"是来自资产负债表的时点数,要取平均值。这里作简化处理采用年平均数,即分母"××资产平均余额"＝（××资产年初余额＋××资产年末余额）/2。

因此,××资产周转率＝周转额/××资产平均余额。

2. 时点数与时期数。

（1）当某个指标的分子和分母,其中一个是时点数而另一个是时期数时,为了使分子和分母的时间口径一致,时点数一般采用平均数。注意:采用平均数的时点数可能是分子,也可能是分母。

（2）当某个指标的分子和分母都是时点数或都是时期数时,不必采用平均数。

（一）应收账款周转率

1. 指标计算。

公式如下:

$$应收账款周转率 = \frac{销售收入}{应收账款平均余额}$$

$$应收账款周转期 = \frac{360}{应收账款周转率}$$

提示▐▶ 销售收入是指销售净额,即销售收入=销售总额-销货退回-销货折让、折扣。

▶ 应收账款包括报表中"应收账款"和"应收票据"等全部赊销款,且应收账款应为未扣除相关坏账准备的金额,即应收账款周转率=销售收入/("应收账款"平均余额+"应收票据"平均余额+相关坏账准备平均余额)。

▶ 为了提高应收账款期末余额的可靠性,最好使用多个时点的平均数,如月平均数。

2.指标分析。

通常,应收账款周转率较高、周转天数较短,表明:

(1)企业收账迅速,信用管理严格。

(2)应收账款流动性强,从而增强企业短期偿债能力。

(3)可以减少收账费用和坏账损失,相对增加企业流动资产的投资收益。

【例题 10-8 计算分析题】(2019 年真题) 甲公司 2018 年全年营业收入为 4500 万元(全部为赊销收入),应收账款平均收现期为 60 天。公司产品销售单价为 500 元/件,单位变动成本为 250 元/件,若将应收账款所占用的资金用于其他风险投资,可获得的收益率为 10%。2019 年公司调整信用政策,全年销售收入(全部为赊销收入)预计增长 40%,应收账款平均余额预计为 840 万元。假定全年按照 360 天计算。

要求:(1)计算 2018 年应收账款平均余额。

(2)计算 2018 年变动成本率。

(3)计算 2018 年应收账款的机会成本。

(4)计算 2019 年预计的应收账款周转率和应收账款周转天数。

【答案】 (1)2018 年应收账款平均余额=4500×60÷360=750(万元)

(2)2018 年变动成本率=250÷500=50%

(3)2018 年应收账款的机会成本=750×50%×10%=37.5(万元)

(4)2019 年预计的应收账款的周转率=4500×(1+40%)÷840=7.5(次)

应收账款周转天数=360÷7.5=48(天)

(二)存货周转率

1.指标计算。

公式如下:

$$存货周转率=\frac{销售成本}{存货平均余额}$$

$$存货周转期=\frac{360}{存货周转率}$$

2.指标分析。

通常,存货周转率越高、周转天数越短,表明存货管理效率越高。存货周转次数增加,表明存货周转速度加快,存货周转期缩短,存货占用水平降低,流动性增强,存货转化为现金或应收账款的速度变快,就会增加企业的短期偿债能力及盈利能力。

【例题 10-9 多选题】(2014 年真题) 一般而言,存货周转次数增加,其所反映的信息有( )。

考查应收账款周转率和应收账款周转期的计算及分析。

考查存货周转率和存货周转期的计算及分析。

A. 盈利能力下降　　　　　　　B. 存货周转期延长

C. 存货流动性增强　　　　　　D. 资产管理效率提高

【答案】　CD

【名师点睛】　通常,存货周转次数增加,表明存货周转速度加快,存货周转期缩短,存货占用水平降低,流动性增强,存货转化为现金或应收账款的速度变快,会增加企业的短期偿债能力及盈利能力。因此,选项 AB 错误,选项 CD 正确。

(三)流动资产周转率

1. 指标计算。

公式如下:

$$流动资产周转率 = \frac{销售收入}{流动资产平均余额}$$

$$流动资产周转期 = \frac{360}{流动资产周转率}$$

2. 指标分析。

通常,流动资产周转率越高,表明以相同的流动资产完成的周转额越多,流动资产利用效果越好。

(四)固定资产周转率

1. 指标计算。

公式如下:

$$固定资产周转率 = \frac{销售收入}{平均固定资产净值}$$

$$固定资产周转期 = \frac{360}{固定资产周转率}$$

提示 ▶ 固定资产净值 = 固定资产原值 - 累计折旧

2. 指标分析。

通常,固定资产周转率高,说明企业固定资产投资得当,结构合理,利用效率高。

(五)总资产周转率

1. 指标计算。

公式如下:

$$总资产周转率 = \frac{销售收入}{平均总资产}$$

$$总资产周转期 = \frac{360}{总资产周转率}$$

提示 ▶ 如果企业各期资产总额比较稳定,波动不大,则:

平均总资产 = (期初资产总额 + 期末资产总额)/2

▶ 如果资金占用的波动性较大,则:

月平均总资产 = (月初资产总额 + 月末资产总额)/2

季平均占用额 = (1/2 季初 + 第一月末 + 第二月末 + 1/2 季末)/3

年平均占用额 = (1/2 年初 + 第一季末 + 第二季末 + 第三季末 + 1/2 年末)/4

2. 指标分析。

通常,总资产周转率越高,资产使用效率越高。总资产周转率用来衡量企业资产整体的使用效率,分析应结合各项资产的周转情况,以发现影响企业资产周转的主要因素。

反映营造能力的各项分析指标的计算公式,如表 10-6 所示。

表 10-6 营运能力分析指标

指标名称	计算公式
应收账款周转率	应收账款周转率=销售收入/应收账款平均余额
应收账款周转期	应收账款周转期=360/应收账款周转率
存货周转率	存货周转率=销售成本/存货平均余额
存货周转期	存货周转期=360/存货周转率
流动资产周转率	流动资产周转率=销售收入/流动资产平均余额
流动资产周转期	流动资产周转期=360/流动资产周转率
固定资产周转率	固定资产周转率=销售收入/平均固定资产净值
固定资产周转期	固定资产周转期=360/固定资产周转率
总资产周转率	总资产周转率=销售收入/平均总资产
总资产周转期	总资产周转期=360/总资产周转率

三、 盈利能力分析 ★★★

(一)营业毛利率

1. 指标计算。

公式如下:

$$营业毛利率 = \frac{营业毛利}{营业收入} \times 100\%$$

营业毛利=营业收入-营业成本

2. 指标分析。

营业毛利率越高,表明产品的盈利能力越强。

(二)营业净利率

1. 指标计算。

公式如下:

$$营业净利率 = \frac{净利润}{营业收入} \times 100\%$$

2. 指标分析。

营业净利率越高,表明产品最终的盈利能力越强。

(三)总资产净利率

1. 指标计算。

公式如下:

$$总资产净利率 = \frac{净利润}{平均总资产} = \frac{净利润}{营业收入} \times \frac{营业收入}{平均总资产}$$

$$= 营业净利率 \times 总资产周转率$$

2. 指标分析。

总资产净利率越高,表明企业资产的利用效果越好。

(四) 净资产收益率

1. 指标计算。

公式如下:

$$净资产收益率 = \frac{净利润}{平均净资产} \times 100\%$$

$$= \frac{净利润}{平均总资产} \times \frac{平均总资产}{平均净资产}$$

$$= 总资产净利率 \times 权益乘数$$

$$= 营业净利率 \times 总资产周转率 \times 权益乘数$$

2. 指标分析。

净资产收益率越高,股东和债权人的利益保障程度越高。但净资产收益率不是越高越好,分析时要注意企业的财务风险。

反映企业盈利能力的各项分析指标的计算公式,如表 10-7 所示。

表 10-7 盈利能力分析指标

指标名称	计算公式
营业毛利率	营业毛利率=营业毛利/营业收入×100% =(营业收入-营业成本)/营业收入×100%
营业净利率	营业净利率=净利润/营业收入×100%
总资产净利率	总资产净利率=净利润/平均总资产×100% =营业净利率×总资产周转率
净资产收益率	净资产收益率=净利润/平均净资产×100% =总资产净利率×权益乘数 =营业净利率×总资产周转率×权益乘数

记忆技巧 考查盈利能力分析指标均属于"母子率"。

考试方向
考查盈利能力各指标的计算与分析。

【例题 10-10 计算分析题】(2016 年真题) 丁公司 2015 年 12 月 31 日的资产负债表显示,资产总额年初数和年末数分别为 4800 万元和 5000 万元,负债总额年初数和年末数分别为 2400 万元和 2500 万元,丁公司 2015 年度营业收入为 7350 万元,净利润为 294 万元。

要求:(1)根据年初、年末平均值,计算权益乘数。

(2)计算总资产周转率。

(3)计算营业净利率。

(4)计算总资产净利率和权益净利率。

【答案】 (1)年初所有者权益=4800-2400=2400(万元)

年末所有者权益=5000-2500=2500(万元)

权益乘数 = [（4800+5000）÷2] ÷ [（2400+2500）÷2] = 2

（2）总资产周转率 = 7350 ÷ [（4800+5000）÷2] = 1.5（次）

（3）营业净利率 = 294 ÷ 7350 × 100% = 4%

（4）总资产净利率 = 1.5 × 4% = 6%

权益净利率 = 294 ÷ [（2400+2500）÷2] = 12%，或，权益净利率 = 1.5 × 4% × 2 = 12%。

四、 发展能力分析 ★★★

（一）营业收入增长率

其计算公式为：

$$营业收入增长率 = \frac{增长额}{上年营业收入}$$

$$= \frac{本年营业收入 - 上年营业收入}{上年营业收入} × 100\%$$

（二）总资产增长率

其计算公式为：

$$总资产增长率 = \frac{增长额}{年初总资产}$$

$$= \frac{年末总资产 - 年初总资产}{年初总资产} × 100\%$$

（三）营业利润增长率

其计算公式为：

$$营业利润增长率 = \frac{增长额}{上年营业利润}$$

$$= \frac{本年营业利润 - 上年营业利润}{上年营业利润} × 100\%$$

（四）所有者权益增长率

其计算公式为：

$$所有者权益增长率 = \frac{增长额}{年初所有者权益}$$

$$= \frac{年末所有者权益 - 年初所有者权益}{年初所有者权益} × 100\%$$

（五）资本保值增值率

$$资本保值增值率 = \frac{扣除客观因素影响后的所有者权益年末余额}{所有者权益年初余额} × 100\%$$

提示 ▶ "客观因素"主要是指利润分配和股东增资或减资。

▶ 资本保值增值率>1，增值；资本保值增值率 = 1，保值；资本保值增值率<1，减值。

衡量企业发展能力的各项分析指标的计算公式，如表 10-8 所示。

表 10-8 发展能力分析指标

指标名称	计算公式
营业收入增长率	营业收入增长率＝(本年营业收入－上年营业收入)/上年营业收入×100%
总资产增长率	总资产增长率＝(年末总资产－年初总资产)/年初总资产×100%
营业利润增长率	营业利润增长率＝(本年营业利润－上年营业利润)/上年营业利润×100%
所有者权益增长率	所有者权益增长率＝(年末所有者权益－年初所有者权益)/年初所有者权益×100%
资本保值增值率	资本保值增值率＝扣除客观因素影响后的所有者权益年末余额/所有者权益年初余额×100%

记忆技巧 营业收入增长率、总资产增长率、营业利润增长率和所有者权益增长率均为"母子率",即××增长率＝增长额/××。

提示 资本保值增值率不属于"母子率",它的计算与其他发展能力指标不同。

▶通常,发展能力指标越大,表明企业未来的发展能力越强。

【例题 10-11 单选题】(2020 年真题) 某公司上期营业收入为 1000 万元,本期期初应收账款为 120 万元,本期期末应收账款为 180 万元,本期应收账款周转率为 8 次,则本期的营业收入增长率为(   )。

A. 20%   B. 12%   C. 18%   D. 50%

【答案】 A

【名师点睛】 本期应收账款周转率＝本期营业收入/本期应收账款平均余额,即 8＝本期营业收入÷[(120+180)÷2],本期营业收入＝1200(万元),本期的营业收入增长率＝(1200－1000)÷1000＝20%。

考试方向

考查发展能力各指标的计算与分析。

【例题 10-12 计算分析题】(2015 年真题) 丙公司是一家上市公司,管理层要求财务部门对公司的财务状况和经营成果进行评价。财务部门根据公司 2013 年和 2014 年的年报整理出用于评价的部分财务数据,如下表所示。

丙公司部分财务数据   单位:万元

资产负债表项目	2014 年期末余额	2013 年期末余额
应收账款	65000	55000
流动资产合计	200000	220000
流动负债合计	120000	110000
负债合计	300000	300000
资产总计	800000	700000
利润表项目	**2014 年度**	**2013 年度**
营业收入	420000	400000
净利润	67500	55000

要求：（1）计算 2014 年年末的下列财务指标：①营运资金；②权益乘数。

（2）计算 2014 年度的下列财务指标：①应收账款周转率；②净资产收益率；③资本保值增值率。

【答案】 （1）①营运资金 = 200000 - 120000 = 80000（万元）

②权益乘数 = 800000 ÷（800000 - 300000）= 1.6

（2）①应收账款周转率 = 420000 ÷ [（65000 + 55000）÷ 2] = 7（次）

②2013 年年末所有者权益 = 700000 - 300000 = 400000（万元）

2014 年年末所有者权益 = 800000 - 300000 = 500000（万元）

净资产收益率 = 67500 ÷ [（500000 + 400000）÷ 2] × 100% = 15%

③资本保值增值率 = 500000 ÷ 400000 × 100% = 125%

五、 现金流量分析 ★★★

（一）获取现金能力的分析

1. 营业现金比率。

（1）指标计算。

公式如下：

$$营业现金比率 = \frac{经营活动现金流量净额}{营业收入}$$

（2）指标分析。

营业现金比率反映每 1 元营业收入一年得到的现金流量净额，其数值越大越好。

2. 每股营业现金净流量。

（1）指标计算。

公式如下：

$$每股营业现金净流量 = \frac{经营活动现金流量净额}{普通股股数}$$

（2）指标分析。

每股营业现金净流量反映企业最大的分配现金股利的能力，超过则可能需要借款分红。每股营业现金净流量越大越好。

3. 全部资产现金回收率。

（1）指标计算。

公式如下：

$$全部资产现金回收率 = \frac{经营活动现金流量净额}{平均总资产} \times 100\%$$

（2）指标分析。

全部资产现金回收率反映每 1 元投资一年得到的现金流量净额，其数值越大越好。

记忆技巧 三个获取现金能力分析指标：营业现金比率、每股营业现金净流量和全部资产现金回收率均属于"母子率"，且三个指标计算公式的分子相同，均为经营活动现金流量净额。

【例题 10 - 13 单选题】(2019 年真题) 关于获取现金能力的有关财务指标,下列表述中正确的是(   )。

A. 全部资产现金回收率指标不能反映公司获取现金的能力

B. 用长期借款方式购买固定资产会影响营业现金比率

C. 公司将销售政策由赊销调整为现销方式后,不会对营业现金比率产生影响

D. 每股营业现金净流量是经营活动现金流量净额与普通股股数之比

【答案】 D

【名师点睛】 全部资产现金回收率指标能反映公司获取现金的能力,选项 A 错误;用长期借款方式购买固定资产,长期借款属于筹资活动的现金流量购买固定资产属于投资活动的现金流量;因此用长期借款方式购买固定资产不会影响经营活动现金流量净额(营业现金比率的分子),同时也不影响营业收入(营业现金比率的分母),所以营业现金比率不变,选项 B 错误;公司将销售政策由赊销调整为现销方式后,通常营业收入会降低,同时经营活动现金流量净额可能会增加,对营业现金比率会产生影响,选项 C 错误。

(二)收益质量分析

1. 净收益营运指数。

(1)指标计算。

经营净收益是企业经营活动产生的净利润,即经营净利润。

非经营净收益是企业非经营活动产生的净利润,即非经营净利润。

净收益是企业全部活动产生的净利润,即净利润。

其计算公式如下:

净利润=经营净收益+非经营净收益

经营净收益=净利润-非经营净收益

$\qquad$ =净利润-非经营收益+非经营损失

$$净收益营运指数=\frac{经营净收益}{净利润}$$

$$=\frac{净利润-非经营净收益}{净利润}$$

$$=\frac{净利润-非经营收益+非经营损失}{净利润}$$

(2)指标分析。

净收益营运指数越小,非经营收益所占比重越大,收益质量越差。

2. 现金营运指数。

(1)指标计算。

公式如下:

经营所得现金=经营净收益+非付现费用

$$现金营运指数=\frac{经营活动现金流量净额}{经营所得现金}$$

(2)指标分析。

现金营运指数小于1,说明一部分收益尚未取得现金,仍停留在实物或债权形态,风险较大,因此收益质量不够好。

现金流量各类分析指标的计算公式,如表 10-9 所示。

表 10-9 现金流量分析指标

指标类型	指标名称	计算公式
获取现金能力分析指标	营业现金比率	营业现金比率 = 经营活动现金流量净额/营业收入
	每股营业现金净流量	每股营业现金净流量 = 经营活动现金流量净额/普通股股数
	全部资产现金回收率	全部资产现金回收率 = 经营活动现金流量净额÷平均总资产×100%
收益质量分析指标	净收益营运指数	净收益营运指数 = 经营净收益/净利润 = (净利润-非经营净收益)/净利润 = (净利润-非经营收益+非经营损失)/净利润
	现金营运指数	现金营运指数 = 经营活动现金流量净额/经营所得现金 = 经营活动现金流量净额/(经营净收益+非付现费用)

【**例题 10-14 单选题**】(2018 年真题) 下列财务分析指标中能够反映收益质量的是( )。

A.营业毛利率 B.每股收益

C.现金营运指数 D.净资产收益率

考查收益质量分析各指标的计算与分析;区分各种指标的类别。

【**答案**】 C

【**名师点睛**】 收益质量分析指标主要包括净收益营运指数分析与现金营运指数分析。选项 C 正确。

【**例题 10-15 计算分析题**】(2014 年真题) 丁公司 2013 年 12 月 31 日总资产为600000 元,其中流动资产为 450000 元,非流动资产为 150000 元;股东权益为 400000 元。

丁公司年度运营分析报告显示,2013 年的存货周转次数为 8 次,营业成本为 500000元,净资产收益率为 20%,非经营净收益为-20000 元;期末的流动比率为 2.5。

要求:(1)计算 2013 年存货平均余额。

(2)计算 2013 年年末流动负债。

(3)计算 2013 年净利润。

(4)计算 2013 年经营净收益。

(5)计算 2013 年净收益营运指数。

【**答案**】 (1)2013 年的存货平均余额 = 500000÷8 = 62500(元)

(2)2013 年年末流动负债 = 450000÷2.5 = 180000(元)

(3)2013 年净利润 = 400000×20% = 80000(元)

(4)2013 年经营净收益 = 80000-(-20000) = 100000(元)

(5)2013 年净收益营运指数 = 100000÷80000 = 1.25

第三节 上市公司财务分析

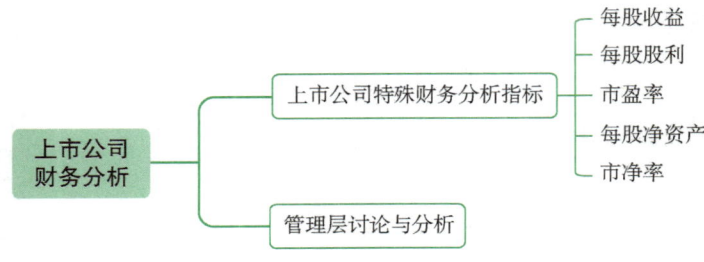

一、上市公司特殊财务分析指标 ★★★

（一）每股收益

1. 基本每股收益。

计算公式为：

$$基本每股收益 = \frac{归属于公司普通股股东的净利润}{发行在外普通股加权平均数}$$

发行在外普通股的加权平均数 = 期初发行在外普通股股数×12/12+当期新发行普通股股数×已发行月数/12－当期回购普通股股数×已回购月数/12+当期发放股票股利所增加的普通股股数×12/12+当期股票分割所增加的普通股股数×12/12

提示 ▶ 引起所有者权益总额变动的股数变动(如增发股票、回购股票等)需要计算加权平均。

▶ 不引起所有者权益总额变动的股数变动(如发放股票股利、股票分割等)不需要按照实际增加的月份加权计算。

【例题 10－16 单选题】(经典好题) 某上市公司 2020 年度归属于普通股股东的净利润为 30000 万元。2019 年年末的股数为 10000 万股,2020 年 4 月 1 日,经公司 2019 年度股东大会决议,以截至 2019 年年末公司总股数为基础,向全体股东每 10 股送红股 2 股,2020 年 5 月 31 日新发行 6000 万股,2020 年 10 月 31 日,回购 1000 万股,则该上市公司 2020 年基本每股收益为( )元。

A. 1.65　　　　　B. 1.96　　　　　C. 1.67　　　　　D. 1.68

【答案】 B

【名师点睛】 基本每股收益 = 30000÷(10000+10000×20%+6000×7÷12－1000×2÷12) = 1.96(元)

2. 稀释每股收益。

（1）稀释性潜在普通股。

稀释性潜在普通股是指假设当期转换为普通股会减少每股收益的潜在普通股,目前常见的潜在普通股主要包括可转换公司债券、认股权证和股份期权等。

· 320 ·

【**例题 10－17 单选题**】（2020 年真题）　计算稀释每股收益时,需考虑潜在普通股的影响,下列不属于潜在普通股的是(　　)。

A.认股权证　　　　B.股份期权　　　　C.库存股　　　　D.可转换债券

【**答案**】　C

【**名师点睛**】　稀释性潜在普通股指假设当期转换为普通股会减少每股收益的潜在普通股。潜在普通股主要包括:可转换公司债券、认股权证和股份期权等。

（2）企业存在可转换公司债券时,稀释每股收益的计算。

假设可转换公司债券在发行日就全部转换为普通股,以基本每股收益的公式为基础,在分母中考虑可转换公司债券的影响,同时对分子也作相应的调整。

其计算公式如下:

稀释每股收益＝(归属于公司普通股股东的净利润＋可转换公司债券当期税后利息)/(发行在外普通股加权平均数＋假设可转换公司债券在发行日全部转换增加的普通股股数×当期已发行月数/12)

【**例题 10－18 综合题**】（2019 年真题）　资料一：2017 年度的实际产销量与上年年末的预计有出入,当年实际归属于普通股股东的净利润为 8400 万元,2017 年年初,公司发行在外的普通股股数为 3000 万股,2017 年 9 月 30 日,公司增发普通股 2000 万股。

资料二：2018 年 7 月 1 日,公司发行可转换债券一批,债券面值为 8000 万元,期限为 5 年,2 年后可以转换为本公司的普通股,转换价格为每股 10 元,可转换债券当年发生的利息全部计入当期损益,其对于公司当年净利润的影响数为 200 万元。公司当年归属于普通股股东的净利润为 10600 万元,公司适用的企业所得税税率为 25%。

要求：(1)根据资料一,计算公司 2017 年的基本每股收益。

(2)根据资料一和资料二,计算公司 2018 年的基本每股收益和稀释每股收益。

【**答案**】　(1)2017 年的基本每股收益＝8400÷(3000＋2000×3÷12)＝2.4(元/股)

(2)2018 年的基本每股收益＝10600÷(3000＋2000)＝2.12(元/股)

2018 年的稀释每股收益＝(10600＋200)÷(3000＋2000＋8000÷10×6÷12)＝2(元/股)

（二）每股股利

1.指标计算。

公式如下:

$$每股股利＝\frac{现金股利总额}{期末发行在外的普通股股数}$$

2.每股股利的影响因素。

(1)盈利能力。

(2)股利发放政策。

(3)投资机会。

3.每股股利和每股收益两者之间的关系。

$$股利发放率＝\frac{每股股利}{每股收益}$$

【**例题 10－19 单选题**】（2011 年真题）　下列各项财务指标中,能够揭示公司每股股利与每股收益之间关系的是(　　)。

考试方向

考查企业存在可转换公司债券时,稀释每股收益的计算。

考试方向

考查每股股利的计算以及每股股利和每股收益两者之间的关系。

A. 市净率　　　　B. 股利发放率　　　　C. 每股市价　　　　D. 每股净资产

【答案】　B

【名师点睛】　股利发放率＝股利支付额/净利润＝每股股利/每股收益

（三）市盈率

1. 指标计算。

公式如下：

$$市盈率 = \frac{每股市价}{每股收益}$$

2. 指标分析。

市盈率反映了市场上投资者对股票投资收益和投资风险的预期。市盈率越高，意味着投资者对该股票的收益预期越看好，投资价值越大，同时也说明投资于该股票的风险越大。

3. 市盈率的影响因素。

（1）上市公司盈利能力的成长性（与市盈率同向变化）。

（2）投资者所获收益率的稳定性（与市盈率同向变化）。

（3）利率水平的变动（与市盈率反向变化）。

【例题 10-20 判断题】（2014 年真题）　市盈率是反映股票投资价值的重要指标，该指标数值越大，表明投资者越看好该股票的投资预期。（　　）

【答案】　√

【名师点睛】　市盈率的高低反映了市场上投资者对股票投资收益和投资风险的预期，市盈率越高，意味着投资者对股票的收益预期越看好，投资价值越大。

【例题 10-21 计算分析题】（2017 年真题）　丁公司是一家创业板上市公司，2016 年度营业收入为 20000 万元，营业成本为 15000 万元，财务费用为 600 万元（全部为利息支出），利润总额为 2000 万元，净利润为 1500 万元，非经营净收益为 300 万元。此外，资本化的利息支出为 400 万元。丁公司存货年初余额为 1000 万元，年末余额为 2000 万元，公司全年发行在外的普通股加权平均数为 10000 万股，年末每股市价为 4.5 元。

要求：（1）计算营业净利率。

（2）计算利息保障倍数。

（3）计算净收益营运指数。

（4）计算存货周转率。

（5）计算市盈率。

【答案】　（1）营业净利率＝净利润/营业收入＝1500÷20000＝7.5%

（2）利息保障倍数＝息税前利润/应付利息＝（2000+600）÷（600+400）＝2.6

（3）净收益营运指数＝经营净收益/净利润＝（1500-300）÷1500＝0.8

（4）存货周转率＝营业成本/存货平均余额＝15000÷[（1000+2000）÷2]＝10（次）

（5）市盈率＝每股市价/每股收益＝4.5÷（1500÷10000）＝30（倍）

（四）每股净资产

1. 指标计算。

公式如下：

$$每股净资产 = \frac{期末普通股净资产}{期末发行在外的普通股股数}$$

期末普通股净资产＝期末股东权益－期末优先股股东权益

2. 指标分析。

每股净资产越大，通常认为股票的投资价值越大，投资于该股票的风险越小。

【例题 10－22 判断题】（2011 年真题）　通过横向和纵向对比，每股净资产指标可以作为衡量上市公司股票投资价值的依据之一。（　　　）

【答案】　√

【名师点睛】　利用每股净资产指标进行横向和纵向对比，可以衡量上市公司股票的投资价值。

（五）市净率

1. 指标计算。

公式如下：

$$市净率 = \frac{每股市价}{每股净资产}$$

2. 指标分析。

市净率越小，通常认为股票的投资价值越大，投资于该股票的风险越小。

上市公司特殊财务分析指标的计算公式如表 10－10 所示。

考试方向
考查每股净资产的计算和分析。

考试方向
考查市净率的计算和分析。

表 10－10　上市公司特殊财务分析指标

指标名称	计算公式
基本每股收益	基本每股收益＝归属于公司普通股股东的净利润/发行在外普通股加权平均数 ＝归属于公司普通股股东的净利润/（期初发行在外普通股股数×12/12＋当期新发行普通股股数×已发行月数/12－当期回购普通股股数×已回购月数/12＋当期发放股票股利所增加的普通股股数×12/12＋当期股票分割所增加的普通股股数×12/12）
稀释每股收益	企业存在可转换公司债券时的稀释每股收益＝（归属于公司普通股股东的净利润＋可转换公司债券当期税后利息）/（发行在外普通股加权平均数＋假设可转换公司债券在发行日全部转换增加的普通股股数×当期已发行月数/12）
每股股利	每股股利＝现金股利总额/期末发行在外的普通股股数
市盈率	市盈率＝每股市价/每股收益
每股净资产	每股净资产＝期末普通股净资产/期末发行在外的普通股股数 期末普通股净资产＝期末股东权益－期末优先股股东权益
市净率	市净率＝每股市价/每股净资产

【例题 10－23 综合题】（2016 年真题）　戊公司是一家以软件研发为主要业务的上市公司，其股票于 2013 年在我国深圳证券交易所创业板上市交易。2015 年戊公司实现的净利润为 500 万元，2015 年 12 月 31 日，戊公司股票每股市价为 10 元。戊公司 2015 年年末资产负债表相关数据如下表所示。

第十章

戊公司资产负债表相关数据　　　　　　　单位：万元

项目	金额
资产总计	10000
负债总计	6000
股本(面值1元,发行在外1000万股)	1000
资本公积	500
盈余公积	1000
未分配利润	1500
所有者权益合计	4000

要求：计算市盈率和市净率。

【答案】　每股收益 = 500÷1000 = 0.5(元/股)

市盈率 = 10÷0.5 = 20(倍)

每股净资产 = 4000÷1000 = 4(元/股)

市净率 = 10÷4 = 2.5

二、管理层讨论与分析 ★

(一) 含义

管理层讨论与分析是上市公司定期报告中管理层对于本企业过去经营状况的评价分析以及对企业未来发展趋势的前瞻性判断,是对企业财务报表中所描述的财务状况和经营成果的解释,是对经营中固有风险和不确定性的揭示,同时也是对企业未来发展前景的预期。

(二) 主要内容

管理层讨论与分析是上市公司定期报告的重要组成部分,主要包括两部分：报告期间经营业绩变动的解释与前瞻性信息。

(三) 披露原则

我国采取强制与自愿相结合的披露原则。

【例题10-24 多选题】(2019年真题)　关于上市公司管理层讨论与分析,正确的有(　　　)。

A. 管理层讨论与分析是对本公司过去经营状况的评价,而不对未来发展作前瞻性判断

B. 管理层讨论与分析包括报表及附注中没有得到充分揭示,而对投资者决策有用的信息

C. 管理层讨论与分析包括对财务报告期间有关经营业绩变动的解释

D. 管理层讨论与分析不是定期报告的组成部分,并不要求强制性披露

【答案】　BC

【名师点睛】　管理层讨论与分析是上市公司定期报告中管理层对于本企业过去经营状况的评价分析以及对企业未来发展趋势的前瞻性判断,选项A错误;管理层讨论与分析披露原则是强制与自愿相结合,选项D错误。

考试方向

考查管理层讨论与分析的概念、内容以及披露原则。

第四节 财务评价与考核

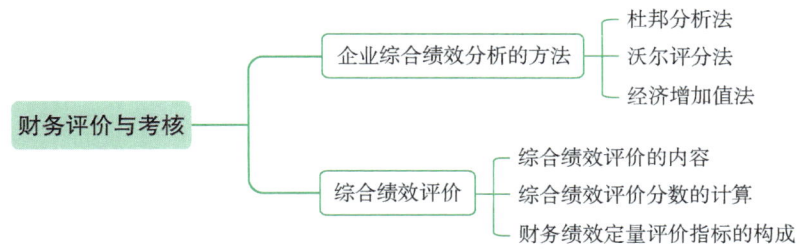

一、 企业综合绩效分析的方法

（一）杜邦分析法 ★ ★ ★

杜邦分析法，又称杜邦财务分析体系，是利用各主要财务比率指标间的内在联系，对企业财务状况及经济效益进行综合系统分析评价的方法。该体系是以净资产收益率为起点，以总资产净利率和权益乘数为基础，重点揭示企业盈利能力及权益乘数对净资产收益率的影响，以及各相关指标间的相互影响作用关系。

1. 杜邦体系的分解。

（1）总资产净利率的分解。

其分析关系式如下：

总资产净利率＝净利润/平均总资产

$\qquad$ ＝净利润/营业收入×营业收入/平均总资产

$\qquad$ ＝（净利润/营业收入）×（营业收入/平均总资产）

$\qquad$ ＝营业净利率×总资产周转率

（2）净资产收益率的分解。

其分析关系式如下：

净资产收益率＝净利润/平均所有者权益

$\qquad$ ＝净利润/平均总资产×平均总资产/平均所有者权益

$\qquad$ ＝（净利润/平均总资产）×（平均总资产/平均所有者权益）

$\qquad$ ＝总资产净利率×权益乘数

$\qquad$ ＝营业净利率×总资产周转率×权益乘数

2. 杜邦体系的分析。

（1）净资产收益率是一个综合性最强的财务分析指标，是杜邦分析体系的起点。

（2）净资产收益率的决定因素有三个：营业净利率、总资产周转率、权益乘数。营业净利率反映企业的盈利能力；权益乘数反映企业的偿债能力；总资产周转率反映企业的营运能力。这三个因素越大，净资产收益率就越高；但是权益乘数越高，说明企业的负债程度越高，给企业带来较多杠杆利益的同时也带了较大的风险。

提示 ▶ 在杜邦分析中,"权益乘数"的分子和分母原则上均应用平均数。

权益乘数 = 1÷(1−资产负债率)= 1+产权比率

权益乘数、资产负债率和产权比率三者同向变化。

考试方向

考查净资产收益率分解公式的计算与分析;杜邦分析法与因素分析法结合考查。

案例 10−4

甲公司近年来受宏观经济形势的影响,努力加强资产负债管理,不断降低杠杆水平,争取在 2018 年年末将资产负债率控制在 55% 以内。为考察降杠杆对公司财务绩效的影响,现基于杜邦分析体系,将净资产收益率指标依次分解为营业净利率、总资产周转率和权益乘数三个因素,采用连环替代法予以分析。近几年有关财务指标如表 10−11 所示。

表 10−11　财务指标　　　　　　　　单位:万元

项目	2016 年年末	2017 年年末	2018 年年末	2017 年度	2018 年度
资产总额	6480	6520	6980		
负债总额	4080	3720	3780		
所有者权益总额	2400	2800	3200		
营业收入				9750	16200
净利润				1170	1458

要求:(1)计算 2018 年年末的资产负债率,并据以判断公司是否实现了降杠杆目标。

(2)计算 2017 年和 2018 年的净资产收益率(涉及的资产、负债、所有者权益均采用平均值计算)。

(3)计算 2017 年和 2018 年的权益乘数(涉及的资产、负债、所有者权益均采用平均值计算)。

(4)计算 2018 年与 2017 年净资产收益率之间的差额,动用连环替代法,计算权益乘数变化对净资产收益率变化的影响(涉及的资产、负债、所有者权益均采用平均值计算)。

【分析】　(1)2018 年年末的资产负债率 = 3780÷6980 = 54.15%

由于公司的目标是 2018 年年末将资产负债率控制在 55% 以内,所以实现了降杠杆目标。

(2)2017 年净资产收益率 = 1170÷[(2400+2800)÷2] = 45%

2018 年净资产收益率 = 1458÷[(2800+3200)÷2] = 48.6%

(3)2017 年的权益乘数 = [(6480+6520)÷2]÷[(2400+2800)÷2] = 2.5

2018 年的权益乘数 = [(6520+6980)÷2]÷[(2800+3200)÷2] = 2.25

(4)2018 年与 2017 年净资产收益率的差额 = 48.6%−45% = 3.6%

2018 年营业净利率 = 1458÷16200×100% = 9%

2018 年总资产周转率 = 16200÷[(6980+6520)÷2] = 2.4

2017 年营业净利率 = 1170÷9750×100% = 12%

2017 年总资产周转率 = 9750÷[(6480+6520÷2)] = 1.5

2017 年净资产收益率=12%×1.5×2.5=45%

替代营业净利率：净资产收益率=9%×1.5×2.5=33.75%

替代总资产周转率：净资产收益率=9%×2.4×2.5=54%

替代权益乘数：净资产收益率=9%×2.4×2.25=48.6%

权益乘数变化对净资产收益率变化的影响=48.6%−54%=−5.4%

【例题 10−25 单选题】(2018 年真题) 关于杜邦分析体系所涉及的财务指标,下列表述错误的是(   )。

A.营业净利率可以反映企业的盈利能力　B.权益乘数可以反映企业的偿债能力

C.总资产周转率可以反映企业的营运能力　D.总资产收益率是杜邦分析体系的起点

【答案】 D

【名师点睛】 净资产收益率是一个综合性最强的财务分析指标,是杜邦分析体系的起点。净资产收益率的决定因素有三个:营业净利率、总资产周转率、权益乘数。营业净利率反映企业的盈利能力;权益乘数反映企业的偿债能力;总资产周转率反映企业的营运能力。

【例题 10−26 单选题】(2018 年真题) 某企业的营业净利率为 20%,总资产净利率为 30%,则总资产周转率为(   )。

A.1.5　　　　　　B.0.1　　　　　　C.0.67　　　　　　D.0.5

【答案】 A

【名师点睛】 总资产净利率=营业净利率×总资产周转率

总资产周转率=总资产净利率/营业净利率=30%÷20%=1.5

(二) 沃尔评分法 ★

沃尔评分法是一种综合分析评价方法,认为企业财务评价的内容首先是盈利能力,其次是偿债能力,最后是成长能力。

(三) 经济增加值法 ★ ★

1.含义。

经济增加值(EVA)指从税后净营业利润扣除全部投入资本的成本后的剩余收益。

2.指标计算。

公式如下:

经济增加值=税后净营业利润−平均资本占用×加权平均资本成本

提示 ▶税后净营业利润衡量的是企业的经营盈利情况,营业外收支、递延税金等都要从税后净营业利润中扣除。

▶平均资本占用反映的是企业持续投入的各种债务资本和股权资本。

▶加权平均资本成本反映的是企业各种资本的平均成本率。

3.指标分析。

经济增加值为正,表明经营者在为企业创造价值;经济增加值为负,表明经营者在损毁企业价值。

4.优缺点。

(1) 优点。

考虑了所有资本的成本,能够更加真实地反映企业的价值创造;实现了企业利益、经营者利益和员工利益的统一。

（2）缺点。

①仅能衡量企业当期或预判未来1至3年的价值创造情况,无法衡量企业长远发展战略的价值创造。

②该指标计算主要基于财务指标,无法对企业进行综合评价,没有考虑非财务指标方面的评价。

考试方向
考查经济增加值的计算及优缺点。

③由于不同行业、不同规模、不同成长阶段等的公司,其会计调整项和加权平均资本成本各不相同,故该指标的可比性较差。

④指标的计算存在许多争议,不利于建立一个统一的规范,使得该指标往往主要用于一个公司的历史分析以及内部评价,不利于建立一个统一的规范。

案例 10 - 5

某企业现有甲、乙两个部门,其 2020 年度相关财务数据如表 10 - 12 所示。假设没有需要调整的项目,计算甲、乙两部门的经济增加值。

表 10 - 12　基本财务数据

部门	税后经营利润（万元）	资产总额（万元）	加权平均资本成本（%）
甲	350	2000	12
乙	370	2100	13

【分析】　甲部门的经济增加值 = $350 - 2000 \times 12\% = 110$（万元）

乙部门的经济增加值 = $370 - 2100 \times 13\% = 97$（万元）

结果表明,虽然甲部门税后经营利润不如乙部门高,但其经济增加值更大。因此,从经济增加值的角度来看,甲部门的绩效更好。

二、 综合绩效评价 ★

（一）综合绩效评价的内容

综合绩效评价由财务绩效定量评价和管理绩效定性评价组成,如图 10 - 1 所示。

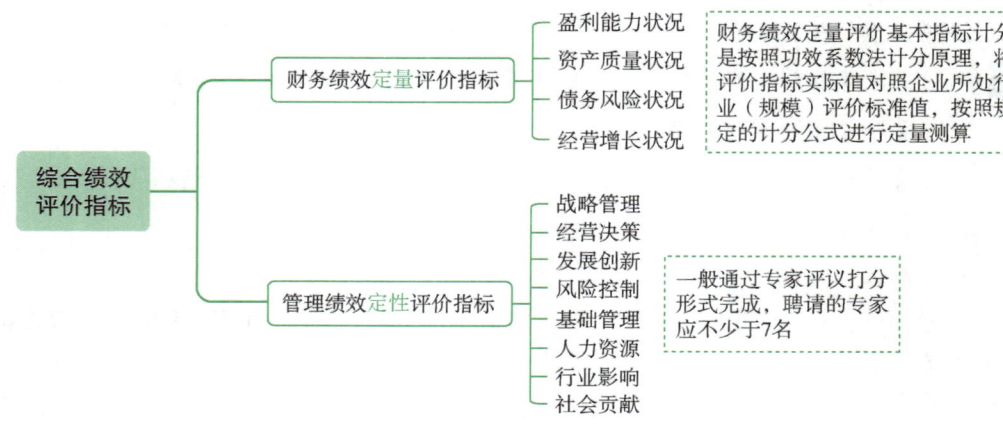

▲ 图 10 - 1　综合绩效评价指标

考试方向

区分财务绩效定量评价指标和管理绩效定性评价指标。

（二）综合绩效评价分数的计算

其计算公式如下：

综合绩效评价分数＝财务绩效定量评价分数×70%＋管理绩效定性评价分数×30%

（三）财务绩效定量评价指标的构成

财务绩效定量评价指标的构成，详见表10-13。

表 10-13　财务绩效定量评价指标的构成

评价内容	评价指标	
	基本指标	修正指标
盈利能力状况	净资产收益率、总资产收益率	销售（营业）利润率、利润现金保障倍数、成本费用利润率、资本收益率
资产质量状况	总资产周转率、应收账款周转率	不良资产比率、流动资产周转率、资产现金回收率
债务风险状况	资产负债率、已获利息倍数	速动比率、现金流动负债比率、带息负债比率、或有负债比率
经营增长状况	销售（营业）收入增长率、资本保值增值率	销售（营业）利润增长率、总资产增长率、技术投入比率

【例题 10-27 多选题】（2018 年真题）　企业综合绩效评价可分为财务绩效定量评价与管理绩效定性评价两部分，下列各项中，属于财务绩效定量评价内容的有（　　）。

A.资产质量　　　　　　　　　　B.盈利能力

C.债务风险　　　　　　　　　　D.经营增长

【答案】　ABCD

【名师点睛】　财务绩效定量评价指标由反映企业盈利能力状况、资产质量状况、债务风险状况和经营增长状况等四方面的基本指标和修正指标构成。

【例题 10-28 单选题】（2010 年真题）　下列综合绩效评价指标中，属于财务绩效定量评价指标的是（　　）。

A.盈利能力评价指标　　　　　　B.战略管理评价指标

C.经营决策评价指标　　　　　　D.风险控制评价指标

【答案】　A

【名师点睛】　财务绩效定量评价指标由反映企业盈利能力状况、资产质量状况、债务风险状况和经营增长状况等四方面的基本指标和修正指标构成。选项 A 是反映企业盈利能力状况的指标；选项 BCD 均属于财务定性评价指标。

同步练习

一、单项选择题

1. 下列财务比率中,属于效率比率的是( )。
   A. 速动比率 　　　　 B. 成本利润率
   C. 资产负债率 　　　　 D. 资本积累率

2. 下列不属于财务分析中因素分析法特征的是( )。
   A. 因素分解的关联性 　 B. 顺序替代的连环性
   C. 分析结果的准确性 　 D. 因素替代的顺序性

3. 下列比率指标的不同类型中,流动比率属于( )。
   A. 构成比率 　　　　 B. 动态比率
   C. 相关比率 　　　　 D. 效率比率

4. 下列各项中,不属于速动资产的是( )。
   A. 现金 　　　　 B. 产成品
   C. 应收账款 　　　　 D. 交易性金融资产

5. 产权比率越高,通常反映的信息是( )。
   A. 财务结构越稳健
   B. 长期偿债能力越强
   C. 财务杠杆效应越强
   D. 股东权益的保障程度越高

6. 某企业 2007 年和 2008 年的销售净利率分别为 7% 和 8%,资产周转率分别为 2 和 1.5,两年的资产负债率相同,与 2007 年相比,2008 年的净资产收益率变动趋势为( )。
   A. 上升 　　　　 B. 下降
   C. 不变 　　　　 D. 无法确定

7. 假定其他条件不变,下列各项经济业务中,会导致公司总资产净利率上升的是( )。
   A. 收回应收账款
   B. 用资本公积转增股本
   C. 用银行存款购入生产设备
   D. 用银行存款归还银行借款

8. 下列各项财务指标中,能够综合反映企业成长性和投资风险的是( )。
   A. 市盈率 　　　　 B. 每股收益
   C. 销售净利率 　　　　 D. 每股净资产

9. 我国上市公司管理层讨论与分析信息披露遵循的原则是( )。
   A. 自愿原则
   B. 强制原则
   C. 不定期披露原则
   D. 强制与自愿相结合原则

10. 在下列财务绩效评价指标中,属于企业盈利能力基本指标的是( )。
    A. 营业利润增长率 　 B. 总资产报酬率
    C. 总资产周转率 　　 D. 资本保值增值率

11. 某上市公司股票市价为 20 元,普通股数量为 100 万股,净利润为 400 万元,净资产为 500 万元,则市净率为( )。
    A. 4 　　 B. 5 　　 C. 10 　　 D. 20

二、多项选择题

1. 下列各项中,属于速动资产的有( )。
   A. 货币资金 　　　　 B. 预收账款
   C. 应收账款 　　　　 D. 存货

2. 下列财务指标中,可以反映长期偿债能力的有( )。
   A. 总资产周转率 　　 B. 权益乘数
   C. 产权比率 　　　　 D. 资产负债率

3. 下列各项中,影响应收账款周转率的有( )。
   A. 应收账款 　　　　 B. 预付账款
   C. 应收票据 　　　　 D. 销售折扣与折让

4. 在一定时期内,应收账款周转次数多、周转天数少表明( )。
   A. 收账速度快
   B. 信用管理政策宽松
   C. 应收账款流动性强
   D. 应收账款管理效率高

5. 一般而言,存货周转次数增加,其所反映的信息有( )。
   A. 盈利能力下降 　　 B. 存货周转期延长
   C. 存货流动性增强 　 D. 资产管理效率提高

6. 下列各项中,属于企业计算稀释每股收益时应当考虑的潜在普通股有( )。
   A. 认股权证 　　　　 B. 股份期权
   C. 公司债券 　　　　 D. 可转换公司债券

7. 下列各项中,可用于企业营运能力分析的财务指标有( )。
   A. 速动比率 　　　　 B. 应收账款周转天数
   C. 存货周转次数 　　 D. 流动比率

8. 下列财务指标中,可以用来反映公司资本结构的有（　　）。
- A. 资产负债率
- B. 产权比率
- C. 营业净利率
- D. 总资产周转率

9. 杜邦分析体系中所涉及的主要财务指标有（　　）。
- A. 营业现金比率
- B. 权益乘数
- C. 营业净利率
- D. 总资产周转率

10. 下列指标中，不能用来直接反映企业长期偿债能力的有（　　）。
- A. 总资产净利率
- B. 固定资产周转率
- C. 资产负债率
- D. 净资产收益率

11. 根据有关要求，企业存在稀释性潜在普通股的，应当计算稀释每股收益，下列属于潜在普通股的有（　　）。
- A. 可转换公司债券
- B. 股份期权
- C. 认股权证
- D. 不可转换优先股

12. 企业采取的下列措施中，能够减少营运资本需求的有（　　）。
- A. 加速应收账款周转
- B. 加速存货周转
- C. 加速应付账款的偿还
- D. 加速固定资产周转

三、判断题

1. 在财务分析中，企业经营者应对企业财务状况进行全面的综合分析，并关注企业财务风险和经营风险。（　　）

2. 财务分析中的效率指标是某项财务活动中所费与所得之间的比率，反映投入与产出的关系。（　　）

3. 现金比率不同于速动比率之处主要在于剔除了应收账款对短期偿债能力的影响。（　　）

4. 净收益营运指数越大，收益质量越差。（　　）

5. 市盈率是反映股票投资价值的重要指标，该指标数值越大，表明投资者越看好该股票的投资预期。（　　）

6. 通过横向和纵向对比，每股净资产指标可以作为衡量上市公司股票投资价值的依据之一。（　　）

7. 一般而言，存货周转速度越快，存货占用水平越低，企业的营运能力就越强。（　　）

8. 在计算应收账款周转次数指标时，不应将应收票据考虑在内。（　　）

四、计算分析题

1. 甲公司生产销售产品，现将该产品的人工成本分解为产品产量、单位产品消耗人工工时和小时工资率三个影响因素，采用因素分析法对其人工成本变动进行分析，基期、报告期人工成本信息如下表所示。

人工成本的因素	基期	报告期
产品产量（件）	200	220
单位产品消耗人工工时（小时）	20	18
小时工资率（元/小时）	25	30

要求：

（1）计算该产品报告期与基期的人工成本的差额。

（2）使用因素分析法，依次计算下列因素变化对报告期与基期人工成本差额的影响：①产品产量；②单位产品消耗人工工时；③小时工资率。

2. 丁公司2015年12月31日的资产负债表显示，资产总额年初数和年末数分别为4800万元和5000万元，负债总额年初数和年末数分别为2400万元和2500万元，丁公司2015年度营业收入为7350万元，净利润为294万元。

要求：

（1）根据年初、年末平均值，计算权益乘数。

（2）计算总资产周转率。

（3）计算销售净利率。

（4）计算总资产净利率和权益净利率。

3. 甲公司为控制杠杆水平，降低财务风险，争取在2019年年末将资产负债率控制在65%以内。公司2019年年末的资产总额为4000万元，其中流动资产为1800万元；公司2019年年末的负债总额为3000万元，其中流动负债为1200万元。

要求：

（1）计算2019年年末的流动比率和营运资金。

（2）计算2019年年末的产权比率和权益乘数。

（3）计算2019年年末的资产负债率，并据此判断公司是否实现了控制杠杆水平的目标。

五、综合题

甲公司生产销售A产品，有关资料如下：

资料一：公司2019年12月31日资产负债表如下（单位：万元）。

资产	年末余额	负债与股东权益	年末余额
货币资金	200	应付账款	600
应收账款	400	长期借款	2400
存货	900	股本	4000
固定资产	6500	留存收益	1000
资产总计	8000	负债与股东权益总计	8000

资料二：公司 2019 年销售收入为 6000 万元,净利润为 600 万元,股利支付率为 70%。

资料三：预计 2020 年销售收入将增长到 9000 万元,公司流动资产和流动负债占销售收入的比例一直保持不变。此外,随销售增长而需要追加设备投资 1500 万元。2020 年销售净利率和股利支付率与 2019 年相同。

资料四：因销售增长而需要添置的设备有 X 和 Y 两种型号可供选择,两者具有同样的功用,报价均为 1500 万元。X 设备可用 5 年,最终报废残值为 300 万元,每年发生付现成本 1000 万元;Y 型设备可用 8 年,经测算年金成本为 1400 万元。公司计算年金成本时不考虑所得税的影响,贴现率为 10%,有关时间价值系数如下：（P/A,10%,5）= 3.7908；（P/F,10%,5）= 0.6209。

要求：

（1）根据资料一,计算 2019 年年末的流动比率、速动比率与产权比率。

（2）根据资料二,计算 2019 年销售净利率。

（3）根据资料一、资料二、资料三,计算：①2020 年增加的流动资产;②2020 年增加的流动负债;③2020 年留存收益增加额;④2020 年的外部融资需求量。

（4）据资料四,计算 X 型设备的年金成本,并判断甲公司应选择哪种设备。

参考答案及解析

一、单项选择题

1.【答案】 B

【解析】 效率比率是某项财务活动中所费与所得的比率,反映投入与产出的关系。利用效率比率指标,可以进行得失比较,考察经营成果,评价经济效益。比如,将利润项目与销售成本、销售收入、资本金等项目加以对比,可以计算出成本利润率、销售利润率和资本金利润率等指标,从不同角度观察比较企业获利能力的高低及其增减变化情况,故选项 B 正确。

2.【答案】 C

【解析】 采用因素分析法时,必须注意以下问题：①因素分解的关联性;②因素替代的顺序性;③顺序替代的连环性;④计算结果的假定性。

3.【答案】 C

【解析】 相关比率是以某个项目和与其相关但又不同的项目加以对比所得的比率,流动比率=流动资产/流动负债,流动资产与流动负债具有相关性。

4.【答案】 B

【解析】 构成流动资产的各项目,流动性差别很大。其中货币资金、交易性金融资产和各项应收账款,可以在较短时间内变现,称为速动资产。

5.【答案】 C

【解析】 产权比率=负债总额/所有者权益总额×100%,这一比率越高,表明企业长期偿债能力越弱,债权人权益保障程度越低,选项 BD 不正确;产权比率高,是高风险、高报酬的财务结构,财务杠杆效应强,选项 C 正确,选项 A 不正确。

6.【答案】 B

【解析】 净资产收益率=营业净利润率×资产周转率×权益乘数,因为资产负债率不变,所以权益乘数不变。2008 年的净资产收益率=7%×2×权益乘数=14%×权益乘数;2009 年的净资产收益率=8%×1.5×权益乘数=12%×权益乘数。所以 2009 年的净资产收益率下降了。

7.【答案】 D

【解析】 总资产净利率=净利润/平均总资产。选项 AC 都是资产内部的此增彼减;选项 B 引起所有者权益内部此增彼减;选项 D 会使得银行存款减少,从而使得总资产减少,总资产净利率上升。

8.【答案】 A

【解析】 一方面,市盈率越高,意味着企业未来成长的潜力越大,也即投资者对该股票的评价越高,反之,投资者对该股票评价越低;另一方面,市盈率越高,说明投资于该股票的风险越大;市盈率越低,说明投资与该股票的风险越小。

9.【答案】 D

【解析】 管理层讨论与分析信息大多涉及"内部性"较强的定性型软信息,无法对其进行详细的强制规定和有效监控,因此,西方国家的披露原则是强制与自愿相结合,企业可以自主决定如何披露这类信息。我国也基本实行这种原则。

10.【答案】 B

【解析】 财务绩效评价指标中,企业盈利能力的基本指标包括净资产收益率和总资产报酬率。选项 A 属于反映经营增长状况的修正指标;选项 C 属于反映资产质量状况的基本指标;选项 D 属于反映经营增长状况的基本指标。

11.【答案】 A

【解析】 市净率 $= 20 \div (500 \div 100) = 4$

二、多项选择题

1.【答案】 AC

【解析】 构成流动资产的各项目,流动性差别很大。其中货币资金、交易性金融资产和各种应收款项,可以在较短时间内变现,称为速动资产;另外的流动资产,包括存货、预付款项、一年内到期的非流动资产和其他流动资产等,属于非速动资产。

2.【答案】 BCD

【解析】 反映长期偿还债能力的指标有资产负债率、产权比率、权益乘数、利息保障倍数。总资产周转率是反映营运能力的指标。

3.【答案】 ACD

【解析】 应收账款包括会计报表中"应收账款"和"应收票据"等全部赊销账款在内,因为应收票据是销售形成的应收款项的另一种形式,所以选项 AC 正确;其中销售收入净额是销售收入扣除了销售折扣、折让等以后的金额,故选项 D 正确。

4.【答案】 ACD

【解析】 一般来说,应收账款周转率越高、周转天数越短表明应收账款管理效率越高。在一定时期内应收账款周转次数多、周转天数少表明:①企业收账迅速,信用销售管理严格;②应收账款流动性强,从而增强企业短期偿债能力;③可以减少收账费用和坏账损失,相对增加企业流动资产的投资收益;④通过比较应收账款周转天数及企业信用期限,可评价客户的信用程度,调整企业信用政策。

5.【答案】 CD

【解析】 存货周转次数是衡量和评价企业购入存货、投入生产、销售收回等各环节管理效率的综合性指标。一般来讲,存货周转速度越快,存货占用水平越低,流动性越强,存货转化为现金或应收账款的速度就越快,这样会增加企业的短期偿债能力及盈利能力。

6.【答案】 ABD

【解析】 潜在普通股主要包括可转换公司债券、认股权证和股份期权等。

7.【答案】 BC

【解析】 营运能力分析的指标主要包括资产周转率(周转次数)和资产周转期(周转天数)。

8.【答案】 AB

【解析】 可以用来反映公司资本结构的财务指标主要包括资产负债率、产权比率和权益乘数。

9.【答案】 BCD

【解析】 净资产收益率=总资产净利率×权益乘数;净资产收益率=营业净利率×总资产周转率×权益乘数。杜邦分析体系中所涉及的主要财务指标有净资产收益率、总资产净利率、营业净利率、总资产周转率和权益乘数。

10.【答案】 ABD

【解析】 直接反映企业长期偿债能力的指标主要包括资产负债率、产权比率和权益乘数。

11.【答案】 ABC

【解析】 稀释性潜在普通股指假设当期转换为普通股会减少每股收益的潜在普通股。潜在普通股主要包括可转换公司债券、认股权证和股份期权等。选项 D 不能转换成普通股,不具有稀释性,因此不属于稀释性潜在普通股。

12.【答案】 AB

【解析】 加速应收账款周转会减少应收账款，减少营运资本需求；加速存货周转会减少存货，减少营运资本需求；加速应付账款的偿还，会减少应付账款，增加营运资本需求；加速固定资产周转，会减少固定资产，不影响营运资本需求。

三、判断题

1.【答案】 √

【解析】 企业经营决策者必须对企业经营理财的各个方面，包括运营能力、偿债能力、获利能力及发展能力的全部信息予以详尽的了解和掌握，主要进行各方面综合分析，并关注企业财务风险和经营风险。

2.【答案】 √

3.【答案】 √

【解析】 现金资产包括货币资金和交易性金融资产等。现金比率剔除了应收账款对偿债能力的影响，最能反映企业直接偿付流动负债的能力，表明每1元流动负债有多少现金资产作为偿债保障。

4.【答案】 ×

【解析】 净收益营运指数越小，非经营收益所占比重越大，收益质量越差，因为非经营收益不反映公司的核心能力及正常的收益能力，可持续性较低。反之，净收益经营指数越大，收益质量越好。

5.【答案】 √

【解析】 市盈率的高低反映了市场上投资者对股票投资收益和投资风险的预期，市盈率越高，意味着投资者对股票的收益预期越看好，投资价值越大。

6.【答案】 √

7.【答案】 √

【解析】 存货周转率＝销售成本/存货平均余额。从计算公式可以看出，一般情况下，存货周转率越大，表明存货周转速度越快，存货占用水平越低，企业的营运能力就越强。

8.【答案】 ×

【解析】 在计算应收账款周转次数指标时，应收账款包括会计报表中"应收票据"及"应收账款"等全部赊销账款在内，因为应收票据是销售形成的应收款项的另一种形式。

四、计算分析题

1.【答案】(1)该产品报告期与基期人工成本的差

额＝220×18×30－200×20×25＝18800（元）

(2)①产品产量变动对人工成本差额的影响＝(220－200)×20×25＝10000（元）

②单位产品消耗人工工时变动对人工成本差额的影响＝220×(18－20)×25＝－11000（元）

③小时工资率变动对人工成本差额的影响＝220×18×(30－25)＝19800（元）

2.【答案】(1) 年初所有者权益＝4800－2400＝2400（万元）

年末所有者权益＝5000－2500＝2500（万元）

权益乘数＝[(4800+5000)÷2]÷[(2400+2500)÷2]＝2

(2) 总资产周转率＝7350÷[(4800+5000)÷2]＝1.5（次）

(3) 销售净利率＝294÷7350×100%＝4%

(4) 总资产净利率＝1.5×4%＝6%

权益净利率＝1.5%×4%×2＝12%

3.【答案】(1) 2019年年末的流动比率＝1800÷1200＝1.5

2019年年末的营运资金＝1800－1200＝600（万元）

(2) 2019年年末的产权比率＝3000÷(4000－3000)＝3

2019年年末的权益乘数＝4000÷(4000－3000)＝4

(3) 2019年年末的资产负债率＝3000÷4000×100%＝75%

因为2019年年末的资产负债率75%大于65%，所以该公司没有实现控制杠杆水平的目标。

五、综合题

【答案】(1) 2019年年末的流动比率＝(200+400+900)÷600＝2.5

2019年年末的速动比率＝(200+400)÷600＝1

2019年年末的产权比率＝(600+2400)÷(4000+1000)＝0.6

(2) 2019年销售净利率＝600÷6000×100%＝10%

(3) ①销售收入增长率＝(9000－6000)÷6000×100%＝50%，2020年增加的流动资产＝(200+400+900)×50%＝750（万元）。

②2020年增加的流动负债＝600×50%＝300（万元）

③2020年留存收益增加额＝9000×10%×(1－70%)＝270（万元）

④2020年的外部融资需求量＝750+1500－300－

270＝1680(万元)

(4) X 型设备的年金成本＝[1500＋1000×(P/A, 10%,5)－300×(P/F,10%,5)]÷(P/A,10%,5)＝[1500＋1000×3.7908－300×0.6209]÷3.7908＝

1346.56(万元)

X 型设备的年金成本 1346.56 万元小于 Y 型设备的年金成本 1400 万元,故甲公司应该选择 X 型设备。

附　录

附表1　复利终值系数表

n	1%	2%	3%	4%	5%	6%	7%	8%	9%	10%
1	1.0100	1.0200	1.0300	1.0400	1.0500	1.0600	1.0700	1.0800	1.0900	1.1000
2	1.0201	1.0404	1.0609	1.0816	1.1025	1.1236	1.1449	1.1664	1.1881	1.2100
3	1.0303	1.0612	1.0927	1.1249	1.1576	1.1910	1.2250	1.2597	1.2950	1.3310
4	1.0406	1.0824	1.1255	1.1699	1.2155	1.2625	1.3108	1.3605	1.4116	1.4641
5	1.0510	1.1041	1.1593	1.2167	1.2763	1.3382	1.4026	1.4693	1.5386	1.6105
6	1.0615	1.1262	1.1941	1.2653	1.3401	1.4185	1.5007	1.5809	1.6771	1.7716
7	1.0721	1.1487	1.2299	1.3159	1.4071	1.5036	1.6058	1.7738	1.8280	1.9487
8	1.0829	1.1717	1.2668	1.3686	1.4775	1.5938	1.7182	1.8509	1.9926	2.1436
9	1.0937	1.1951	1.3048	1.4233	1.5513	1.6895	1.8385	1.9990	2.1719	2.3579
10	1.1046	1.2190	1.3439	1.4802	1.6289	1.7908	1.9672	2.1589	2.3674	2.5937
11	1.1157	1.2434	1.3842	1.5395	1.7103	1.8983	2.1049	2.3316	2.5804	2.8531
12	1.1268	1.2682	1.4258	1.6010	1.7959	2.0122	2.2522	2.5182	2.8127	3.1384
13	1.1381	1.2936	1.4685	1.6651	1.8856	2.1329	2.4098	2.7196	3.0658	3.4523
14	1.1495	1.3195	1.5126	1.7317	1.9799	2.2609	2.5785	2.9372	3.3417	3.7975
15	1.1610	1.3459	1.5580	1.8009	2.0789	2.3966	2.7590	3.1722	3.6425	4.1772
16	1.1726	1.3728	1.6047	1.8730	2.1829	2.5404	2.9522	3.4259	3.9703	4.5950
17	1.1843	1.4002	1.6528	1.9479	2.2920	2.6928	3.1588	3.7000	4.3276	5.0545
18	1.1961	1.4282	1.7024	2.0258	2.4066	2.8543	3.3799	3.9960	4.7171	5.5599
19	1.2081	1.4568	1.7535	2.1068	2.5270	3.0256	3.6165	4.3157	5.1417	6.1159
20	1.2202	1.4859	1.8061	2.1911	2.6533	3.2071	3.8697	4.6610	5.6044	6.7275
21	1.2324	1.5157	1.8603	2.2788	2.7860	3.3996	4.1406	5.0338	6.1088	7.4002
22	1.2447	1.5460	1.9161	2.3699	2.9253	3.6035	4.4304	5.4365	6.6586	8.1403
23	1.2572	1.5769	1.9736	2.4647	3.0715	3.8197	4.7405	5.8715	7.2579	8.2543
24	1.2697	1.6084	2.0328	2.5633	3.2251	4.0489	5.0724	6.3412	7.9111	9.8497
25	1.2824	1.6406	2.0938	2.6658	3.3864	4.2919	5.4274	6.8485	8.6231	10.835
26	1.2953	1.6734	2.1566	2.7725	3.5557	4.5494	5.8074	7.3964	9.3992	11.918
27	1.3082	1.7069	2.2213	2.8834	3.7335	4.8223	6.2139	7.9881	10.245	13.110
28	1.3213	1.7410	2.2879	2.9987	3.9201	5.1117	6.6488	8.6271	11.167	14.421
29	1.3345	1.7758	2.3566	3.1187	4.1161	5.4184	7.1143	9.3173	12.172	15.863
30	1.3478	1.8114	2.4273	3.2434	4.3219	5.7435	7.6123	10.063	13.268	17.449

续附表1 复利终值系数表

n	12%	14%	15%	16%	18%	20%	24%	28%	32%	36%
1	1.1200	1.1400	1.1500	1.1600	1.1800	1.2000	1.2400	1.2800	1.3200	1.3600
2	1.2544	1.2996	1.3225	1.3456	1.3924	1.4400	1.5376	1.6384	1.7424	1.8496
3	1.4049	1.4815	1.5209	1.5609	1.6430	1.7280	1.9066	2.0872	2.3000	2.5155
4	1.5735	1.6890	1.7490	1.8106	1.9388	2.0736	2.3642	2.6844	3.0360	3.4210
5	1.7623	1.9254	2.0114	2.1003	2.2878	2.4883	2.9316	3.4360	4.0075	4.6526
6	1.9738	2.1950	2.3131	2.4364	2.6996	2.9860	3.6352	4.3980	5.2899	6.3275
7	2.2107	2.5023	2.6600	2.8262	3.1855	3.5832	4.5077	5.6295	6.9826	8.6054
8	2.4760	2.8526	3.0590	3.2784	3.7589	4.2998	5.5895	7.2508	9.2170	11.703
9	2.7731	3.2519	3.5179	3.8030	4.4355	5.1598	6.9310	9.2234	12.166	15.917
10	3.1058	3.7072	4.0456	4.4114	5.2338	6.1917	8.5944	11.806	16.060	21.647
11	3.4785	4.2262	4.6524	5.1173	6.1759	7.4301	10.657	15.112	21.119	29.439
12	3.8960	4.8179	5.3503	5.9360	7.2876	8.9161	13.215	19.343	27.983	40.037
13	4.3635	5.4924	6.1528	6.8858	8.5994	10.699	16.386	24.759	36.937	54.451
14	4.8871	6.2613	7.0757	7.9875	10.147	12.839	20.319	31.691	48.757	74.053
15	5.4736	7.1379	8.1371	9.2655	11.974	15.407	25.196	40.565	64.395	100.71
16	6.1304	8.1372	9.3576	10.748	14.129	18.448	31.243	51.923	84.954	136.97
17	6.8660	9.2765	10.761	12.468	16.672	22.186	38.741	66.461	112.14	186.28
18	7.6900	10.575	12.375	14.463	19.673	26.623	48.039	85.071	148.02	253.34
19	8.6128	12.056	14.232	16.777	23.214	31.948	59.568	108.89	195.39	344.54
20	9.6463	13.743	16.367	19.461	27.393	38.338	73.864	139.38	257.92	468.57
21	10.804	15.668	18.822	22.574	32.324	46.005	91.592	178.41	340.45	637.26
22	12.100	17.861	21.645	26.186	38.142	55.206	113.57	228.36	449.39	866.67
23	13.552	20.362	24.891	30.376	45.008	66.247	140.83	292.30	593.20	1178.7
24	15.179	23.212	28.625	35.236	53.109	79.497	174.63	374.14	783.02	1603.0
25	17.000	26.462	32.919	40.874	62.669	95.396	216.54	478.90	1033.6	2180.1
26	19.040	30.167	37.857	47.414	73.949	114.48	268.51	613.00	1364.3	2964.9
27	21.325	34.390	43.535	55.000	87.260	137.37	332.95	784.64	1800.9	4032.3
28	23.884	39.204	50.006	63.800	102.97	164.84	412.86	1004.3	2377.2	5483.9
29	26.750	44.693	57.575	74.009	121.50	197.81	511.95	1285.6	3137.9	7458.1
30	29.960	50.950	66.212	85.850	143.37	237.38	634.82	1645.5	4142.1	10143

附表2　复利现值系数表

n	1%	2%	3%	4%	5%	6%	7%	8%	9%	10%
1	.9901	.9804	.9709	.9615	.9524	.9434	.9346	.9259	.9174	.9091
2	.9803	.9612	.9426	.9246	.9070	.8900	.8734	.8573	.8417	.8264
3	.9706	.9423	.9151	.8890	.8638	.8396	.8163	.7938	.7722	.7513
4	.9610	.9238	.8885	.8548	.8227	.7921	.7629	.7350	.7084	.6830
5	.9515	.9057	.8626	.8219	.7835	.7473	.7130	.6806	.6499	.6209
6	.9420	.8880	.8375	.7903	.7462	.7050	.6663	.6302	.5963	.5645
7	.9327	.8606	.8131	.7599	.7107	.6651	.6227	.5835	.5470	.5132
8	.9235	.8535	.7874	.7307	.6768	.6274	.5820	.5403	.5019	.4665
9	.9143	.8368	.7664	.7026	.6446	.5919	.5439	.5002	.4604	.4241
10	.9053	.8203	.7441	.6756	.6139	.5584	.5083	.4632	.4224	.3855
11	.8963	.8043	.7224	.6496	.5847	.5268	.4751	.4289	.3875	.3505
12	.8874	.7885	.7014	.6246	.5568	.4970	.4440	.3971	.3555	.3186
13	.8787	.7730	.6810	.6006	.5303	.4688	.4150	.3677	.3262	.2897
14	.8700	.7579	.6611	.5775	.5051	.4423	.3878	.3405	.2992	.2633
15	.8613	.7430	.6419	.5553	.4810	.4173	.3624	.3152	.2745	.2394
16	.8528	.7284	.6232	.5339	.4581	.3936	.3387	.2919	.2519	.2176
17	.8444	.7142	.6050	.5134	.4363	.3714	.3166	.2703	.2311	.1978
18	.8360	.7002	.5874	.4936	.4155	.3503	.2959	.2502	.2120	.1799
19	.8277	.6864	.5703	.4746	.3957	.3305	.2765	.2317	.1945	.1635
20	.8195	.6730	.5537	.4564	.3769	.3118	.2584	.2145	.1784	.1486
21	.8114	.6598	.5375	.4388	.3589	.2942	.2415	.1987	.1637	.1351
22	.8034	.6468	.5219	.4220	.3418	.2775	.2257	.1839	.1502	.1228
23	.7954	.6342	.5067	.4057	.3256	.2618	.2109	.1703	.1378	.1117
24	.7876	.6217	.4919	.3901	.3101	.2470	.1971	.1577	.1264	.1015
25	.7798	.6095	.4776	.3751	.2953	.2330	.1842	.1460	.1160	.0923
26	.7720	.5976	.4637	.3604	.2812	.2198	.1722	.1352	.1064	.0839
27	.7644	.5859	.4502	.3468	.2678	.2074	.1609	.1252	.0976	.0763
28	.7568	.5744	.4371	.3335	.2551	.1956	.1504	.1159	.0895	.0693
29	.7493	.5631	.4243	.3207	.2429	.1846	.1406	.1073	.0822	.0630
30	.7419	.5521	.4120	.3083	.2314	.1741	.1314	.0994	.0754	.0573

续附表 2　复利现值系数表

n	12%	14%	15%	16%	18%	20%	24%	28%	32%	36%
1	.8929	.8772	.8696	.8621	.8475	.8333	.8065	.7813	.7576	.7353
2	.7972	.7695	.7561	.7432	.7182	.6944	.6504	.6104	.5739	.5407
3	.7118	.6750	.6575	.6407	.6086	.5787	.5245	.4768	.4348	.3975
4	.6355	.5921	.5718	.5523	.5158	.4823	.4230	.3725	.3294	.2923
5	.5674	.5194	.4972	.4762	.4371	.4019	.3411	.2910	.2495	.2149
6	.5066	.4556	.4323	.4104	.3704	.3349	.2751	.2274	.1890	.1580
7	.4523	.3996	.3759	.3538	.3139	.2791	.2218	.1776	.1432	.1162
8	.4039	.3506	.3269	.3050	.2660	.2326	.1789	.1388	.1085	.0854
9	.3606	.3075	.2843	.2630	.2255	.1938	.1443	.1084	.0822	.0628
10	.3220	.2697	.2472	.2267	.1911	.1615	.1164	.0847	.0623	.0462
11	.2875	.2366	.2149	.1954	.1619	.1346	.0938	.0662	.0472	.0340
12	.2567	.2076	.1869	.1685	.1373	.1122	.0757	.0517	.0357	.0250
13	.2292	.1821	.1625	.1452	.1163	.0935	.0610	.0404	.0271	.0184
14	.2046	.1597	.1413	.1252	.0985	.0779	.0492	.0316	.0205	.0135
15	.1827	.1401	.1229	.1079	.0835	.0649	.0397	.0247	.0155	.0099
16	.1631	.1229	.1069	.0930	.0709	.0541	.0320	.0193	.0118	.0073
17	.1456	.1078	.0929	.0802	.0600	.0451	.0259	.0150	.0089	.0054
18	.1300	.0946	.0808	.0691	.0508	.0376	.0208	.0118	.0068	.0039
19	.1161	.0829	.0703	.0596	.0431	.0313	.0168	.0092	.0051	.0029
20	.1037	.0728	.0611	.0514	.0365	.0261	.0135	.0072	.0039	.0021
21	.0926	.0638	.0531	.0443	.0309	.0217	.0109	.0056	.0029	.0016
22	.0826	.0560	.0462	.0382	.0262	.0181	.0088	.0044	.0022	.0012
23	.0738	.0491	.0402	.0329	.0222	.0151	.0071	.0034	.0017	.0008
24	.0659	.0431	.0349	.0284	.0188	.0126	.0057	.0027	.0013	.0006
25	.0588	.0378	.0304	.0245	.0160	.0105	.0046	.0021	.0010	.0005
26	.0525	.0331	.0264	.0211	.0135	.0087	.0037	.0016	.0007	.0003
27	.0469	.0291	.0230	.0182	.0115	.0073	.0030	.0013	.0006	.0002
28	.0419	.0255	.0200	.0157	.0097	.0061	.0024	.0010	.0004	.0002
29	.0374	.0224	.0174	.0135	.0082	.0051	.0020	.0008	.0003	.0001
30	.0334	.0196	.0151	.0116	.0070	.0042	.0016	.0006	.0002	.0001

附录

附表3　年金终值系数表

n	1%	2%	3%	4%	5%	6%	7%	8%	9%	10%
1	1.0000	1.0000	1.0000	1.0000	1.0000	1.0000	1.0000	1.0000	1.0000	1.0000
2	2.0100	2.0200	2.0300	2.0400	2.0500	2.0600	2.0700	2.0800	2.0900	2.1000
3	3.0301	3.0604	3.0909	3.1216	3.1525	3.1836	3.2149	3.2464	3.2781	3.3100
4	4.0604	4.1216	4.1836	4.2465	4.3101	4.3746	4.4399	4.5061	4.5731	4.6410
5	5.1010	5.2040	5.3091	5.4163	5.5256	5.6371	5.7507	5.8666	5.9847	6.1051
6	6.1520	6.3081	6.4684	6.6330	6.8019	6.9753	7.1533	7.3359	7.5233	7.7156
7	7.2135	7.4343	7.6625	7.8983	8.1420	8.3938	8.6540	8.9228	9.2004	9.4872
8	8.2857	8.5830	8.8923	9.2142	9.5491	9.8975	10.260	10.637	11.028	11.436
9	9.3685	9.7546	10.159	10.583	11.027	11.491	11.978	12.488	13.021	13.579
10	10.462	10.950	11.464	12.006	12.578	13.181	13.816	14.487	15.193	15.937
11	11.567	12.169	12.808	13.486	14.207	14.972	15.784	16.645	17.560	18.531
12	12.683	13.412	14.192	15.026	15.917	16.870	17.888	18.977	20.141	21.384
13	13.809	14.680	15.618	16.627	17.713	18.882	20.141	21.495	22.953	24.523
14	14.947	15.974	17.086	18.292	19.599	21.015	22.550	24.214	26.019	27.975
15	16.097	17.293	18.599	20.024	21.579	23.276	25.129	27.152	29.361	31.772
16	17.258	18.639	20.157	21.825	23.657	25.673	27.888	30.324	33.003	35.950
17	18.430	20.012	21.762	23.698	25.840	28.213	30.840	33.750	36.974	40.545
18	19.615	21.412	23.414	25.645	28.132	30.906	33.999	37.450	41.301	45.599
19	20.811	22.841	25.117	27.671	30.539	33.760	37.379	41.446	46.018	51.159
20	22.019	24.297	26.870	29.778	33.066	36.786	40.955	45.752	51.160	57.275
21	23.239	25.783	28.676	31.969	35.719	39.993	44.865	50.423	56.765	64.002
22	24.472	27.299	30.537	34.249	38.505	43.392	49.006	55.457	62.873	71.403
23	25.716	28.845	32.453	36.618	41.430	46.996	53.436	60.883	69.532	79.543
24	26.973	30.422	34.426	39.083	44.502	50.816	58.177	66.765	76.790	88.497
25	28.243	32.030	36.459	41.646	47.727	54.863	63.294	73.106	84.701	98.347
26	29.526	33.671	38.553	44.312	51.113	59.156	68.676	79.954	93.324	109.18
27	30.821	35.344	40.710	47.084	54.669	63.706	74.484	87.351	102.72	121.10
28	32.129	37.051	42.931	49.968	58.403	68.528	80.698	95.339	112.97	134.21
29	33.450	38.792	45.219	52.966	62.323	73.640	87.347	103.97	124.14	148.63
30	34.785	40.568	47.575	56.085	66.439	79.058	94.461	113.28	136.31	164.49

续附表3 年金终值系数表

n	12%	14%	15%	16%	18%	20%	24%	28%	32%	36%
1	1.0000	1.0000	1.0000	1.0000	1.0000	1.0000	1.0000	1.0000	1.0000	1.0000
2	2.1200	2.1400	2.1500	2.1600	2.1800	2.2000	2.2400	2.2800	2.3200	2.3600
3	3.3744	3.4396	3.4725	3.5056	3.5724	3.6400	3.7776	3.9184	4.0624	4.2096
4	4.7793	4.9211	4.9934	5.0665	5.2154	5.3680	5.6842	6.0156	6.3624	6.7251
5	6.3528	6.6101	6.7424	6.8771	7.1542	7.4416	8.0484	8.6999	9.3983	10.146
6	8.1152	8.5355	8.7537	8.9775	9.4420	9.9299	10.980	12.136	13.406	14.799
7	10.089	10.730	11.067	11.414	12.142	12.916	14.615	16.534	18.696	21.126
8	12.300	13.233	13.727	14.240	15.327	16.499	19.123	22.163	25.678	29.732
9	14.776	16.085	16.786	17.519	19.086	20.799	24.712	29.369	34.895	41.435
10	17.549	19.337	20.304	21.321	23.521	25.959	31.643	38.593	47.062	57.352
11	20.655	23.045	24.349	25.733	28.755	32.150	40.238	50.398	63.122	78.998
12	24.133	27.271	29.002	30.850	34.931	39.581	50.895	65.510	84.320	108.44
13	28.029	32.089	34.352	36.786	42.219	48.497	64.110	84.853	112.30	148.47
14	32.393	37.581	40.505	43.672	50.818	59.196	80.496	109.61	149.24	202.93
15	37.280	43.842	47.580	51.660	60.965	72.035	100.82	141.30	198.00	276.98
16	42.753	50.980	55.717	60.925	72.939	87.442	126.01	181.87	262.36	377.69
17	48.884	59.118	65.075	71.673	87.068	105.93	157.25	233.79	347.31	514.66
18	55.750	68.394	75.836	84.141	103.74	128.12	195.99	300.25	459.45	770.94
19	63.440	78.969	88.212	98.603	123.41	154.74	244.03	385.32	607.47	954.28
20	72.052	91.025	102.44	115.38	146.63	186.69	303.60	494.21	802.86	1298.8
21	81.699	104.77	118.81	134.84	174.02	225.03	377.46	633.59	1060.8	1767.4
22	92.503	120.44	137.63	157.41	206.34	271.03	469.06	812.00	1401.2	2404.7
23	104.60	138.30	159.28	183.60	244.49	326.24	582.63	1040.4	1850.6	3271.3
24	118.16	158.66	184.17	213.98	289.49	392.48	723.46	1332.7	2443.8	4450.0
25	133.33	181.87	212.79	249.21	342.60	471.98	898.09	1706.8	3226.8	6053.0
26	150.33	208.33	245.71	290.09	405.27	567.38	1114.6	2185.7	4260.4	8233.1
27	169.37	238.50	283.57	337.50	479.22	681.85	1383.1	2798.7	5624.8	11198.0
28	190.70	272.89	327.10	392.50	566.48	819.22	1716.1	3583.3	7425.7	15230.3
29	214.58	312.09	377.17	456.30	669.45	984.07	2129.0	4587.7	9802.9	20714.2
30	241.33	356.79	434.75	530.31	790.95	1181.9	2640.9	5873.2	12941	28172.3

附录

附表 4　年金现值系数表

n	1%	2%	3%	4%	5%	6%	7%	8%	9%	10%
1	0.9901	0.9804	0.9709	0.9615	0.9524	0.9434	0.9346	0.9259	0.9174	0.9091
2	1.9704	1.9416	1.9135	1.8861	1.8594	1.8334	1.8080	1.7833	1.7591	1.7355
3	2.9410	2.8839	2.8286	2.7751	2.7232	2.6730	2.6243	2.5771	2.5313	2.4869
4	3.9020	3.8077	3.7171	3.6299	3.5460	3.4651	3.3872	3.3121	3.2397	3.1699
5	4.8534	4.7135	4.5797	4.4518	4.3295	4.2124	4.1002	3.9927	3.8897	3.7908
6	5.7955	5.6014	5.4172	5.2421	5.0757	4.9173	4.7665	4.6229	4.4859	4.3553
7	6.7282	6.4720	6.2303	6.0021	5.7864	5.5824	5.3893	5.2064	5.0330	4.8684
8	7.6517	7.3255	7.0197	6.7327	6.4632	6.2098	5.9713	5.7466	5.5348	5.3349
9	8.5660	8.1622	7.7861	7.4353	7.1078	6.8017	6.5152	6.2469	5.9952	5.7590
10	9.4713	8.9826	8.5302	8.1109	7.7217	7.3601	7.0236	6.7101	6.4177	6.1446
11	10.3676	9.7868	9.2526	8.7605	8.3064	7.8869	7.4987	7.1390	6.8052	6.4951
12	11.2551	10.5753	9.9540	9.3851	8.8633	8.3838	7.9427	7.5361	7.1607	6.8137
13	12.1337	11.3484	10.6350	9.9856	9.3936	8.8527	8.3577	7.9038	7.4869	7.1034
14	13.0037	12.1062	11.2961	10.5631	9.8986	9.2950	8.7455	8.2442	7.7862	7.3667
15	13.8651	12.8493	11.9379	11.1184	10.3797	9.7122	9.1079	8.5595	8.0607	7.6061
16	14.7179	13.5777	12.5611	11.6523	10.8378	10.1059	9.4466	8.8514	8.3126	7.8237
17	15.5623	14.2919	13.1661	12.1657	11.2741	10.4773	9.7632	9.1216	8.5436	8.0216
18	16.3983	14.9920	13.7535	12.6896	11.6896	10.8276	10.0591	9.3719	8.7556	8.2014
19	17.2260	15.6785	14.3238	13.1339	12.0853	11.1581	10.3356	9.6036	8.9601	8.3649
20	18.0456	16.3514	14.8775	13.5903	12.4622	11.4699	10.5940	9.8181	9.1285	8.5136
21	18.8570	17.0112	15.4150	14.0292	12.8212	11.7641	10.8355	10.0618	9.2922	8.6487
22	19.6604	17.6580	15.9369	14.4511	13.1630	12.0416	11.0612	10.2007	9.4424	8.7715
23	20.4558	18.2922	16.4436	14.8568	13.4886	12.3034	11.2722	10.3711	9.5802	8.8832
24	21.2434	18.9139	16.9355	15.2470	13.7986	12.5504	11.4693	10.5288	9.7066	8.9847
25	22.0232	19.5235	17.4131	15.6221	14.0939	12.7834	11.6536	10.6748	9.8226	9.0770
26	22.7952	20.1210	17.8768	15.9828	14.3752	13.0032	11.8258	10.8100	9.9290	9.1609
27	23.5596	20.7059	18.3270	16.3296	14.6430	13.2105	11.9867	10.9352	10.0266	9.2372
28	24.3164	21.2813	18.7641	16.6631	14.8981	13.4062	12.1371	11.0511	10.1161	9.3066
29	25.0658	21.8444	19.1885	16.9837	15.1411	13.5907	12.2777	11.1584	10.1983	9.3696
30	25.8077	22.3965	19.6004	17.2920	15.3725	13.7648	12.4090	11.2578	10.2737	9.4269

续附表4 年金现值系数表

n	12%	14%	15%	16%	18%	20%	24%	28%	32%
1	0.8929	0.8772	0.8696	0.8621	0.8475	0.8333	0.8065	0.7813	0.7576
2	1.6901	1.6467	1.6257	1.6052	1.5656	1.5278	1.4568	1.3916	1.3315
3	2.4018	2.3216	2.2832	2.2459	2.1743	2.1065	1.9813	1.8684	1.7663
4	3.0373	2.9137	2.8550	2.7982	2.6901	2.5887	2.4043	2.2410	2.0957
5	3.6048	3.4331	3.3522	3.2743	3.1272	2.9906	2.7454	2.5320	2.3452
6	4.1114	3.8887	3.7845	3.6847	3.4976	3.3255	3.0205	2.7594	2.5342
7	4.5638	4.2882	4.1604	4.0386	3.8115	3.6046	3.2423	2.9370	2.6775
8	4.9676	4.6389	4.4873	4.3436	4.0776	3.8372	3.4212	3.0758	2.7860
9	5.3282	4.9464	4.7716	4.6065	4.3030	4.0310	3.5655	3.1842	2.8681
10	5.6502	5.2161	5.0188	4.8332	4.4941	4.1925	3.6819	3.2689	2.9304
11	5.9377	5.4527	5.2337	5.0286	4.6560	4.3271	3.7757	3.3351	2.9776
12	6.1944	5.6603	5.4206	5.1971	4.7932	4.4392	3.8514	3.3868	3.0133
13	6.4235	5.8424	5.5831	5.3423	4.9095	4.5327	3.9124	3.4272	3.0404
14	6.6282	6.0021	5.7245	5.4675	5.0081	4.6106	3.9616	3.4587	3.0609
15	6.8109	6.1422	5.8474	5.5755	5.0916	4.6755	4.0013	3.4834	3.0764
16	6.9740	6.2651	5.9542	5.6685	5.1624	4.7296	4.0333	3.5026	3.0882
17	7.1196	6.3729	6.0472	5.7487	5.2223	4.7746	4.0591	3.5177	3.0971
18	7.2497	6.4674	6.1280	5.8178	5.2732	4.8122	4.0799	3.5294	3.1039
19	7.3658	6.5504	6.1982	5.8775	5.3162	4.8435	4.0967	3.5386	3.1090
20	7.4694	6.6231	6.2593	5.9288	5.3527	4.8696	4.1103	3.5458	3.1129
21	7.5620	6.6870	6.3125	5.9731	5.3837	4.8913	4.1212	3.5514	3.1158
22	7.6446	6.7429	6.3587	6.0113	5.4099	4.9094	4.1300	3.5558	3.1180
23	7.7184	6.7921	6.3988	6.0442	5.4321	4.9245	4.1371	3.5592	3.1197
24	7.7843	6.8351	6.4338	6.0726	5.4509	4.9371	4.1428	3.5619	3.1210
25	7.8431	6.8729	6.4641	6.0971	5.4669	4.9476	4.1474	3.5640	3.1220
26	7.8957	6.9061	6.4906	6.1182	5.4804	4.9563	4.1511	3.5656	3.1227
27	7.9426	6.9352	6.5135	6.1364	5.4919	4.9636	4.1542	3.5669	3.1233
28	7.9844	6.9607	6.5335	6.1520	5.5016	4.9697	4.1566	3.5679	3.1237
29	8.0218	6.9830	6.5509	6.1656	5.5098	4.9747	4.1585	3.5687	3.1240
30	8.0552	7.0027	6.5660	6.1772	5.5168	4.9789	4.1601	3.5693	3.1242